HEINRICH WOHLMEYER
EMPÖRUNG IN EUROPA

Widmung

Den Opfern der derzeitigen plutokratisch-kleptokratischen, theokratischen, militanten, machtbesessenen und unbarmherzigen Ausbeutungssysteme sowie den beratungsresistenten Politikern in den (noch) bestehenden Demokratien; aber auch den *Pragmatikern*, *Pluralisten* und *Scientisten*, die der Jugend ein Chaos der Wegweisungen offerieren; vor allem aber meinem am 12. 11. 2011 verstorbenen Freund, dem Pädagogen, Innovator und Regionalentwickler Dipl.-Ing. *Adolf Kastner*, der gezeigt hat, dass Wertordnung, Fachwissen und Mannesmut bottom up vieles zum Besten wenden können. Er hat oft gesagt: „Du denkst an die notwendigen Rahmenbedingungen, und ich baue in diese die beispielhaften, für alle wohnlichen Häuser."

Ich möchte aber auch der verstorbenen großartigen Journalistinnen *Pia Maria Plechl* und *Dolores Bauer* dankend gedenken, die mir viel Mut zum Engagement gegeben haben und mir noch immer Vorbild sind.

HEINRICH WOHLMEYER

EMPÖRUNG IN EUROPA

Wege aus der Krise

Mit Zeichnungen von
Markus Szyszkowitz

ibera/european university press

1. Auflage
© 2012 by Ibera Verlag/ EUP, Wien
Heinrich Wohlmeyer:
Empörung in Europa
Wege aus der Krise
ISBN 978-3-85052-320-2

Coverentwurf: Stepan Cervenka
Druck: Druckerei Theiss, 9431 St. Stefan

Inhalt

HANDELN

Motto

Glücklich, wer mit den Verhältnissen zu brechen versteht,
ehe sie ihn gebrochen haben.

Franz List

Man kann nicht in die Zukunft schauen,
aber man kann den Grund für etwas Zukünftiges legen –
denn Zukunft kann man bauen.

Antoine de Saint-Exupéry

Motivation

An den sich weltweit bedrohlich zusammenschürzenden Problemen vorbeizusehen und sich in die physische und/oder geistige Pension zu flüchten, ist *„zukunftskriminell"*. Wegsehen bedeutet heutzutage bereits Handeln mit *dolus eventualis*. Diese Rechtsfigur besagt, dass Personen, die trotz Kenntnis der Sachlage ein Risiko in Kauf nehmen, dann, wenn dieses schlagend wird, als mit böser Absicht handelnd zu beurteilen sind. Daher ist der Ausdruck „zukunftskriminell" gerechtfertigt und entspricht der europäischen Rechtskultur. Er sollte gegenwärtig allen Verdrängern und Beschönigern an die geistigen Türpfosten geheftet werden. Der Autor möchte selbst nicht schuldig werden. Neben seinen Handlungen im praktischen Leben (Lebensstil) soll dieses Buch ein wesentlicher Beitrag zum Kurswechsel in Richtung Zukunftsfähigkeit der gesellschaftlichen Regelsetzungen und der allgemeinen, die Erde und die Menschheit erhaltenden Handlungsmuster sein, wobei Europa die Rolle eines attraktiven Vorbildes zukommen könnte.

Vorbilder, Mentoren und Wegweiser waren und sind:

Der Altösterreicher und „Vater der Polymer(Kunststoff)chemie", Nobelpreisträger Prof. *Hermann Mark*, mit dem ich vor 40 Jahren Vorträge über die notwendige Rückkehr von der endlichen und naturzerstörenden sowie politisch bedenklichen Petro- und Atomwirtschaft in eine solar- und kreislauforientierte Naturstoffchemie sowie Energieversorgung halten durfte.

Der physikalische Chemiker Prof. *Engelbert Broda*, der mir die umfassende naturwissenschaftliche Begründung der „solaren Option" und seine Freundschaft geschenkt hat.

Der Schriftsteller *Carl Amery*, der mich mit seinem literarischen Aufstand ermutigte, im praktischen Leben gegenzusteuern.

Die Professoren *Leopold März* und *Hermann Katinger*, die dem „widerspenstigen Warner" im Wege der Honorarprofessur an der Universität für Bodenkultur in Wien den akademischen Freiraum eröffnet haben.

Prof. Friedrich Schmidt-Bleek, mit dem ich am IIASA die erste Studie über „Internationalen Handel und Umwelt" verfassen und später an der internationalen Faktor-10-Initiative mitwirken konnte.

Der eigentliche Redaktor des epochemachenden *Brundtland-Berichtes* „Unsere Gemeinsame Zukunft", *Jim MacNeill*, der mir den Leitrat gab: „Gegenwärtig rennen wir gegen Mauern festgefahrener Interessen. Ändern wird sich nur etwas, wenn die Systeme vollständig gegen die Wand gefahren sind. Wir haben jedoch die moralische Pflicht, die Konzepte für die 'Zeit danach' anwendungsbereit zu machen, um unsägliches Elend zu verhindern und Wege in eine dauerhaft bessere Zukunft aufzuzeigen."

Dem 2010 zu früh ausgebrannten Licht *Hermann Scheer*, der die solarorientierte, zukunftsfähige Energieversorgung in Europa ins Bewusstsein gebracht hat.

Der mutige Aufrufer *Stéphane Hessel*, der mit seinen 94 Jahren dem 77-jährigen Autor die Ausrede des Alters genommen hat.

Schließlich und nicht zuletzt der Physiker und Theologe Dr. *Herbert Madinger*, der mir im Jahr vor seinem Tod (5. 8. 2010) noch brieflich die geistige Stafette in die Hand gedrückt hat: „Ich sehe und spüre, dass sich Furchtbares zusammenbraut. Ich habe allerdings nicht mehr die Berufung und Kraft weiterzuschreiben. Ihnen hat Gott die Gnade des einleuchtenden Schreibens gegeben. Rufen Sie in diese in ihrer Gottferne verrückt gewordene Welt auf Basis Ihres Fachwissens, Ihrer Lebenserfahrung und Ihres transzendentalen Angebundenseins mahnend hinein, so gut Sie es vermögen. Sie werden sich später über jeden Tag freuen, an dem Sie noch verkünden konnten. Ich werde für Sie beten. Diese Kraftquelle haben wir alle."

Hinzu kommen nun die Ergebnisse einer von mir mitgetragenen, im Mai 2012 fertiggestellten und im Juni ausgewerteten *Online-Jugendumfrage*[1]. Diese fordern auf, einer zukunftswilligen Jugend eine vertrauenswürdige Chance zu geben. Die in den Startlöchern stehende Generation braucht Information und Warnung, sowie vor allem einleuchtende Leitbilder und Realvisionen, die Orientierung, Sinn und Halt geben. Wir alten Experten (Experten im ursprünglichen Sinn des erfahrenen Sachkundigen) sind verpflichtet, die negativen gesellschaftlichen Entwicklungen in ihrer oft verborgenen Dimension offenzulegen, die erforderlichen Stellglieder für eine positive Entwicklung zu benennen und mit der reifen Jugend die Gestaltung der notwendigen Änderungsprozesse anzugehen. Wenn wir dies nicht schaffen und die Globalplutokraten weiter die Politiker am Nasenring durch die Weltmanege führen und in ihren gesamtgesellschaftlichen Strategien die Jugend zu haltlosen Eventhaschern verführen können, sowie das Gros der Politiker zur Selbsterhaltung weiter dahinwurstelt und dahinlügt, besteht die Gefahr, dass unsere Jugendlichen zu alles infrage stellenden Revolutionären werden. Dies aber bedeutet gesellschaftliches Chaos und unsägliches Leid.

---

1 JUGEND STUDIE 2012 – ONLINE UMFRAGE bei 20–30-Jährigen in DEUTSCHLAND, ÖSTERREICH UND DER SCHWEIZ, Mai 2012 USERPLANET RESEARCH **Zukunftsfähige Gesellschaft.** Userplanet Research – E office@userplanet.com URL www.userplanet.com

Danksagungen

Ich möchte vor allem meiner geduldigen Frau *Reingard* Dank sagen, die mir den Freiraum zum Schreiben gegeben hat. Sie musste auf unserem Bergbauernhof weitgehend ohne den „akademischen Hausknecht" auskommen und gesellschaftliche Kontakte einschränken.

Den Akteuren der Feier „25 Jahre Leopold Kohr-Akademie" – vor allem Prof. *Alfred Winter* – für das Drängen, doch noch ein „Aufstandsbuch" zu schreiben. Sie bewirkten den Durchbruch – auch bei meiner lieben Frau.

Die angetroffene Angst vieler Verlage, gegen den Hauptstrom zu publizieren und die Gefahren durch den orthodoxen Islam zu benennen, war für mich überraschend. Umso dankbarer bin ich schließlich der Geschäftsführerin des Verlages *Ibera – European University Press*, Frau *Brigitte Strobele,* für die mutige Aufnahme dieses „Aufstandsbuches".

Vorbemerkung zum „Genderismus"

Ich werde Wörter nicht modemäßig verunstalten, um der Gendering-Mode nachzukommen. Der Ausdruck „Bürger" umfasst Bürger und Bürgerinnen. Man braucht daher nicht zu schreiben „Bürger/innen". Auch kenne ich eine Frau Minister und keine Ministerin, weil Minister die Bezeichnung für einen Organwalter ist. Die Auswüchse der Genderings sind oft grotesk: Ein Freund riet mir unlängst, doch nicht mehr „Deckhengst" zu sagen, sondern „Deckpferd", denn dies sei gendermäßig wünschenswert neutral …

Vorwort

Wer die Zeitläufe offenen Auges ins Visier nimmt und nicht wie „Biedermann und die Brandstifter" verdrängend handelt, muss auf mehreren Ebenen höchste Alarmstufe ausrufen. Jedoch die Identifikation der Gefahren und ihre Benennung genügen nicht. Jeder von uns ist zur Mitwirkung an der not-wendenden Kurskorrektur verpflichtet, wenn er nicht verantwortungslos und zukunftskriminell handeln will.

Dieses Buch, zu dem ich mich nach zu langem Zögern entschlossen habe[2], soll konkrete Handlungsanleitungen zum sanften, aber entschiedenen Aufstand gegen die gegenwärtigen zerstörerischen geistigen und gesellschaftlichen Entwicklungen, Strukturen und Handlungsmuster geben – vor allem gegen die allgegenwärtige Indoktrination, dass es zur gegenwärtigen Gesellschaftsordnung keine machbaren Alternativen gäbe (TINA – There Is No Alternative). Diese Anleitungen kann jeder auf seinem Platz und in seiner Rolle annehmen und seiner Situation entsprechend ausformen.

Auch sei betont, dass *Wissen eine Holschuld* ist. Die moderne Infotainment-, Event- und Werbekultur deckt die Bürger mit oberflächlichem Unwissen zu.

Es bedarf daher einer Informationsaskese, um sich für das Erkennen der wesentlichen Zusammenhänge freizuspielen. Dazu gehört auch das Lesen „schwieriger" Bücher. Die Gegebenheiten und Zusammenhänge sind in Wirklichkeit nicht so kompliziert, dass man sie nicht durchschauen kann. Sie werden vielmehr von den Interessenträgern, die zulasten des Gemeinwohles agieren, vernebelt und als nur den Eingeweihten zugänglich dargestellt. Nicht umsonst hat *Dirk Solte* das wohl beste Buch über das Weltfinanzsystem (*Weltfinanzsystem am Limit*) mit dem Untertitel *Einblicke in den „Heiligen Gral" der Globalisierung* benannt.

Politik kann auf die Dauer nicht gegen die öffentliche Meinung gemacht werden. Dies zeigt die Geschichte als Lehrbuch.

---

2 Die Mitführung eines Bergbauernhofes, die Beratung und Hilfe bei unverschuldet in Not gekommenen Mitmenschen, die Betreuung von gesellschaftlich relevanten Dissertationen und vor allem die erbetenen Diskussionen und Vorträge – sowie die Vorhalte der „guten Freunde": „Da kann man ohnehin nichts machen! Du ruinierst nur deine angeschlagene Gesundheit. Denk an deine Frau und deine Familie!" etc. haben die guten Vorsätze fast erstickt.

Daher bitte ich alle Leser, das Gedankengut zum sanften Aufstand weiterzugeben, Umsetzungsstrategien zu beginnen und diese möglichst flächendeckend zu vernetzen. Wir sind nicht machtlos, wenn wir uns zusammenschließen![3]

Dieses Buch kann kein in alle Details gehender „Rundumschlag" sein, weil es dann nicht mehr lesbar sein würde. Vielmehr werden die schädlichsten Problembereiche und dringendsten Informationsbedürfnisse herausgegriffen und in einfacher – aber nicht unzulässig vereinfachender – Sprache behandelt.

Wegen der Gefährlichkeit der Entwicklungen im Finanzbereich werde ich diesen ausführlicher behandeln. Die Ergänzung mit Grafiken soll das Erfassen von Zusammenhängen erleichtern und die Lektüre auflockern.

Im Interesse der Lesbarkeit habe ich auch auf die zitierende Anmerkungs- und Fußnotenflut so weit wie möglich verzichtet. Diese boomt ja wegen der als politische Waffe eingesetzten Plagiatjagd[4]. Die Fußnoten dienen vielmehr vor allem dem inhaltlichen Nachfassen bzw. der weiterführenden Information und Erklärung.

Noch ein Vermerk zur in Mode gekommenen „Plagiatkeule": Wir bauen immer auf dem Wissen anderer auf und danken für deren Vorarbeit. *Erwin Schrödinger*, den ich noch gekannt habe, hat hierzu gemeint: „Wenn wir unser wahres Ziel nicht für immer aufgeben wollen, dann dürfte es nur den einen Ausweg aus dem Dilemma geben: dass einige von uns sich an die Zusammenschau von Tatsachen und Theorien wagen, auch wenn ihr Wissen teil-

---

3 Den Defätisten erzähle ich immer die Begegnung mit der in Wien studierenden Tochter des tschechischen Außenministers unter *Alexander Dubcek, Jiri Dienstbier*, als der „Eiserne Vorhang" und die kommunistische Repression noch intakt waren. Sie meinte: „Wir haben kein Geld, keine Medien und kein öffentliches Forum – vielmehr haben wir die Polizei und die dem Regime dienende Armee im Rücken. Aber wir haben das bessere Konzept – und dieses bringen wir von Frau zu Frau, von Mann zu Mann, von Frau zu Mann und von Mann zu Frau hinüber." Das Ergebnis war die „samtene Revolution". Die kommunistischen Machthaber sahen, dass die Polizei nicht mehr bereit war einzuschreiten und dass auch die Armee auf der Seite der Revolutionäre stand. Sie räumten, ohne einen Schuss abzugeben, kampflos das Feld.
4 Die Plagiatjagd ist ja geradezu zum nachträglichen „akademischen Sport" geworden. Würde man zur „Evaluation" der Universitäten erfahrene Wissenschafter heranziehen und nicht nach dem Durchsatz, sondern nach der Qualität fragen und die Universitäten besser ausstatten (wofür ich Vorschläge machen werde), dann käme es nicht zum Übersehen von „Fremdanleihen". Universitäten kann man nicht nach den Maßstäben für Industrieunternehmen bewerten.

weise aus zweiter Hand stammt und unvollständig ist – und sie
Gefahr laufen, sich lächerlich zu machen." – Heute müsste man
sagen, „als Plagiatoren verunglimpft zu werden".

Verehrte Leser!

Sie müssen sich gefasst machen, dass ich entgegen den allseits
praktizierten Bemäntelungen, gepaart mit Abschuss- und Täu-
schungspraktiken, die Dinge beim Namen nennen werde, auch
wenn ich bei manchen tradierte bequeme „geistige Häuser" ein-
reißen und Verdrängtes an die Oberfläche bringen muss. Politisch
Hellsichtige haben das, was wir gegenwärtig erleben, voraus-
schauend in kurze Merksätze gepackt:

Ferdinand Lassalle (1825–1864) hat den Satz geprägt: „Alle
politische Kleingeisterei besteht in dem Verschweigen und
Bemänteln dessen, was ist."

George Orwell (1903–1950) hat die eskalierende politische
Manipulation in den Satz gekleidet: „In Zeiten, da Täuschung und
Lüge allgegenwärtig sind, ist das Aussprechen der Wahrheit ein
revolutionärer Akt."

Die **Abschusstaktiken** der herrschenden Oligarchen sind viele.
Die häufigsten Diffamierungen, die auch ich regelmäßig erlebe,
sind:

– *Untergangsprophet*: Es kann doch nicht so arg kommen, und
  übrigens ist ja bislang alles halbwegs gut gegangen. Als ich die
  Finanzkrise präzise vorausgesagt habe, wurde ich diesbezüglich
  als „wirtschaftsschädlich" verhöhnt. Wir gleichen vielmehr
  wirtschaftlich, ökologisch und politisch jenem Menschen, der
  vom fünfzigsten Stockwerk herunterspringt und beim fünfund-
  zwanzigsten fröhlich winkt, „weil alles ja bislang gut gegangen
  ist" …

– *Nicht zurechnungsfähiger Verschwörungstheoretiker*: Seit ich
  mich mit der Geschichte des Ersten und Zweiten Weltkrieges
  sowie vor allem mit der Weltwirtschaftskrise der Dreißigerjahre
  des vorigen Jahrhunderts sowie mit den nach dem Zweiten
  Weltkrieg angezettelten Kriegen auf dem Hintergrund der großen Öl- und Finanzinteressen beschäftigt habe, traue ich den
  „Finanzmärkten", d. h. den (Noch-)Herren des Weltfinanzsystems, alle Unmenschlichkeiten zu. Wenn jemand in einem konkreten Fall, um eindeutiger Öl- und Dollarinteressen willen,

bereit ist, das Leben von 100.000 Mitbürgern und Söldnern zu opfern, dann ist ihm jede andere Ungeheuerlichkeit zusinnbar.[5]

– *Missachtung der evidenten Sachzwänge*: Das Wort Sachzwang wurde erst im vorigen Jahrhundert erfunden, um herrschende Gesellschaftsmodelle sakrosankt zu machen. Sie sind quasi „gottgegeben", und es gibt keine Alternative zu ihnen (TINA). Sachzwänge aber sind menschengemacht. Johannes Paul II. nannte sie „sündhafte Strukturen".

– *Nicht dialogfähig*: Man muss doch den anderen verstehen und darf nicht polarisieren – auch wenn die Position des anderen grundfalsch oder gemeingefährlich ist. Das Ende ist totale Relativierung und eine haltlose Gesellschaft.

– *Mangel an „political correctness"*: Alles, was nicht der verordneten Hauptstrom-Meinung entspricht und die verordnete Scheinruhe stört, ist „politisch nicht korrekt". Wenn einer die US-Finanz- und Ratingpraktiken schon vor Jahren als fraudulos (betrügerisch) bezeichnet hat, dann war er zumindest „unmöglich". Wenn jemand die Okkupations- und Landnahmepraktiken Israels beim Namen nennt, ist er ein Antisemit; und wenn jemand gar den Islam als eine weltweit ausgeformte, intolerante Eroberungsreligion aus dem 7. und 8. Jahrhundert anspricht, deren Ziel es noch immer ist, die ganze Welt – auch mit Gewalt – zu unterwerfen, dann ist man, wenn es gut geht, ein „Islamophober" oder gar ein „Hassprediger mit umgekehrten Vorzeichen". Ähnliches gilt für den Genderwahn, der den Frauen Männerrollen aufzwingt, die angeborenen Geschlechtsunterschiede aufzuheben versucht und die Familien zerstört.

---

5 Über ein Logistikprojekt habe ich zufällig Einblick in die Packliste des Ersten Golfkrieges bekommen.

Sie enthielt 100.000 Leichensäcke. D. h. man hat für das Maximalrisiko von 100.000 Toten vorgesorgt. Dass die Golfkriege Dollar- und Ölkriege waren, für deren Rechtfertigung man Massenvernichtungswaffen erfunden hat, ist inzwischen bewiesen. Die Strategie, das zerstörte Land mit US-Firmen wieder aufzubauen, sich mit Erdöl bezahlen zu lassen und gleichzeitig die weitere Fakturierung in US-Dollar zu erzwingen und so mehrfach zu verdienen, wurde sogar naiverweise im Gutmenschenton veröffentlicht. Sie ging aber nicht auf. Vielmehr wurde – ähnlich wie im Iran – radikalen Ismen das Tor geöffnet.

Dass Saddam Hussein ein übler Diktator war, ist unbestritten. Aber ebenso unbestritten ist, dass man ihn, solange er dienlich war, gefördert hat. Überliefertes Zitat des Direktors des CIA: „Wir wissen, dass Saddam ein Sauhund ist – aber er ist unserer."

Jean-Jacques Langendorf hat in seinem Buch *Bewusste Kapitulation? (*Capitulation ou volonté de défense) dies so formuliert: „Dinge dürfen nicht mehr so bezeichnet werden, wie es sich gehört und wie sie wirklich sind ... Indem man sie verharmlost, schwächt, maskiert und vertuscht, entzieht uns die Political Correctness die Realität und hindert uns daran, sie anzuerkennen."

- *Mangel an korrekter Information*: Es gibt einen Sager: „What is not in CNN, is not reality" (Was CNN nicht meldet, entspricht nicht der Wirklichkeit). Dies zielt auf die Manipulation der öffentlichen Meinung ab. Interessenbezogene Einlullungen und Lügen verzerren den Informationsstrom. Die lokale Verhaberung der Politiker mit dem Boulevard (man braucht sich nur die Annoncen in den österreichischen Gratiszeitungen anzusehen) zeugt von dieser nur auf den täglichen Machterhalt abzielenden Manipulation (noch dazu auf Kosten der Steuerzahler).

Die einfärbenden Disziplinierungen im öffentlichen Rundfunk (ORF)[6], die zu „subtil differenzierender Objektivität" führen, setzen der „korrekten Information" die Krone auf.

Mein im Vorjahr verstorbener Taufpate, der einfache Bauer *Karl Marchart* aus Flinsbach am Dunkelsteinerwald, der als Gewissensdeserteur in der Zeit des Zweiten Weltkrieges auf abenteuerliche Weise überlebte, hat die Medial-Diagnose der Gegenwart auf den Punkt gebracht. Zu meiner Überraschung sagte er, als wir über die Zeitläufe redeten: „Die leben ja alle schon in einer Scheinwelt. Sie erinnert mich an jene der Nazis." Erstaunt fragte ich: „Wie kommst du zu dieser Beurteilung?" Die Antwort war verblüffend einfach: „Zuerst manipulieren sie die Medien und dann glauben sie selbst daran."

Zu den wenigen Zeitungen, die wirklich unabhängig und fundiert berichten, gehört die genossenschaftlich organisierte Schweizer Wochenzeitung *Zeit-Fragen*, die keinen Herausgebern und Sponsoren verpflichtet ist.

Es geht aber noch tiefer: Im prägenden Bildungs- und Forschungsbereich wird meist nur als „wissenschaftlich" anerkannt, was für alle experimentell abrufbar bzw. reproduzierbar

---

6 Dies wird vor allem durch Kurzzeitverträge (in der Regel Dreimonatsverträge) bewirkt. Wer „nicht entspricht", wird nicht verlängert.

ist. Alles andere wird als „nichtwissenschaftlich" niederge-
macht. Mit diesem modernen Materialismus blockieren wir
aber den Weg der weiteren kulturellen Evolution und den wert-
ordnungsbegründenden Anschluss nach „oben".

– *Esoterischer „Spinner"*: Weil ich nicht bereit bin, die Metaphysik auszuklammern, deren Einwirkung evident ist. Ohne diesen
Hintergrund (*meta physika*) sind viele Phänomene[7] und viele
geradezu groteske Handlungsweisen nicht erklärbar. Dies wird
uns auch noch u. a. im Islamkapitel (Abschnitt 1.8.4) beschäftigen.

Unerwartete Rückendeckung habe ich durch die Lektüre des
Buches *A Guide for the Perplexed* (Ein Führer für die Verwir-
ten) von *Ernst Friedrich Schumacher* bekommen. In diesem
Vermächtniswerk plädiert er für das erkenntnistheoretische
Offensein „nach oben", weil die entscheidenden Fragen der
Menschen mit den bewährten naturwissenschaftlichen Metho-
den nicht beantwortet werden können.

– *Lächerlichmachung*: Mit Letzterem ist auch die übliche Strategie der Lächerlichmachung verbunden. Als ich seinerzeit dem
Generaldirektor *Louis Bauer* von der ÖMV, die damals noch
fest in österreichischer Hand war und gut verdiente[8], die langfristige Notwendigkeit der Entwicklung der Naturstoffchemie
und der strategischen Kooperationen im Kunststoffbereich
nahelegte, wurde mir bedeutet, dass ich offenbar als Kind zu
viel *Jules Verne* und *Hans Dominik* gelesen hätte. Dies wurde
meinen Vorgesetzten mit dem Rat mitgeteilt, sie sollten mich
ermahnen, dass ich mich besser um das laufende Geschäft küm-

---

7 Ich habe mich, wie mein Freund, der Physiker und Theologe Dr. *H. Madinger*, z. B.
mit den Botschaften von Fatima beschäftigt, in denen u. a. der Zweite Weltkrieg, den ich
noch erlebt habe, vorausgesagt wurde, wenn es zu keiner inneren Kurskorrektur kommt.
Sogar das mit dem Beginn des Krieges zusammenfallende Naturereignis – ein unge-
wöhnliches Nordlicht, das ich als kleines Kind als „roten Vorhang" am 25. 1. 1938 gesehen habe – stimmte. Wer zusätzlich die Lebensgeschichte des Franziskaners *Gereon
Goldmann* im Zweiten Weltkrieg (siehe Literaturverzeichnis) liest, muss geradezu von
einem „spirituellen Kriminalroman" sprechen, so massiv ragte die Transzendenz in sein
Leben und in den Krieg herein.
8 Nun haben die „Ölscheichs" die Sperrminorität und können daher Strategien, die ihren
Interessen zuwiderlaufen, blockieren. Der strategisch wichtige Polymer(Kunststoff)sek-
tor wurde total verkauft, weil dies für die Schmalstrategen zu kompliziert und aufwendig
war und die frühzeitig erforderlichen Kooperationen nicht eingegangen worden waren.
Wir werden daher längerfristig einen auslaufenden Sektor abnutzen.

mern solle, als andere zu belästigen und zu belehren. Erst 2010 ist in Österreich das Konzept „Bioraffinerie" im universitären Bereich und im BMVIT angelangt. Das bedeutet mehr als drei verlorene Jahrzehnte.

Wogegen ich im Gegensatz zu letzterem Vorwurf anlaufe:
– *Ausblendung der Realität*: Wir sind umgeben von Verdrängern. Weil man in seiner Ruhe im selbstgebastelten geistigen Haus nicht gestört werden will, werden Gefahren und Umwälzungen schlicht geleugnet (verdrängt). Wenn z. B. ein hoher Polizeibeamter auch in Wien eine wachsende Gewaltbereitschaft der Jugendlichen registriert, der man auf den Grund gehen müsse, dann wird er als Schwarzmaler hingestellt, der seine Funktion rechtfertigt. Als wir vor 50 Jahren aufgrund der vorherrschenden Muster der Ressourcennutzung und Produktion vor zunehmender Arbeitslosigkeit bei gleichzeitiger „Müllerstickung" und Gefährdung der uns tragenden Ökosysteme gewarnt haben, waren wir Hypochonder, denn die „Realisten" konnten für sich in Anspruch nehmen, dass bislang ja alles gutgegangen war …
– *Ablehnung des nüchternen und mutigen „Rückblickes aus der Zukunft"*: Die „moderne" Wissenschaft versucht auch die Kulturwissenschaften – vor allem die Wirtschaftswissenschaften – zu Naturwissenschaften zu machen. Ergo wird auf konkret erfassbare Zeitreihen aus der Vergangenheit aufgebaut. Daraus werden Schlüsse gezogen sowie Projektionen in die Zukunft abgeleitet. Wer jedoch mit Hausverstand Entwicklungen absieht, wird als unwissenschaftlicher Spekulant abgetan. Im Gegensatz hierzu hat *Dennis Meadows*, der Mitautor von „Die Grenzen des Wachstums", in einem Gespräch am 6. November 2006 im Refektorium der Franziskaner in Wien gemeint: „*Wir treten in ein Zeitalter ungeheurer globaler Umwälzungen ein. Die Veränderungen in Politik, Kultur, Psychologie, Regierungsformen und Umwelt im 20. Jahrhundert sind weit weniger umfassend als jene, die sich in diesen Bereichen bis zum Jahr 2025 ereignen werden.*" Er dachte hierbei insbesondere an die die Ökosysteme und die Sozialsysteme überfordernden geometrischen Reihen bezüglich des Verbrauches unserer Lebensgrundlagen und an den zu immer größeren sozialen Ungleich-

gewichten führenden Zinseszins (eine klassische geometrische Reihe) zugunsten der großen Kapitaleigner – aber auch an die zunehmende Erosion des geistigen Zusammenhaltes der Gesellschaften. Dies als gegebenes Schicksal hinzunehmen ist nicht nur dumm, sondern auch „zukunftskriminell". Wenn wir eine realistische Vision haben und mutig zusammenstehen, dann können wir der Zukunft eine Richtung geben.

Noch drei Bemerkungen:
Für die ausländischen Leser: Ich werde die meisten Beispiele aus Österreich bringen, weil mir diese leichter zugänglich sind und ich unter Zeitdruck geschrieben habe. Da aber die Gesellschaft in Österreich meist ein nachäffender und nachhinkender Spiegel der internationalen Geisteshaltungen, Entwicklungen und Strömungen ist, kann das Wort *Franz Grillparzers*: *Dies Österreich ist eine kleine Welt, in der die große ihre Probe hält,* angepasst heißen: Dies Österreich ist eine kleine Welt, in der die große ein sich stellt.

Die oben angeführte jüngste Jugendstudie im deutschsprachigen Raum zeigt zusätzlich die hohe Übereinstimmung der Haltungen, Probleme und Wünsche.

Wegen der Aktualität der Finanzkrisen werden, wie schon oben erwähnt, die Abschnitte 1.3 „Missachtung der ökonomischen Grenzen" und III.1.5 „Neugestaltung der internationalen Finanzarchitektur" sowie III.2 „Nationale Regelungen" ausführlicher gestaltet sein. Die aktuellen Daten in diesen Kapiteln sind je nach Zugänglichkeit Stand September oder Mai 2012. Da sich aber an den vorherrschenden Strukturen und in der Dynamik kaum etwas Grundsätzliches ändern wird, ist zu erwarten, dass sich die Situation eher noch zuspitzen wird. Es ist daher abzusehen, dass die Therapie nicht nur gleich bleibt, sondern dringender wird.

Ich werde mich auch bemühen, gemäß dem Ratschlag meines Großonkels Julius Raab zu schreiben: „Wenn du etwas verstanden hast, dann kannst du es auch allgemeinverständlich ausdrücken." Ich hoffe, dass mir dies gelingt.

I.
SEHEN

I.

Die „tödlichen" Missachtungen durch die „Hauptströme" (mainstreams) in Wissenschaft und Politik

I.1

Missachtung der geistig-kulturellen Dimension

Der Leser wird sich wundern, dass ich bei einem „aufständischen Sachbuch" mit den geistigen Hintergründen beginne, aber dies erscheint mir unabdinglich, weil die meisten meiner Zeitgenossen diese Realitäten ausblenden und im Lichte der selbstgebastelten geistigen Käfige selbstgefällig agieren. Aufgrund dieser geistigen Beschränkung kommt es zu eklatanten Fehleinschätzungen und Fehlstrategien. Wenn man allerdings die „Käfige" aufzeigt, werden die „Inwohner" höchst aggressiv, weil man ja ihre geistigen Häuser infrage stellt, in denen sie sich so trefflich – vor allem in Verfolgung ihrer kurzfristigen Eigeninteressen – eingerichtet haben. Ich habe dies erlebt, als ich 1978 das erste *Grüne Energiekonzept für Österreich* entworfen und vorgestellt habe. Dasselbe galt für die *Renaissance der Naturstoffchemie,* die Konkretisierung und Honorierung der *Grünen Dienste* der Bauern und die künftig notwendige *Ernährungssouveränität,* die not-wendende *Strategische Steuerreform,* die *Reform der Regeln der Handelspolitik* und die Neugestaltung der *Internationalen Finanzarchitektur.* Repression, Abstempelung als „Spinner" und berufliche Ausschaltung waren zu erdulden.

I.1.1

Ausblendung der Metaphysik

Mich hat als Kind schon das Höhlengleichnis von Plato fasziniert[9]. Später bin ich durch Zufall auf Personen gestoßen, die

---

9 Plato sieht unsere „Realitäten" als Schatten: Wir sitzen mit dem Rücken zu einem Höhleneingang, vor dem die wahren Wirklichkeiten vorbeiziehen, und sehen die sich bewegenden Schatten an der Rückwand der Höhle. Diese halten wir aufgrund unserer begrenzten Sichtweise für die Realitäten.

nachvollziehbar in die Transzendenz vorgestoßen sind, und habe daher die anerzogene, ausblendende Ablehnung dieser Phänomene abgelegt.

Wer die Bekehrung des *Blaise Pascal*[10], die Geschichte einer *Birgit von Schweden*, eines Bruder *Klaus von der Flüe*[11] oder einer *Theresia von Konnersreuth* sowie die von Clemens v. Brentano aufgezeichneten Visionen der *Anna Katharina Emmerich* oder die rezenten Gesichte von *Alan Ames* nach dem Grundsatz „Verwirf nicht von vornherein, was nicht in dein gegenwärtiges Weltbild passt" vorbehaltlos gelesen hat, muss zugeben, dass es diese auf unsere greifbaren Realitäten durchwirkende geistige Welt gibt und dass wir sie daher beachten sollten. Sie ist ein Teil unseres Lebens, dessen Nichtintegration zu für den Reduktionisten unerklärlichen Verwerfungen, Unmenschlichkeiten und Ungeheuerlichkeiten führt, die in ihrer Eskalation nicht nur ein geglücktes, angstfreies Leben, sondern bereits auch unsere Existenz bedrohen.

Wie weit das Ausblenden als Schutz des eigenen „geistigen Hauses" geht, soll eine Episode mit dem sonst akribisch nachforschenden „Eichmann-Jäger" Dipl.-Ing. *Simon Wiesenthal* zeigen: Als ich durch schwere Krankheit ein Jahr im Spital verbringen musste, begann ich aufgrund eines Hinweises meiner Mutter die Visionen (Gesichte) der A. K. Emmerich zu lesen und war von den überprüfbaren Details fasziniert. Insbesondere die Schilderung des Prozesses und der Hinrichtung Jesu Christi eröffneten mir neue Erkenntnisse und Sichtweisen. Ich brachte daher Simon Wiesenthal das Buch und meinte: „Sie sind für mich der bewundernswerteste Kriminalist. Sehen Sie sich, bitte, dieses Material an und geben Sie mir – bitte – über Ihr Urteil Bescheid." Simon Wiesenthal entgegnete: „Für solche 2000 Jahre zurückliegende Dinge habe ich keine Zeit. Ich muss mich mit der Zeitgeschichte

---

10 Der Mathematiker und Naturforscher *Blaise Pascal*, der Mozart des Denkens, hatte im Jahre 1654 ein Erleuchtungserlebnis, das ihn geistig neu gestaltet hat und nicht mehr losließ. Er hat es auf einen Zettel, den er immer bei sich trug, im sogenannten *Mémorial* aufgeschrieben: „Seit ungefähr abends zehneinhalb bis ungefähr eine halbe Stunde nach Mitternacht / FEUER / Gott Abrahams, Gott Isaaks, Gott Jacobs – nicht der Philosophen und Gelehrten / Gewissheit, Gewissheit, Empfinden, Freude, Friede / Gerechter Vater, die Welt kennt dich nicht; aber ich kenne dich / Freude, Freude, Freude und Tränen der Freude / Vollkommende innige Entsagung."
11 Er hat der Schweiz einen drohenden Bürgerkrieg durch Gebet und Rat erspart.

beschäftigen." Er blendete sie schlicht aus, obwohl die Ereignisse in die Gegenwart hereinragen und uns helfen, unsere moralischen Normen transzendental zu begründen. Auch bezog sich sein eigener Glaube auf Ereignisse und Regeln, die mehr als 2000 Jahre zurückliegen.[12]

S. Wiesenthals ausblendendes Verhalten ist typisch für den Hauptstrom der gegenwärtigen westlichen Zivilisation, von dem E. F. Schumacher meint, dass sie deshalb orientierungslos in den eigenen Untergang taumelt. Nicht mehr *Wissen, um zu verstehen*, wird angestrebt, sondern *Wissen, um zu manipulieren*. Nur wenn eine Theorie zum greif- und wiederholbaren Erfolg führt, dann ist sie „wahr".[13]

Der Erfinder des MASERs und Nobelpreisträger *Charles H. Townes* hat in einem persönlichen Gespräch seine Sicht gegen den einschränkenden Omnipotenzanspruch der Naturwissenschaften wie folgt auf den Punkt gebracht: Die Naturwissenschaften erforschen das materielle „*Wie*", die Religion sagt uns das geistige „*Warum und wohin*".

I.1.1.1

Konsequenz der Ausblendung: Beliebigkeit der Moral

Wenn man die anerkannten Spielregeln des menschlichen Zusammenlebens (Sitten) als Moral definiert, so stößt man bei ihrer Begründung auf erhebliche Schwierigkeiten. Ihre Ableitung aus dem in einer Gruppe vorherrschenden Verhalten kann nicht befriedigend sein. In einer Räuberbande gilt das „effizienteste" (brutalste) Bandenmitglied als Vorbild. Die Rechtfertigungsideologien diverser Ausbeutungssysteme gehen in dieselbe Richtung. Augustinus von Hippo (354–430), den man als eigentlichen Begründer der europäischen Staatsphilosophie ansehen kann, hat dies in den folgenden berühmten Sätzen benannt:

---

12 Wenn es aber um die sich häufenden Angriffe auf das Christentum geht, dann werden bis zu 2000 Jahre alte Quellen selektiv und mit „ergänzender Phantasie" herangezogen.
13 Die Berechnungen der Bewegungen der Sterne durch die „alten" Astronomen waren zutreffend, obwohl ihre Kosmologie noch falsch war, und die erste gezündete Atombombe hat funktioniert, obwohl der theoretische Unterbau noch Fehler hatte.

Was sind Reiche ohne Gerechtigkeit anders als große Räuber-
banden (De civitate Dei VI 5). *Sind doch auch Räuberbanden*
nichts anderes als kleine Reiche! Denn es sind Menschengruppen,
geleitet vom Willen des Führers, die durch einen Gesellschafts-
vertrag zusammengehalten werden und die Beute nach vereinbar-
tem Gesetz verteilen. Wächst eine solche üble Bande durch den
Beitritt verworfener Menschen derart an, dass sie Gebiete
besetzt, Niederlassungen gründet und Staaten erobert, dann legt
sie sich ganz unverhüllt den Namen Reich zu (ebendort IV 5). Er
stellte in transzendentaler Anbindung seiner Moral die zentrale
Frage: „Was hätte Christus, den ich als konkreteste Selbstoffenbarung Gottes erkannt habe, an meiner Stelle getan?" Wir werden
am Ende des Buches noch darauf zurückkommen.

Ich habe auch noch die Berufung auf das „gesunde Volksemp-
finden" für menschliche Ungeheuerlichkeiten unter den Nationalsozialisten erlebt – aber auch Menschen, die sagten, man müsse
Gottes Geboten mehr gehorchen als den Menschen. Damals
wurde mein Denken bezüglich der transzendentalen Anbindung
der Moral angestoßen.

Wie schleichend durch die Hintertür die Beliebigkeit herein-
kommt, möge die Anpreisung eines viersemestrigen Lehrganges
„Ethik" an der Universität Wien[14] offenkundig machen: Ethik sei
nicht, wie oft fälschlicherweise angenommen, eine „Werteve-
rmittlung", sondern die Beförderung des selbständigen Denkens,
der Urteils- und Argumentationskompetenz". Aber es geht noch
weiter: „Die Ethik kann sich als philosophische Disziplin zur Kritik oder Begründung normativer Verbindlichkeiten nicht auf religiöse, d. h. nicht auf partikulär akzeptierte Autoritäten – ‚heilige
Schriften', ‚Wort Gottes' – berufen. Sie arbeitet mit Argumenten,
die für jeden autonom einsetzbar und im Zug rationaler Überprüfung gegebenenfalls auch zu revidieren sind." Dies ist „philoso-
phischer Rechtspositivismus". Es ist hingegen Stand der Wissenschaft, dass Ethik Maßstäbe gibt und Werte braucht, auf die sie
sich bezieht. Diese können entweder von erkannten Prinzipien
kommen (deontologische Begründung) oder aus der Erwägung
der unerwünschten bzw. erwünschten Folgen eines Handelns

---

14 Die Presse, S. K16, Bildung, 7./8. 4. 2012

(teleologische Begründung). Aber auch letztere bedürfen eines im Hintergrund stehenden Wertmaßstabes (was ist erwünscht und was nicht). Als ich mit dem Ethiker Univ.-Prof. em. *Günter Virt* „Kriterien einer praktischen (angewandten) Ethik" formuliert habe (siehe *Globales Schafe Scheren* Abschnitt II.1.3, S. 132 – 134), standen im Hintergrund die überragenden Werte der Menschenwürde, des Gemeinwohles und der zwischenmenschlichen Solidarität. An diese Werte angebunden, haben wir dann die Handlungsleitungen logisch und mit Sachkenntnis (diese konnte vor allem ich einbringen) verknüpft abgeleitet.

Die bekannten Ausbeutungssysteme Roms[15] und der Neuzeit (Eroberung Nord- und Südamerikas, Kolonialismus, Manchester-Liberalismus, plutokratischer Neokolonialismus, aktuelle Finanzdiktatur) zeugen in ihren Begründungen von der Hydra der Beliebigkeit.

Hier sollte noch eine Bemerkung zu den „kritischen Rationalisten" gemacht werden: *Karl Popper* (1902–2004) meinte, dass etwas „wahr" ist, solange es sich bewährt. Wir landen hier möglicherweise auch bei den sich „bewährenden" Regeln einer Räuberbande zulasten Dritter. Ich habe ihm daher im persönlichen Gespräch zu bedenken gegeben, dass es Dinge gibt, die sich ewig bewähren. Diese dürfen dann als absolute Wahrheit angesehen werden.[16]

Alexander Solschenizyn (1918–2008) hat die Folgen des Verlassens der transzendentalen Anbindung in den Satz gepackt: *Sie haben Gott hinausgeworfen und damit dem Teufel die Tore geöffnet.*

Antoine de Saint-Exupéry (1900–1944) hat dies feinfühliger und treffender ausgedrückt:

> *Wenn Menschen gottlos werden,*
> *sind Regierungen ratlos,*
> *Lügen grenzenlos,*
> *Schulden zahllos,*

---

15 Ihr dürft alles glauben (Pantheon), nur dürft ihr nicht die höchste Autorität des Kaisers in Frage stellen. Dies taten jedoch die friedlichen Christen und wurden daher grausamst verfolgt.

16 Ich dachte hier an das Wort Jesu: *Ich bin der Weg, die Wahrheit und das Leben* (Joh. 14, 6).

Besprechungen ergebnislos,
Politiker charakterlos,
Christen gebetlos,
Kirchen kraftlos,
Völker friedlos,
Sitten zügellos,
Mode schamlos,
Konferenzen endlos,
Aussichten trostlos.

Thomas More (1748–1535), der von einem rechtsbrecherischen und gewalttätigen Monarchen im Namen des Gesetzes wegen „Hochverrats" ermordet wurde, hat in seiner politischen Parabel *Utopia* (Nirgendwo) ebenfalls das transzendentale Verankern der Moral als staatsnotwendig angesehen. In seinem Idealstaat herrscht volle Gewissensfreiheit. Jeder Einzelne darf auch ungestraft an Gott zweifeln. Die Verführung zur allgemeinen Gottlosigkeit stellt er aber unter die höchste Strafe, weil sie dem glückbringenden Gemeinwesen das moralische Fundament entzieht.

I.1.1.2
Der kategorische Imperativ (KI) von Immanuel Kant

ruft uns diese Fundierung in einer anderen Argumentationskette und in einem anderen Kleid in Erinnerung. Er sagt zu der für glückhaftes gesellschaftliches Zusammenleben notwendigen Zentralmaxime in seiner *Grundlegung zur Metaphysik der Sitten* (1785): *„Handle nur nach derjenigen Maxime, durch die du zugleich wollen kannst, dass sie ein allgemeines Gesetz werde."*[17]

Der kategorische Imperativ ist eigentlich die weitere Ausformung der Goldenen Regel (Was du nicht willst, das man dir tu, das füg' auch keinem andern zu.); denn ein allgemeines Gesetz verpflichtet auch mich. Die Goldene Regel aber ist wieder eine Minimalisierung des zentralen Liebesgebotes Christi.

---

[17] Immanuel Kant bringt in seinen Werken unterschiedliche Formulierungen des Kategorischen Imperativs, die aber alle die gleiche Grundaussage haben. Ich habe die gängigste gewählt.

I.1.1.3

Konsequenz Instabilität der Gemeinwesen

Die Rechtsgeschichte und die Geschichte der Staaten zeigen, dass Normen immer wieder zulasten Dritter gebogen oder missbraucht wurden, wenn es an allgemein anerkannten sittlichen Regeln (Moral) gemangelt hat. Die Gemeinwesen beruhen eben auf Grundlagen, die sie selbst nicht schaffen können (geistige und kulturelle Einheit). Fehlen diese, dann schwinden das wechselseitige Vertrauen und das Vertrauen in die Regierungen. Der Staat wird zur großen Fiktion, über die hinweg sich jeder bemüht, auf Kosten des anderen zu leben (*Ferdinand Lassalle*). Dieser moralisch ungezügelte Interessenkampf führt zu gesellschaftlicher Labilität.

I.1.1.4

Die tragische Folge des „Rechtspositivismus"

Die Nichtanbindung der Rechtsordnung an hinter ihr stehende moralische Normen fand im Rechtspositivismus ihren wissenschaftlichen und praktischen Niederschlag. Ich musste als Kind die Willkürherrschaft der Justiz und die Vernichtung von unschuldigen Mitmenschen unter der nationalsozialistischen Diktatur erleben. Richter verkündeten ohne Skrupel ungerechte Urteile und lieferten Mitmenschen ans Schafott, weil es ja die geltende Rechtsordnung geboten hat. Mein Vater, der gegen die ersten ungerechten Urteile aufgestanden ist, wurde entlassen und starb – Gott sei Dank – vor dem Abtransport ins KZ (Konzentrationslager), wodurch wir als Familie überleben konnten. Er hat mir über meine Mutter das Erbe des Eintretens für die unverzichtbaren Menschenrechte und für deren transzendentale Verankerung hinterlassen.

I.1.2
Reduktionistisches Menschenbild

Das besondere Vorrecht des Menschen war in seiner Geschichte das Recht, über sich selbst zu reflektieren, zu träumen und über sich selbst hinauszuwachsen. Nicht umsonst sagt der Volksmund über einen solidarisch-liebevollen Menschen, er sei ein „Engel". Auf dieses komplexe, nach oben offene leib-seelische Wesen sind jedoch in den letzten 100 Jahren insbesondere von zwei Seiten massive verzwergende Angriffe gefahren worden. Die Hauptstromökonomen versuchen, den Menschen auf einen simplen Konsum- und Profitmaximierer zu reduzieren, womit ihre wirtschaftlichen Modelle einfacher und besser rechenbar werden. Die erfolgstrunkenen Neurobiologen hingegen erklären voll Stolz, dass sie demnächst jede „geistige" Reaktion neurochemisch erklären werden können. Dass sie dabei die erkenntnistheoretischen Grenzen der deskriptiven Wissenschaften überschreiten, stört sie nicht – geht es doch in Wirklichkeit um die Ausdehnung ihres Weltbildes auf die Gesamtheit der Wissensgebiete.

Das Ergebnis ist das Menschenbild einerseits eines *Konsumtrottels* und *Gewinnhamsters* und andererseits eines chemisch vorbestimmten höheren Tieres. Was derzeit gesellschaftlich an Event- und Konsumorgien sowie Medienspektakeln – bis hin zur Herabstufung von Liebesbeziehungen auf Sexabwicklung – abläuft, scheint dem Recht zu geben. Sind diese „Tatsachen" aber nicht die Folge der Indoktrinierung mit diesen Reduktionsmodellen, die dem Menschen jede höhere Bestimmung absprechen und ihn zu einer Triebmaschine werden lassen? Rauben wir unseren Kindern und uns selbst nicht den Glauben an unseren freien Willen, unsere eigene Gestaltungskraft, die Romantik des Lebens und die hoffnungsvolle Einbettung in eine transzendente Zukunft? Werden wir dadurch nicht willenlos steuerbar?

I.1.3
Das Leben als letzte Gelegenheit

Da dieses reduktionistische Menschenbild die Transzendenz ausklammert, kommt es zu einer Verkürzung unseres Seinsbewusstseins auf die uns gegebene physische Lebenszeit. Dies bewirkt die Tendenz, in die Zeitspanne des Lebens alles, was nur geht, hineinzustopfen. *Marianne Gronemeyer* hat dies mit dem Ausdruck *Das Leben als letzte Gelegenheit* charakterisiert. Diese Lebensauffassung bewirkt nicht nur ein dauerndes Gefühl des Nicht-genug-Bekommens, sondern auch gesellschaftliche Brutalität, welche Sie vor allem in den Finanzkapiteln antreffen werden. Liebe, Rücksichtnahme und Solidarität lohnen sich bei diesem Lebens- und Menschenbild nicht. Diese Werte werden höchstens als Lippenbekenntnis verwendet, um sich ein soziales Mäntelchen umzuhängen. Mir kommen bei diesen Gedanken zwei konkrete Erlebnisse in den Sinn:

a) Die Erzählung meiner Großmutter mütterlicherseits über einen lokalen Reichen, der sich „alles leisten" konnte. Er antwortete auf die naive Frage, wie man reich werden könne: „Dir brauchen nur die armen Leute nicht zu erbarmen." Gegenwärtig erscheint diese Erbarmungslosigkeit international institutionalisiert (siehe den *Washington Consensus* sowie die Inszenierung und das Management der gegenwärtigen Finanzkrise).

b) Die Tatsache, dass in die Trauer um unseren früh verstorbenen Sohn Lukas unverhofft der indische Professor und Priester Father Sing trat. Er konnte zu unserer Überraschung ohne vorhergehende Information unser Leben und Denken „sehen". Sodann stellte er den Heimgang unseres Sohnes in die Perspektive der Transzendenz und meinte, dass wir vertrauen dürften, dass wir einander wiedersehen werden. Wir sollten auch aus dem Tod lernen und das Leben aus dem Blickwinkel der Ewigkeit sehen und gestalten[18]. Dies war ein

---

[18] Danach erlebte ich noch völlig unerwartet und geschockt, dass sich mein verstorbener Sohn mit der Bitte meldete, ich solle mich mehr um meine liebe Frau kümmern, statt mich ablenkend ins Berufsleben zu stürzen. Er hatte recht, als er die „Schallmauer" durchbrach. Meiner Frau ging es schlecht, aber sie zeigte es mir aus Rücksichtnahme nicht und weil sie in ihrer Familie in „emotionaler Disziplin" erzogen worden war. Die Transzendenz hatte mich konkret eingeholt.

wesentlicher Grund für mein weiteres gesellschaftliches Engagement und das Zugehen auf Wissensbereiche, die über die dominierenden Naturwissenschaften hinausgingen.

I.1.4
Die Ökonomie als Naturwissenschaft und nicht als Geisteswissenschaft

I.1.4.1
Wirtschaftswissenschaften als das Verfolgen und Erklären naturgesetzlicher Abläufe?

Wer die Ursprünge der modernen Volkswirtschaftslehre verfolgt, muss feststellen, dass es sich um ökonomische Philosophie handelt (insbesondere bei Adam Smith[19]). In der Folge wurde jedoch die Wirtschaftswissenschaft zunehmend von den Finanzmächtigen zur Förderung ihrer Interessen instrumentalisiert. Man kann dies als die Kleidung von Interessen in naturgesetzliche Notwendigkeiten benennen. Die Gründung von US-Universitäten durch Großkapitaleigner trug dazu massiv bei. Heute schätzt man die von der Finanzelite finanzierten Ökonomie-Lehrstühle auf ca. 80 %. Hier gilt das alte Sprichwort: „Wessen Brot ich ess', dessen Lied ich sing." Dieser privat finanzierte „Hauptstrom" (mainstream) setzt die gegenwärtige ökonomische Ordnung als vorgebene Konstante voraus und beschäftigt sich mit immer komplizierter werdenden mathematischen Modellen, die Teilphänomene der wirtschaftlichen Abläufe betreffen. Der Nobelpreisträger für Ökonomie des Jahres 1988, *Maurice Allais*, war als auch Physiker und Mathematiker den „Hauptstrom-Kollegen" überlegen. Er hat die Situation im Bereich der ökonomischen Wissenschaften wie folgt auf den Punkt gebracht: Als ihn ein naiver Student fragte, wie man

---

[19] Adam Smith war eigentlich Moralphilosoph, der die Ökonomie in seine allgemeine Staatslehre eingebettet hat. Ihm wird immer – aus dem Zusammenhang gerissen – untergeschoben, dass die von ihm geprägte *invisible hand,* die „unsichtbare Hand", den Egoismus quasi automatisch zur Mehrung des Gemeinwohls lenke. Ausgeblendet wird hierbei, dass Smith einen gesetzlichen und moralischen Ordnungsrahmen vorausgesetzt hat.

zum Nobelpreis komme, meinte er lächelnd: „Wenn Sie rasch zu akademischen Ehren und öffentlicher Anerkennung kommen wollen, dann müssen Sie der vorherrschenden Lehre eine klug gewählte Arabeske hinzufügen und hierbei auch noch bedenken, dass sie den wirtschaftlich Mächtigen dient. Wenn Sie aber gegen den Hauptstrom argumentieren, dann müssen Sie das Glück haben, so alt zu werden wie ich, und dass Freunde auf Ihre Missachtung durch die Peers nachhaltig aufmerksam machen.“[20]

Um die gegenwärtige Ordnung sakrosankt zu machen, wurden ökonomische Geschichte und die Lehre über verschiedene ökonomische Denkschulen an den Universitäten weitgehend gestrichen. Man spricht von vorgegebenen „ökonomischen Gesetzlichkeiten“ und ordnet der Ökonomie die Qualität einer Naturwissenschaft zu. Sie ist aber eindeutig eine Kulturwissenschaft, weil ihre Spielregeln menschengemacht und variabel sind[21].

Die Studenten der Wirtschaftswissenschaften an der Sorbonne in Paris haben im Jahr 2000 mit Erfolg den Aufstand gegen die vorherrschenden Lehrpläne gewagt und den Terminus der *Economie autistique*, der autistischen Ökonomie, geprägt. Sie forderten eine „Economie post-autistique“, die nicht nur mathematische Modelle, die den empirischen Befunden – also der Realität – nicht mehr entsprechen, anbietet, sondern die Ökonomie wieder als Teil der Gesellschaftwissenschaften versteht.

Erwähnt sei auch der junge Prager „Aufständische“ Prof. Tomáš Sedláček, der mit seinem Buch *Die Ökonomie von Gut und Böse* die hinter den ökonomischen Ordnungen stehenden Wertordnungen aufzeigt.

Gegenwärtig werden in fast allen Ländern Europas Ökonomen

---

20 Maurice Allais wurde beharrlich von der Nobelpreiskommission übergangen, obwohl bereits zwei seiner Schüler diesen erhalten hatten. Da die Österreicher auf diesen Missstand aufmerksam gemacht hatten, kam es dann doch zur Verleihung. Aus Dankbarkeit hielt Prof. Allais einen Diskussionsvortrag an der Wirtschaftsuniversität. Dieser war höchst demaskierend. Als er z. B. gefragt wurde, was er von der gegenwärtigen Finanzverfassung halte, sagte er: „Wir haben die Geldschöpfung den Banken übertragen. Wenn wir beide ins Nebenzimmer gehen und Geld drucken, werden wir eingesperrt; wenn dies aber die Banken tun, dann ist dies eine staatstragende Aktivität.“

21 So hat E. F. Schumacher in seinem Hauptwerk *Small is beautiful* von „Buddhist Economics“ (buddhistischer Ökonomie) gesprochen, die gemäß der unterschiedlichen Wertebasis anders als die vorherrschende westliche Ökonomie gestaltet ist.

zu optimalen Systemnutzern, aber nicht mehr zu kritischen Systemgestaltern ausgebildet.[22]

Die Folge ist die derzeitige Ratlosigkeit und das erfolglose Drehen an ausgeleierten Schrauben.

I.1.4.2

Die Erfindung des „Sachzwangs"

Die wohl perfideste Erfindung der Rechtfertigungsideologen der gegenwärtigen plutokratischen Weltordnung ist der „Sachzwang". Er ist ein Derivat der Behauptung, dass die gegenwärtige Wirtschaftsordnung ohne Alternative vorgegeben sei. Der „Sachzwang" kann nicht mehr hinterfragt werden, man muss ihm schlicht Rechnung tragen, d. h. den hinter den Sachzwängen Stehenden gehorchen. Was sich im Jahr 2011 und 2012 im Finanzbereich in Griechenland abgespielt hat, zeigt dies in ultimativer Konsequenz. Darüber wird noch im Finanzkapitel zu berichten sein.

I.1.4.3

Der neurologische Freispruch (siehe auch I.1.2)

Der Gipfelpunkt der Untermauerung der Sachzwangideologie ist die Behauptung von „Bioethikern", wie *Peter Singer*, und deren philosophischen Mitgängern, wie *Rudolf Burger*, dass der Mensch neurochemisch determiniert sei. Es sei, wie schon oben erwähnt, nur noch eine Frage der Zeit, dass alle menschlichen Reaktionen neurochemisch erklärt werden können. Die Geisteswissenschaftler mögen dies endlich erkennen, oder sie werden als überholt abgetan werden. Wenn dem aber so wäre, dann wäre auch die Ökonomie eine Naturwissenschaft, weil das menschliche Verhalten neurochemisch determiniert ist. Man könne daher von „Gesetzlichkeiten des menschlichen Verhaltens" sprechen. Ein Freiraum für den freien

---

22 Als ich als Jus(Jura)-Student in einem volkswirtschaftlichen Seminar Hauptstromthesen in Frage gestellt habe, wurde ich sofort der Unwissenschaftlichkeit gezogen und schlecht benotet.

Willen und die auf diesem beruhende Gestaltung der zwischenmenschlichen Beziehungen sei daher nicht gegeben.

Ich habe diese Orgie des naturwissenschaftlichen Hochmuts seitens der anwesenden Neurochemiker beim Europäischen Forum Alpbach 1992 erlebt, und auch das „Nachbeten" der (eingeschüchterten?) Geisteswissenschaftler. Selbst die alte Schlüsselfrage der Philosophen „Wer ist es, der diese Frage stellt?", also der Bezug auf das einmalige menschliche ICH, wurde abgeschmettert. Das Ichbewusstsein sei ein Sprung von der Quantität in die Qualität. Ab einer gewissen Verdichtung der neurochemischen Vorgänge komme es zur Selbsttäuschung in Form des ICH.

Ich bin diesem Treiben dadurch begegnet, dass ich den Philosophen Prof. *Rudolf Burger* mit folgender fiktiven Situation konfrontierte: „Herr Professor! Nehmen Sie an, ich spürte plötzlich den Zwang bzw. die Lust, Ihnen ein Messer in den Bauch zu rammen und dreimal umzudrehen. Dafür aber bin ich gemäß Ihrem Denkmuster sicher nicht verantwortlich, weil ich ja neurochemisch determiniert bin. Ich bin also ‚unschuldig' und daher auch nicht strafrechtlich zu verfolgen." Die Reaktion war: „Das sind triviale Untergriffe, gegen die ich mich verwahre!" Meine Reaktion: „Sie erwarten also, dass ich bestraft würde, weil ich Ihnen schade, beharren aber auf dem neurochemischen Determinismus, der strafbares Handeln entschuldigt. Ist dies nicht schizophrene (gespaltenes Denken) Gesellschaftszerstörung?!"

Man sperrt den freien Willen in den Determinismuskäfig und bahnt der kollektiven Verantwortungslosigkeit den Weg.

I. 2.
Das Ausblenden der ökologischen und sozialen Grenzen

I.2.1
Ausblendung der ökologischen Grenzen

Es ist eine Einsicht des gesunden Hausverstandes, dass in einem begrenzten System unbegrenztes Wachstum die Zerstörung des Systems bewirkt. Mit anderen Worten, wir gefährden durch ein

Finanzsystem, das auf Zinseszins aufbaut, und durch ein allgemeines Wirtschaftssystem, das dauerndes (unbegrenztes) Wachstum erfordert, unsere eigenen Lebensgrundlagen, mit Sicherheit aber jene der kommenden Generationen. Wenn wir zur Kenntnis nehmen, dass wir auf dem „kleinen und verletzlichen Raumschiff Erde" leben und dass auf diesem die Plätze und der Proviant (Ressourcen) begrenzt sind, dann bedarf es lebensrettender Spielregeln. Der Ökonom *Kenneth E. Boulding* (1910–1993) benannte sie *lifeboat econmics* (Rettungsboot-Ökonomie). Liest man aber die „volkswirtschaftliche Bibel", die zum Lehrstoff und Lehrbehelf aller Diplomaten und höheren Beamten gehört, dann staunt man ob der ökologischen Blindheit. In der *Volkswirtschaftlehre* von *Paul A. Samuelson und William D. Nordhaus* wird die These vertreten, dass deshalb keine Eingriffe in die Märkte notwendig seien, weil der technische Fortschritt und die Marktmechanismen alles zum Besten lenken würden. Wer hingegen die tatsächlichen Entwicklungen betrachtet, muss feststellen, dass Kurzzeitkalküle und das Anstreben von Skaleneffekten im Wettbewerb jene Stoffströme laufend erhöhen, welche die Ökosysteme überfordern. Gleichen wir nicht jenem Menschen, der vom 20. Stockwerk in die Tiefe springt und beim zehnten Stockwerk noch fröhlich ruft, dass bislang alles gutgegangen sei?

I.2.2

Ausblenden des Rückblicks aus der Zukunft und der sozialen Belastungsgrenzen

Wenn man aus den Wirtschaftswissenschaften Naturwissenschaften macht, dann neigt man dazu, sich auf die Erfahrungen in der Vergangenheit zu verlassen. Für diese gibt es nämlich gesicherte Zeitreihen: Solche gibt es der Natur der Sache nach aber für die Zukunft nicht. Also wird aus der Vergangenheit auf die Zukunft geschlossen (projiziert) – siehe auch oben im Vorwort. Bei geometrischen Reihen ist dies jedoch tödlich[23]; ebenso beim Überspannen des sozialen Bogens[24] (siehe auch I.3.1.1.1.1.10).

---

23 Das bekannte Beispiel der Seerose, die wöchentlich die von ihr eingenommene ...

Betrachtet man nüchtern das Öffnen der sozialen Schere aufgrund der Zinsansprüche der in geometrischer Reihe wachsenden Großkapitalien und die Materialströme der durch den Zinszwang ebenfalls in geometrischer Reihe wachsenden Volkswirtschaften, dann ist ein dramatischer Kollaps absehbar. Als ich 2006 in meinem Buch *Globales Schafe Scheren – Gegen die Politik des Niedergangs* die Finanzkrise vorausgesagt habe, fragten mich viele Leser: Wieso konntest du das wissen? Meine Antwort war: Der Rückblick aus der Zukunft hat genügt. Eine gezielte Teilvernichtung der von ihnen geschaffenen Weltfinanzblase durch die Leitwährungsmächtigen war zu erwarten. Es wurden 2008 rund 20 Billionen (das sind 20 Millionen Millionen) US-Dollar vernichtet. Da wir nunmehr wieder weitermachen wie bisher (business as usual) und über die Zentralbanken die Welt mit Geld fluten[25], statt eine Weltwährungsreform samt Schuldenschnitt zu vereinbaren, ist ein noch größerer Umbruch zu erwarten (Siehe Abschnitt I.3.1.1.1.1.1.11).

Es geht aber auch um das Kurzzeitdenken. Langfristige Entwicklungen werden zulasten der kommenden Generationen weggesteckt, zumal sie zum aktuellen Machterhalt kaum nützlich sind. Die verkündeten „Langzeitprogramme" lauten höchstens

---

23 … Fläche verdoppelt, zeigt dies: Eine Woche bevor der betroffene Teich vollkommen zugewachsen ist, ist er noch zur Hälfte offen. Für den die Dynamik nicht kennenden Betrachter besteht noch keine Gefahr für den Fischbestand und für andere auf die offene Wasserfläche und den Sauerstoffaustausch angewiesene Lebewesen.

24 Die Geschichte zeigt, dass alle gesellschaftlichen Systeme, in denen die Ausbeutungsverhältnisse unerträglich wurden, gekippt sind. Wenn Menschen existenziell gefährdet werden und daher nichts mehr zu verlieren haben, greifen sie zum gewaltsamen Umsturz oder laufen trügerischen Erlösern nach. Ich höre noch meine Mutter erzählen: „Wenn du gesehen hättest, wie ‚ausgesteuerte' (d. h. sie bekamen kein Arbeitslosengeld mehr) Väter mit einem zum Skelett abgemagerten Gesicht an der Straßenecke die Hand aufhielten und gebettelt haben: ‚Bitte ein Stück Brot – aber nicht für mich, sondern für meine hungernden Kinder!', dann wüsstest du, wieso sie dem Hitler nachgelaufen sind. Er brachte Brot und nachher leider den Tod."

25 Die jüngste Empfehlung des „INET Council on the Euro Zone Crisis" im Rahmen des in New York angesiedelten Institute for New Economic Thinking (INET) vom 23. 7. 2012 geht in diese Richtung: Keine Fiskalunion und keine Eurobonds – aber eine Bankenunion und die EZB als Geldgeber (lender of last resort) nach US-Muster. Dies ist keine Überraschung, wenn man sich die Gründer, Förderer und Experten vor Augen führt. Es geht um die Rettung des bestehenden Systems mit systemkonformen Maßnahmen.

auf 10 bis 20 Jahre (z. B. Europa 2020)[26]. Wenn dann ein Agrarökologe wie Prof. *David Pimentel* vorrechnet, dass wir bei Weitermachen wie bisher wegen der Zerstörung der Lebensgrundlagen in 100 Jahren nur noch zwei Milliarden Menschen ausreichend ernähren werden können, dann wird auf die aktuellen Überschüsse und den erhofften Fortschritt verwiesen. Dass die Überschüsse deshalb bestehen, weil sich die Hungernden die Lebensmittel nicht kaufen können, und dass es im Agrarbereich, im Unterschied zur industriellen Produktion, leider direkt wirksame ökologische Grenzen sowie das Gesetz des abnehmenden Bodenertrags gibt, wird als das geistige Kurzzeithaus störend ausgeblendet.

Aber es gibt auch aktuelle Beispiele im Finanzbereich: Wenn trotz der schon gegenwärtig existierenden Überschuldung budgetäre Wechsel auf die künftigen Generationen gezogen werden, die man „Belastung künftiger Finanzjahre" nennt, dann bedeutet dies soziale Demontage für die kommenden Generationen. Statt gemäß dem „Rückblick aus der Zukunft" wird nach der Maxime „Nach mir die Sintflut" agiert. So hat die Republik Österreich, die aktuell bereits mit rd. €220 Mrd. verschuldet ist (73% des BIP), im Parlament in Summe weitere Schulden in der Höhe von rd. € 190 Mrd. beschlossen. Hierzu kommen noch die diversen nationalen und internationalen „Rettungspakte" und Haftungen sowie Einschusszusagen zum IWF, die gut ein Jahresbudget ausmachen, wobei der aktuelle Target-2-Saldo allein €40 Mrd. ausmacht. Das Perfide hierbei ist die formelle Auslagerung dieser Verpflichtungen aus den Budgets. Die Nachschusspflichten scheinen als „Kreditzusagen" der Nationalbanken in den Budgets nicht auf. Die Target-Anschreibungen der notorischen Schuldnerländer werden als Forderungen in den Bilanzen der Nationalbanken der kreditierenden Länder verbucht (in Deutschland, der Melkkuh Europas,

---

26 Das EU-Forschungsprogramm *Horizon 2020* (Die österreichische Stellungnahme hierzu erfolgte am 14. 2. 2012) ist ein typisches Beispiel hierfür. Der legendäre FAST-Report (Forecasting and Assessment in the field of Science and Technology) von 1980 beinhaltete noch generationenübergreifende Forschungsfelder, wie das Management of Europe's Natural Resource Base (Management der natürlichen Ressourcen Europas).

Wenn man bedenkt, dass die Durchdringungszeit für eine neue Technologie bis zur flächendecken Umsetzung in der Regel 30 Jahre benötigt, dann bestürzt das Kurzzeitdenken.

derzeit über € 700 Mrd.; das ist mehr als das Doppelte des für 2012 projektierten Bundesbudget von €306,2 Mrd.; in Österreich ebenfalls über die Hälfte des Budgets (€ 40 Mrd. gegenüber € 73,6 Mrd.). Hinzu kommen noch die gemäß dem Rat von „Finanzkundigen" zum Gutteil „ausgelagerten" (d. h. versteckten) Schulden der Länder und Gemeinden[27].

Es ist zu erwarten, dass die künftige Unfinanzierbarkeit der öffentlichen Dienste und sozialen Netze sowie die notwendigen Erhöhungen der traditionellen Steuern, Abgaben und Gebühren für den „kleinen Mann"/die „kleine Frau" zu bürgerkriegsähnlichen Verteilungskämpfen führen werden. Umso erstaunlicher ist es, dass die sich anbietenden Auswege nicht beharrlich thematisiert und verfolgt werden (siehe hierzu vor allem III.1.5 und III.2.1).

I.2.3
Das Ausblenden von Alternativen

Die gegenwärtigen politischen Konzepte erinnern an das Wort Albert Einsteins, dass man entstandene Probleme nicht mit den Denk- und Handlungsmustern, die zu ihnen geführt haben, lösen könne. Das Andenken von neuen bzw. das Wiederentdecken von bewährten verlassenen Strukturen ist daher gefragt. Der visionäre Papst Johannes Paul II. hat die gegenwärtige, weltweit einzementierte Finanz- und Handelsordnung als „sündhafte Strukturen"[28] bezeichnet, weil sie evidenterweise zu mehr Ungleichheit, Verlust an Menschenwürde und Erosion der biologischen Lebensgrundlagen führen.

Wir werden im Abschnitt III darauf zurückkommen.

---

27 Ein Beispiel ist die vom Österreichischen Rechnungshof untersuchte Gemeinde Fohnsdorf in der Steiermark. Diese hat zwar für die künftig zu erwartenden Hitzewellen einen „Hitzeschutzplan" erarbeitet, aber keinen „Pleiteschutzplan"; vielmehr hat man derart massiv geleast und „ausgelagert", dass den gemeldeten Schulden von € 21,56 Mio. Gesamtschulden von €58,8 gegenüberstehen.
28 Enzyklika, Sollicitudo Rei Socialis, Solidarität – die Antwort auf das Elend in der heutigen Welt, par. 39

I.2.4

Der Wahn vom unbegrenzten Wachstum in einem begrenzten System

Wie schon vorstehend in I.2.1 und 1.2.2 angetönt, können Konzepte des unbegrenzten Wachstums nur zum Kollaps führen. Emer. Univ.-Prof. *Hans Christoph Binswanger* hat als augenöffnende Warnung den Erysichthon-Mythos zum Thema seiner Abschiedsvorlesung gemacht.

Was sagt uns dieser Mythos, der einer Urerkenntnis gleicht?

Der Königsohn aus Thessalien vergreift sich am heiligen Hain der Demeter (in der heutigen Sprache an einem Naturschutzgebiet bzw. an den ökologischen Lebensgrundlagen), um Holz für einen Prunksaal zu schlägern – also für ein Statusgut und nicht für den lebensnotwendigen Bedarf. Demeter verflucht ihn deshalb mit unstillbarem Hunger („Von jedem deiner Gastmähler sollst du noch hungriger aufstehen"). Erysichthon frisst daraufhin sein ganzes Königreich arm und übt Betrug an den Mitmenschen aus, indem er seine Tochter Mestra, welche die Fähigkeit zur Verwandlung hat, mehrmals an Freier verkauft, die dann leer ausgehen. Schließlich endet er in „Autokonsumption": In seinem unstillbaren Hunger frisst er seine eigenen Gliedmaßen auf.

Die Sage beinhaltet mehrere Erkenntnisse:

– Ein System des unbegrenzten materiellen Wachstums ohne Beachtung der ökologischen Grenzen führt zur Selbstzerstörung. Dies ist aber unser gegenwärtiges Wirtschaftsdesign. Wenn das BIP nicht jährlich um einige Prozente zunimmt, wird der Weltuntergang ausgerufen.

– Die Ingenieure dieses nicht nachhaltigen Systems neigen zum systematischen Betrug. Die gesamte Schattengeldschöpfung, die „Derivate" (vor allem die wertlosen ABS-Papiere) und andere in Zukunft kaum einlösbare Versprechen (hier können wir an Schrottanleihen und Anschreibungen im Target-2-System denken), ist eine moderne Wechselreiterei, die dem Verkauf der Mestra gleicht.

Carl Amery hat daher den gegenwärtigen Wachstumswahn, zu dem es angeblich keine Alternative gäbe, als „weltmörderisch" bezeichnet.

I.2.4.1

Im Finanzbereich – Zinseszins und Renditen über denen der Real-wirtschaft

Die in der derzeitigen internationalen Finanzverfassung festge-schriebene Zinseszinsordnung führt zwangsweise zur Akkumula-tion von nicht mehr leistbaren Zinsansprüchen. *Eichhorn* und *Solte* haben einsichtig vorgerechnet, dass bei Fortschreiben der gegenwärtigen Finanzordnung bis ca. 2030 die gesamte Wert-schöpfung der Welt zur Bedienung der Kapitalansprüche (Zins und Rendite) notwendig wäre. In dieselbe Kerbe schlägt die Trendfortschreibung der Staatsverschuldung, die binnen 30 Jah-ren 100% der öffentlichen Einnahmen ausmachen würde. Man könnte dies mit *„Finanzsklaverei auf ewig"* benennen.

Hierzu kommt noch, dass die breite Masse der Kurzzeitdenker von den marktgestaltenden finanzstarken Akteuren und deren Handlangern im Nadelstreif mit hohen Renditeversprechen zur Investition ihrer Ersparnisse in die virtuelle Welt der diversen neu-artigen Finanzkonstruktionen und Fonds verleitet werden. Dass ein Ertrag nachhaltig (d. h. verlässlich) die Renditen in der Realwirt-schaft ohne illusionäre „Wertschöpfung" nicht überschreiten kann, sollte jedem gesunden Hausverstand einleuchten. Doch die Gehirn-wäsche durch die Finanzindustrie war so erfolgreich, dass wir sogar Pensionsvorsorgen auf diese Illusion aufgebaut haben.

Mein Freund, Ing. *Leo Szlezak*, der schon vor 40 Jahren auf diese Unhaltbarkeit hingewiesen und das REV-Konzept (Ressourcen- und Energieverbrauchs- sowie Vermögensteuern) für die ange-passte Finanzierung der Gemeinwesen und ihrer sozialen Netze ent-wickelt hat, zitierte gerne aus einem Taschenbuch des Begründers der Rothschild-Dynastie, Mayer Amschel Rothschild, für Kauf-leute (18 Jh.). Darin schreibt er, dass ein ungebremstes Wachstum von Zinseszins in Unendliche führe und daher nicht möglich sei. Zinseszins wird erst möglich, wenn laufend Kapital und Werte ver-nichtet werden – durch Pleiten, Krisen, Kriege, Revolutionen und ähnliche Gewaltanwendungen. L. Szlezak hat dies in den Merksatz gepackt: Das Überlebenselexier des Zinseszinses und des auf ihm basierenden Kapitalismus ist Gewalt in vielfältigen Formen.

I.2.4.2
In den Unternehmen

Ich habe in meiner unternehmerischen Praxis konkret „Management by objectives" (d. s. Vorgaben für die Mitarbeiter) erlebt, das ein Unternehmenswachstum von 20% pro Jahr angestrebt hat. Im Falle einer internationalen Klebstoff-Firma habe ich die Frage gestellt, ob sie demnächst die ganze Erde verkleben möchten (geometrische Reihe – Verdoppelung des Umsatzes binnen 3,5 Jahren). Dieser Wachstumswahn führt außerdem zwangsweise zur Monopolisierung von Märkten. Vor allem aber muss es zu einer ökologischen Überforderung der Erde kommen, weil eine Wegwerfökonomie, die zu einer Stoffstromkrise (Müllerstickung) führt, die logische Folge ist.

   Die Reaktion mit der Forderung nach einer bedarfsorientierten Bedarfsdeckung, wie sie *M. J. Piore* und *Ch. F. Sabel* bereits in den Achtzigerjahren des vorigen Jahrhunderts vorgeschlagen haben (*Das Ende der Massenproduktion* – siehe Literaturliste), und die gegenwärtige Initiative „Gemeinwohlökonomie" (*Ch. Felber*) ist daher verständlich. Letztere bedarf der konkreten Ausformung und demokratischen Einbettung, um „gründiktatorische" Tendenzen einzugrenzen.

I.2.4.3
In der allgemeinen Wirtschaftspolitik

Weil wir den Zinseszins nicht in Frage stellen und uns in kollektiver Schuldknechtschaft befinden, unterliegen wir auch makroökonomisch einem permanenten Wachstumszwang. Wenn das BIP nicht um einige Prozente wächst, wird von den Auguren bereits der ökonomische Untergang ausgerufen. Aber sollten wir nicht einmal genug haben und uns freuen können, dass wir nicht mehr wachsen müssen, dass wir die durch Automatisation und bessere Organisation eingesparte Arbeitszeit im Bereich der kulturellen und sozialen Aktivitäten verbringen? Könnten wir nicht eine Vision der Lebensgestaltung anstreben, in der wir etwa ein Drittel unserer Lebenszeit der (auch manuellen) Erwerbsarbeit widmen, etwa ein Drittel der geistigen Arbeit und ein Drittel kulturellen, sozialen und spirituellen Aktivitäten widmen?

Aber die nicht hinterfragte, globalisierte „Reichsreligion" fordert uns auf, bis zum Umfallen zu arbeiten und es mit den ausgebeuteten Chinesen und der Kinderarbeit in Indien aufzunehmen, weil wir uns ja am vorgegebenen Weltmarkt durchsetzen und hierzu vor allem wachsen müssen – mit der Konsequenz der Zerstörung unserer Lebensgrundlagen und unserer Gesellschaftsstrukturen ...

I.2.5

Die Ausschussökonomie

I.2.5.1

Massenproduktion auf Verdacht

Einer besonderen Betrachtung bedarf die zur Senkung der Stückkosten (economics of scale) angestrebte Massenproduktion. Sie erfordert immer größere Märkte und bewirkt daher Konsumentenferne. Daher ist es erforderlich, die Konsumenten entsprechend zu manipulieren, damit sie die produzierten Waren und Dienstleistungen kaufen. Es wird suggeriert, dass, wer die angebotenen Massenwaren und -dienstleistungen nicht kauft, nicht „in", nicht „up to date" oder hoffnungslos altmodisch ist.

Eines der wichtigsten Erfordernisse bei dieser Aufdrängungsstrategie ist, immer lieferfähig zu sein, weil man sonst seine Marktposition gefährdet. Die „pipeline" muss immer gefüllt sein. Da die Markteinschätzungen nie exakt sein können, produziert man der Vorsicht halber mehr. Die Konsequenz ist Überschussware, die im besten Fall auf den Wühltischen der Supermärkte landet.

I.2.5.2

Material und Energie statt menschlicher Arbeit

Hinzu kommt ein Steuer- und Abgabensystem, das vor allem die menschliche Arbeit, statt den Material- und Energieverbrauch belastet. Deshalb wird sinnvolle menschliche Arbeit durch oft sinnlose Mengen an Material und Energie ersetzt. Statt eine Reparatur durchzuführen, wird ausgewechselt (im Klartext weggeworfen). Ich habe auch wiederholt gesehen, dass Handwerker Teile von Nagelmagazinen einfach weggeworfen haben, weil sich das Einlegen „nicht mehr rentiert" hat. Wo sind die Zeiten, in denen wir verbogene Nägel noch geradegeschlagen haben? Die Steigerung der Stoffstromkrise läuft auf vollen Touren – ebenso die Plünderung der Ressourcen, die den kommenden Generationen zur Verfügung stehen. *Max Himmelweber*, der legendäre Industrieplaner und Herausgeber der *Scheidewege*, hat vorausblickend schon in den Sechzigerjahren des vorigen Jahrhunderts die Ermahnung geschrieben, dass wir den kommenden Generationen nicht auch die Metalle für die chirurgischen Bestecke rauben sollten, so dass wir sie auf unsere Mülldeponien als Rohstoffquelle verweisen. Die Reaktion der Hauptstromökonomen war die Aussage, dass sich dies eben dann unter den geänderten Umständen rentiere – also „Nach uns die Sintflut" … Sie scheinen noch immer die Oberhand zu haben.

I.2.5.3
Müll statt Kreislauforientierung

Da wir Versorgungsketten nach dem Muster Rohstoff – Verarbeitung – Verteilung – Konsum – Müll praktizieren, gehen wir einer „Müllerstickung" entgegen. Jedoch ist die Müllindustrie bereits ein „Wirtschaftsfaktor" geworden, der seine Eigendynamik entfaltet hat und die Politik bereits weitgehend dominiert.

Kreislauforientierung ist möglich. Wir brauchen nur den Rohstoffeinsatz durch Verbrauchsabgaben zu belasten, die höher sind als die Recycling-Kosten. Dann werden Reparatur, Instandhaltung, Wiederverwendung und Wiederaufbereitung „automatisch" anspringen (siehe auch III.2.1).

I.2.6
Die unangepasste Energieversorgung

Wer die Biosphäre, in der wir leben und an die wir uns in unserer Stammesentwicklung (Phylogenese) angepasst haben, ohne Erdmutterromantik betrachtet, muss erkennen, dass alles Leben von der direkten und indirekten Nutzung der Sonnenenergie abhängt. Sie ist der für unsere Planungszeiträume unerschöpfliche Fusionsreaktor in sicherer Entfernung. Sie strahlt in einer Menge und Intensität ein, die alle unsere Energiebedürfnisse decken kann. Unsere Pflanzen haben sogar Reflexionsmechanismen entwickelt, weil sie sonst verbrennen würden. Ein Lichtquant des einstrahlenden Sonnenlichtes enthält die Oberflächentemperatur der Sonne, also etwa 6000K. Wenn wir diese in Beziehung zur durchschnittlichen Temperatur der Erde von 400K setzen, dann ergibt sich nach der Carnot'schen Formel über den potentiellen Wirkungsgrad thermodynamischer Maschinen ein solcher von über 93. Wir nutzen aber im Durchschnitt nur etwa 10%. Die Sonnenenergie hat aber die Eigenschaft, dass sie dezentral anfällt, wir aber sind dem Konzentrationswahn (siehe oben) verfallen und haben uns unangepassten Energieversorgungssystemen ausgeliefert. Diese werden vor allem von den Militärs, denen sie vornehmlich dienen, „verteidigt".

I.2.6.1
Energieversorgung aus den Leichenhäusern der Erde – die fossile Selbstzerstörung und der Ausverkauf an die Leichenhausbesitzer

Wer die Geschichte der Energieversorgung der letzten 100 Jahre verfolgt, muss erkennen, dass vor allem der Kampf um das Erdöl die Weltpolitik bestimmt hat. Die englische Admiralität erkannte, dass sich die englische Seemacht am Erdöl entscheiden würde (eine Depesche von Admiral Fischer an die Königin Victoria bezeugt dies). Deshalb hat England versucht, die Kontrolle über die zu Beginn des vorigen Jahrhunderts bekannten reichsten Erdölvorkommen zu erlangen. Der angezettelte Erste Weltkrieg war bereits ein „Ölkrieg". Der erfundene „Irak" wurde englisches Protektorat, und damit auch die reichen Ölquellen von Mosul und Kirkuk, für welche die Deutschen als Erbauer der geplanten Bagdad-Bahn die Schürfrechte hatten. Da aber die Briten die Kriegskosten unterschätzt hatten und sich deshalb bei der US-Hochfinanz verschuldeten, kam es zur anglo-amerikanischen Erdölpartnerschaft im Vorderen Orient, die bis heute anhält. Die USA gestalteten diese allerdings in Saudi-Arabien, dessen Ölreichtum erst später entdeckt wurde, und danach auch im Irak zu ihren Gunsten aus. Nach dem Ende der kolonialen und postkolonialen Beherrschung der Ölregionen flossen die Ölgelder der Industriestaaten reichlich in die Erdölländer (vor allem zu den „Ölscheichs"). Diese Gelder wurden und werden über das vor allem von der Londoner City organisierte *Petrodollar recycling* kanalisiert.

Dieses Verhaltensmuster der Industrieländer im Energiebereich hat jedoch fatale Folgen, die von den Politikern ausgeblendet werden:

a) Es fließt Kaufkraft ab. Bei der Nutzung inländischer Energiequellen würde das Geld nicht nur im Inland bleiben, sondern es würden auch nachhaltig Arbeitsplätze geschaffen.

b) Die Verkäufer der fossilen Primärenergieträger investieren zunehmend in Unternehmen der Industriestaaten. Es kommt zum Ausverkauf der interessantesten Industrien an Leute, die keine emotionalen Bindungen und keine Loyalitäten zu den betroffenen Gemeinwesen haben. Die Folgen werden neben der Gesamtgesellschaft vor allem die Arbeitnehmer zu spüren bekommen.

c) Es sind aber vor allem die ökologischen Folgen, die dieses Verhalten zukunftskriminell machen. Wir holen derzeit aus den „Leichenhäusern dieser Erde" jene organischen Substanzen, die in mehreren Millionen Jahren inert (d. h. biochemisch inaktiv) gespeichert wurden, heraus und bringen sie in Umlauf. Dass dies die ökologischen Stoffkreisläufe stören muss, sollte einsichtig sein. Die bekannteste Folge ist der CO_2-Anstieg in der Atmosphäre.

Da die fossilen organischen Rohstoffe und Primärenergieträger noch immer zum „Plünderungstarif" aus der Erde geholt

werden, sind einerseits die zum „ökologischen Arbeitstarif"
zur Verfügung stehenden Energiequellen „zu teuer" und andererseits verdienen sich die Plünderer noch eine goldene Nase
und beherrschen mit ihren Gewinnen die Mitwelt.

d) Es kommt aber noch ein weiterer, in der öffentlichen Diskussion geflissentlich ausgeblendeter Aspekt hinzu. Wir füttern
mit der Bezahlung unserer Ölrechnungen indirekt den weltweiten Terrorismus bis hin zum Staatsterrorismus und zu
bedrohlichen Atomprogrammen. Die muslimischen Öl-Länder
sind dadurch auch in der Lage, den „heiligen Krieg", den
Dschihad, in allen seinen Varianten zu finanzieren. Wie sehr
wir diese Gefahr unterschätzen, wird in I.5.4 aufgezeigt.

I.2.6.2
Energieversorgung unter unverantwortlichen Risiken und zu Lasten der kommenden Generationen – der Atomwahn mit militärischem Hintergrund

Ich hatte das Glück, von einem Atomwissenschaftler miterzogen
zu werden, und hatte dadurch auch Kontakt zur großen alten
Garde der Atomwissenschaftler. Auch hatte ich das Glück, noch
Vorlesungen bei Lise Meitner hören zu dürfen. Außerdem habe
ich die Segnungen der nützlichen Atomtechnik in der Physiologie
immer geschätzt[29] und als Präsident der Österreichischen Gesellschaft für Biotechnologie (ÖGBT) gefördert. Daher wird man mir
schwer „Atomphobie" nachsagen können.

Jedoch muss jedem halbwegs bei Sinnen seienden Menschen
nachstehendes auffallen:

a) Kein Atomkraftwerk kann normal versichert werden, weil bei
Unfällen das Schadensausmaß so groß ist, dass es unfinanzier-
bar erscheint. Deshalb haben alle Atomkraftwerke staatliche
Haftungsbegrenzungen (auch die Schweizer!). Ihre Haftungen
betragen im Schnitt maximal 2 % des GAUs (größten ange-

---

29 Z. B. ist es durch den Einsatz markierter Isotope möglich, komplizierte physiologi-
sche Abläufe und Zusammenhänge zu erforschen und offenzulegen.

nommenen Unfalls). Es werden also die Gewinne privatisiert und die Risiken sozialisiert. Die Nuklearkatastrophe von Fukushima zeigt dies exemplarisch. Wenn man das menschliche Leid und die Langzeitfolgen noch hinzufügt, dann zeigt sich die Unverantwortbarkeit dieses Weges.

b) Die Technologie ist eine energietechnische Schande: Mit einem gefährlichen „atomaren Feuer" eine Kondensationsdampfturbine mit einem Wirkungsgrad von ca. 40 % zu betreiben und die Restwärme in riesigen Kühltürmen zu vernichten, ist schon eine technisches „Armutszeugnis". Dazu kommt noch, dass es keine sichere Endlagerung[30] für die ausgebrannten Brennelemente und anderes verstrahltes Material gibt. Auch für die stillgelegten verstrahlten Anlagen gibt es keine andere Lösung, als sie zu Lasten der kommenden Generationen mit dichten Einhüllungen zu umgeben, die auch Vögel, Kleintiere und Insekten abhalten.

c) Die sogenannte „friedliche Atomtechnik" war bislang immer eine Schwester der militärischen und wird deshalb gefördert – bis hin zu den lautlos fahrenden Atom-U-Booten, die wahrscheinlich durch verstrahlende Versenkung „entsorgt" werden.

d) Wenn man die enormen Kosten des Atombereiches auf die Forschung und Förderung der Alternativenergien umlegte, hätten wir bereits eine diesbezügliche Bedarfsdeckung und die Umgestaltung der Versorgungssysteme.

I.2.6.3
Warum verhungern wir vor der vollen Schüssel?

Mein leider schon verstorbener väterlicher Freund, der physikalische Chemiker Univ.-Prof. Dr. *Engelbert Broda*, hat es auf den Punkt gebracht (Vortrag vor der Atomenergiebehörde in Wien im

---

[30] Der verstorbene Rektor der TU-Wien, Prof. Dr. Walter Kemmerling, ein Deponiespezialist, hat mir immer wieder eingeschärft, dass es keine absolut sicheren Deponien gibt. Es ist nicht nur die Alterung von Dichtungsmaterialien, die diesen Befund bewirkt. Vor allem sind Naturereignisse, welche die Deponien beschädigen oder zerstören, nicht auszuschließen. „Die ,beste Deponie' ist daher die Vermeidung und die Kreislaufführung."

Juni 1979): Sonnenenergie ist *überreichlich vorhanden*, ist für unsere Planungszeiträume *unerschöpflich* und nicht *umweltverschmutzend*, vor allem ist sie für *militärische Anwendungen* kaum geeignet[31]. Er hat auch noch hinzugefügt, dass der Zugang zu ihr universell sei. Solare Energie ist als Beherrschungsinstrument kaum geeignet.

Wir nehmen daher aus machtpolitischen Gründen die solaren Optionen – nämlich die solar-thermische, die solar-elektrische und die solar-chemische – nicht entsprechend wahr.

Bezeichnend war eine Tagung in der Österreichischen Industriellenvereinigung im März 2007 mit dem Titel „Energieforschung als Zukunftsfaktor für Wirtschaft und Umwelt". Der Schlüsselvortragende (Key-Lecturer), Prof. *Hans-Björn Püttgen* von der Ecole Polytechnique Fédérale de Lausanne, erklärte schlicht, dass die „sogenannten Alternativen" nur marginal zur Bedarfsdeckung beitragen könnten und dass daher aufgrund der Erreichung der Spitze der Erdölförderung die Kohle und nicht zuletzt die Atomenergie die Energiebedarfsdeckung sicherstellen müssten. Die damals in Österreich Energiemächtigen stimmten konzertiert ein.

Als meine ehemaligen Hörer an der TU-Wien, wo ich „Kreislauforientierte Verfahrenssysteme" gelesen habe, zu mir herüberblickten, habe ich das reichliche Potential der Sonnenenergie aufgezeigt, wie ich dies in meinem Buch *Globales Schafe Scheren* im Abschnitt II.5.3 *„Der notwendige Ausbruch aus dem Systemkäfig"* getan habe. Ich habe dargelegt, dass wir in einem See von Sonnenenergie leben, aber energetisch „verdursten", weil wir nicht bereit sind, die geeigneten Schöpfgefäße in die Hand zu nehmen und die Versorgungssysteme angepasst zu planen. Mit anderen Worten, wir verhungern vor der vollen Potentialschüssel einer Gesamteinstrahlung von 170 Billionen kW, von denen uns bei Abzug aller Verluste, Umlegung auf die Landfläche und Repartierung auf die Einwohnerzahl eine Verbrauchsleistung von gut 4 kW zur Verfügung steht. Da wir aber beim Ziehen aller Register der Optimierung gut 50 % einsparen könnten, haben wir

---

31 Das griechisch-historische Beispiel, dass Archimedes von Syrakus Brenngläser gebaut haben soll, um Holzschiffe zu entzünden, ist wohl eine aparte Ausnahme.

realistisch reichlich dauerhafte Energie zur Verfügung, wenn wir nur wollen und aus den eingefahrenen Energiemachtstrukturen ausbrechen. Der im Vorjahr verstorbene Präsident von Eurosolar, *Hermann Scheer*, hat in seinem Vermächtnisbuch *„Der energetische Imperativ – 100% jetzt"* die erforderlichen Konzepte und Vorschläge zur Energiewende und deren Aussichten nach politischen, technologischen, wirtschaftlichen, ökologischen und sozialen Gesichtspunkten dargelegt.

Ich möchte es auf den springenden Punkt bringen: Der Umstieg auf die Nutzung der reichlich zur Verfügung stehenden Sonnenenergie (sie strahlt mit dem ca. 15.000-Fachen des Weltenergiebedarfs ein) erfordert die radikale, intelligente Dezentralisierung der Versorgungssysteme. Nur unsere megalomanen (größenwahnsinnigen) Groß- und Fernversorgungsstrukturen und unsere Militärapparate erfordern den Energiestau zur zentralen Energiebereitstellung. Vernetzter Wissenstransfer statt Gütertransfer ist das Erfordernis der Zukunft. Dasselbe gilt für die zwischenmenschliche Kommunikation und das derzeit weitgehend sinnlose Eventreisen.

I.2.7
Der Sonderfall Land- und Forstwirtschaft

Wenn man die Mainstream-Zeitungen liest und dort seitens der „rational denkenden Ökonomen" von einer „Milliarden verschlingenden Zuschussbranche"[32] und von „strukturversteinernden Subventionsverteilungsvereinen"[33] die Rede ist, die man eigentlich wegrationalisieren könne, weil ihr Beitrag zum BIP ohnehin minimal sei, erinnert mich das an die Parabel von der Spinne, die ihr Netz in guter Position aufgespannt hat und als kluges Wesen dieses im Hinblick auf Einsparnisse kontrolliert. Da findet sie einen Faden, der gerade nach oben geht und nichts zum Fangsystem und damit zum Fangerfolg beiträgt. Sie beißt ihn daher kurzerhand ab. Die Folge ist allerdings, dass das ganze Netz zusammenklappt, weil sie den wichtigen Haltefaden gekappt hat.

---

32 Z. B. J. Urschitz in: Die Presse, Economist, 16 . 2. 2012, S 17
33 Dabei schließen im Durchschnitt der letzten 20 Jahre in Österreich rd. 10 Betriebe pro Tag.

Die Bauern laufen uns in Wirklichkeit scharenweise davon. Die Brandmarkung als Subventionsparasiten und die Inzweifelstellung der künftigen Abgeltung ihrer Leistungen im Interesse des Gemeinwohls fördern dies. Zwischen 1999 und 2010 (Agrarstrukturerhebungen) haben in Österreich 41.800 Bauern kapituliert, d. s. über 10 pro Tag! (41.000/11/365 = 10,41). Wenn unsere „Ökonomen" den Rückblick aus der Zukunft wagten, dürften sie nicht mehr schlafen können.

Hierzu zuerst einige die Ernährungssituation anleuchtenden Bemerkungen:

a) Wir haben eine noch immer *hungernde Welt* (rd. eine Milliarde Menschen). Die Zunahme der Weltbevölkerung (ca. 250.000 Menschen pro Tag), Kriege und eine nicht nachhaltige Zivilisation werden die Situation noch verschärfen. Eine hungernde Welt ist aber nicht friedensfähig und außerdem eine Schande für die Menschheit.

b) Wir sinken demnächst auf eine Ausstattung mit bebaubaren Böden von nur 2.000 m² pro Kopf Erdenbewohner. Der *fruchtbare Boden* ist also eine äußerst knappe, nicht vermehrbare[34] Ressource, mit der wir derzeit grauenhaft sorglos umgehen. Pro Jahr wird weltweit etwa die Fläche des ehemaligen Westdeutschlands der Urproduktion entfremdet. In Deutschland werden pro Tag ca. 120 ha fruchtbarer Boden „umgewidmet" (Bauten, Gewerbe, Verkehr etc.), und man plant „großzügig", diesen Flächenverbrauch bis 2020 auf 30 ha/d zu senken. In Österreich beträgt die „Umwidmung" 20 ha/d. Ich habe selbst die erste diesbezüglich Erhebung gemacht, um aufzuwecken. Aber jene abgehobenen Ökonomen, die behaupteten, dass man gemäß ihren Modellen Naturkapital durch menschengemachtes Kapital ersetzen könne, behielten die Oberhand. 20 ha waren zur Zeit meiner Kindheit ein stattlicher Bauernhof – wir „strukturbereinigen" (so nennt man das Bauernsterben beschönigend) also einen Bauernhof pro Tag.

Zu unserer Sorglosigkeit kommt noch der weltweite jährliche Bodenverlust durch Erosion, Versalzung und Überschwem-

---

34 Dies gilt für die Fläche selbst, aber bei unseren Planungszeiträumen auch für die Bodenbildung; denn die Entstehung eines 2,5 cm tiefen Oberflächenbodens benötigt je nach lokaler Situation in 200–1000 Jahre.

mung von rd. 6 Mio ha und die Bodendegradation durch unangepasst-ausbeutende Nutzung von rd. 20 Mio ha.

Das Millennium Ecosystem Assessment der Vereinten Nationen erhärtet dies. 1300 Wissenschaftler aus 95 Ländern der Erde haben aufgezeigt, wie knapp die Ressourcen und der Proviant auf dem „Raumschiff Erde" sind.

Der OECD-FAO Agricultural Outlook 2012 fordert, dass wir bis 2050 eine Produktionssteigerung von 60 % erzielen müssten, wenn wir ohne größere Konflikte überleben wollen.

Wir müssten daher jeden Quadratmeter fruchtbaren Bodens bewahren und beschützen wie unseren Augapfel. Dies geschieht am besten durch eine kleinräumig standortorientierte, vielfältige und behutsame Landbewirtschaftung, bei welcher der Bauer noch einen innigen, gesamthaften, direkten Kontakt zum Boden, den Pflanzen und den Tieren hat. *E. F. Schumacher* hat dies den notwendigen TLC-Faktor genannt. TLC steht für *tender loving care*, also für zarte, liebevolle Obsorge. Aber genau diese Kleinstrukturen rationalisieren wir gegenwärtig weg – siehe Spinnengleichnis.

c) Alle Hochkulturen mit knappen Flächen haben die vorstehend erwähnte kleinräumig vielfältige *Landbewirtschaftung nach gärtnerischen Mustern* optimiert. Sie brauchen hierzu nicht nur nach China und Japan zu schauen. Wir haben im und nach dem Zweiten Weltkrieg überlebt, indem wir intensiven und nachhaltigen Gartenbau betrieben haben. Mit der Zuteilung von „Grabeland" haben wir auch die Flüchtlinge vor dem Verhungern gerettet. Unsere *Kleinstrukturen* sind daher *Zukunftskapital*, weil wir diese jederzeit gärtnerisch intensivieren können. Wir aber laufen der großflächigen Landbewirtschaftung nach, die vor allem in den von den Europäern in den letzten fünfhundert Jahren eroberten Gebieten entwickelt wurde und die derzeit am Weltmarkt den Ton angibt.

Aber auch in Europa geben die Großgrundbesitzer, die einer industriellen Landbewirtschaftung nachstreben, nach wie vor den Ton an und verkünden zusammen mit den von ihnen alimentierten Ökonomen die „notwendige Strukturbereinigung". Um zukunftsfähig zu sein, bräuchten wir vielmehr eine Agrarreform, die fruchtbares Land rückverteilt. Wer die Versorgung

Russlands – damals USSR –, Polens und Ungarns in der kommunistischen Zeit gekannt hat, der konnte feststellen, dass auf den kleinen Flächen, die den ländlichen Bürgern zur eigenen vielfältigen Bewirtschaftung überlassen wurden, die höchsten Produktivitäten erzielt wurden. Die Nahversorgung der Städte mit Gemüse und Obst erfolgte vor allem durch die Kleinlandwirtschaften.

Wenn man aber den tonangebenden, oben zitierten OECD-FAO Agricultural Outlook 2012 betrachtet, dann werden die beherrschenden Strukturen und Bedarfsdeckungssysteme sowie die traditionellen Ernährungsmuster fortgeschrieben. Statt eines eigenständigen Weges der FAO werden die in der OECD gebündelten Großinteressen den Prognosen zugrunde gelegt. Daher 2050 plus eine Milliarde Tonnen Getreide und 200 Millionen Tonnen Fleisch pro Jahr am Weltmarkt, statt einer vielfältigen lokalen Ernährung mit höherer Flächenproduktivität.

Es bedarf also eines Aufstandes, wie ihn das IAASTD („Weltagrarbericht")[35] vorgezeichnet hat.

I.2.7.1
Das Ignorieren der zentralen Zukunftsfrage

Bei den knappen Ressourcen und der begrenzten ökologischen Tragfähigkeit auf dem winzigen[36] Raumschiff Erde ist eine Kernfrage der Zukunftsfähigkeit, wie wir unsere Bedarfsdeckungssysteme nachhaltig gestalten. Im Bereich der Ernährung sowie nachwachsenden organischen Rohstoffe und Primärenergieträger heißt sie: *Wie kann ich unter Ausnützung aller sich anbietenden natür-*

---

[35] Der *Weltagrarbericht* mit dem Titel „Agriculture at a Crossroads" (Landwirtschaft am Scheideweg) wurde 2008 vom Weltagrarrat (International Assessment of Agricultural Knowledge, Science and Technology for Development) veröffentlicht. Der Bericht fordert insbesondere lokale Ernährungssouveränität, eine Ausdehnung der ökologischen Landwirtschaft und die Förderung von vielfältig wirtschaftenden Kleinbauern. Die Grüne Gentechnik, Agrochemie und die Patentierung von Saatgut werden kritisch hinterfragt.
[36] Im Weltraum ist der Planet Erde ein Winzling, und wir Menschen sind „Miniwinzlinge" – aber wir gebärden uns größenwahnsinnig, als ob wir Beherrscher des Alls sein könnten. Deshalb denken wir auch fasziniert an die ressourcenmäßig nicht durchstehbare Besiedelung anderer Planeten, wenn wir die Heimaterde übernutzt haben …

lichen Synergien die maximale und nachhaltige (d. h. optimale)
Nutzung der reichlich einstrahlenden Sonnenenergie in für den
Menschen nützlicher Form erzielen? D. h. mit anderen Worten:
mit dem geringsten Zuschuss an Fremdenergie und von in der
Herstellung energieintensiven sowie endliche Rohstoffe verbrau-
chenden Hilfsmitteln.

Ich durfte zweimal den Forschungsbereich „Lebensqualität und
Management lebender Ressourcen" in der EU mitevaluieren. Als
ich im Agrarbereich obige Frage gestellt habe, musste ich feststellen, dass sich keine einzige Institution mit ihr beschäftigt hatte.
Man hat nur einzelne Forschungslinien gut verfolgt, aber die
Dachfrage außer Acht gelassen. Dies ist *grosso modo* weiterhin
der Fall, weil bei Kürzung der staatlichen Budgets die Forschung
auf Privatmittel angewiesen ist. Diese aber orientieren sich an
sektoralen Kurzzeitzielen.

I.2.7.2
Maximierung der Arbeitsproduktivität statt der Nettoflächenproduktivität

Es ist einsichtig, dass die von den Europäern eroberten großen
Flächen in Übersee zur Maximierung des Arbeitseinsatzes einlu-
den. *Cyrus Hall McCormick* erfand in den USA den Bindemäher
(mechanical reaper), und sein Zeitgenosse *Justus von Liebig*
beschäftigte sich in Deutschland mit der besseren Pflanzenernäh-
rung. Unser gegenwärtiges Steuer- und Abgabensystem fördert
weiterhin die Rationalisierung durch den Ersatz von menschlicher
Arbeit durch Energie und Material in allen Branchen, insbesondere in der Landwirtschaft. Dies geht hin bis zur computergesteu-
erten Feldbewirtschaftung, genannt „precision farming" – also
Präzisionslandwirtschaft. Die Hauptstrom-Agrarweisen teilen vor
diesem Hintergrund mit, dass der Strukturwandel unaufhaltsam
sei und dass etwa 2 % der Arbeitskräfte in der Land- und Forstwirtschaft der Struktur einer „modernen Industriegesellschaft"
entsprächen. Das wären für Österreich rd. 70.000. Außerdem
könnten zufriedenstellende Einkommen nur dadurch erreicht werden, dass der kleiner werdende Kuchen auf weniger Menschen
aufgeteilt wird. Ich habe unseren Agrartheoretikern schon in den

Neunzigerjahren des vorigen Jahrhunderts vorgehalten, dass es gemäß dieser Philosophie „den Bauern am besten gehe", wenn in einem Land nur einer übrigbleibt ...

1994, als Österreich noch 278.000 landwirtschaftliche Betriebe hatte (dzt. sind es rd. 180.000), habe ich unter dem Titel *Wie viele Bauern brauchen wir zum Überleben?*[37] die wichtigsten Zukunftsszenarien dargelegt und konnte schlüssig aufzeigen, dass wir für eine gesicherte Bedarfsdeckung in der Zukunft diese Anzahl von Betrieben benötigen würden, wenn wir die Produktion mit 0,3 Arbeitskräften pro Hektar am Ackerland und 0,1 Ak/ha im Grünland „gärtnerisch" gestalteten und so nicht nur maximale Ernährungssouveränität, sondern auch eine wunderschöne Kulturlandschaft erzielten.

Ich habe auch mit Freunden ein aufrüttelndes Buch geschrieben: *Die Bauern nicht dem Weltmarkt opfern!*[38]

Jedoch der Hauptstrom lief wie derzeit im Finanzbereich in Richtung „Nichtzukunftsfähigkeit", im Klartext „zukunftskriminell".

Wir sollten beim Wegrationalisieren der Bauern aber noch eine wichtige Folge bedenken: Die innige emotionale Verbindung zum vielfältig lebenden Komplexorganismus „Boden" geht verloren. Mein Gastvater (ich wurde als Kind von einer Bauernfamilie aufgenommen) ist mit mir regelmäßig über die Felder gegangen, um zu sehen, „ob es ihnen gut geht". Spatenproben gehörten dazu. Ein gut lebend verbauter, krümeliger Boden hatte einen angenehmen Geruch, den ich heute noch in der Nase zu spüren glaube. Den „Hausacker", der eigentlich ein großer Garten war, durften wir nicht mit dem damals ohnehin leichten Traktor befahren, weil dies der Bodenstruktur und dem Bodenleben schade. Die Arbeiten machte er deshalb selbst oder mit dem Pferd. Dieser Acker hatte die höchste Flächenproduktivität.

Wenn wir die Welternährung in Zukunft sichern wollen, dann dürfen wir vor den arbeitsintensiven gärtnerischen Kulturmethoden nicht zurückscheuen und müssen die erforderlichen Rahmenbedingungen hierfür schaffen. Wir geben derzeit der sogenannten

---

37 Goldegger Gespräche, SIND DIE BAUERN NOCH ZU RETTEN?, Kulturverein Schloss Goldegg, Goldegg 1994
38 Leopold Stocker Verlag, Graz 1999

Dritten, vor allem aber der Vierten Welt das nicht zukunftsfähige Vorbild, das wir nur mit hohem Energie- und Hilfsstoffaufwand aufrechterhalten können.

Einer der besten Biobauern Österreichs, Dipl.-Ing. *Hermann Pennwieser*, hat es in einem der jüngsten Gespräche auf den Punkt gebracht: „Ich muss derzeit einen Spagat zwischen einer aus meiner Sicht optimalen Landbewirtschaftung und den Arbeitskosten bestehen, weil die Arbeitskosten hoch und die Produktpreise niedrig sind. Würden die Lohnnebenkosten wegfallen, dann würde ich noch vielfältiger produzieren und vor allem den Gemüsebau hochfahren. Wenn wir durch einen angemessenen handelspolitischen Schutz zusätzlich auch kostendeckende Preise hätten, dann würde ich auf dem ganzen Klavier der Produktionsmöglichkeiten auf einem fruchtbaren Boden spielen und meine Mitbürger/innen mit jener Palette an gesunden Lebensmitteln versorgen, die uns die Ernährungslehre empfiehlt." Dies müsste kein Traum sein, weil die sozialen Netze als öffentliche Aufgabe im Rahmen einer strategischen Steuerreform (siehe III.2.1) finanzierbar sind und die Handelspolitik reformierbar ist, wenn wir uns in der WTO vor allem mit den „Entwicklungsländern"[39] verbünden.

I.2.7.3
Übertragung von industriellem Skaleneffektdenken und Kurzzeitzielen

Die „modernen" Betriebswirte, die meist keine Ahnung von der Landwirtschaft haben, übertragen industrielle Denkmuster auf die Urproduktion.

Auf einer gegebenen Fläche kann man die Produktion von z. B. Uhren oder Werkzeugen praktisch unbegrenzt steigern. Dies ermöglichen: a) die gleich bleibenden Produktionsbedingungen, b) die praktisch unbegrenzte Möglichkeit der Heranschaffung von standardisierten Roh- und Hilfsstoffen und c) auf Basis von a)

---

[39] Ich mag dieses Wort nicht, weil wir von nicht nach unserem Lebensstil gestalteten Gesellschaften manches lernen könnten und weil es eine egozentrische Sicht anzeigt. Aber es gibt derzeit kein anderes übliches Wort.

und b) die Vollautomatisierung durch CIM (Computer Integrated Manufacturing). Entsprechend sinken die Stückkosten. Wenn man aber unter wechselnden Produktionsbedingungen mit z. T. nicht und z. T. nur begrenzt vermehrbaren und noch dazu lebenden „Produktionsmitteln" (zu letzteren gehört vor allem der belebte, fruchtbare Boden) arbeitet, dann gelten andere „Gesetzlichkeiten". Denken Sie nur an die notwendige Anpassung an unterschiedliche Witterungsverhältnisse, an das Erfordernis einer vielfältigen Fruchtfolge, an den abnehmenden Bodenertrag bei Überintensivierung und an die eingeforderten ökologischen und landschaftsästhetischen Rücksichtnahmen. Überall dort, wo wir Europäer „optimiert" haben, fand Naturzerstörung statt. So hatte die verstorbene Journalistin *Dolores Bauer* von alten Bauern im Südsudan, wo derzeit eine Wüste ist, folgendes gehört: Bevor die ausländischen Agrarfachleute gekommen waren, die von der korrupten Regierung das Land zur großflächigen monokulturellen Bewirtschaftung bekamen, gab es im Südsudan Wälder, Wasser und sogar Elefanten.

Eine weitere unzulässige Übertragung sind Kurzzeitziele: Ich möchte hier nur exemplarisch eine siebenschlägige Fruchtfolge anführen. Das Ergebnis dieser ökologisch sinnvollen Produktionsanordnung kann man der Natur der Sache nach erst nach sieben Jahren feststellen. In der Industrie erwartet man aber Paybacks (Amortisationsraten) von drei bis fünf Jahren. Extrem grotesk wird dies in der angewandten Forschung: Hier werden meist Kurzzeitziele von drei Jahren vorgegeben. Wenn ich aber eine siebenschlägige Fruchtfolge erproben will, dann benötige ich mindesten drei Wiederholungen, um halbwegs gesicherte Aussagen machen zu können. Dies sind 21 Jahre! Als ich dies dem bayerischen Wissenschaftsminister zu bedenken gab, weil man an der Agrarfakultät der TU-München industrielle Maßstäbe anzulegen begann, meinte er ausweichend, dass dies ohnehin die Landesanstalten besorgen würden. Ich entgegnete, dass es sicher eine Aufgabe der Universitäten sei, nachhaltige Forschung zu betreiben und deshalb neue Produktionssysteme zu erproben.

I.2.7.4
Hoher Einsatz von Energie und Material statt Ausnützung aller sich anbietenden natürlichen Synergien

Hauptstromlandwirtschaft ist zu einem energie- und hilfsstoffintensiven Geschäft geworden.

Wir essen derzeit quasi zum Teil fossile Energie aus den Leichenhäusern der Erde. In den USA, dem Tonangeber in der Agrartechnik[40], werden ohne weitere Lagerung, Transport, Weiterbearbeitung und Verpackung gemäß Daten ex 1995 pro Person und Jahr ca. 1500 Liter Erdöl nur für die Nahrungsbereitstellung verbraucht (Landmaschinen, Mineraldünger, Herbizide und Pestizide). Jede Nahrungsmittelkalorie enthält dadurch rund 10 fossile Kalorien.

Dass dies nicht nachhaltig sein kann, pfeifen die Spatzen bereits vom Dach. Der Ausweg ist die standortangepasste Ausnützung aller natürlichen Synergien. Diese geht von der Optimierung des Bodenlebens und der Bodenstruktur über die Stickstoffversorgung durch Knöllchenbakterien bis zu einander unterstützenden Pflanzengesellschaften. Dieses Wissensfeld ist noch zu wenig erforscht. Das Interesse wird anspringen, wenn die Preise der knapper werdenden Rohstoffinputs weiter ansteigen, was unvermeidlich ist. Diese Dynamik wird sich verstärken, wenn im Interesse einer nachhaltigen Wirtschaft Verbrauchssteuern auf die Verwendung endlicher Ressourcen eingehoben werden. An den Universitäten sollte jedoch vorwegnehmende Forschung betrieben werden, um in der Land- und Forstwirtschaft die höchste Nettoprimärenergieproduktion zu erreichen.[41]

---

40 Ein Großteil der europäischen Agrartechnik-, Landmaschinen- und Saatgutfirmen wurde von US-Firmen mit „Papierdollars" aufgekauft. Dadurch wurde das US-Ideal der großflächigen Produktion auch auf Europa übertragen. Wir passen nun unsere Agrarstruktur auch dem Maschinenangebot an („maschinengerechte Landschaften"). Es ist bemerkenswert, dass die US-Bischöfe in ihrem Hirtenbrief *Economic Justice for All* aus dem Jahre 1986 auch die Förderung angepasster Technologie für Klein- und Mittelbetriebe und des Genossenschaftswesens gefordert haben, was eine massive, subtile Verfolgung der katholischen Kirche auslöste.

41 Die laufende EU-Initiative *Agricultural Productivity and Sustainability* könnte ein Ansatz sein.

I.2.7.5
Ausschaltung der systemerkennenden rechten Gehirnhälfte

Wir betonen in allen unseren produktiven Tätigkeiten meist linear-logische Herangehensweisen (siehe *precision farming*) und vergessen, dass unsere rechte Gehirnhälfte Gestalten, Harmonien und Systeme zu erkennen vermag. Hierzu bedarf es aber des innigen Kontaktes zum betroffenen Objekt (System). Ich kenne Bauern, die nicht nur mit ihren Tieren, sondern auch mit ihren Pflanzen und Böden „reden".

Zwei Beispiele sollen die Notwendigkeit des innigen Kontaktes erhellen:

– Als ich vor Jahren die Fachschule für Alpenländische Landwirtschaft in Elixhausen besuchte, fiel auf, dass der durch hohe Milchleistungen hervorstechende, vorbildliche Kuhbestand relativ hohe Tierarztkosten verursachte. Ich fragte den Schaffer, wie oft er durch den Stall gehe und ob er die Kühe beim Namen kenne. Er ging im Durchschnitt einmal pro Woche durch den Stall, weil er genug andere Arbeiten zu erledigen hatte. Ich gab ihm dennoch den Rat, wenn möglich zweimal pro Tag (morgens und abends) durch den Stall zu gehen und mit den Kühen zu reden. Dann würde er sich abzeichnende Erkrankungen frühzeitig erkennen und könnte mit einfachen Mitteln Abhilfe schaffen. Der Rat bewährte sich, und wir sind noch immer gute Freunde.

Es ist dies im Wesen nichts anderes als die Praxis einer Mutter, die aufgrund des Naheverhältnisses zu ihrem Kind merkt, wenn dieses „etwas ausbrütet", und dann sofort eingreift.

– *E. F. Schumacher* hat seine „Bekehrung" zu *small is beautiful* (klein ist schön) gemacht, als er in England für kurze Zeit als internierter Deutscher auf einem Landgut Dienst machte. Er hatte die Aufgabe, jeden Morgen vor dem Frühstück die Rinderherde auf ihre Vollzähligkeit zu überprüfen. Dies tat er mit einem Fernglas. Eines Tages fehlte ein Jungrind. Erst nach längerer Suche fand er es verendet in einer Mulde. Der Anblick des toten Tieres erschütterte den Städter, und er zog den logischen Schluss, dass dies nicht hätte passieren müssen, wenn er das Tier regelmäßig aus der Nähe gesehen hätte; denn dann wäre ihm die Erkrankung sicher aufgefallen, und man hätte intervenieren können.

I.2.7.6

Reduktionistisch und bodenlos?

Es kommen nun die „ganz Weisen", die uns erklären, dass wir mit der traditionellen Landwirtschaft eigentlich „von gestern" seien; denn die moderne Hydroponik, d. h. die Glashauskultur auf Nährlösungen, könnte alle Mengenprobleme lösen.

Es sind sogar schon diesbezügliche Agrarfabriken konzipiert worden (z. B. für den Hafen von Rotterdam), in denen die Agrarproduktion auf mehreren Ebenen stattfindet. Eine Ebene verwertet die Abfälle der anderen; die Schweine und Hühner die der Pflanzenproduktion, und in der untersten Etage verzehren die Fische den aufgewerteten Hühner- und Schweinekot.

Geht man an diese „Wunderwerke der Rationalität" mit der Ratio der gesamthaften Sicht heran, so kommt man zu folgenden Disqualifikationskriterien:

a) Die Nährlosungen für die Pflanzen müssen mit hohem Energie- und Sachaufwand hergestellt werden.

b) Die verbrauchten Nährlösungen, die Schadstoffanreicherungen aufweisen, müssen entsorgt werden. Hier wird man wahrscheinlich beim Kompostieren, also bei einem bodenähnlichen Verfahren landen.

c) Von Etage zu Etage kommt es zu einem Transfer von Stoffwechselendprodukten, die sich zulasten der Nahrungsqualität anreichern. Von Lebensmitteln kann dann kaum noch die Rede sein.

Anders verläuft dies nämlich beim Ausbringen von Stoffwechselendprodukten auf die Felder in Form von organischem Dünger oder nach Kompostierung als Kompost. Das vielfältige Bodenleben ist in der Lage, schadlos zu rezyklieren (der Boden als die „perfekte Recyclingstation").

d) Die Investitions-, Betriebs- und Erhaltungskosten sind weit höher als in einer bodengebunden Landwirtschaft.

Logischer Schluss: Es ist intelligenter und gemäß der Maxime der Nachhaltigkeit geboten, die Lebensmittelproduktion unter Ausnützung aller sich anbietenden natürlichen Synergien zu organisieren und zu fördern sowie in dieser Richtung zu forschen.

Die bodenlosen Großprojekte haben natürlich im Industriezeitalter ihre technische Faszination und ihre Lobby. Sie sind aber ökologisch, ernährungsphysiologisch und ökonomisch nicht verantwortbar.

Wenn man noch dazu weiß, dass gemäß den neuesten Bodenforschungen in der Regel keine totale Mineralisierung der organischen Stoffe erfolgt, sondern dass Pflanzenwurzeln Proteine umschlingen und integrieren können, dann ergibt sich eine neue Sicht des Kreislaufes des Lebens und der Weitergabe von Lebensenergie. Dies erklärt das Wunder der hohen Fruchtbarkeit belebter Böden.

I.2.7.7

Weiter kurzzeitdenkend und „zukunftskriminell"?

Ich habe schon oben (I.2.7.3) angeführt, dass die Aufgabe der Kleinstrukturen zur Maximierung der Arbeitsproduktivität „zukunftskriminell" ist, weil wir die kleinen Strukturen jederzeit gärtnerisch intensivieren können – mit Menschen, welche die Situation vor Ort kennen und vor allem auch die Handwerkskunst der Bewirtschaftung von schwierigem Gelände beherrschen.

Es geht aber noch um mehr: Weil wir die Bauern dem Moloch der Kurzzeitrationalisierung opfern und weil wir glauben, dass die gebratenen Tauben uns und unseren Kindern weiter zufliegen werden, geben wir auch schwierig zu bewirtschaftende Kulturböden auf. In meinem Heimatbezirk Lilienfeld – inzwischen der waldreichste Bezirk Österreichs – wurden seit 1954 (letzte Finanzbodenschätzung) bis 2011 54% der Agrarflächen der Verwaldung überlassen. An die Frage, wie wir uns im Krisenfall ernähren könnten, denkt niemand mehr. Die wenigen ebenen Kulturböden – einst der Versorgungskern unserer Vorfahren – werden zugebaut, weil man dort viel leichter und kostengünstiger bauen kann.

Es geht schlicht um den verdrängten „Rückblick aus der Zukunft", der zum „zukunftskriminellen" Handeln auf mehreren Ebenen führt. Um aufzuwecken, habe ich dieses Buch geschrieben.

I.2.7.8
Mit halben Zielen und auf halben Wegen ...

Vor obigen Hintergründen noch ein Vermerk zur Agrarpolitik Deutschlands und Österreichs: Franz Grillparzer hat in seinem Drama *Bruderzwist in Habsburg* den Satz geprägt: *Das ist der Fluch von unserm edlen Haus: Auf halben Wegen und zu halber Tat, mit halben Mitteln zauderhaft zu streben.* Ich denke, man muss zur aktuellen Agrarpolitik noch die „halben Ziele" hinzufügen.

Einen guten Anlass zur rückbesinnenden Reflexion gibt ein Artikel in der *Bauernzeitung* (Organ des die österreichische Agrarpolitik dominierenden Bauernbundes) vom 29. 3. 2012, S. 6 mit dem Titel *„Nur den halben Kirchenbeitrag zahlen"*. Der Leser wird sich fragen: Was hat dieser Artikel mit der Agrarpolitik zu tun? Nun, sehr viel. Anlass ist ein Schreiben von Kardinal *Schönborn* zur Fastenzeit mit dem Hinweis, dass weltweit alle Schlachttiere eine Futtermenge verbrauchen, die dem Kalorienbedarf von 8,7 Milliarden Menschen entspräche, und dass für ein Steak von 225 Gramm so viel pflanzliche Energie benötigt wird, wie ausreichen würde, um einen Tag lang 40 hungernde Menschen zu ernähren. Das brachte den Geschäftsführer der *Österreichischen Schweinebörse* auf die Palme, und er rief zu einem halben Kirchenbeitragsboykott auf, um den Interessen der Schweinebauern Nachdruck zu verleihen. Schönborn unterscheide vor allem nicht zwischen der internationalen Massentierhaltung und der angepassten österreichischen Produktion. Wer allerdings die Dynamik in der Schweinehaltung kennt, die zum die Skaleneffekte nützenden Großbetrieb geht, der wird Letzteres bezweifeln, zumal die EU die Vorschreibung von Obergrenzen nicht zulässt und die Auslandskonkurrenz zur Massentierhaltung drängt. Dies gilt für den „großen Bruder" Deutschland, den ich relativ gut kenne, ebenfalls – ja sogar in verstärktem Ausmaß. Überdies liegen derzeit rd. 60 % der für unseren Fleisch- und Rohstoffhunger benötigten Flächen außerhalb Europas. Das ist etwa das Zehnfache der Agrarfläche Deutschlands. Dadurch wird die Ernährungsbasis in den Entwicklungsländern eindeutig verkürzt.

Was ist denn da schiefgelaufen?

Als ich ein Kind war, sah die Preiskaskade beim Fleisch wie folgt aus: Das billigste waren die Wiederkäuer, also vor allem Rindfleisch, denn diese Tiere verwerteten Pflanzenmasse, die der Mensch nicht essen konnte und wollte. Dann kamen die Schweine, die man ja auch mit Abfällen und Nebenprodukten füttern konnte. Die Hühner waren eine Festtagsangelegenheit. Sie waren vor allem Eierlieferanten und brauchten gutes Körnerfutter. Letztere waren also direkte Nahrungskonkurrenten des Menschen. Dann kam die Möglichkeit, billiges Getreide, kombiniert mit importierten Eiweißfuttermitteln, einzusetzen, und die Preiskaskade drehte sich total um. Das billigste Fleisch stammt nun aus der Massentierhaltung von Geflügel, dann folgt das Schweinefleisch, und am teuersten ist das Rindfleisch. Bei der Schweinehaltung gibt es, wie oben angeführt, kaum noch Kleinbetriebe. Die Wiederkäuer werden – vor allem bei der Milchproduktion und Intensivmast – ebenfalls mit Kraftfutter ernährt. Fleisch wurde insgesamt billig. Gleichzeitig stieg die Kaufkraft der Konsumenten. Die Österreicher wurden zu den Top-Schweinefleischessern Europas.

Die Ernährungsphysiologen begannen allerdings zu warnen und forderten vor allem einen höheren Anteil von Gemüse und Obst in der Ernährung.

Aber was wurde getan? Ähnlich wie bei den Großinteressen (denken Sie an die gesamte Energiewirtschaft) haben wir den Interessen der aktuellen agrarischen Hauptproduzenten Rechnung getragen.

Ich habe daher als Präsident der *Österreichischen Vereinigung für agrar- und lebenswissenschaftliche Forschung* schon vor 30 Jahren auf folgendes hingewiesen:

a) Um dem Gemeinwohl glaubhaft zu dienen, muss die agrarische Ausbildung und Forschung mit der Ernährungslehre und Ökologie untrennbar verbunden sein. Die Ernährungslehre gibt die Ziele vor, nach denen sich die Produktpalette zu richten hat, und die Ökologie gibt den Rahmen für die angepassten Produktionsmethoden vor.

b) Die höheren Kosten einer ökologisch und sozial wünschenswerten Produktionsweise sind zu dokumentieren, im GATT (heute WTO) zu notifizieren und durch Ausgleichsabgaben vor einer unterbietenden Konkurrenz zu schützen. Letztere sind zur Herstellung gerechter Wettbewerbsverhältnisse rechtlich zulässig (ART. III des GATT), werden aber aus machtpolitischen Gründen hintangehalten.[42]

c) Ein nationaler Ernährungsplan sollte Teil der Schulbildung sein und von der Urproduktion bis zum Konsumenten reichen.

d) Um den Konsum von Gemüse und Obst zu fördern und attraktiv zu machen, müssten diese Produktionssegmente systematisch gefördert werden. Unsere kleinstrukturierte Landwirtschaft böte hierzu die geeignete Basis. Die höhere Wertschöpfung könnte deren für die Zukunft wichtigen Bestand sichern[43].

e) Hierzu ist die entsprechende Aufklärung in den Schulen und anderen Bildungseinrichtungen zu organisieren, wobei vor allem die qualitativen Vorteile der regionalen Frischversorgung zu betonen sind. Handbücher der Ernährungslehre für die Volks- und Mittelschulen sollten so attraktiv gestaltet sein, dass sie zu Hause auch von den Erwachsenen in die Hand genommen werden.

Landwirtschaftslehrer könnten im Rahmen des Biologieunterrichts in die wünschenswerten agrarischen Produktionsweisen einführen (Blockunterricht mit Exkursionen).

f) Bei den Bauern müssten der Gemüse- und Obstbau sowie die regionale dauerhafte Lagerung und Vermarktung gefördert werden. Durch die Aktion „Zu jedem Bauernhof ein Glashaus" könnte die ganzjährige Versorgung mit Frischgemüse sichergestellt werden.

Was aber ist geschehen?

a) An der Universität für Bodenkultur wurde die Ernährungslehre „aus Kostengründen" der Marktlehre geopfert. Um es auf den Punkt zu bringen: Der Ansatz „Wie verkaufen wir gekonnt mehr?" wurde dem Ansatz „Wie ernähren wir unsere Mitbürger bestens?" geopfert.

Erst 1997 kam es zur Gründung des „Österreichischen akademischen Instituts für Ernährungsmedizin" (ÖAIE), und die medizinische Fakultät (nun Medizinische Universität) erhielt erst im

---

42 Als ich in den späten Sechzigerjahren des vorigen Jahrhunderts beim GATT in Genf die Akzeptanz der damals lebensrettenden österreichischen Ausgleichsabgabegesetzgebung für Produkte aus agrarischen Rohstoffen durch hartes Verhandeln erreichte, wurde nach Wien depeschiert, dass man mich in Zukunft nicht mehr mitnehmen solle, „weil ich das gute diplomatische Klima störe"...

43 Alle Hochkulturen mit knappem Flächenangebot haben mit einer kleinräumigen, gärtnerisch intensiven und ökologisch geordneten Landbewirtschaftung überlebt.

Jahre 2000 einen Lehrstuhl für Ernährungsmedizin. Der Lehrstuhlinhaber, mein Freund Univ.-Prof. Dr. *Kurt Widhalm*, war zu einer strategischen Kooperation bereit, aber diese wurde für nicht nötig und für manche Interessen als gefährlich betrachtet.

b) Analog wurde die Idee des nationalen Ernährungsplanes insbesondere als „Gefahr für die Viehwirtschaft" gesehen.

c) Der Ernährungsunterricht samt Unterrichtsküchen wurde nach einigen erfolgreichen und enthusiastisch angenommenen Versuchen „eingespart". Gleichzeitig hatte man Geld für weniger dringende Schulversuche und Umorganisationen – bis hin zur „Gesamtmittelschule".

d) Auch das Volksglashaus aus Durchforstungslärchen[44] starb (es wurde als „strategisch" nicht förderwürdig erachtet), obwohl mein mittlerweile schon verstorbener Kollege Dir. *Adolf Kastner* an der Landwirtschaftlichen Fachschule Edelhof im n. ö. Waldviertel bereits einen Prototyp hergestellt hatte.

e) Schließlich wurde die Verteidigung einer ernährungsphysiologisch und ökologisch wünschenswerten, aber teureren Landbewirtschaftung im GATT/in der WTO völlig aufgegeben. Dies ließ sich nach dem Beitritt zur EU noch leichter rechtfertigen, weil wir ja die handelspolitischen Kompetenzen an diese abgegeben hatten und in der EU vor allem die Engländer legitimen Schutz als „verderblichen Protektionismus" verhinderten.

Was blieb, war das Hinweglügen über die Realitäten am Weltmarkt und die Propagierung eines ungeschützten Agrarweges, der den Bauern zumutet, hohe qualitative und ökologische Standards zu erfüllen sowie Ernährungssicherheit zu gewährleisten, sie aber gleichzeitig einer unterpreisigen Weltmarktkonkurrenz ausliefert. Das Nachbessern mit diversen Förderungen gleicht die Ungleichgewichte nicht aus. Das andauernde Bauernsterben zeugt davon.

---

44 Ein Holzglashaus aus Durchforstungslärchen mit eingefrästen Kunststoff-Doppelstegplatten hat nicht nur den Vorteil der Kostengünstigkeit, sondern isoliert auch besser. Da sich bei Kälte weniger Kondensat an den Metallteilen bildet und vom Holz Feuchtigkeit aufgenommen wird, ist auch der gefürchtete Pilzdruck geringer.

Da alle modernen Bauernhäuser über gut regelbare Hackschnitzelheizungen verfügen, ist die Einplanung der Glashausheizung unschwer möglich.

Mein Großvater hatte schon im Ersten Weltkrieg ein südwestseitiges Pultglashaus mit Hypokaustik (Heizungskanal unter den Pflanztischen), das die ganzjährige Gemüseproduktion und Hilfestellung für schlecht ernährte und hungernde Kinder ermöglicht hat.

Die Bauern werden zusätzlich entmutigt, weil man ihnen die „Direktzahlungen"[45] laufend als Subventionen vorhält und deren Bezahlung mittelfristig in Frage stellt.

Hätte die Agrarpolitik nicht den nun in Massentierhaltung und Schulden verstrickten Schweinebauern, deren Vertreter gegenwärtig verzweifelt rundumschlagen, behutsam und rechtzeitig den Weg in eine ernährungsphysiologisch und ökologisch wünschenswerte Produktionspalette aufzeigen und ebnen sollen, statt mit halben Zielen und auf halben Wegen mit halben Mitteln weiterzuwursteln?

Wie dramatisch „arm" die Situation ist, zeigt ein aktuelles, herumredendes Editorial des Präsidenten der ältesten Landwirtschaftskammer Österreichs vom April 2012 (Die Landwirtschaft Nr. 4, 2012, S. 3) anlässlich des 90-Jahr-Jubiläums dieser Institution: „Für die Zukunft unserer jungen Menschen auf den Höfen ist die ständige Diskussion um die agrarpolitische Entwicklung in der EU und in Österreich ein Faktor der Verunsicherung.

Tatsächlich sind viele Fragen unbeantwortet und werden wahrscheinlich auch längere Zeit nicht zu beantworten sein.

Wir hätten gerne Planungssicherheit und Anerkennung für das, was wir tun. Angesichts der politischen Unsicherheiten aufgrund der Eurokrise, politischen Orientierungslosigkeit und schwankender Lebensmittelpreise wird es mit der Vorhersehbarkeit nicht einfacher." … und dann folgen ermutigende Worte, „… seine Kraft in seine Idee zu investieren".

Fazit: Die Gesellschaft muss die Ziele endlich festlegen, statt sich und die Bauern treiben zu lassen[46], und dann muss mit Entschlossenheit ihre Verwirklichung angestrebt werden – zumal es um die Zukunft unserer Kinder geht.

Die Agrarpolitik könnte bei der erforderlichen Wende *mutatis mutandis* eine Anleihe bei der radikalen Umkehr des ehemaligen Großunternehmers auf dem Fleischmarkt, *Ludwig Schweisfurth*,

---

45 Ich habe seit Beginn der Verwendung dieses von den Agrarökonomen erfundenen Ausdruckes darauf hingewiesen, dass er irreführend ist. Es geht in Wirklichkeit um die Bezahlung der Kosten jener Leistungen im öffentlichen Interesse, die in den Weltmarktpreisen nicht untergebracht werden können, die also der Markt nicht honoriert – also um „Leistungsabgeltungen".

46 Ich habe bereits 1996 in den deutschen *Gewerkschaftlichen Monatsheften* 3'96 unter dem Titel *Der getriebene Sektor* auf diese Problematik, die uns alle angeht, hingewiesen.

nehmen. Der Geschäftsführer seiner Stiftung, Prof. *Theo Gottwald*, hat 2011 ein ermahnendes Buch mit dem Titel *Esst anders! Vom Ende der Skandale* herausgebracht.

Vor allem gilt es Allianzen mit den Konsumenten, den Arbeitern und Angestellten, den Gewerbetreibenden und der Zivilgesellschaft zu bilden, zumal die vielseitige bäuerliche Landwirtschaft in lebendigen ländlichen Räumen trotz der großagrarischen Gegensteuerung noch immer höchste Akzeptanz hat. Nur dann wird es zur erforderlichen Kurskorrektur kommen.

I.2.7.9

Zur aktuellen Frage „Teller – Trog – Tank"

Ich denke, dass hierzu noch ein kurzes, klärendes Wort notwendig ist.

Angeheizt von den über die Medien verbreiteten Interessen der Erdöl-Erdgas-Lobby und des Internationalen Agrobusiness wird nun eine Breitseite nach der anderen gegen den *Biosprit*[47] und gegen die *marktverzerrenden Subventionen* gefahren. Die Argumente sind trivial einfach:

a) Die Verspritung von Nahrungsmitteln im Angesicht des Hungers in der Welt ist kriminell.

b) Die Tatsache, dass rd. 50 % des Getreides der Welt verfüttert werden, sei darauf zurückzuführen, dass die europäischen Bauern preisverbilligende Subventionen erhalten, die den niedrigen Fleischpreis ermöglichen. Dies hat den unangemessenen Konsum von billigem Fleisch zur Folge. Daher ist die Einstellung der Förderungen geboten. Dies täte der Welt und den Budgets gut.

Dass an dieser Informations- und Strategiemisere auch die Agrarier mit schuld sind, geht aus dem Folgenden mit hervor.

Zum Biosprit: Ich habe schon vor dreißig Jahren angesichts der längerfristigen Notwendigkeiten der Welternährung folgendes Konzept vorgeschlagen:

– Grundsätzlich sollten Treibstoffe nur aus nicht essbaren und schwer verfütterbaren Pflanzenteilen erzeugt werden, womit die essbaren der Ernährung vorbehalten werden.

---

47 Ich habe vor 30 Jahren dieses Wort kreiert, aber in einem zukunftsorientierten Kontext.

Hierzu ist vor allem die Forschung bezüglich der Zellulose-hydrolyse voranzutreiben.[48]

– Für die essbaren Pflanzenteile sollte folgende Qualitätskaskade gelten: Bestes für die menschliche Ernährung, zweite Qualität (aber nicht toxisch) für die Fütterung und die dritte Qualität für den technischen Sektor.

– Um flexibel agieren zu können, sollten die Anlagen nach dem Mehr-Rohstoff-Prinzip gestaltet sein. Der Vorderbetrieb müsste sowohl zucker- als auch stärke-, als auch zellulosehältige Rohstoffe verarbeiten können. Einerseits könnte hierdurch in Zeiten von unanbringlichen Überschüssen und bei qualitativ schlechten Ernten marktentlastend interveniert und zugleich Unverwertbares verwertet werden; und andererseits könnten bei Knappheiten noch essbare Mengen freigespielt werden.

Man baute jedoch auf Getreide und Zucker ausgerichtete Anlagen. Mein Konzept trug den unmittelbaren Interessen nicht Rechnung und war „zu kompliziert und zu teuer".

Im Bereich der Antriebe sollten wir ohnehin so rasch wie möglich auf Elektromotoren umstellen, da Verbrennungsmotoren rd. zwei Drittel der eingesetzten Energie in Wärme umsetzen und nur ein Drittel in die benötigte mechanische Energie. Die nachwachsenden organischen Rohstoffe sollten vor allem der die Petrochemie ersetzenden Naturstoffchemie dienen.

Zu den *Subventionen*: Wir haben den früher geschützten heimischen Agrarmarkt ungebremst dem Weltmarkt preisgegeben. Dort konkurriert die europäische Landwirtschaft mit Großproduzenten, denen ökologische, soziale und kulturelle Rücksichtnahmen sowie Langfristziele weitgehend fern sind. Die europäische Agrikultur würde hinweggefegt werden, wenn nicht die Grünen Dienste honoriert würden. Dass bei der Verteilung der Leistungsabgeltungen Ungleichgewichte, Ungereimtheiten und Ungerechtigkeiten bestehen, ist leider eine Tatsache, die dazu führt, dass das Kind mit dem Bade ausgeschüttet wird („Millionen für die Großbetriebe"). Hier gibt es daher im Interesse der Glaubwürdigkeit ebenfalls Handlungsbedarf.

---

48 Ein fertiges Technikum in Linz wurde aufgrund der „Beratung" der Mineralölindustrie, der Intrigen der Getreidelobby und des ökologisch verpackten Überschussverwertungsinteresses abgewrackt.

Eines sollte jedoch klar sein: Der Weltmarkt diktiert die Agrarpreise, insbesondere die Getreidepreise, und die Rohstoffspekulanten machen ihn derzeit unberechenbar (siehe hierzu auch III.1.4.- insbes. III.1.4.6). Auch das kleine Österreich hätte zur Abfederung kurzfristiger Knappheiten, Preisschwankungen und sogar Spekulationen beitragen können, wenn es die Getreideeinlagerung nicht „eingespart" hätte. Die ehemaligen „Türme des Brotes", die Silos der Lagerhäuser, stehen nun weitgehend leer und der „Weltmarkt" diktiert.

I.2.8
Missachtung der Erfordernisse (Grenzen) der Humanbiologie

Der Leser wird sich fragen, wieso ich neben der existentiellen (lebenserhaltenden) Ernährung diese „Grenze" den uns gegenwärtig be(er)drückenden ökonomischen Problemen voranstelle.
Die Antwort ist: Weil die Folgen noch gravierender, längerfristiger, unglücklichmachender und viel schwerer zu korrigieren bzw. zu beseitigen sind. Dies weiß jeder, der mit in ihrer Ontogenese (individuellen Entwicklung) gestörten Menschen und traumatisierten Gruppen zu tun gehabt hat.
Die kulturelle Evolution erfolgt mit etwa der 10.000-fachen (!) Geschwindigkeit gegenüber der biologischen, deren Prägung wir genetisch in uns tragen. Wenn wir allerdings diesen vorgegebenen Rahmen missachten, dann kommt es zu massiven Störungen, die nicht nur das Glück des Einzelnen, sondern auch die Existenz der freiheitlich-demokratisch-solidarischen und rechtsstaatlichen Gesellschaft, die wir derzeit als selbstverständlich voraussetzen, gefährdet. Eine kommende, tugendlose (siehe unten FN 42), entsolidarisierte und von diversen Süchten geprägte Generation, die den traditionellen Gesellschaftsvertrag verweigert, bedeutet auch ohne den ökonomischen Zusammenbruch das Ende der europäischen Kultur und des bergenden Sozialstaates.
Als Beschleuniger des drohenden Zusammenbruchs kommt noch die weitgehend in abartiger sexueller Fehlprägung und Verführung sowie in Zukunftsangst begründete Scheu vor einer dauerhaften Bindung und „Belastung" mit Kindern. Dies führt zum

Aussterben, Überfremdetwerden und zur Unfinanzierbarkeit des Sozialstaates sowohl nach dem Umlageprinzip, als auch nach dem dann auf tönernen Füßen stehenden Vorsorgeprinzip. Ergo sollten wir uns mit Entwicklungen, die unsere Gesellschaft, die Natur und unser Glück nachhaltig stören und zerstören, vorrangig beschäftigen.

I.2.8.1

Ausblendung des stammesgeschichtlichen Erbes (der phylogenetischen Prägung, des phylogenetischen Imprints)

Es ist Stand der Wissenschaft, dass die Hominisation in der Savanne stattgefunden hat und dass wir lange Zeit als Jäger und Sammler in der Kleingruppe einander unterstützend (solidarisch) überlebt haben. Die Anpassung an die Savanne und an die Kleingruppe tragen wir noch immer als genetische Prägungen in uns. Mit der Sozialisierung in der Kleingruppe haben sich auch das Lernen von Vorbildern und der das Überleben sichernde Nachahmungstrieb eingeprägt.

Die Savanne war nach der Regenzeit – also in der Jahreszeit, in der es den Vorfahren gut ging – grün und voller Blumen. Es gab Wasserpfützen und eingestreute Bäume, die Orientierung und Fluchtmöglichkeiten boten. Deshalb lieben wir Grün, schenken einander Blumen und richten unsere Parks[49] als Plätze des öffentlichen Wohlbefindens nach diesem Muster ein (grüne Wiesen, Blumenbeete, kleine Teiche und Baumgruppen). Unsere traditionellen bäuerlichen Kulturlandschaften sind eine „Kunstsavanne" und werden daher von uns als so wohltuend empfunden.[50]

Allerdings sind wir gerade dabei, dies weitgehend wegzurationalisieren (siehe oben Abschnitt I.2.7). Sollte es uns nicht zu denken geben, dass wir unsere Rehabilitationszentren und Erholungsheime in solche Landschaften bauen, damit sich die Menschen wieder regenerieren können? Die gesamtgesellschaft-

---

49 Die Savanne heißt nicht von ungefähr im Deutschen „Parklandschaft".
50 Ich habe dies in *The unconscious driving forces of landscape perception and formation* (siehe Literaturverzeichnis) näher ausgeführt.

liche Umwegrentabilität solcher Landschaften wird viel zu wenig beachtet.

Wir haben aber – wie vorstehend erwähnt – noch ein weiteres eingeprägtes Erbe in uns, das höchst verletzlich ist:

a) Wir sind aufgrund unseres großen Kopfes biologische Frühgeburten, die der intensiven Betreuung und Pflege bedürfen. Der Hormonhaushalt der Mütter ist daraufhin angelegt. Das Kind braucht bis zur ersten Loslösung im Trotzalter den innigen, stabilen und fördernden Kontakt. Etwa ab der sechsten Lebenswoche bindet sich das Kind ganz eng an die Mutter – eine Bindung, die man nur mit hoher Verunsicherung und Störung der Entwicklung des Kindes beiseiteschieben kann. Der innige Kontakt mit der Mutter bewirkt vor allem die raschere sprachliche und intellektuelle Entwicklung. Gemäß deutschen Studien haben Kinder, die in den ersten Lebensjahren die individuelle Pflege nicht erleben konnten, mit zehn Jahren einen Entwicklungsrückstand von ca. zwei Jahren[51].

b) Wir sind auf überschaubare Kleingruppen von etwa 100 Menschen angelegt. Dort finden wir einsichtige Rollen und sind zur spontanen Selbstorganisation fähig. Nicht umsonst haben alle Armeen kleine Kampftruppen gehabt (die Hundertschaften, Kompanien und Trupps). Ich selbst habe dies in meiner industriellen Praxis erlebt: Bis zu 250 Mitarbeiter konnte ich mit viel Engagement persönlich kennen und führen und ihnen die Selbstorganisation weitgehend überlassen. Darüber hinaus brauchte es ziemlich rigide Regeln und ein Eingehen auf die einzelnen Persönlichkeiten war kaum mehr möglich.

Sind wir nicht gerade dabei, diese Bedürfnisse massiv zu missachten bzw. zu unterschätzen, weil wir den Menschen nicht nur die Wohlbefinden spendenden Kulturlandschaften wegsparen und ihnen die Mütter entziehen, sondern auch die stabilen, bergenden Kleingruppen wegrationalisieren – von der Familie über die Gemeinden, Bezirke, Bundesländer/Kantone bis zu den Staaten? Die negativen Folgen zeichnen sich für den nicht durch ideologische Scheuklappen behinderten Beobachter bereits ab. Sehen wir uns dies genauer an.

---

51 Meves Ch., Verführt – Manipuliert – Pervertiert, Resch Verlag, 2003, S. 21

I.2.8.2
Verweigerung der angepassten Pflegerin und der stabilen Kleingruppe in der individuellen Entwicklung (Ontogenese)

Wenn man nicht mit ideologischen Ausblendungen durch die Welt geht, dann stößt man auf dramatische, nicht wünschenswerte Entwicklungen. Da teilte mir eine Kinderschwester aus einem guten ländlichen Krankenhaus, wo man solches nicht vermuten würde, mit, dass sie bereits Zweijährige mit „Burnout"-Syndromen „angeliefert" bekommt. Es sind dies Kinder, die keine stabile Mutterbeziehung aufbauen konnten und wo die Väter als vertrauter Partner der Ernährerin und Pflegerin ebenfalls ausfielen. Dafür wurden sie, um sie ruhigzustellen oder aus schlechtem Gewissen, mit materiellen Dingen und mit Abwechslung „zugeschüttet". Diese Kinder sind unruhig, können sich nicht auf etwas konzentrieren, schreien immer nach etwas Neuem, um es nach kurzer Zeit wieder abzustoßen. In den späteren Jahren sind dies die unersättlich in sich hineinstopfenden und den Staat (die Solidarität der Mitmenschen) überfordernden Mitbürger/innen. Die Psychagogin *Christa Meves* hat dies bereits 1975 in den Merksatz gepackt: „Je weniger unsere Kinder *muttersatt* werden, desto mehr wird in ihnen der Schrei nach der totalen Versorgung ohne Gegenleistung zum irrealen Fanal werden."[52]

Aber auch das Nicht-Erlernen und Nicht-Einüben von Verhaltensmustern in der für das Kind einsichtigen Kleingruppe in der Prägungsphase führt zu einer späteren sozialen Unangepasstheit mit katastrophalen Folgen für die betroffene Person und die Gesellschaft. Die für eine glückhafte Gesellschaftsgestaltung und für das geglückte Einbringen in die Gesellschaft notwendigen „Tugenden"[53] werden im Kleinkindalter und in der stabilen Klein-

---

52 Meves Ch., Kinderschicksal in unserer Hand, Verlag Herder, Freiburg 1974, S. 31
53 Das Wort „Tugend" kommt ursprünglich von „taugen" und benennt eine Eigenschaft einer Person, die sie für die Gesellschaft wertvoll macht. Im Laufe der Zeit haben sich verschiedene Betonungen der wertvollen Tugenden als Maxime für Erwachsene herausgebildet: Die sogenannten „Kardinaltugenden" sind Klugheit, Gerechtigkeit, Tapferkeit und Mäßigung. Die christlichen Glaubenstugenden sind Glaube, Hoffnung und Liebe. Die „bürgerlichen Tugenden" nennen Sparsamkeit, Fleiß, Sauberkeit und Pünktlichkeit.

gruppe erworben[54]. Kleine Kinder sprechen auf die Einladung zur Mithilfe und auf die Übernahme kleiner, nicht überfordernder Verantwortlichkeiten positiv an. Sie beginnen zu verstehen, dass man gemeinsam Dinge leichter erreichen und besser gestalten kann. Sie verstehen auch, wenn man ihnen dies behutsam und einfach erklärt, dass man nicht mehr ausgeben kann, als man einnimmt. Nicht zuletzt lernen sie Rücksichtnahme und dass sich der liebevolle Umgang miteinander „auszahlt" (Wie man in den Wald hineinruft, so hallt es wider). Instabile Verhaltensmuster der Erwachsenen erschweren die spätere Trittfindung im Leben (denken Sie nur an Patchwork- und Regenbogenfamilien), den Aufbau belastbarer Bindungen und auf deren Basis das Hinaus- und Hineinwachsen in die größeren sozialen Einheiten.

Die von Anthropologie unbeleckten Befreiungs-, Gender- und Gleichheitsideologen sollten sich Anleihen bei Verhaltenforschern nehmen, die genau das einfordern, was sie zu Grabe tragen. So schreibt der Verhaltensforscher *Kurt Kotrschal*:

Unser Wissen zur zentralen Bedeutung guter sozialer Beziehungen für den Einzelnen und die Gesellschaft kontrastiert krass mit den aktuellen Entwicklungen. Epidemisch grassieren Angststörungen, Depressionen, Burnout-Tendenz steigend. Die Ursachen liegen in Zukunftsangst, Perspektivenlosigkeit, Sinnkrisen, prekären Arbeitsverhältnissen, in einer ständigen Beschleunigung unseres Lebens. Sie treffen auf bröckelnde soziale Beziehungen. … Das vertraute Du kommt abhanden, das für Stressmanagement und Balance so dringend erforderlich wäre. Dies trifft zunehmend auch Familien. Babys und Kleinkinder benötigen sensible und zuverlässige Betreuung, um ein „sicheres Bindungsmuster" zu entwickeln.[55]

Wir werden bei der Bildung (1.4) noch darauf zurückkommen müssen.

---

54 Wie stark diese lernende Prägung ist, zeigt die Reaktion von kleinen Kindern, die ein Abweichen von den vorgelebten Mustern einmahnen. Z. B. „Papa, du hast gesagt, dass man mit einem ‚angepatzten' (gebrauchten) Löffel nicht ins Marmeladeglas fährt. Warum machst du das jetzt?"

55 Kotrschal K., Menschen sind soziale Tiere: Wir können nicht ohne den anderen, Gastkommentar in: Die Presse, Wien 5. 6. 2012, S. 26

I.2.8.3
Die Zerstörung der überschaubaren, bergenden Strukturen

Die unserem stammesgeschichtlichen (phylogenetischen) Erbe entsprechenden überschaubaren und bergenden gesellschaftlichen Einheiten werden auf mehreren Ebenen und aus mehreren Motiven aufgebrochen.

I.2.8.3.1
Die Zerstörung auf der Mikroebene

– *Die bewusste direkt-offizielle Zerstörung* erfolgte und erfolgt in den kommunistischen Diktaturen und wurde auch im Nationalsozialismus versucht. Der Staat beschäftigt die Mütter „produktiv" und übernimmt die Dressur der Kinder.

– *Die bewusste indirekt-offizielle Zerstörung*, die in der Verfolgung der westlichen Utopie von Gleichmacherei von staatlicher Seite gefördert und aktiv betrieben wird, ist einerseits die systematische Verschlechterung der Rahmenbedingungen für die Familien und ihr Schlechtmachen als „bürgerlich repressive Einheiten" und andererseits der Abbau von Triebbeherrschung und der Aufbau von Süchten. Damit wird eine manipulierbare Masse von isolierten, leicht steuerbaren „psychischen Robinsons" (Diktion des Schweizer Psychologen *Moritz Nestor*) erreicht. Der Nestor der Massenmanipulierer, *Edward Louis Barneys* (1891–1995)[56] hat diese Strategie in den Satz gepackt:

„Die bewusste und intelligente Manipulation der organisierten Gewohnheiten und Meinungen *der Massen ist ein wichtiges Element in der demokratischen Gesellschaft. Wer die ungesehenen Gesellschaftsmechanismen manipuliert, bildet eine unsichtbare Regierung, welche die wahre Herrschermacht unseres Landes ist.*

---

56 E. L. Barneys war ein Neffe Sigmund Freuds. Er hat die Manipulation der Massen durch Ansprechen der meist unbewussten Sehnsüchte der Menschen effektiv machbar gemacht. Um sein Wirken harmloser erscheinen zu lassen, hat er das Wort „Propaganda" durch „Public Relations" ersetzt. Er nannte sich selbst „Public Relations Counselor". Er wurde zum ersten „Spin Doktor".

Wir werden regiert, unser Verstand geformt, unsere Geschmäcker gebildet, unsere Ideen größtenteils von Männern suggeriert, von denen wir nie gehört haben. Dies ist ein logisches Ergebnis der Art, wie unsere demokratische Gesellschaft organisiert ist. *Große Menschenzahlen müssen auf diese Weise kooperieren, wenn sie in einer ausgeglichen funktionierenden Gesellschaft zusammenleben sollen. In beinahe jeder Handlung unseres Lebens, ob in der Sphäre der Politik oder bei Geschäften, in unserem sozialen Verhalten und unserem ethischen Denken werden wir durch eine relativ geringe Zahl an Personen dominiert,* welche die mentalen Prozesse *und Verhaltensmuster der Massen verstehen. Sie sind es, die die Fäden ziehen, welche das öffentliche Denken kontrollieren.*" (Unterstreichung durch den Autor)

Diese Strategie wurde von den in den im Hintergrund arbeitenden *Think Tanks* der beherrschenden US-Eliten („unsichtbare Regierung") – insbesondere nach dem Zweiten Weltkrieg – bewusst nach Europa exportiert. Der passive, ungehemmt von Event zu Event und von Genuss zu Genuss hastende, manipulierbare Bürger ist das Ziel. Wenn Sie sich die Boulevardzeitungen, die Fernsehsendungen und die Werbeflut ansehen, dann finden Sie die praktische Anwendung der modernen Massenpsychologie. In sich gefestigte Familien und andere Kleingruppen sind der Kontrapunkt[57].

– *Die unbewusste indirekte Zerstörung* findet durch die Organisation unserer Gesellschaft, insbesondere der Wirtschaft, in einer Weise statt, welche die Grundbedingungen einer positiven Ontogenese und die Bildung von Sozialkapital ausblendet (blind oder brutal?):

a) Die Lohnniveaus und der aufgedrängte Konsum bewirken, dass beide Elternteile einer externen Erwerbsarbeit nachgehen müssen, um den Lebensunterhalt zu bestreiten. Dafür offeriert man ihnen die Unterbringung („Deponie?") der Kinder in Kinderkrippen, Ganztagskindergärten und Ganz-

---

57 Der Wiener Sozialforscher Prof. Dipl.-Ing. Ernst Gehmacher findet dies in seinen Feldforschungen bestätigt. „Sozialkapital", d. h. der Zusammenhalt und die Fähigkeit zur Zusammenarbeit in einer Gesellschaft, Solidarität und Gemeinsinn als Voraussetzungen für das Funktionieren von Gesellschaft, bilden sich vor allem in der stabilen Kleingruppe. Dieses „Kapital" kann dann in die größeren Sozietäten eingebracht werden.

tagsschulen. Die individuelle Zuwendung und Prägung bleiben weitgehend auf der Strecke.

b) Müttern und Vätern wird eingeredet, dass sie am Leben vorbeigehen, wenn sie sich in den entscheidenden Entwicklungsphasen voll den Kindern widmen. Um dem Nachdruck zu verleihen, gibt es auch kein Mutter- und/oder Vätergehalt und keine Anrechnung der Erziehungszeiten auf die Alterspension etc.

c) Trotz steigender Arbeitslosigkeit wird „im Interesse der Wirtschaft und Gesellschaft" auf EU-Ebene die Richtlinie ausgegeben, dass in einem fortschrittlichen Staat mindestens 70 % der Mütter berufstätig (gemeint ist eine externe Erwerbsarbeit) sein sollten. Offenbar soll der Druck am Arbeitsmarkt nicht verringert werden.

d) Es wird Hypermobilität verlangt. Ich habe mir den Satz gemerkt: „Wenn du einen offerierten Arbeitsplatz anderswo nicht annimmst, dann bist du zu Recht arbeitslos." Wenn sich aber keine stabilen lokalen Bindungen entwickeln können, dann kommt es nicht nur zur mangelnden Bildung von Sozialkapital, sondern auch zum Absterben der lokalen Kultur. Der in New York und London lehrende US-Soziologe *Richard Sennet* (geboren 1943) hat dies in seinen Büchern *Der flexible Mensch (The Corrosion of Character)* und *Die Kultur des neuen Kapitalismus (The Culture of the New Capitalism)* exemplarisch geschildert.

Mein Großonkel *Julius Raab*, der die Nöte der Mitmenschen und die Wirtschaft[58] besser kannte als manche ideologisch geprägte Wissenschaftler, hat diesbezüglich eine völlig andere Linie vertreten: „*Wir müssen die Arbeit zu den Menschen bringen. Daher brauchen wir gute Infrastrukturen, gesunde Gewerbebetriebe und gesunde Gemeinden.*" Dass dies Dezentralisieren und Vernetzen erfordert und dass dies auch der ökologisch notwendige Zukunftsweg ist, sollte allmählich zum allgemeinen Gedankengut werden.

---

[58] Julius Raab war Gründer und langjähriger Präsident der Bundeswirtschaftskammer (damals Bundeskammer der gewerblichen Wirtschaft).

I.2.8.3.2
Die Zerstörung auf der Meso- und Makroebene

Man könnte diesen Abschnitt mit *„Zentralisierer und Globalisierer unterwegs"* überschreiben. Allerorten wird von der Abschaffung der kleineren, „unrentablen" gesellschaftlichen Einheiten gesprochen. Man fördert und bewirkt die „Integration" (das Schlucken) der lokalen Genossenschaftsbanken, Schulzusammenlegungen, Gemeindefusionen, Abschaffung der Bundesländer etc.

Wenn man aber die Bürger fragt, wo sie sich am besten aufgehoben und wohlfühlen, dann bekommt man die Antwort, dass dies die kleinen Einheiten seien, wo man noch den Bürgermeister und die anderen Amtsträger persönlich kennt und mit seinen Sorgen vertrauensvoll zu ihnen kommen kann[59]. Sind wir so arm geworden, dass wir uns die kleinen bergenden Einheiten nicht mehr leisten können oder sind wir zu wenig klug beim Gestalten und Organisieren? Hierzu einige anekdotische Anmerkungen als Denkanstoß:
- Ich bin eine Zeitlang in der Schweiz zur Schule gegangen, und meine Frau und ich haben Verwandte in der Schweiz. Daher sind mir die dortigen Verhältnisse ein wenig vertraut. Die Kantonalstruktur ist gegenüber Deutschland und auch Österreich eine „Zwergenstruktur".

Der Kanton Uri hat rd. 35.500 Einwohner – also eine größere Kleinstadt. Er hat eine eigene gesetzgebende Körperschaft, den Landrat. Könnte man dies nicht alles einsparen? Die Schweiz hat jedoch eine weit klügere Organisation der Administration. Man delegiert maximal nach unten, aber kontrolliert und rechnet genau. Damit ergeben sich Bürgernähe und Kontrolle durch die Bürger. Da es keinen Lohnsteuerabzug gibt, sondern jeder *Bürger* seine Einkommensteuererklärung selbst abgeben muss, wird ihm bewusst, was er an das Gemeinwesen abzuführen hat, und er nimmt daher die Ausgaben (bis hin zu den Auslandsreisen und Büfetts) genau unter die Lupe. Die lokale Wasserkraft gehört den Berggemeinden, und diese bekommen ihren Wasserzins von den Nutzern. Kostensparende Gemeindekooperationen werden praktiziert.

---

[59] Siehe „Wohlbefinden der österreichischen Bevölkerung", BMLFUW, Wien 2011

Würde ich meinem Cousin und seinen Kindern in Altdorf (Hauptort von Uri) sagen, dass es ihnen vielleicht besser gehen könnte, wenn wenigstens die vier kleinen Urkantone fusionierten, dann würden sie sich an den Kopf greifen ...[60]

– Als ich ein von guten Bauern aufgenommener Bub war, wurden die örtlichen Wege, öffentlichen Gebäude (z. B. Feuerwehrhaus) gemeinsam repariert und instandgesetzt. Der wechselnde „Ortsbesorger" hatte dies zu organisieren und zog die Bewohner gemäß ihren Fähigkeiten und Ressourcen heran. Heute ist das anders: Mein vor zwei Jahren verstorbener Firmpate schilderte den neuen Ablauf wie folgt: „Nun sind wir ‚modern'. Wenn die Dorfkapelle zu restaurieren ist, schreiben wir einen Brief an die größer gewordene Gemeinde. Dann rührt sich eine Weile nichts. Wir schreiben daher einen geharnischten Urgenzbrief. Dann kommt eine Kommission von mindestens drei Leuten. Danach wird eine Ausschreibung gemacht, und in einem halben Jahr kommt ein Lastwagen mit viel zu viel Werkzeug und Material ... und dann machen sie es liebloser und schlechter, als wir dies in meiner Jugendzeit getan haben."

– Der erste Landwirtschaftminister nach dem Zweiten Weltkrieg, *Josef Kraus*, der alles sehr kurz und treffend formulierte, hat im hohen Alter schlicht gemeint: „Na dann setzt gleich einen bayerischen Gouverneur ein. Dann könnt ihr euch den ganzen Popanz des Parlaments, der Landtage, der Ministerien und auch den diplomatischen Dienst ersparen. Aber die Steirer, Tiroler und Vorarlberger werden wohl ihre eigenen Wege gehen; die Vorarlberger sicher zur Schweiz." Da denke ich an das gut verwaltete „Mikroland" jenseits des Arlbergs.

---

60 Es muss jedoch vermerkt werden, dass auch in der Schweiz der subtile, von Großkapitaleignern finanzierte Angriff auf die kleinen, direktdemokratischen Gebietskörperschaften läuft. Die unabhängige Wochenzeitung *Zeit-Fragen* hat dies mehrmals aufgezeigt. „Think Tanks" wie *Avenir Suisse* (Zukunft Schweiz) und *Metrex* (Metropolitan Exchange) betreiben ein Überspielen der „rückständigen" Bürger durch das Überstülpen von Großstrukturen ohne direktdemokratische Kontrolle nach dem Motto: Die international erfahrenen „Experten" wissen, was für euch gut ist.

I.2.8.4
Die Massenhaltung des Menschen in Gesellschaft und Wirtschaft

Man nimmt an, dass bis 2051 rd. 51 % der Menschheit in Großstädten wohnen werden (GEA 2012). Davon sind bereits 21
(Stand 2011) „Megacities" mit mehr als 10 Millionen Einwoh-
nern. Großstädte sind nicht nur im Krisenfall höchst verletzlich
und ökologisch unangepasst, sondern führen auch breitflächig zu
asozialem Verhalten.

Dass die Konzentration von Stoffströmen die Ökosysteme überfordert, weil sie von der Natur nicht mehr „verdaut" werden können,
ist inzwischen Stand des Bewusstseins; ebenso die Unhaltbarkeit
des hohen fossilen und atomaren Fremdenergieverbrauchs.

Großstädter ohne Naturerfahrung sind aber auch zusätzlich
unbewusst hemmungslos, weil sie die Folgen ihres Handelns
nicht mehr sehen, oder weil die geschädigten Objekte weit weg
sind. Mit der räumlichen Distanz sinken die Hemmungen. Der
Verhaltensbiologe *Konrad Lorenz* (1903–1989) hat gemeint: *Die
Tötungshemmung des Menschen nimmt offenbar – wie eine Strahlung – mit dem Quadrat der Entfernung ab. Wenn jemand einen
Mitmenschen erwürgen soll, erschaudert er meist; muss er aber ein
Geschütz betätigen oder gar eine Bombe ausklinken, die den Tod
von Tausenden bewirkt, dann ist dies ein „technischer Vorgang".*

Hinzu kommt ein weiteres Phänomen, das wir aus dem Verhalten von Menschen und Tieren kennen: Nimmt durch dichtes
Zusammendrängen der Populationsdruck zu, dann grenzen sich
die Individuen ab. Sie werden „asozial". So kann man sich erklären, dass Todesfälle in Großstadthäusern erst wahrgenommen
werden, wenn Leichengeruch aus den Wohnungen dringt. Dieses
Vereinsamen bewirkt aber die höhere Aktivität in der Masse als
Übersprungshandlung.

Der vereinsamte Massenmensch ist nicht nur leichter politisch
manipulierbar, er ist auch das geeignete Objekt für den Massenkon-
sum, den die auf Großserienproduktion ausgerichtete Wirtschaft
braucht. Deshalb haben *M. Piore* und *Ch. Sabel* die Alternative
einer flexibel automatisierten gewerblichen Produktion mit dem
individuellen Angebot einer Fertigung auf Bestellung nicht nur aus

ökologischen Gründen (Ausschuss- und Materialersparnis), sondern auch aus humanbiologischen Erwägungen vorgeschlagen.

I.2.8.5

Die manipulierbaren Massen als Ziel und Bumerang

Wir haben bereits oben (I.2.8.3.1) von den Strategien *E. L. Barneys* und seiner Schule im Dienste der US-Plutokraten gelesen. Unter der Voraussetzung der Störung der eine feste Persönlichkeitsbildung ermöglichenden Entwicklungsphasen und der Zerstörung der Halt gebenden kleinen Sozietäten liegt die manipulierbare Masse vor den Werbern aus Politik und Wirtschaft. Die Erfolge waren in der Vergangenheit so bestechend, dass das Risiko des Kippens der Massenpsyche vergessen wird. Wenn nämlich der Bogen überspannt wird (siehe auch I.3.1.1.1.1.1.10), kann es zu geradezu unbarmherziger, ungebremster Gewaltausübung und zur Zerstörung jener gesellschaftlichen Strukturen kommen, auf deren Ausnützung der Reichtum der Oligarchen beruht. Der Volksmund spricht dann vom „Blutrausch". Deshalb wäre es auch aus Gründen des Selbstschutzes der Oligarchen ratsam, die Verankerung in kleinen Einheiten, die zur Vermittlung der für eine Gesellschaft essentiellen Tugenden (zum Aufbau von Sozialkapital) fähig sind, nicht zu unterbinden.

I.2.8.6

Der Genderwahn oder der Raub der Mütter mit dramatischen Folgen

Das Hineinpressen der Frauen in Männerrollen und ihre In-Konkurrenz-Setzung zum Mann hat vor allem gravierende Auswirkungen auf die seelische Gesundheit von Frauen und Kindern. In der Statistik der Depressiven führen die Frauen …

Die Genderideologie geht von der wissenschaftlich nicht haltbaren Annahme aus, dass der Unterschied zwischen Mann und Frau nur anerzogen sei und dass dieses Anerziehen der Demütigung und Abhängigmachung der Frau diene. Dass Mann und Frau unterschiedliche genetische Ausstattungen haben, unterschiedliche Entwicklungsschritte durchmachen, anders denken und anders an Probleme herangehen, wird schlicht negiert. Frau und Mann sollten einander ergänzen, statt miteinander zu konkurrieren. Die von sich selbst Entfremdeten, Vereinsamten, Ausgebrannten und im Herzen Unglücklichen (was man bis zum Zusammenbruch nicht zeigt) geben Zeugnis von den Folgen der Verletzung der biologischen Dispositionen.

Es geht aber nicht nur um ein erfülltes Frauenleben (was die klassische Erwerbsarbeit nicht ausschließt[61]) mit all seinen Facetten, es geht vor allem auch um die Kinder. Wenn Kindern das stabile, bergende Nest genommen wird; wenn die liebevoll mit dem Kind plappernde und spielende Mutter als „Haustrauberl" denunziert wird; wenn den Müttern und Vätern die Zeit für die Zuwendung in den entscheidenden Entwicklungsphasen genommen wird; wenn eheliche Treue und damit die Stabilität der Familie als Hemmschuh für die Selbstverwirklichung der Partner angesehen wird: Dann kommt es nicht nur zu einem Rückstand in der intellektuellen Entwicklung des Kindes. Es kommt vor allem auch zur emotionalen Destabilisierung des Kindes. Die Erkenntnisse der Kinder- und Jugendpsychiatrie und die Kenntnis der Langzeitfolgen im sozialen Verhalten zeigen, dass die Urgeborgenheit (das „Bonding" bei der Mutter und in der bergenden Kleingruppe) die Voraussetzung für ein selbstsicheres, angstfreies Brückenschlagen („Bridging") zur Mitwelt ist. Angst führt immer zu extremen Verhaltensmustern: Entweder die Person zieht sich ängstlich zurück und ist daher kein vollwertiger, belastbarer Partner in der Gesellschaft, oder sie wird aus der innewohnenden Angst aggressiv und gewalttätig, oder sie flüchtet sich in eine Scheinwelt bis hin zu der drogenbewirkten Illusion.

Aufgrund dieser Kenntnisse müssen wir den Gender-Akzent umdrehen: Die weitgehend schon installierten Gesetze, Verordnungen und Verhaltensregeln, die uns derzeit von blindwütigen Ideologen vorgegeben wurden und werden, sind nicht auf ihren

---

61 Ich hatte als Vorstandsvorsitzender (heute sagt man „CEO") eine Leiterin des Finanzwesens zu dieser Position gebeten, die – wie sie sagte – „mit der Umsicht einer klugen Hausfrau" das Konzernrechnungswesen und ihr Team geführt hat. Sie hatte nie ihr „Frau-Sein" verleugnet, sondern ergänzend eingebracht.

Beitrag zur widernatürlichen Gleichmacherei zu überprüfen[62], sondern auf die differenzierte Förderung der Frauen und Männer auszurichten. Der jüngste literarische Aufschrei der deutschen Familienministerin *Kristina Schröder* gegen die verordnete Gleichmacherei ist ein Zeichen in diese Richtung.[63]

Die „bekehrte" Nichte *E. F. Schumachers* und *Werner Heisenbergs*, *Gabriele Kuby*, hat als gelernte Soziologin und Übersetzerin diese Problematik noch prononcierter aufgezeigt.[64]

I.2.8.7
Eine Gesellschaft der psychisch Kranken, Süchtigen und Gewalttätigen?

Ich habe vorstehend schon versucht anzuleuchten, welche Folgen die Verletzung der biologischen Grundansprüche des Menschen haben kann. Unsere Gene geben unserem Gehirn die neurobiologischen (neurochemischen) Entwurfsvorlagen des Lebens vor, nach denen die grundlegenden Strukturen aufgebaut werden. Es ist aber so angelegt, dass es sich zu seiner individuellen Ausstattung hin in Rückkopplung mit der Mitwelt entfaltet. So kann man auch die rasante kulturelle Evolution besser verstehen.[65]

Wenn allerdings diese Grundantriebe durch negative Randbedingungen und Erfahrungen nicht gefördert, sondern verletzt werden, dann kommt es meist zu dramatischen Perversionen. Wir müssen das Gehirn als Organ verstehen, das sich selbst strukturiert und zwar in Antwort auf die Anreize der Umwelt. Diese Anreize müssen den Entwicklungsphasen des Kindes bestmöglich

---

62 In Österreich werden sogar Finanzgesetze auf ihre „Gendergerechtigkeit" verpflichtend überprüft.

63 Schröder K., Danke, emanzipiert sind wir selber! Abschied vom Diktat der Rollenbilder, Piper Verlag, München 2012

64 Kuby G., Die Gender Revolution – Relativismus in Aktion, fe-medienverlag, 5. Aufl., Kißlegg 2011 und Verstaatlichung der Erziehung – Auf dem Weg zum neuen Gender-Menschen, fe-medienverlag, Kißlegg 2007

65 Mein am 31. 12. 2009 verstorbener Freund Hofrat Dr. Rudolf Schwertner hat dies kurz vor seinem Tod, den er als Heimgang sah, in die kurzen Worte gekleidet: „Wir sind als *Halbfabrikat* geschaffen, damit wir uns aus freien Stücken höher entwickeln und aneinander emporranken können."

entsprechen. Bei geduldiger, liebevoller Interaktion des Pflegers mit dem Kind lernt dieses in den ersten Jahren seine elementaren Bedürfnisse nach Nahrung, vertrauender Bindung, Zärtlichkeit, Selbstbehauptung und Besitz zu befriedigen. Die für das Kind überschaubare Kleingruppe einer stabilen Familie bietet ihm Bergung und die Einübung von für das Zusammenleben und Überleben erforderlichen Verhaltensmustern. Sie bildet auch den nötigen Rückhalt, wenn das neugierige Kind seine Umwelt und seine Mitmenschen zu erforschen und neue Brücken zu schlagen beginnt[66]. Ein Kind braucht vor allem stabile Vorbilder, an denen es sich anhalten kann. Dieser Nachahmungstrieb setzt sich bis ins Schulalter fort. Die verehrten Lehrpersonen geben Zeugnis davon. Es lernt aber auch Disziplin und mit seinen elementaren Trieben umzugehen.

Sollten wir nicht die Tatsache der zunehmenden Zahl gestörter, psychisch kranker und auch gewaltbereiter Kinder, für die nun eigene Zusatzbetreuer und Schulpsychologen sowie geschulte Polizeikräfte eingesetzt und bezahlt werden, zum Anlass nehmen, um nach den Ursachen zu fragen? Sollten wir nicht erkennen, dass wir so wie im Umweltschutz an der Wurzel ansetzen müssen, anstatt „end of the pipe" (am Ende des Rohres) das Ärgste zu verhindern zu versuchen? Sollte nicht die Tatsache, dass der internationale Drogenhandel bereits die gleiche Größe hat wie die „Consumer Electronics", die vom Fernseher über den PC bis zu den elektronischen Kameras reichen, und dass die Gemeinwesen weitgehend ratlos dem Zuwachs gegenüberstehen, uns aus Eigeninteresse zum Nachdenken über die Ursachen bringen?! Aber dies verbieten offenbar die ideologische Brille und vorgefasste Meinungen zur Entschuldigung eigenen Handelns.

Wenn ich lesen muss, dass ein von den Behörden angehimmelter „Schulexperte" verkünden darf, es müsse sich bei einer „modernen Pädagogik" jede Generation wieder selbst neu erfin-

---

66 Ich habe dies bei allen Kindern rund um das Trotzalter als das Hinauswagen in die „fremde Welt" erlebt und zugelassen. Beim Hinauswagen haben sich die Kinder immer umgedreht, um sich auf ihrem Weg hinaus des Schutzes der Person des gefestigten Vertrauens zu versichern. Dass dieses Urvertrauen bis ins hohe Alter Halt und Durchhaltevermögen gibt, zeigt die Geschichte eines zu Unrecht verurteilten US-Bürgers, der bis zu seiner Rehabilitation nach einem Jahrzehnt durchgehalten hat, „weil meine Mutter hinter mir stand".

den (unbeschadet der Erfahrungen der Vergangenheit), und dass man daher die Schüler zu vier „pädagogischen Urbitten" veranlassen solle: *Bringe mir nichts bei. Erkläre mir nichts. Erziehe mich nicht. Motiviere mich nicht.*[67], dann weiß ich, woher die haltlosen, vorbildslosen, armen jungen Menschen kommen, die auch später ihr Leben nicht meistern werden können. Da in Familie und Schule bewusst Autoritäten abgebaut und madig gemacht werden, nimmt die Disziplinlosigkeit zu[68].

Diese erstreckt sich auch auf den Umgang mit den Aneignungstrieben und der Triebgroßmacht Sexualität. Wenn im Sexbereich zur geförderten Disziplinlosigkeit noch der mit unseren Steuergeldern finanzierte Sexkoffer und Aufklärungsvideos[69] für Schüler sowie die laufende Bombardierung mit den Anreizen durch „Softporno"[70] kommen, dann ist das Tor zur alles überlagernden, grenzenlosen (entnormten) Sexsucht weit offen. Wenn und weil diese Befriedigungen mit der Zeit abstumpfen, kommt sodann oft die „Überhöhung" durch Drogen zum Zuge.

In dieses so geschaffene Vakuum stoßen die ausbeutenden Irreführer in der Werbung und in der Verführung zur Sucht. An die Stelle von Vorbildern treten „Idole", und an die Stelle von Mitgestalten und Miterleben das passive Konsumieren von „Events".

Wie weit die Verführung und Abhängigmachung von Minderjährigen geht, möge ein *Exkurs* zeigen, den Sie im Anhang finden (Exkurs zur sexuellen Enthemmung als gesellschaftszerstörende Strategie).

---

67 Zitiert nach *Zeit-Fragen* 14. 5. 2012 S. 6

68 Ein aufmüpfiger Schüler (konkreter Fall), welcher der Lehrperson das Götz-Zitat an den Kopf wirft, kann zynisch lächelnd sagen: „Erstens haben Sie mich provoziert" und zweitens: „Hüten Sie sich, mich zu bestrafen, dann haben Sie meine Eltern und Ihre Vorgesetzten am Hals", ... und er ist der antiautoritäre Held der Klasse.

69 Manche dieser Videos wären vor 20 Jahren noch als pornographisch eingestuft worden.

70 Ich beobachtete bewusst Schüler und Schülerinnen des Bundesgymnasiums in Lilienfeld, denen die Gratiszeitung *Heute* offeriert wird. Sie enthält Seite 3 immer eine attraktive junge Frau in Softporno-Stellung und -Outfit. Diese anregende Augenweide wird mit entsprechenden Kommentaren „gut" angenommen und man wartet schon auf die nächste Nummer.

Auf Vorhalt eines besorgten Vaters meinte der Direktor: Er könne die diesbezüglichen Poster nicht aus der Schule verbannen, weil er dafür Geld bekomme und dieses für die Schule benötige. Sind wir schon so weit gekommen, dass Geld vor Jugendschutz geht?! Daher benötigen wir die auch eingangsseitige Sanierung der Budgets (siehe hierzu III.2.1. und III.2.4.5).

Noch ein zusätzliche Bemerkung: Auf die Enthemmung folgt in der Regel die allgemeine Anomie (die triebbestimmte Rechts- und Regellosigkeit). Wenn enthemmten Jugendlichen in Film, Fernsehen, Internet und Zeitungen die Exzesse, Feste und Partys der „Society" laufend dargeboten werden und sie gleichzeitig keine sinnstiftende Tätigkeit finden (Jugendarbeitslosigkeit), dann kann ich die selbst gehörte Reaktion verstehen: „Und wenn wir davon nicht auch etwas kriegen, dann holen wir es uns eben! Denn wir sind die Normalos!" Eine Erklärung für die Grauen und Furcht erregenden Gewalttätigkeiten von – vor allem Jugendlichen – in London im September 2011?

Das Syndrom der Ursachen von psychischen Erkrankungen, Süchten und Gewalt geht aber noch weiter. Es ist nicht nur die kurz angeleuchtete Störung der individuellen Entwicklung (Ontogenese), die Entheimatung auf fast allen Ebenen, die Entnormung und die Verführung zur Sucht, es sind auch die Arbeitsbedingungen, die das Äußerste abverlangen, weil unsere Betriebe mit De-facto-Sklavenarbeit (z. B. in China und Indien sowie in diversen Zollfreizonen) in Konkurrenz gesetzt werden und der globale Wettbewerb, den wir installiert haben, erbarmungslos ist. Der Sozialreporter *Günter Wallraff* hat die Situation wie folgt benannt: „Die (Manager) sind schlimmer als die Sklavenhalter des klassischen Altertums, die nämlich noch Interesse daran hatten, dass ihre Sklaven möglichst lange bei guter Gesundheit waren, damit sie von deren Arbeitskraft möglichst lange profitieren konnten."[71] Burnout und der Griff zur scheinbar kurzzeitig Erleichterung bringenden Droge sowie am Ende das Ausweichen in eine virtuelle Welt sind die Folgen. Wir brauchen daher eine umfassende Reform der Gesellschaftspolitik (insbesondere der Finanz-, Handels- und Beschäftigungspolitik – siehe Teil III).

Eine im April 2012 veröffentlichte Studie der Österreichischen Arbeiterkammer gibt an, dass 32 % aller Neuzugänge in die Berufs- und Invaliditätspension aus psychischen Gründen erfolgen und dass sich die Kosten der Arbeitsausfälle aufgrund arbeitsbedingter psychischer Belastungen jährlich auf rd. €3,3 Mrd. belaufen.

---

71 *Lucius Iunius Columella* gibt in seinen *De Re Rustica Libri deodezim* (Zwölf Bücher über Landwirtschaft) genaue Anweisungen, wie man Sklaven ernährt und gemäß ihrer körperlichen Verfassung einsetzt (erstes Buch Teil 9).

1.3
Missachtung der ökonomischen Grenzen

I.3.1
Eine von der Realwirtschaft abgehobene und diese dominierende (ausbeutende) Finanzwelt

I.3.1.1
Die große Verschleierung – Konturen des Aufstiegs und der derzeitigen Herrschaft der Finanzmächtigen

Ich werde diese Kapitel ausführlicher gestalten, weil das Informationsbedürfnis, das ich fast überall antreffe, hoch ist und die von den Medien durchgetragenen Vernebelungen und Verteidigungsmythen der Interessenträger des derzeitigen Finanzsystems dominieren. Letztere formen das Hauptstromdenken. Ein zentrales Anliegen wird hierbei das Aufzeigen einsichtiger Zusammenhänge und Strukturen sein.

Wie sehr die Verneblung und anonyme Finanzsklaverei gediehen ist, zeigt ein Interview mit der ranghöchsten Politikerin Österreichs, der Parlamentspräsidentin Mag. *Barbara Prammer*, vom November 2011[72], in dem sie entwaffnend offen gesteht, dass sie gerne wissen würde, wer hinter den Finanzmärkten steht (wer also die Marktmacher sind). Offenbar haben die diversen Aussagen ihres Parteikollegen, des im nationalen und internationalen Räderwerk agierenden Gouverneurs der Österreichischen Nationalbank, Univ.-Prof. Dr. *Erwald Nowotny*, zur Transparenz der Zusammenhänge nicht entsprechend beitragen können.

Einige Zitate mögen die Hauptstromgläubigen zum Mitgehen beim Hinterfragen der gegenwärtigen weltweit installierten Finanzordnung anregen.

---

[72] Die Furche, Nr. 46, 17. 11. 2011, S. 9 „Die Politik muss jedenfalls agieren, sie darf sich nicht ausliefern, etwa den Finanzmärkten, von denen ich gerne konkret wüsste, wer sie denn sind, diese anonymen Gebilde." Ich habe der Frau Präsident zur Information die inzwischen von der ETH-Zürich erarbeitete Studie „The Network of global Corporate Control" übersendet. Die Antwort einer Mitarbeiterin war natürlich, dass ich die Frau Präsident missverstanden hätte. Sie wollte eigentlich die mangelnde Transparenz aufzeigen.

Ich glaube, dass Bankunternehmen für unsere Freiheit gefähr-
licher sind als die Obrigkeit, die Polizei und die Armee zusam-
men. (Thomas Jefferson, 1743–1826, US-amerikanischer Jurist,
Gutsbesitzer und 3. Präsident der Vereinigten Staaten von Amerika, Mitverfasser der Unabhängigkeitserklärung)
Gebt mir die Kontrolle über die Währung einer Nation, und es
ist mir gleichgültig, wer die Gesetze macht! (Amschel Meyer
Rothschild, 1744–1812, deutscher Adliger und Bankier)
Es ist gut, dass die Leute unser Bankwesen und Geldsystem
nicht verstehen, denn wenn sie dies täten, glaube ich, dass es eine
Revolution schon vor dem nächsten Morgen gäbe. (Henry Ford,
1863–1947)
Wenn man Nahrungsmittel kontrolliert – kontrolliert man Men-
schen; wer die Energie kontrolliert, hat die Macht über Konti-
nente, und wer das Geld kontrolliert, der kontrolliert die ganze
Welt. (Henry Kissinger, ehem. US-Außenminister 1973–1977)
Ich möchte mich in diesem Demaskierungskapitel nicht mit den
vielfältigen Finanztheorien befassen. Diese können Sie nachfas-
send in der einschlägigen Literatur lesen. Es gibt genug davon.
Einiges finden Sie im Literaturverzeichnis. Ich möchte Ihnen
jedoch fünf Bücher besonders empfehlen:
– *Dirk Solte, Weltfinanzsystem am Limit* – Einblicke in den
  „Heiligen Gral“ der Globalisierung, Terra Media Verlag, Berlin 2009
– Wolfgang *Eichhorn* und Dirk *Solte, Das Kartenhaus Weltfi-*
  nanzsystem, Fischer Taschenbuch, Frankfurt am Main 2009
– den zeitlosen Klassiker *Arbeit ohne Umweltzerstörung – Stra-*
  tegien einer neuen Wirtschaftspolitik, der ein Sachverständi-
  gengutachten eines Fachleutekollektivs ist (Hans Ch. *Bins-*
  wanger, Heinz *Frisch*, Hans G. *Nutzinger*, Bertram *Schefold*,
  Gerhard *Scherhorn*, Udi E. *Simonis* und Burkhard *Strümpel*).
  Es enthält keine Einzelbeiträge, sondern eine abgestimmte
  gemeinsame Meinung, 3. Aufl., Fischer Verlag, Frankfurt am
  Main 1983
– die gut recherchierte Geschichte des Aufstieges der US-
  Finanzaristokratie und das Überspannen des Bogens durch sie:
  Der Untergang des Dollar-Imperiums – Die verborgene
  Geschichte des Geldes und die geheime Macht des Money

Trusts, von Frederick William *Engdahl*, Kopp Verlag, Rottenburg 2009, und schließlich die
- 10. Auflage des „Aufklärungsbuches" von Prof. Bernd *Senf*,
  Der Nebel um das Geld, Verlag für Sozialökonomie, Kiel 2009.

I.3.1.1.1

Zur Förderung des Verständnisses zuerst eine
Kurze Einführung in das Wesen der Geldwirtschaft:

I.3.1.1.1.1

Der Weg zur gegenwärtigen Finanzarchitektur

I.3.1.1.1.1.1

Vom Tauschgeld über den Goldstandard zu den freien Wechselkursen

Die ursprünglichen „Währungseinheiten" bezogen sich auf Stan-
dardgüter, die gehandelt wurden. Diese dienten als übertragbarer
Wertmaßstab beim Tausch. So geht das römische *pecunia* auf die
Handelsware „Vieh" zurück. Seltene Metalle kamen als Wert-
und Tauschmaßstab in Verwendung, weil diese haltbar, teilbar,
zusammenfügbar, nicht beliebig vermehrbar und relativ leicht
transportierbar sind.

Doch auch Edelmetalle waren nur risikoreich und unter Abnüt-
zung zu transportieren. Erfinderische Geldwechsler kamen deshalb auf die Idee, Edelmetall-Lagerscheine, die „*Banknoten*",
auszustellen. Diese bezeugten, dass der auf dem Papier angege-
bene Wert als Edelmetall im Depot lagerte und dass dieses jederzeit vom „Banker" abgeholt werden könne. Bald jedoch kamen
die findigen Banker zur Erkenntnis, dass die zirkulierenden
Banknoten kaum eingelöst wurden, weil die Verwender auf ihren
inneren Wert vertrauten. Also gaben sie mehr Banknoten heraus,
als den Depots entsprach. Mit diesen konnte man auch Kredit
geben und reale Güter kaufen. Das selbst geschaffene „Fiat-Geld"
war entstanden (von lateinisch *fiat* = gemacht).

Ein gut dokumentiertes Beispiel hierfür ist die Bank von Amster-
dam. Sie wurde 1609 unter dem Schutz der Stadt gegründet und

sollte den Kaufleuten die Manipulation mit werthaltigen Münzen ersparen. Die Bank senkte aber dann in aller Stille die Deckung ihres Fiat-Geldes mit Edelmetall auf 50% der Einlagen. Als dies 1791 publik wurde, kam es zu einer Panik und damit zum Ende der Bank. Das Modell war jedoch geboren und wurde von allen späteren Großbanken übernommen, zumal sich diese zur Sicherung des Vertrauens der Kunden staatliche Garantien erwirkten.

Das dominierende Vorbild ist die *Bank of England*: Als König William III. und Königin Mary II. 1688 den Thron bestiegen, waren die königlichen Finanzen zerrüttet und Kriegsausgaben standen bevor. In dieser Situation schlug der schottische Kaufmann *William Paterson* 1694 vor, der Regierung durch eine Vereinigung von 1.268 Gläubigern eine Anleihe zu gewähren. Die Zeichner dieser Anleihe erhielten im Gegenzug am 27. Juli 1694 das königliche Privileg, eine Notenbank in der Rechtsform einer Aktiengesellschaft unter der Firma *The Governor and Company of the Bank of England* zu gründen. Das Stammkapital in Höhe von 1,2 Millionen Pfund wurde dem Staat als Darlehen gegen acht Prozent Zinsen gewährt. Die *Bank of England* erhielt das Recht, in Höhe des Darlehens Banknoten auszugeben und Bankgeschäfte zu betreiben. Die Allianz Geldadel und Politik war geboren und hat im Falle der *Bank of England* bis in unsere Zeit überdauert, wobei der Geldadel es verstand, seine Machtbefugnisse auszubauen. Das System bedeutete Staatsschulden für immer und daher auch Geldfluss zu den Banken für immer. Nach diesem attraktiven Vorbild haben die US-Granden (der „Money Trust") die US-Finanzwelt gestaltet und schließlich zusammen mit der City of London globalisiert.

Es gab lange Zeit eine „Bimetalldeckung" der Währungen aus Silber oder Gold. Die kontinentaleuropäischen Währungen sowie der US-Dollar vor dem Specie Resumption Act von 1875 basierten vornehmlich auf Silber.

Der Staat und das mit ihm liierte Bankensystem der aufstrebenden Industrie- und Handelsmacht England setzten jedoch auf Gold als Hinterlegung. Dies vor allem aus zwei Gründen: a) Man kontrollierte die größten Goldminen und eignete sich diese zunehmend an (siehe die Plünderung Indiens und die Buren-Kriege um die Bodenschätze in Südafrika) und b) Über die Bindung an das Gold konnte man die Weltfinanzen in Abhängigkeit und unter Kontrolle bringen. London wurde zum Weltfinanzplatz, zusätzlich gestützt auf seine Flotte, sein Imperium und die Kontrolle des Welthandels.

Außer bei den Edelmetallmünzen (Kurantmünzen), deren Wert im Edelmetallgehalt bestand, gab es bei den staatlich anerkannten Währungen nie eine volle Golddeckung. In England wurde bereits 1844 die partielle Golddeckung gesetzlich festgelegt. 14 Millionen Pfund Sterling durften ohne Golddeckung in Umlauf gebracht werden. Jede darüber hinausgehende Ausweitung der Geldmenge musste mit Gold hinterlegt werden. Es bestand somit die sogenannte „Goldbremse".

Die USA, die ebenfalls über hohe eigene Edelmetallvorkommen verfügten, hatten – wie oben schon erwähnt – ursprünglich einen Bimetallstandard. Die New Yorker Großbanken setzten jedoch nach dem Bürgerkrieg in Zusammenarbeit mit den Londoner Großbankern und nach deren Vorbild den Goldstandard zulasten der Silberproduzenten durch. Seit 1870 dominierte der Goldstandard weltweit. Dies war auch deshalb möglich, weil die Goldproduktion mit dem Wachstum der Weltwirtschaft Schritt hielt. Die Goldmächtigen verdienten somit doppelt, nämlich durch Goldverkauf und „goldgedeckte" Verleihung.

Nach dem Ersten Weltkrieg waren die USA bereits „Erste Goldmacht", weil sie (d. h. die US-Finanzmächtigen) sich die Kriegslieferungen an und die Kriegsdienste für die europäischen Alliierten in Gold bezahlen ließen und die unangemessen hohen deutschen Reparationen noch hinzukamen[73]. Der Zweite Weltkrieg verstärkte die Position der USA, und sie konnten daher 1944 in Bretton Woods den *Dollar als goldgedeckte Weltleitwährung* etablieren. Die Einwechslung in Gold war aber nicht den Bürgern, sondern nur den Nationalbanken möglich. Die Währungen waren zu fixen Wechselkursen an den goldgedeckten Dollar gebunden. Es handelte sich somit um einen *weltweiten indirekten Goldstandard*.

Die Vernachlässigung der Realwirtschaft zugunsten der Finanz-

---

73 Siehe hierzu das nüchtern anklagende Buch des späteren Reichswirtschaftsministers (1934–1937) Hjalmar Schacht *Das Ende der Reparationen* (1931). Wer dieses Buch liest, kann die Saat des Zweiten Weltkrieges erkennen.

wirtschaft führte zu erheblichen Defiziten in der US-Leistungsbilanz (Außenhandelsdefizite). Diese und die über Geldmengenausweitung geführten Kriege (beginnend mit dem Vietnam-Krieg) zwangen die USA, 1971 die Konvertibilität (Umwechselbarkeit) in Gold aufzuheben und 1973 den indirekten Goldstandard formell zu beenden.[74]

Damit fand der Goldstandard weltweit ein Ende, weil die wichtigsten anderen Währungen über den Dollar zu fixen Wechselkursen an das Gold gebunden gewesen waren. Gold fungiert jedoch noch immer als vertrauenssichernder Bestand. Die Rückkehr zum Goldstandard wäre jedoch schon aus Mengengründen nicht mehr möglich bzw. nur zu exorbitanten Preisen. Die Stabilität der Währungen beruht daher derzeit bloß auf dem (eher „blinden") Vertrauen der Bürger und Finanzmächtigen in sie.

I.3.1.1.1.1.2
Die derzeitige große Finanzblase

Es muss einleitend erwähnt werden, dass die derzeit das Weltfinanzwesen (noch) dominierende *Fed* (das US-Zentralbankensystem) keine Nationalbank im europäischen Verständnis ist. Es handelt sich vielmehr um ein Großbankenkartell, dem 1913 (also knapp vor dem weitgehend und entscheidend US-finanzierten Ersten Weltkrieg) in einem parlamentarischen Coup Nationalbankprivilegien zuerkannt worden sind. Diese selbsternannte „Finanzelite" hat es vor allem nach dem Ende des Zweiten Weltkrieges zustande gebracht, über die vorgeschaltete OECD den weltweiten ungezügelten Kapitalverkehr durchzusetzen[75]. Über die von ihr entwickelten elektronischen Clearing-Plattformen haben sie gemeinsam mit der Londoner City als ehemaligem Vorbild und nun exterritorialem Partner die Abwicklungssysteme praktisch monopolisiert[76] und mit den Offshore-Plätzen[77] „verlin-

---

74 Eigentlich handelt es sich dabei um den ersten großen Finanzbetrug der USA, weil die Goldguthaben einseitig entwertet wurden.

75 Der jährlich angepasst publizierte *OECD Code of Liberalisation of Capital Movements* wurde 1961 verabschiedet und ging dann praktisch in alle finanz- und handelspolitischen Regelungen ein.

ked" (verbunden). Auf diesem „Klavier" wird derzeit weltweit gespielt.

I.3.1.1.1.1.2.1
Die Bindung der in Massen „gedruckten" Dollarmengen

Die USA waren nun seit den Siebzigerjahren des vorigen Jahrhunderts auf Schuldenmachen angewiesen. Die Leitmacht lebte und lebt auf „Pump". Man druckt ganz einfach Geld[78] und „dreht" dieses der Welt an, solange die Mehrheit der Menschen noch an den Wert des Dollars glaubt. Wer nicht glaubt und dies auch noch kundtut, wird diszipliniert. Doch darüber später. Die Leitwährungsfunktion erlaubt dies. Die Besonderheit hierbei ist allerdings, dass der „Münzgewinn", die sogenannte Seigniorage, nicht dem Staat zuwächst, sondern der *Fed*, der Federal Reserve, die, wie oben erwähnt, ein Bankenkartell mit Nationalbankprivilegien ist. Dadurch kommt es zur Anhäufung ungeheuren Reichtums.[79]

Es wurden daher von den herrschenden Finanzeliten verständlicherweise *Strategien zur Bindung, Kanalisierung und Vernich-*

---

76 Exemplarisch sei auf die CLS Bank International hingewiesen. Diese Betreiberplattform in New York, über welche die weltweiten Devisentransaktionen weitestgehend abgewickelt werden, ist eine Tochter der CLS UK Intermediate Holding Ltd. in London. Diese ist wieder eine Tochter der CLS Group Holding AG in Zürich. Die Eigentümer sind ca. 70 Finanzinstitutionen. Man erkennt daran die kontroll- und steuerumgehende Verschachtelung und das Ausnützen der Schweizer Bankbedingungen.

77 „Küstenferne Finanzplätze" sind Standorte, die sich durch niedrige Steuern, ein hohes Maß an Vertraulichkeit und eine minimale Finanzmarktaufsicht und -regulierung auszeichnen. Es wird toleriert, dass sich die dort angesiedelten Finanzunternehmen der nationalen Kontrolle – insbesondere der Besteuerung – entziehen.

78 *Mutatis mutandis* gleicht die Finanzierung des enormen Rüstungs- und Stützpunktkomplexes der USA dem von Hjalmar Schacht erfundenen Finanzierungstrick, den *Mefo-Wechseln* zur Rüstungsfinanzierung des „Dritten Reiches". Die Rüstungsunternehmen zogen Wechsel an die *Metallurgische Forschungsgesellschaft m. b. H.*, diese diskontierte sie bei einer Bank, und diese reichte sie wieder zum Rediskont bei der Reichsbank ein. Weil sie „Handelswechsel" waren, mussten sie im Reichshaushalt und im Reichsschuldbuch nicht ausgewiesen werden. Dadurch wurden gegenüber dem Ausland auch die Rüstungsausgaben verschleiert. Weil die Wechsel verzinst wurden, löste man sie in der Regel nicht ein, wodurch der Inflationsdruck hintangehalten wurde.

79 Der Senator Dr. Ron Paul, der nun als erfolgloser Präsidentschaftskandidat auch in Europa bekannt wurde, hat vorgerechnet, dass die Bürger der USA keine Steuern hätten zahlen müssen, wenn ihnen (dem Staat) die seit 100 Jahren anhaltende Geldvermehrung zugekommen wäre.

tung des ständig ausgeweiteten Geldvolumens entwickelt, um eine Inflation im Inland zu verhindern, die Leitwährungsposition, welche die unbegrenzte Geldvermehrung ermöglicht, sowie die Seigniorage zu bewahren[80] und das Risiko einer künftig unvermeidbaren Entwertung dem Ausland umzuhängen. Hierzu wurden sechs Wege eingeschlagen, zu denen noch ein vorerst einmaliger siebenter hinzugekommen ist:

– Solange der in Bretton Woods vereinbarte indirekte Goldstandard mit festen Wechselkursen galt und der Welthandel wuchs, wurden zusätzlich in Umlauf gesetzte Dollarmengen quasi problemlos absorbiert. Außerdem waren die Partnerstaaten verpflichtet, über Interventionen ihrer Zentralbanken die vereinbarten Wechselkursparitäten gegenüber der Leitwährung zu stützen. Letzteres lief auf eine Stützung des Dollarkurses durch den Aufkauf von Dollars hinaus. Eine gegenseitige Verpflichtung der USA gab es nämlich nicht. Als diese Praxis wegen der unangepassten Dollarvermehrung – insbesondere zur Finanzierung des Vietnamkrieges – nicht mehr durchhaltbar war, wurde die versprochene Einlösbarkeit der Dollarguthaben der Nationalbanken ganz einfach einseitig gekündigt[81] und es wurden neue Instrumente der Mengenbindung erfunden. Diese werden im Folgenden kurz dargestellt:

– ein „in Eisen gekleidetes" (iron clad) Abkommen mit dem größten derzeitigen Erdölproduzenten, Saudi-Arabien. In diesem Abkommen übernahmen die USA die militärische Absicherung des Staates[82]. Im Gegenzug verpflichtete sich Saudi-Arabien, *Öl nur in US-Dollar* zu fakturieren und dies auch in der OPEC, der Organisation Erdöl Exportierender Länder, durchzusetzen. Wer Erdöl (und Erdgas) kaufen wollte, brauchte US-Dollars.[83]

---

80 Eine Episode soll dies verdeutlichen: Im vorletzten Jahr der Amtszeit von Alan Greenspan als Vorsitzender des Federal Reserve Systems (1987–2006) war er bei einem Treffen in Zürich. Ein Münchener Finanzier wollte die Gelegenheit nutzen, Greenspan über die Zukunft des Dollars zu befragen. Greenspan sah ihn nur an und sagte kurz: „We have anyhow unlimited access to the printing machine." (Wir haben sowieso die unbegrenzte Möglichkeit, Geld zu drucken.) ... und ging weiter ...
81 Ein solches Vorgehen wäre in der Privatwirtschaft ein Betrug. Die Leitmacht aber konnte sich solches auf internationaler Ebene leisten.
82 Die derzeit wohl am perfektesten organisierte und sich theokratisch legitimierende Diktatur.

Das sicherte auch die Verwendung des US-Dollars im übrigen Welthandel, der derzeit noch immer zu rd. 80% in US-Dollars abgewickelt wird.

– Zusätzlich wurde eine schockartige *Erhöhung des Ölpreises* um rd. 400 % inszeniert. Die diesbezügliche Strategie wurde beim legendären Treffen der „Bilderberger-Gruppe" auf der schwedischen Insel Saltsjöbaden im Mai 1973 ausgeheckt. Diese Erhöhung bewirkte nicht nur einen erhöhten Bedarf an Dollars, sondern auch einen erhöhten Kreditbedarf der Habenichtse unter den Staaten, die ihre Ölimporte nicht mehr zahlen konnten (siehe folgendes).

– das *„Petrodollar-Recycling"* vor allem via die Londoner City[84].

Um die Dollarmengen der erdölexportierenden Länder zu binden, wurde insbesondere den Entwicklungsländern Geld mit reichlich unsauberen Methoden und Korruption „hineingedrückt". Die De-facto-Übernahme der Herrschaft in diesen Ländern durch die von den USA geschützten Großinvestoren war ein gezielter Kollateraleffekt.[85] Die *„Bekenntnisse eines Economic Hitman – Unterwegs im Dienst der Wirtschaftmafia"* von *John Perkins* zeugen davon.

– die Herausgabe von attraktiven *US-Staatsanleihen (government bonds)*. Dieses Spiel funktioniert, solange der US-Dollar

---

83 Das kriegerische Eingreifen im Irak, wo man vorher den Diktator Saddam Hussein unterstützt und zum Krieg mit dem Iran ermutigt hatte, war auf dessen Ansinnen und Beginnen, Erdöl auch für andere Währungen, vor allem für Euros zu verkaufen, zurückzuführen. Dies wurde von der Bush-Administration als Attacke auf den Dollar gewertet und der Irak-Angriffskrieg mit Scheinargumenten gerechtfertigt.
Die gegenwärtige Iran-Krise hat den gleichen Ursprung, wobei die Lage weit schwieriger ist, weil der größte Kunde, China, der rd. 22% der Erdölexporte aufnimmt, ca. 50% seiner Ölkäufe mit Warenlieferungen ausgleicht und zunehmend versucht, mit Renminbi, bei uns eher unter der Bezeichnung „Yuan" bekannt, zu bezahlen.
84 Hier muss erwähnt werden, dass die Londoner City ein privilegierter Staat im Staat ist, der direkt der „Krone" untersteht. Sie hat ein eigenes Oberhaupt, den Lord Mayor (der Bürgermeister von London ist der Mayor), und verfügt über das Netzwerk der ebenfalls exterritorialen Kronkolonien (formell „Privateigentum der Königin"). Es sind dies insbesondere Guernsey, Jersey, Man (Kanalinseln); Gibraltar, Bermudas, Bahamas, Cayman Inseln, Caico Inseln, Turcs Inseln, Virgin Inseln. Über dieses Netzwerk kann nationalen Regelungen – insbesondere Steuern und Abgaben – ausgewichen und Geld gewaschen werden.
85 Was wir derzeit in Europa erleben, nämlich Einsetzen von „Expertenregierungen" als Exekutoren der Finanzmächtigen, geht in dieselbe Richtung. Die Ausbeutungspolitik der „Investoren" wird immer dreister.

weltweit noch als vertrauenswürdige Leitwährung angesehen wird[86] und andere „große Spieler", wie China etwa, mitmachen[87]. Diese Strategie ist jedoch gefährdet, weil insbesondere die jüngsten Debatten im US-Kongress über die Schuldenobergrenze von $ 14,3 Billionen, bei denen die unvorstellbare Größe der US-Schulden (gegenwärtig $ 16,7 Billionen) und die offensichtliche Nichtrückzahlbarkeit weltweit bewusst geworden sind, dazu beigetragen haben, das Vertrauen in den US-Dollar zu erschüttern.[88]

– Wohl die gefinkeltste Strategie war die Erfindung und Aufblähung des auch für „Fachleute" kaum durchschaubaren *Derivatemarktes*. Auf dieser virtuellen Finanzspielwiese (eigentlich ein „Pyramidenspiel") wurden hochverzinste Titel – vor allem *asset backed securities* (forderungsbesicherte Schulverschreibungen), hinter denen sich in Wirklichkeit keine soliden Vermögenswerte verbergen – in Umlauf gesetzt und weltweit gestreut. Diese weitgehend ins Ausland verlagerte Billionenblase konnte und kann noch immer Dollars im Kreis schicken (zirkulieren lassen), ohne dass diese auf dem Heimatmarkt zu einer Hyperinflation führen. Sie kann aber auch dazu benutzt werden, um Dollarmengen zu vernichten (siehe unten).

– Eine einmalige Gelegenheit, Dollars zu vernichten, war das *In-Konkurs-gehen-Lassen von Lehman Brothers*. Mir war klar, was da gespielt wurde, denn rund 90 % der Lehman-Papiere waren gezielt im Ausland platziert gewesen. Der Konkurs ver-

---

86 Ich kann mich erinnern, dass der Greenback (Ein-Dollar-Schein) zur wertsicheren „Standardausrüstung" der Weltbürger zählte.

87 Die trügerische Spekulation ist die, dass die Chinesen ihre hohen Dollar-Guthaben (über eine Billion) aus Eigeninteresse nicht entwerten wollen und daher das Spiel weiterspielen werden. Wenn man jedoch sieht, wie die Chinesen mit dem noch (!) wertgeschätzten „Papierdollar" schrittweise weltweit Realwerte aufkaufen (Bodenschätze, Land, Fabriken und Know-how) und sich auf diese Weise des Schrottdollars entledigen, indem sie ihn anderen – meist Drittweltländern – „aufhalsen", dann ist das Ende absehbar; ebenso eine Verzweiflungshandlung der USA, die natürlich genau wissen, dass ihr Doller nichts mehr wert ist.

88 Wenn China und Japan, die beiden größten Gläubiger des USA, zu Ende 2011 vereinbarten, künftig ihren Handel in Landeswährungen abzuwickeln (und nicht mehr in US-Dollars) und die weltweit tätige (mehr al 20 Standorte) Liechtensteiner LGT-Gruppe Festgeldanlagen in Renminbi empfiehlt, dann gibt dies zu denken. Eine Werbung der LBT-Bank (Die Presse, 14. 2. 2012) besagt: „... nutzen Sie das Potential dieser Zukunftswährung".

nichtete diese Schattengeldmengen – und zwar im Ausland. In der Folge (Kettenreaktion) waren es rund $ 20 Billionen (US-Trillionen) an Entwertungen! Dies bewirkte den internationalen Angstruf: „Ein solcher Konkurs darf nie mehr passieren", und dieser ebnete wieder den Weg zur These, dass „Systembanken" um jeden Preis gerettet werden müssten. Es stellt sich die Frage „Was ist schon eine solche?" Die Antwort ist verblüffend einfach: Eine solche, die, „um das System zu retten", zu einer solchen erklärt wird. Und dies erklärt das System selbst: Also die Fed und die Londoner City![89].

Die beiden großen US-Hypothekenbanken *Freddie Mac* (ursprünglich Federal Home Loan Mortgage Corporation) und *Fannie Mae* (ursprünglich Federal National Mortgage Association) hingegen wurden mit Zuschüssen von rd. $ 170 Mrd. „gerettet", weil es sonst einen nationalen Aufstand gegeben hätte und schließlich die Verletzung der Aufsichtspflicht bei den beiden Hypothekenbanken ein politisches Thema geworden wäre.

Es wurde aber im Unterschied zu *Lehman Brothers* auch *AIG,* einer der weltgrößten Versicherungskonzerne, „gerettet". Die Staatszuschüsse betrugen im Jahre 2011 bereits $ 182 Mrd. und wurden in Form einer Notverstaatlichung (temporärer Staatsanteil 92,1%) abgewickelt. Warum diese Ungleichbehandlung? Die Antwort ist verblüffend einfach: a) Von den hohen *AIG*-Verlusten wäre auch *Goldman Sachs* massiv betroffen gewesen. b) Mit dem Konkurs von *Lehman Brothers* wurde neben der oben aufgezeigten Dollarvernichtung im Ausland einer der großen Konkurrenten

---

89 Der „kleine" Unterschied bei den Bankenrettungen liegt allerdings darin, dass die US-Rettungen noch immer durch Geldvermehrung („Gelddrucken", heute auch „quantitative easing" genannt) möglich sind, weil sich das Leitwährungsland solches noch immer „leisten" kann (siehe die Äußerung Greenspans), während dies in Europa zu zunehmender Staatsverschuldung genau bei jenen führt, die durch Gelddrucken zu den „großen Investoren" geworden sind. Die europäischen Staaten nehmen nämlich zu diesem Zwecke auf den „Finanzmärkten" Geld auf. Allerdings lässt die EZB über die Target-Verrechnung bereits „Gelddrucken" in den Problemstaaten zu, indem sie Schulden dieser Länder automatisch bei den Zentralbanken der „starken" Länder als Forderungen bucht, d. h. anschreiben lässt. Die letzte Entwicklung ist, dass die EZB selbst den Geldmarkt flutet. Das aber bedeutet ebenfalls die Haftung der die EZB tragenden Staaten.
   All dies sind Meilensteine für den Angriff auf den Euro ... Doch davon später unter I.3.1.1.1.1.8 .

von *Goldman Sachs* für immer ausgeschaltet. c) Der Finanzminister, der dies durchsetzte, war ein *Goldman-Sachs*-Mann.

I.3.1.1.1.1.2.2
Die institutionelle Verankerung der derzeitigen monetären Herrschaft

Zusätzlich zu dem vorstehenden „Blasenmanagement" sollten wir uns jedoch mit den institutionell festgeschriebenen Machtstrukturen beschäftigen, weil deren Kenntnis auch bei den Lösungsvorschlägen unter Abschnitt III.1.3 vorausgesetzt wird. Bei der Währungskonferenz von Bretton Woods standen zwei Modelle der Regelung des internationalen Zahlungsverkehrs zur Diskussion: der von *E. F. Schumacher* erdachte und von *J. M. Keynes* übernommene Plan eines neuartigen Systems für Devisenzahlungen[90], einer „International Clearing Union" (ICU), und der US-Plan von *H. D. White*. Die ICU sah eine nicht an eine nationale Währung gebundene Verrechnungseinheit, den *Bancor*, vor – also an Kaufkraftparitäten gebundenes Buchgeld. Weiters sollten die Wechselkurse bei Bedarf angepasst werden können. Vor allem sollten Überschuss- und Defizitländer ein Pönale zahlen, womit ein genereller Anreiz zu ausgeglichenen Leistungsbilanzen gegeben gewesen wäre.

Der machtpolitisch durchgedrückte White-Plan hingegen setzte auf die Annahme eines stabilen Dollars als Leitwährung und die stützende Interventionspflicht der Zentralbanken. Alle Währungen sollten zu fixen Wechselkursen gegenüber dem Dollar und untereinander um den Dollar oszillieren. Der Dollar war quasi die Währungssonne, um welche die Planeten zu kreisen hatten.

Die „Bretton Woods-Institutionen" Internationaler Währungsfonds (IMF od. IWF) und Weltbank-Gruppe (WB – IBRD, IFC, MIGA, ICSID) wurden geschaffen, um dieses „Sonnensystem" abzusichern. Der IWF sollte bei temporären Ungleichgewichten Überbrückungskredite geben (Sonderziehungsrechte einräumen), und die Internationale Bank für Wiederaufbau und Entwicklung

---

90 Es war nicht opportun, dass ein in England lebender, deutscher Ökonom überhaupt genannt wurde.

(IBRD) sollte vor allem dem Wiederaufbau des zerstörten Europa dienen. Dies auch deshalb, weil die Sowjetunion die Teilnahme an dieser Weltwährungsarchitektur verweigerte und die Gefahr gesehen wurde, dass es in einem zerstörten und verarmten Europa zu einem kommunistischen Linksruck kommen würde.

Nach dem Zusammenbruch des Systems der fixen Wechselkurse wurde der Schwerpunkt der Tätigkeit vor allem auf die Entwicklungsländer verlegt. Die Hilfen wurden allerdings an beinharte „Sanierungsprogramme" nach Washingtoner Muster gebunden. Diese sahen vor allem Privatisierungen und Einsparungen in den Sozialprogrammen und öffentlichen Diensten vor.

Die USA (in Wirklichkeit die US-Finanzelite – bedenken Sie, dass die Fed ein Privatbankenkartell mit Nationalbankprivilegien ist) haben sich in den Institutionen die Sperrminorität gesichert und können dadurch die Geschäftstätigkeit steuern, denn bei einem Veto der USA geht nichts. Auf diese Art wurde auch der sogenannte *Washington Consensus* von 1990 erzwungen. Dieser sieht als rahmenpolitische Konditionen bei den Nehmerländern vor allem die Liberalisierung der Handelspolitik, Deregulierung, Offenheit für ausländische Direktinvestitionen und Privatisierung vor – also lauter Maßnahmen im Interesse der Eigner von Großkapital, die im Angesicht der selbst geschaffenen Geldblase umschichten und weltweit nach Anlagen in der Realwirtschaft drängen.

D. h.: Das internationale Großkapital steht somit unter institutionalisiertem „Finanznaturschutz" und kann sich jederzeit auf die geltenden „objektiven internationalen Finanzspielregeln" berufen.

Was derzeit gegenüber Europa läuft, entspricht genau diesem Ausbeutungsmuster, weil bei allen „Rettungsschirmen" der IWF Partner ist und seine Vorgaben macht. Das Anbot, Griechenland „zu helfen", indem man den Kanal von Korinth und ganze Inseln privatisiert, verdeutlicht exemplarisch die Strategie der Umschichtung in Realwerte.

Zur umfassenden monetären Beherrschungsstrategie gehören auch die Regeln der *BIZ*, der Bank für internationale Zahlungen in Basel, die ursprünglich zur Abwicklung der deutschen Reparationen nach dem Ersten Weltkrieg gegründet wurde. Die jüngsten Baseler Übereinkommen, im Bankenjargon „Basel I – III" genannt, regeln vor allem die Eigenkapitalausstattung der Banken und zeugen von der Berücksichtigung der Interessen der US-Investoren. Bei Staatsanleihen braucht es nämlich keine Hinterlegung mit Eigenkapital, weil diese ja so sicher seien[91]. Damit kann durch die Hinterlegung von Staatspapieren unbegrenzt Geldschöpfung betrieben werden. Die Pikanterie ist hierbei, dass sich die USA bislang an die von ihren lauthals geforderten Baseler Abkommen nicht gehalten haben. *Quod licet Iovi, non licet bovi*[92] …

George Soros hat dies so formuliert: „Im römischen Imperium wählten nur die Römer. Im modernen globalen Kapitalismus wählen die Amerikaner."

Das institutionelle Gebäude wäre nicht vollständig, wenn nicht auch in der EU die gegenwärtige Finanzordnung im Verfassungsrang festgeschrieben worden wäre. Im Artikel 130 des konsolidierten *Vertrages über Arbeitsweise der Europäischen Union* werden die *EZB* und die nationalen Zentralbanken der demokratischen Kontrolle entzogen. Dies wird im Protokoll Nr. 4 auf 34 Seiten näher ausgeführt. Kern der Regelungen sind das Monopol der Geldschöpfung bei den Banken und die Umlaufsicherung über den Zins. Eine demokratisch geregelte Geldschöpfung durch den/die Staat/en wurde gar nicht angedacht. Vielmehr hat man die Macht der Finanzoligarchie nach den von dieser vorgegebenen Entwürfen festgeschrieben. Die „Experten" wissen ja, was notwendig ist. Die meisten Abgeordneten haben mir gestanden, dass sie entweder die vollständigen Texte gar nicht bekommen haben oder dass die nicht konsolidierten Texte bei der Vorlage zur Abstimmung nicht durchschaubar waren. Die Abstimmungen erfolgten in allen EU-Ländern quasi als „Verschleierung pur".

Was gegenwärtig mit Ungarn unter Bezug auf dessen Finanzverfassung getrieben wird, ist eine demokratische Ungeheuerlichkeit. Ich habe mir die Mühe genommen, die neue Verfassung Ungarns und die einzelnen Gesetzestexte zu lesen, und finde darin nichts zu Beanstandendes. Wieso soll es u. a. ein Verbrechen gegen die europäische Demokratie sein, wenn ein Präsident der Nationalbank auf die Beachtung der nationalen Verfassung

---

91 Erstens weiß niemand, wann je die USA ihre unvorstellbar großen Schulden abzahlen werden, und zweitens hat man diese Regel bei den PIGS-Staaten, insbesondere bei Griechenland, bereits gebrochen.

92 Was dem Jupiter erlaubt ist, gilt nicht für den Ochsen …

und des Gemeinwohls vereidigt wird? Es ist vielmehr ein Anschlag auf die Demokratie, wenn die Vorgaben der internationalen Hochfinanz absoluten Vorrang haben sollen. Vor diesem Hintergrund sind auch die beschönigend konformierenden Slaloms der deutschen und österreichischen Politiker und vor allem der Gouverneure der Nationalbanken gegenüber der immer kritischer werdenden Bevölkerung zu verstehen.

Ich möchte hierzu, um von vornherein der erwarteten Kritik zu begegnen, festhalten, dass ich natürlich weiß, dass populistische Politiker die Tendenz haben, unverantwortlich in die staatliche Geldkasse zu greifen. Dem kann aber durch entsprechende gesetzliche Selbstbindung – wenn nötig im Verfassungsrang – und durch die Zusammensetzung der Kontrollorgane vorgebeugt werden (siehe III.1.5.1).

Derzeit (Stand September 2012) wird die Institutionalisierung der Macht der Finanzeliten in Europa perfektioniert. Unter dem Deckmantel der „Eurorettung" und der „Gewährleistung einer einheitlichen Geldpolitik"[93] wird in Europa die demokratische Kontrolle praktisch vollkommen abgeschüttelt: Durch die Installierung des ESM, die OMT (unbegrenztes Aufkaufen von Staatsanleihen) durch die EZB sowie durch die für diese geforderte allgemeine Bankenaufsicht (sie kann dann ziemlich willkürlich Banken retten und schließen*), gepaart mit einer Haftungsunion der europäischen Banken, werden die Parlamente (Staaten) ihrer Gestaltungsmacht beraubt und den Interessen der Finanzeliten ausgeliefert. Auf dieser institutionellen Basis kann dann die angekündigte, de facto Goldman-Sachs-dominierte „Fiskalunion" durchgezogen werden.[94]

---

93 Dies wird dann so formuliert: „Ziel der EZB ist es, die Einheitlichkeit ihrer Geldpolitik zu gewährleisten und die ordnungsgemäße Übertragung ihres geldpolitischen Kurses auf die Realwirtschaft im gesamten Eurogebiet sicherzustellen." (Monatsbericht der EZB September 2012).

* Es ist zu erwarten, dass – wie in den USA – die kleinen ‚finanziellen Hilfsboote' versenkt werden, so dass nur mehr die großen Bank-Investor-Komplexe übrig bleiben. Diese sind dann die wahren Beherrscher der Gesellschaft. Es gibt sodann keine Alternative zur kollektiven Finanzsklaverei (TINA – There is no Alternative).

94 Mich erinnert diese Vorgangsweise an einen Ausspruch des „Mister Euro" (Chef der Eurogruppe) *Jean Claude Junckers*: „Wir beschließen etwas, stellen das in den Raum und warten einige Zeit ab, was passiert. Wenn es dann kein großes Geschrei gibt und keine Aufstände, weil die meisten gar nicht begreifen, was da beschlossen wurde, dann machen wir weiter – Schritt für Schritt, bis es kein Zurück mehr gibt." (Der Spiegel, Heft 52, 1999).

I.3.1.1.1.1.3

Die Abschüttelung der demokratischen Kontrolle und der Aufbau eines „Weltgeldmythos"

Die Geldwirtschaft als wirtschaftliche Alchemie hat in ihren Verne-belungs- und Täuschungsstrategien lange Tradition. Sie reicht vom behaupteten gottgegebenen mythischen Ursprung bis zu den schlei-chenden Entwertungen der Münzen im Altertum und in der Neuzeit. Die Erfindung der ABS (asset backed securities), der durch dahinterliegende Werte angeblich gesicherten Geldversprechen, hat Goethe im ersten Akt des zweiten Teils des *Faust* schon vor-weggenommen. Auf Rat von Mephistopheles wird eine private Notenbank gegründet, deren Emissionen durch die erhofften, in der Erde liegenden Goldschätze des Staates „besichert" sind. Das Geschäft floriert, und der Kanzler kann verkünden:

Zu wissen sei es jedem, der's begehrt,
der Zettel hier ist tausend Kronen wert.

Neu an der gegenwärtigen Situation ist die Tatsache, dass die Wis-senschaft und die Medien sowie die nationalen und internationalen Rechtsordnungen in den Dienst der Finanzmächtigen genommen wurden. Dies zeigt allein die Tatsache, dass ca. 80 % der renom-mierten Ökonomie-Lehrstühle von der Finanzoligarchie finanziert werden. Selbst weltbekannte Kritiker wie Prof. *Joseph Stiglitz* rüt-teln nicht an den essentiellen Strukturen, sondern geben Ratschläge im Rahmen des traditionellen Gefüges und der traditionellen Mechanismen. So lobte er die den Euroländern aufgezwungenen „Rettungsschirme" als „guten Weg, die Krise zu lösen" (Die Zeit Online 26. 7. 2011), um zu Beginn des Jahres 2012 zu verkünden, „2012 könnte es noch schlimmer kommen"[95], weil wir zu wenig

---

[95] „Und dieses Jahr wird voraussichtlich noch schlimmer. Natürlich ist es möglich, dass die USA ihre politischen Probleme lösen und endlich die Arbeitslosigkeit mit Hilfe von Konjunkturmaßnahmen auf sechs oder sieben Prozent drücken (eine Rückkehr zu den vier, fünf Prozent, die vor der Krise herrschten, wäre zu viel erwartet). Aber das ist ebenso unwahrscheinlich wie die Möglichkeit, dass Europa erkennt, dass Sparen allein die Probleme nicht lösen wird. Das Gegenteil trifft zu: Sparsamkeit wird die Wirtschaft nur noch schneller abkühlen. Bleibt das Wachstum aus, wird sich die Schuldenkrise – und die Euro-Krise – nur verschlimmern. Und die langwierige Krise, die mit dem Plat-zen der Immobilienblase 2007 einsetzte, und die nachfolgende Rezession werden fort-dauern." (Financial Times Deutschland 22. 1. 2012)

Geld nach dem Vorbild der USA drucken, um die virtuelle Welt der etablierten Finanzindustrie so in Funktion zu erhalten, dass sie die Realwirtschaft nicht erdrückt.

Und schließlich kommt noch der Ratschlag, nicht zu viel zu sparen, weil sonst die Konjunktur abgewürgt wird. Von einem Beitrag der Brandstifter ist nicht die Rede. Hingegen monierte er: Die Geldwirtschaft sei eine so komplexe und komplizierte Sache, dass man sie den „Experten" überlassen müsse. Diese „Experten" sind aber bis auf wenige Ausnahmen die Hohepriester der etablierten Geldadeligen.

Mein verehrter Freund, der emeritierte Wirtschaftsprüfer Dkfm. Günther *Robol*, hat die Demaskierung des etablierten Geldsystems einmal fast zynisch mit zwei Sätzen auf den Punkt gebracht: Die einen kreieren überhaupt Geld aus Luft, fiat money, und die anderen holen sich Geld um 1 % Zinsen von der EZB und verborgen es mit einem 400%-Aufschlag weiter ... – Ein solches staatlich abgesichertes „Geschäftsmodell der höheren Weisheit" würden sich viele wünschen ...

Ein kluger, die Dinge durchschauender Bauer hat in einem Gespräch das oben dargelegte mephistophelische Geschäftsmodell wie folgt selbst entwickelt. Er meinte: „Um arbeitslos zu leben und zugleich immer reicher zu werden, bräuchte ich nur eine Banklizenz. Mein Hof ist rund eine Million Euro wert. Diese halte ich als Mindesteigenkapital von 10%, das ist mehr, als man von den Banken derzeit verlangt. Ich kann also 10 Millionen Euro verleihen. Wenn ich dies gestückelt tue und 5 % Zinsen verlange, dann kann ich pro Jahr 500.000 Euro kassieren, also den halben Wert meines Hofes. Da ich die Geldmenge nicht vermehre, müssen die Kreditnehmer einander Geld wegkonkurrieren, das heißt, andere in den Konkurs treiben. Diese Betriebe könnte ich dann als ,Retter' aufkaufen, denn ich bin ja liquide ..."

Um die tradierten Verhaltensmuster, „die Branchenkultur" der gegenwärtig Finanzmächtigen, zu verstehen, sollten wir noch einen Blick auf die *Geschichte des Aufbaues der gegenwärtig dominierenden Finanzmacht* werfen.

Beim englischen Geldadel war die Partnerschaft mit dem Königshaus (dem Staat) seit der Gründung der *Bank of England* (1694) ungebrochen. Man hat gezielt industrialisiert, die Flotte ausgebaut, kolonisiert und den Welthandel und die Weltfinanzen an sich gezogen. Ganze Subkontinente – wie Indien, wo man sogar einen Vizekönig eingesetzt hat – wurden beherrscht. Die Gewalt richtete sich vor allem nach außen.

Die Geschichte der US-Plutokratie ist hingegen auch intern viel grausamer. Die Verfassung sah vor, dass das Monopol der Geldschöpfung beim Staat liegen solle. Dennoch wurde diese in mehrmaligen Anläufen den Banken übertragen. Drei Präsidenten, die das Geldmonopol der Banken abschaffen oder wenigstens beschränken wollten, wurden ermordet.

Nur einer, der legendäre *General Andrew Jackson*, überlebte 1832 den mit zwei Pistolen geplanten Mordversuch. Er verhinderte die zweite *National Bank*, indem er die Unterschrift unter das fertige Gesetz verweigerte. Dies und die folgenden Aussagen bewirkten sein nicht wirksam gewordenes Todesurteil: *„Es ist leicht zu verstehen, dass große Nachteile für unser Land und seine Institutionen von solch einer Konzentration der Macht in den Händen einiger weniger, die den Bürgern nicht zur Rechenschaft verpflichtet sind, erfließen."*[96] *Abraham Lincoln*, der den *Greenback*[97], eine zinsfreie Banknote des Staates, zur Finanzierung des Bürgerkriegs erfunden hat, wurde 1865 ermordet. Er hatte die Geldschöpfung durch den Staat nicht nur deshalb begonnen, weil die Banken exorbitante Zinsen verlangten, sondern weil er der Ansicht war, dass die „Herausgabe der Währung eine Funktion der Regierung ist – ein souveränes Recht, das nicht an Firmen vergeben werden darf"[98].

Der nächste an der Reihe der ermordeten Präsidenten war *General James Garfield*. Er wurde bereits ein Jahr nach seinem Amtsantritt (1881) beseitigt, weil er die Übertragung des Rechtes zur Geldschöpfung an die Banken in Frage stellte. Sein zentrales

---

96 „It is easy to conceive, that great evils to our country and institutions might flow from such a concentration of power in the hands of a few irresponsible people."
97 Dieser Vulgärname für den Dollar existiert heute noch wegen der grünen Rückseite der 1-Dollar-Note.
98 „The issue of currency is a function of the government, a sovereign right, which ought not be delegated to corporations." Sein Todesurteil aber war wohl der tradierte Satz: „Die Macht des Geldes beutet eine Nation in Friedenszeiten aus und verschwört sich gegen sie in Kriegszeiten. Sie ist despotischer als eine Autokratie und egoistischer als eine Bürokratie."

Argument war: „*Wer immer die Geldmenge in einem Land kontrolliert, ist der absolute Herr über die ganze Industrie und den Handel ... und wenn Sie begreifen, dass das ganze System sehr leicht auf verschiedene Art durch wenige mächtige Leute an der Spitze kontrolliert werden kann, dann braucht man Ihnen wohl nicht erzählen, wie Perioden der Inflation und der Depression entstehen.*"[99] Garfield hatte damit das Muster der Aneignung in der Gesamtwirtschaft, das sich durch die Geschichte des Aufstiegs der US-Magnaten zieht, wahrgenommen.

Man gibt billige Kredite und bläht das Geldvolumen auf. Sodann verknappt man in der Folge das Geld und erhöht die Zinsen. (Die Inflationsbekämpfung ist hierbei ein bewährtes Rechtfertigungsargument.) Die Unternehmen der Realwirtschaft gehen daraufhin reihenweise bankrott, und die liquiden Finanz-Magnaten treten als Retter der Nation auf, weil sie die Unternehmen und die Arbeitsplätze durch Aufkauf oder Beteiligung vor dem Untergang gerettet haben. Das menschliche Leid, das mit solchen brutalen Marktmanipulationen verbunden ist, kommt nicht ins Kalkül.

Der bislang letzte der ermordeten Präsidenten ist *John F. Kennedy*. Er dachte nicht nur an die Verstaatlichung der Fed-Banken, sondern unterzeichnete am 4. Juni 1963 die *Executive Order 11110*, mit der das Finanzministerium ermächtigt wurde, für alles Barrensilber, Silber und Standard-Silberdollars in seinem Besitz Silberzertifikate auszugeben. Dies war eine Maßnahme, für die er nicht die Zustimmung des Kongresses brauchte. Daraufhin wurden bis zu seiner Ermordung fast $ 4,3 Mrd. für den Staat zinsenfreies Geld in Umlauf gebracht. Am 22. November 1963 war er tot, und nach seinem Tod wurde die zinsenfreie Banknotenemission eingestellt; auch die bereits gedruckten 10- und 20-Dollar-Noten gelangten nicht mehr in Umlauf.

Durch einen deutschen Freund, den kritischen Geschäftsmann Dipl.-Ing. Jörg *Wollesen* (Firma Agribroker), wurde ich auf einen weiteren „mysteriösen" Todesfall, der mit der rechtlichen Infragestellung der Legitimität der Geldschöpfung durch die Banken in

---

99 „Whoever controls the volume of money in any country is absolute master of all industry and commerce ... and when you realize, that the entire system is very easily controlled, one way or another, by a few men at the top, you will not have to be told how periods of inflation and depression originate."

den USA zusammenhängt, aufmerksam gemacht. Es handelt sich um die *Credit River Decision* des Friedensrichters *Martin V. Mahoney* aus Minnesota. Er entschied im Fall der First Bank National Bank of Montgomery[100] gegen Jerome Daly, dass eine Hypothekenexekution nichtig sei, weil die Bank, wie sie selbst zugeben musste, den Kredit aus Luft („out of thin air") gegeben habe. Dies widerspräche der noch immer gültigen Verfassung der Gründerväter samt ihren Ergänzungen (Amendments). Diese Entscheidung drohte eine Revolution auszulösen. Binnen einem halben Jahr „verunglückte" der für das Bankensystem gefährliche Friedensrichter.

Man kann also ohne Übertreibung und ohne ein Verschwörungstheoretiker zu sein sagen, dass die Tradition der US-Finanzoligarchie von Leichen durchsetzt ist. Diese Erkenntnis wird uns helfen, den raffiniert-brutalen Angriff auf den Euro (I.3.1.1.7) mit dem mit ihm verbundenen Elend und Leid und der bewirkten Zerstörung zu verstehen.

Theodore Roosevelt (1858–1919), der 26. Präsident der USA, hat die etablierte Herrschaft des Money Trusts im Jahre 1912 wie folgt knapp charakterisiert: *„Eine große Industrienation wird von ihrem Kreditsystem kontrolliert. Unser Kreditsystem liegt konzentriert in den Händen einiger weniger. Wir sind zu einer der schlechtest regierten, eine der am meist kontrollierten und dominierten Regierung der Welt geworden. Nicht länger eine Regierung der freien Meinung, nicht länger eine Regierung der Überzeugung und Wahlen der Mehrheit, sondern eine Regierung der Meinung und des Zwanges einer kleinen Gruppe dominierender Menschen."*

Er liegt dabei auf einer Linie mit dem verzweifelten Aufruf des Papstes Pius XI. auf dem Höhepunkt der Weltwirtschaftskrise des vorigen Jahrhunderts in der Enzyklika *Quadragesimo Anno* „Über die Gesellschaftliche Ordnung" vom 15. Mai 1931. In Par. 106 schreibt er: *„Zur Ungeheuerlichkeit wächst sich diese Ver-*

---

100 Die First National Bank of Montgomery, Minnesota, ist Mitglied der Federal Reserve Bank of Minneapolis. Beide Banken sind im Privatbesitz (das Wort „National" täuscht) und Teil des Federal Reserve Systems (Fed).

Der Friedensrichter M. V. Mahoney wurde um den Entscheid gebeten, nachdem zwei Richter wegen Befangenheit (jeweils von einer Seite) abgelehnt worden waren.

machtung der Wirtschaft aus bei denjenigen, die als Beherrscher und Lenker des Finanzkapitals unbeschränkte Verfügung haben über den Kredit und seine Verteilung nach ihrem Willen bestimmen. Mit dem Kredit beherrschen sie den Blutkreislauf des ganzen Wirtschaftskörpers; das Lebenselement der Wirtschaft ist derart unter ihrer Faust, dass niemand gegen ihr Geheiß auch nur zu atmen wagen kann."

I.3.1.1.1.1.4
Über die monetäre Globalisierung zum plutokratischen Kolonialismus

Man kann die Weltgeschichte der letzten zweihundert Jahre als (sinnlosen) Kampf um die Weltherrschaft sehen. England sicherte sich über seine überlegene Flotte, seine Armee und sein Geldwesen eine umfassende Weltherrschaft. Als England vom aufstrebenden Deutschland entthront zu werden drohte, wurde ein Konflikt aufgebaut, der im Ersten Weltkrieg endete.

Im Hintergrund stand neben der Positionierung am Weltmarkt auch die Angst, dass eine ökonomisch und politisch starke Landbrücke vom Atlantik bis zum Pazifik entstehen könnte, zumal der russische Zar ein Cousin des deutschen Kaisers war. Ergo wurde hinter den erstarkenden Deutschen die Triple-Entente aufgebaut, deren Kriegslunte in Serbien gezündet wurde. Mit massiver Hilfe der USA wurde Deutschland besiegt und Österreich-Ungarn zerstückelt. England hatte allerdings die Kriegskosten unterschätzt. Daher rückten die Vereinigten Staaten als Kriegsfinanzierer zur vorherrschenden Finanzmacht auf und erzwangen auch im zukunftsträchtig erachteten Erdölbereich – insbesondere im Vorderen Orient – eine Beteiligung. Die Folgen dieser „partnerschaftlichen Neuordnung" erleben wir gegenwärtig …

Das englische Kolonialreich blieb aber noch erhalten. Deutschland hingegen musste seine Handels- und Kriegsflotte, seine Kolonien und sogar die privaten Besitzungen im Ausland abliefern. Es war somit als potentielle Weltmacht ausgeschaltet.

Die brutale Finanzpolitik der Zwischenkriegszeit bewirkte allerdings den Aufstieg Hitlers, wobei die US-Hochfinanz anfangs keine Berührungsängste zeigte.

Der Zweite Weltkrieg führte zu einer weiteren Schwächung Englands. Die US-Hochfinanz nützte dies und entwickelte eine neue Strategie der Weltbeherrschung. Unter dem Deckmantel der Abschüttelung der Kolonialherrschaft und der demokratischen Hilfestellung wurden weltweit finanzielle Abhängigkeiten geschaffen und der Zugang zu den Schlüsselrohstoffen – insbesondere Erdöl und seltene Metalle – abgesichert. Die oben bereits erwähnte Privatisierungsstrategie des IWF und der Weltbank flankierten diesen Weg und sicherten ihn ab. England – besser die City of London – musste dies *nolens volens* zur Kenntnis nehmen und bot sich, um zu retten, was zu retten war, als Juniorpartner an. Wir können daher ohne weiteres von einem postkolonialen „plutokratischen Kolonialismus" sprechen.

Das etablierte System bedeutet eine weltweit gestreute Schuldenlast ohne Aussicht auf Abschüttelung. Man sollte dies als *Finanzsklaverei für immer* benennen.

Ich bin kein Verschwörungstheoretiker – aber man wird es mir vorwerfen. Freilich: Nach all dem, was ich in den letzten Jahren beobachten und erfahren musste, konnte ich der Frage: „Haben die Finanzmächtigen in ihrer unersättlichen Gier die globale, anonyme Abschöpfung von Einkommen und die Aneignung der Gemeingüter der Staaten (Gemeinwesen) und damit auch die Übernahme der Kontrolle über die Staaten bewusst geplant?" nicht mehr aus dem Wege gehen. Dass dies alles nur zufällig „passiert" sei, ist höchst unwahrscheinlich.

I.3.1.1.1.1.5
Von der Plutokratie zur Kleptokratie[101] – Raub im Kleide der „Rettung"

Wir erleben derzeit die weltweite brutale Ausraubung der Einzelbürger und der Gemeinwesen, wobei die Bürgerschaft über die von der Hochfinanz gesteuerten Medien und über die Auftragswissenschaften für die wahren Zusammenhänge blind gemacht wird.

---

101 Wortneubildung aus griechisch *kléptein* „stehlen" und *krateïn* „herrschen" für „Herrschaft der Plünderer" oder „Diebsherrschaft"

Die großen Kapitaleigner und ihre kleinen Adepten wissen ganz genau, dass das „Kartenhaus des Weltfinanzsystems" (Diktion *Eichhorn/Solte*) nicht lange in Scheinbalance gehalten werden kann. Daher kommt es auf allen Ebenen zur Umschichtung von Geldvermögen in Realbesitz. Während die Eigner von „verbrieften Sicherheiten", das sind vor allem die durch hohe Zinsen angelockten Kleinanleger und Pensionsfonds, durch die zu erwartende Entwertung vor dem Nichts ihrer virtuellen Werte (Geldversprechen) stehen werden, eignen sich die Finanzmächtigen zunehmend Realbesitz an. Dies zeigen die massiven Investitionen in Immobilien, Industrien, Rohstoffe und Edelmetalle.

Wenn man weiß, dass im Schnitt aller Waren etwa 40% der Preise auf die kumulierten Zinsen entfallen und diese im „sozialen Wohnbau" mehr als 70% sind, dann sollte das im Klartext als „finanzkapitalistischer Raubzug" bezeichnet werden.

Der Gipfelpunkt des systematischen und klug getarnten Raubzuges ist jedoch die „als Hilfe in letzter Not" angepriesene Privatisierung von Gemeingütern zur Entlastung der Budgets. Diese „Hilfe" reicht von der Übereignung der Wasser- und Energieversorgungsunternehmen über die Eisenbahnen, die Post und Telekommunikation bis hin zum Bildungswesen. *Privare* heißt im Lateinischen schlicht *rauben*. Jene, die sich einem angemessenen Beitrag zur Finanzierung der gemeinwohlorientierten Dienste und Infrastrukturen entziehen, eignen sich letztere noch an, um für deren Nutzung weitere Zahlungen zu erhalten. Manchmal geschieht dies in „steuersparenden Leasingarrangements", wie bei den Wiener Straßenbahnen und sogar bei der Kanalisation. Der Verkauf von funktionierenden Gerichts- und anderen Amtsgebäuden und das Umziehen der Behörden in geleaste Gebäude (noch dazu garniert mit hohen Vermittlungsprovisionen) liegt auf derselben Linie.

Sogar die kleinen Gemeinden blieben von dieser Strategie nicht verschont. Ich kenne ein Dorf, in dem über den finanzkundigen Bürgermeister sogar Schule und Kindergarten an eine Bank übereignet und rückgeleast wurden, um aktuelle Wunschprojekte zu finanzieren.

Wohl die höchste Unverfrorenheit zeigte und zeigt sich jedoch im Fall Griechenland. Dieses Land wurde von den „Investoren",

die über die ökonomische Situation genau Bescheid wussten[102], mit Krediten vollgestopft, um – als die Verlängerung der Kredite anstand – den Notstand auszurufen und zur Erlösung den Verkauf aller aktiven Staatsbetriebe, ja sogar der Häfen, des Kanals von Korinth und von Inseln zu verlangen.[103]

Wenn man hierbei bedenkt, dass die Kredite im Rahmen der geltenden Weltfinanzordnung aus der Luft geschöpft werden konnten, muss dem denkenden Bürger das Messer (in Wien heißt dies der „Feitl") im Hosensack aufgehen. Wir werden im Abschnitt 1.3.1.1.1.1.10 „Der überspannte Bogen" noch darauf zurückkommen.

Diesem Treiben Rechnung tragend, hat der international als Rechtsexperte anerkannte Prof. *Ugo Mattei*[104] eine verfassungsrechtliche Bremse vorgeschlagen und in einem jüngsten Aufsatz in *Le Monde diplomatique* (13. 1. 2012) mit dem Titel „*Privatisierung ist Diebstahl an der Öffentlichkeit: Das Gemeineigentum braucht Verfassungsrang*" den qualifizierten Schutz des Gemeineigentums gefordert und treffend ausgeführt:

„Die liberale Verfassungstradition schützt den Privateigentümer vor dem staatlichen Bauträger, indem sie eine Entschädigung für die Enteignung vorschreibt, während kein Gesetz und schon gar kein Verfassungsparagraph Schutz vor dem neoliberalen Staat bietet, der Gemeinschaftsgüter an die Privatwirtschaft veräußert.

Angesichts der bestehenden Machtverhältnisse zwischen Staaten und multinationalen Konzernen ist diese Asymmetrie inzwischen sowohl rechtlich als auch politisch überholt. Es handelt sich somit um ein Manko in der Verfassung, aus dem die Regierungen die Erlaubnis ableiten, die Gemeingüter je nach Belieben zu verkaufen, um mit den Einnahmen ihre Wirtschaftspolitik zu finanzieren.

---

102 Man hat die Regierung sogar beraten, wie sie die Situation beschönigend so darstellen könne, dass eine Aufnahme in die Eurozone erfolgte (siehe hierzu auch 1.5.1.1.7 „Der Entlastungsangriff auf den Euro").

103 Die österreichischen „Assistenten" haben sich sogar bereit erklärt, hierfür beratende Hilfestellung zu geben.

104 Ugo Mattei ist Professor für internationales und vergleichendes Recht am Hastings *College of the Law* der University of California und Verfasser von „Beni comuni. Un manifesto", Bari/Rom 2011.

Darüber vergessen wir ganz, dass die politischen Entschei-
dungsträger im Dienst souveräner Völker stehen und nicht umge-
kehrt. Gewiss, der Diener (die Regierung) muss über die Güter
seiner Auftraggeber (die Bürger) verfügen können, um seinen
Dienst erfüllen zu können. Aber seine Rolle ist die des vertrauens-
würdigen Verwalters, nicht die des Eigentümers, dem es freisteht,
sein Vermögen zu verschwenden.

Sobald die Gemeingüter erst einmal veräußert, beschädigt
oder zerstört sind, existieren sie für das Kollektiv nicht mehr. Sie
lassen sich, wenn überhaupt, nur mit viel Mühe wiederherstellen,
und das betrifft sowohl unsere Generation – sofern sie erkennt,
dass sie mehrheitlich einen treulosen Diener gewählt hat – als
auch zukünftige Generationen, denen man nicht einmal vorwer-
fen kann, eine falsche Wahl getroffen zu haben. Die Frage nach
den Gemeingütern ist zunächst eine Frage der Verfassung, da
politische Systeme in der Verfassung langfristige Optionen fest-
legen, die der Willkür der jeweiligen Regierungen entzogen blei-
ben sollen."

Dem braucht nichts hinzugefügt werden.

I.3.1.1.1.1.6
Politiker am Nasenring der Finanzmächtigen

Wie sehr die Politik von den im Hintergrund arbeitenden Finanz-
Zaren beherrscht wird, mögen nur folgende Beispiele zeigen.

a) Die Übernahme der Finanzherrschaft durch die private *Bank
   of England* (siehe I.3.1.1.1.1.1), die zu einer permanenten
   Abführung von Staatseinnahmen und privaten Kreditzinsen
   führte – ein immer sprudelnder Quell.

b) die Etablierung der Finanzherrschaft in den USA durch die
   Umgehung der Verfassung:
   In der Verfassung der Vereinigten Staaten vom 17. 9. 1787 war
   in Entsprechung der nachstehenden Präambel eindeutig festgehalten (nachstehender Abschnitt 8), dass das Münzrecht und
   die Währungskontrolle den demokratischen Organen vorbehalten sind.

„Wir, das Volk der Vereinigten Staaten, von der Absicht geleitet, unseren Bund zu vervollkommnen, die Gerechtigkeit zu verwirklichen, die Ruhe im Innern zu sichern, für die Landesverteidigung zu sorgen, das allgemeine Wohl zu fördern und das Glück der Freiheit uns selbst und unseren Nachkommen zu bewahren, setzen und begründen diese Verfassung für die Vereinigten Staaten von Amerika."

„Abschnitt 8
Der Kongress hat das Recht:
Steuern, Zölle, Abgaben und Akzisen aufzuerlegen und einzuziehen, um für die Erfüllung der Zahlungsverpflichtungen, für die Landesverteidigung und das allgemeine Wohl der Vereinigten Staaten zu sorgen; alle Zölle, Abgaben und Akzisen sind aber für das gesamte Gebiet der Vereinigten Staaten einheitlich festzusetzen; auf Rechnung der Vereinigten Staaten Kredit aufzunehmen; den Handel mit fremden Ländern, zwischen den Einzelstaaten und mit den Indianerstämmen zu regeln;
für das gesamte Gebiet der Vereinigten Staaten eine einheitliche Einbürgerungsordnung und ein einheitliches Konkursrecht zu schaffen;
Münzen zu prägen, ihren Wert und den fremder Währungen zu bestimmen und Maße und Gewichte zu normen;
Strafbestimmungen für die Fälschung von Staatsobligationen und gültigen Zahlungsmitteln der Vereinigten Staaten zu erlassen."

Diese Maximen wurden aber unter Mithilfe der englischen Banker umgangen, wobei, wie oben (I.3.1.1.1.1.3) dargelegt, sogar Politiker, welche die Geldschöpfung und die Regelung des Geldumlaufs dem Staat erhalten wollten, offenbar beseitigt wurden.

Schließlich wurde in einem parlamentarischen Coup im Jahre 1913 das Fed, das Federal Reserve System, als mit Nationalbankprivilegien ausgestattetes Bankenkartell abgesegnet, dessen Gestion wir in zwei Weltwirtschaftskrisen und in zwei Weltkriegen erlebt haben.

Es ist bemerkenswert, dass sich ein Nobelpreisträger für physikalische Chemie, *Frederick Soddy* (1877–1956), im Alter mit der Frage befasste, warum es so viele unsinnige Kriege gäbe. Dabei stieß er auf das Geldsystem, das offenbar zu gewaltsamen Auseinandersetzungen führt. Er identifizierte als neuralgische Treiber das Giralgeld und vor allem die Geldschöpfung der Geschäftsbanken, das Zinssystem und den damit verbundenen permanenten Verschuldungszwang sowie die Geldpolitik in der Hand privater Zentralbanken. Hier liegt er auf einer Linie mit *Irving Fisher* (1867–1947), dem wohl größten Ökonomen der USA, und mit lebenden Kritikern, wie sie in der Initiative *Monetative* in Deutschland zusammengeschlossen sind.

Wie frivol die Finanzoligarchen die Politiker am Nasenring durch die europäische Manege führen, hat der ehemalige slowakische Parlamentspräsident *Richard Sulik*, ein gelernter Ökonom, beim „großzügigen" Angebot der über das IIF (Vereinigung der Finanzinstitutionen) auftretenden Privatfinanziers über ihr Mitwirken an der Rettung Griechenlands vom 21. 7. 2011 vorgerechnet. Wenn man dieses Offert des teilweisen Verzichtes[105] und des Anleihetausches in neue Anleihen Griechenlands mit bis zu 30-jährigen Laufzeiten vor dem Hintergrund der Hereinnahme der „Mitwirkung" (De-facto-Haftung) der EU und des IWF[106] durchrechnet, machen die Banken/Investoren statt eines Verzichtes einen jährlichen Gewinn von rd. €500 Mio …

I.3.1.1.1.1.7

Geldgesteuerte Scheindemokratie – die Staatsmacht als Dienstmagd der Finanzeliten

Wie weit die in der Vergangenheit zum Schuldenmachen verleitete Politik nun zum Büttel der Finanzwirtschaft wurde, mögen drei Beispiele zeigen:

Die sogenannten europäischen „Rettungsschirme", EFSF (European Financial Stability Facility) und ESM (European Stability Mechanism) wurden und werden unter Umgehung der EU-Verträge und der nationalen Verfassungen durchgewunken. In Österreich wurde die EFSF in ein „Zahlungsbilanzstablisierungsgesetz"

---

105 Dieser wurde über einen überhöhten Diskontsatz von 9% konstruiert.
106 Diese „starke Mitwirkung" wurde als Bedingung festgeschrieben (*Our offer is conditioned on the comprehensive economic reform program of Greece, the strong support of the EU, which has just been reinforced, and additional support by the IMF.*).

verpackt. Den Bürgern wurden darin über Nacht Haftungen von fast 29 Milliarden Euro zugemessen. Der bei einem geplanten Sparpaket von erhofften 27 Milliarden Euro ob seiner Verfassungskonformität besorgte Herr Bundespräsident fand nichts daran, ein Gesetz zu unterzeichnen, das massiv in die Finanzhoheit des Landes eingreift. Auf den gemeinsam mit dem international erfahrenen und sich nur dem Gemeinwohl verpflichtet erachtenden Wirtschaftsprüfer Dkfm. *Günther Robol* verfassten Vorhalt zum ESM bekamen wir vom um das Gemeinwohl medienträchtig „besorgten" Herrn Bundespräsidenten nicht einmal eine Antwort[107].

Da der Vorhalt in der gebotenen Kürze alles Notwendige sagt, möchte ich dem Leser den Originaltext des Vorhalts nicht vorenthalten. Hinzufügen möchte ich vorausgehend nochmals die Erklärung des Terminus *dolus eventualis*, der schon im alten Rom ausjudiziert wurde: Wenn jemand in seinem Handeln ein wahrscheinliches schädigendes Ereignis bewusst in Kauf nimmt, dann ist er, wenn dieses Ereignis eintritt, als mit **böser** Absicht handelnd zu beurteilen und zu bestrafen. Die vielen „staatspolitisch wichtigen" Reisen des Herrn Bundespräsidenten hätten Gelegenheit geboten, für die dringende Neugestaltung der dem Einsturz entgegengehenden Finanzarchitektur zu werben und den bedrängten Europäern als „Neutraler" beizustehen. Letzteres gilt *mutatis mutandis* (angepasst) auch für die meisten anderen Regierungsmitglieder. Aber nun zum Text:

---

107 Die vom Bundeskanzler, dem Vizekanzler und dem Finanzminister einlangenden Antworten enthielten die bekannte Bankenargumentation: Wenn diese ihre (sorglos eingegangenen) Verpflichtungen abschreiben müssen, dann gehe die Welt unter – also muss der Staat (müssen die unschuldigen Steuerzahler) einspringen. Lediglich der Präsident der Wirtschaftskammer Österreich ging näher auf unsere Argumente ein, bedauerte, keinen Ausweg aus den übermächtigen Sachzwängen zu sehen.

Interessant ist, dass sich nun die Hellhörigen im österreichischen Boulevard von der indirekten Befürwortung der Regierungslinie abzusetzen beginnen. Man denkt offenbar an „die Zeit danach". So zitierte die bisher gegen derartige Vorhalte immune Gratiszeitung *Heute* kurz vor der Debatte über den ESM im Nationalrat am 14. Juni 2012 gleich zweimal hintereinander (13. u. 14. Juni) die a. o. Professorin Eva Pichler am Institut für Volkswirtschaftslehre der Wirtschaftsuniversität Wien massiv („*Expertin: Euro Rettungsschirm ist Enteignung der Steuerzahler*" 14. 6. 2012 S. 6). Dann folgten doppelseitige Einschaltungen gegen den ESM – wie von Frank Stronach am 2. 7. 2012 – und schließlich die namentliche Aufzählung aller Abgeordneten der SPÖ, der ÖVP und der GRÜNEN, die am 4. 7. 2012 den die EU-Verträge und die österreichische Bundesverfassung umgehenden Staatsvertrag zum ESM abgesegnet haben, am 5. 7. 2012. Man kassiert also zwar noch reichlich die in der Regel eindeutig personenbezogenen Regierungsinserate, schlägt aber schon Haken für die Klienten der Zukunft ein.

An:

Bundespräsident Doz. Dr. iur. Heinz Fischer
Präsidentin des Nationalrats Mag. Barbara Prammer
Bundeskanzler und Parteiobmann Werner Faymann
Vizekanzler und Parteiobmann Dr. iur. Michael Spindelegger
Bundesministerin für Finanzen Mag. Dr. iur. Maria Fekter
Bundesminister für Wirtschaft, Familie u. Jugend
   Dr. iur. Reinhold Mitterlehner
Bundessprecherin Die Grünen Dr. iur. Eva Glawischnig
Obmann Freiheitliche Partei Österreichs Heinz-Christian Strache
Obmann des Bündnis Zukunft Österreich Josef Bucher

An die Delegationsleiter im Europäischen Parlament:
MEP Dr. iur. Hannes Swoboda
MEP Mag. MBL Othmar Karas
MEP Dipl. Dolm. Ulrike Lunacek
MEP Andreas Mölzer

15. 9. 2011

Betrifft: **Vorhalt bezüglich der Zustimmung bzw. Ratifikation des Vertrages zur Errichtung eines Europäischen Stabilitätsmechanismus (ESM)**

Wir haben den uns vorliegenden Vertragsentwurf als mündige Staatsbürger gewissenhaft studiert und sind zu dem Schluss gekommen, dass dieses Vertragswerk nicht akzeptiert werden darf. Wer dies dennoch tut, der ist, wenn die absehbaren Folgen eintreten, mit *dolus eventualis* gehandelt habend zu beurteilen.

Das Vertragswerk widerspricht nicht nur den EU-Verträgen, im Vertrauen auf welche einer EU-Mitgliedschaft zugestimmt bzw. diese fortgesetzt wurde, sondern auch der österreichischen Bundesverfassung, da es die Abgabe des vornehmsten Hoheitsrechtes jeder Demokratie – nämlich der Finanzsouveränität – bedeutet.

Wenn dieses Vertragswerk akzeptiert wird, werden die europäischen Staaten zugunsten einer anonymen und nicht demokratisch legitimierten Finanzindustrie fremdbestimmt. Drastisch ausgedrückt kommt es zu einer anonymen Finanzversklavung über ein Ermächtigungsgesetz im Kleide der Solidarität.

Insbesondere werden Verpflichtungen zugunsten des Finanzsektors eingegangen, die die ökonomische Leistungsfähigkeit unseres Gemeinwesens und die Hilfsbereitschaft der Bürger/innen über-fordern.

Die „bedingungslosen und unwiderruflichen" Einzahlungs- und Nachschussverpflichtungen (Art. 8 u. 9) zeugen von dieser Fesse-lung zugunsten der großen Kapitaleigner.

Über das mit dem IWF zu pflegende Einvernehmen ist der indi-rekte Einfluss der USA festgeschrieben, von denen die Finanz-krise inszeniert wurde und wird.

Die geforderten Privilegien und Immunitäten würden bewirken, dass die Akteure, die Europas Bürger zu Kasse bitten, de facto einen rechtlich nicht belangbaren Überstaat bilden.

Die „umfassende gerichtliche Immunität" des ESM gemäß Arti-kel 27 und die gerichtliche Immunität der Organe gemäß Art. 30 sind ein rechtlicher Freibrief.

Art. 17 ermöglicht die Kreditaufnahme durch den ESM. Weil sich der ESM an den Mitgliedsstaaten regressieren kann, sind Schuldenorgien ohne parlamentarische Kontrolle möglich, und die Akteure am Kapitalmarkt können mit praktisch risikolosen Krediten prächtig verdienen. Wenn man schon die Geldmenge vermehrt, dann sollte die Geldschöpfung kostengünstig direkt durch die EZB und nicht über den verteuernden zweifachen „Zwischenhandel" des Finanzsektors erfolgen.

Die Abgehobenheit von den Sorgen und Nöten der Bürger und die zu erwartenden Austerity-Vorgaben drohen zu bürgerkriegs-ähnlichen Zuständen zu führen. Wenn nämlich die Bürger/innen aufwachen und sehen, dass die Finanzmächtigen, die laufend von ihnen Opfer fordern, sich selbst eines angemessenen Bei-trags zur Finanzierung der Gemeinwesen entziehen, dann wer-den sie revoltieren.

Wir dürfen noch hinzufügen, dass wir alle Politiker rechtzeitig gewarnt haben, aber als Untergangspropheten abgetan wurden.

Bei der Einführung des Euro haben wir darauf aufmerksam gemacht, dass man über eine gemeinsame Währung eine gemein-sam Wirtschafts- und Finanzpolitik nicht erzwingen kann. Eine gemeinsame Währung muss vielmehr auf diese aufsetzen.

Wir haben rechtzeitig unsere Erwartung mitgeteilt, dass das Auslaufen von Anleihen in Griechenland, Spanien und Portugal zum Anlass erhöhter Zinsforderungen genommen werden wird.

Wir haben auch mitgeteilt, dass man Schulden nur durch Konkurs oder Ausgleich oder einvernehmliche Schuldenstreichung los wird – und nicht durch das Umsatteln zu Lasten Dritter.

Da die großen Finanzakteure bewusst die Risiken eingegangen sind und auch hohe Zinsen verlangt haben (diese enthalten eine Risikoprämie), sollten sie auch das Risiko tragen.

Da sich die europäischen Politiker so leicht ins Bockshorn jagen ließen, wurde die Strategie noch dreister: Man hängte den europäischen Staaten (Bürgern) über „Rettungsschirme" die Risiken um und begann auf dieser Basis im Angesicht der immer evidenter werdenden Dollarschwäche den Angriff auf den Euro als Konkurrenten des Dollars. Hierzu gab der TEC (Transatlantic Economic Council) Flankenschutz.

Dieser Angriff auf den Euro bringt dem Dollar Zeitgewinn, kann ihn aber nicht retten. Daher ist es not-wendend, dass wir statt der Übernahme zusätzlicher, praktisch unbegrenzter Haftungen ein reformiertes Weltwährungssystem und einen „Währungsschnitt" einfordern. Die aus Luft (fiat money) kreierte Finanzblase muss gesteuert implodieren, damit die Schuldnerstaaten und Bürger wieder atmen können.

Wie absehbar die Entwicklung und wie wenig mutig oder blind die bisherige Politik war, aber auch wie viel Mut es braucht, um die Systemzwänge zu ändern, möge das abschließende Zitat aus der 1931 veröffentlichten Enzyklika *Quadragesimo Anno* Par. 106 zeigen: *„Zur Ungeheuerlichkeit wächst diese Vermachtung der Wirtschaft sich aus bei denjenigen, die als Beherrscher und Lenker des Finanzkapitals unbeschränkte Verfügung haben über den Kredit und seine Verteilung nach ihrem Willen bestimmen … das Lebenselement der Wirtschaft ist derart unter ihrer Faust, dass niemand gegen ihr Geheiß auch nur zu atmen vermag."*

Nehmen Sie, bitte, zur Kenntnis: Weitermachen wie bisher bedeutet Handeln mit *dolus eventualis*. Der sanfte Aufstand in Richtung Neuordnung ist unvermeidlich.

Dr. iur. DI. Heinrich Wohlmeyer
Hon. Prof. Gen. Dir. i. R.

Dipl.-Kfm. Günther Robol
Beeideter Wirtschaftsprüfer
und Steuerberater

Diese Vorschläge haben sich in Island im „Praxistest" bewährt. Aber unsere Politiker taumeln weiterhin einem Desaster entgegen, da sie nicht einmal bereit sind, hinzuhören, weil man ja ohnehin seine „Finanzexperten" hat.

Es sei noch hinzugefügt, dass dieser Vorhalt auch der deutschen Bundesregierung zuging und in *Zeit-Fragen* auf Deutsch sowie in *Current Concerns* auf Englisch publiziert wurde.

Den Gipfelpunkt an unbelehrbarer Hörigkeit gegenüber den Finanzmächtigen hat hierzu der österreichische Bundeskanzler in einem Interview mit der Zeitung *Kurier* am 5. 8. 12 erreicht. In diesem Interview, das auch auf der Homepage des Bundeskanzleramtes (www.bka.gv.at) publiziert wurde, tritt er für eine Banklizenz des ESM ein. Er will zur „Eurorettung" die Geldschleusen praktisch unbegrenzt und außer der Kontrolle der Parlamente am Rücken der Staatsbürger öffnen.

Prof. *Hans Werner Sinn* (IFO München) hat die Gesamthaftungen Österreichs, die schlagend werden können, mit rd. € 81 Mrd. zum Stand August 2012 zusammengestellt. Diese stehen einem Bundesbudget (Ausgaben) von € 73,6 Mrd. (2013 € 75 Mrd.) gegenüber.

In diesem Lichte erscheint die in Österreich vom Zaun gebrochene, kostspielige Debatte über ein noch kostspieligeres Berufsheer wie ein großes Ablenkungsmanöver. Da spricht sich zwar der verfassungsmäßige Oberbefehlshaber, der Bundespräsident, für die Beibehaltung der allgemeinen Wehrpflicht aus, lässt aber (auch aus Parteiräson?) dieses intensiv bebilderte „Volkstheater" zu. Liegt da nicht der Schluss nahe, dass die Staatsbürger mit dieser Frage beschäftigt werden, damit es zu keinem Aufstehen der Bürger kommt, während das Gemeinwesen an ihnen vorbei ausverkauft wird? Ein späteres Berufs(Söldner)heer wäre dann ohnehin ein geeignetes Instrument, auch im Inland „die Ruhe zu garantieren".

Wer die deutsche Situation kurz kennenlernen möchte, möge die warnende Broschüre *Warum lassen wir das geschehen?* von *Schäffler* F. sowie E. u. F. *Hamer*, Deutsche Mittelstandsstiftung e. V., Hannover 2011, lesen. Die deutsche Bundesregierung wird als Stütze des angegriffenen Euro in eine nicht mehr tragbare Verschuldung hineingetrieben. Als der aufwachende und seinen Hausverstand einsetzende Bundespräsident *Christian Wulff* an der Sinnhaftigkeit und Zumutbarkeit der Euro-Rettungsschirme zu zweifeln begann und daher die Unterzeichnung der diesbezüglichen Gesetze und Staatsverträge durch ihn nicht mehr gesichert erschien[108], wurde die gesamte hochfinanzgesteuerte bzw. -hörige Presse eingesetzt, um ihn unter Verletzung der Intimsphäre mit aufgebauschten Lappalien mürbezumachen und abzuschießen, wobei auch die Justiz mitspielte. Letzteres hat sogar den 81 Jahre alten Rolf Hochhuth aus der Reserve getrieben und veranlasst, diese Infamie aufzuzeigen[109].

In allerjüngster Zeit kommt nun der halboffizielle warnende Aufschrei des Präsidenten der Deutschen Bundesbank, *Jens Weimann*, hinzu. In seiner Begrüßungsrede beim 18. Kolloquium des Instituts für Bankwissenschaftliche Forschung am 18. 9. 2012 in Frankfurt am Main warnte er vor der unbegrenzten europäischen Gelddruckerei und deren Folgen. Er sagte unter anderem wörtlich: „In Kurzform: Heutiges Geld ist durch keinerlei Sachwerte mehr gedeckt. Banknoten sind bedrucktes Papier – die Kenner unter Ihnen wissen, dass es sich im Fall des Euro eigentlich um Baumwolle handelt –, Münzen sind geprägtes Metall."

Wie weit die Dienstmagdrolle der im Amt befindlichen Politiker gegenüber der Hochfinanz geht, zeigt die Tatsache, dass die EFSF und der ESM als Staatsverträge (zwischenstaatliche Vereinbarungen) durchgezogen wurden und werden, um die kurz vorher hochgelobte „EU-Verfassung" (Lissabonner Verträge) und die

---

108 Zitat: „*Mit wem würden Sie persönlich einen gemeinsamen Kredit aufnehmen? Auf wen soll Ihre Bonität zu Ihren Lasten ausgedehnt werden? Für wen würden Sie persönlich bürgen? Und warum? Für die eigenen Kinder – hoffentlich ja! Für die Verwandtschaft – da wird es schon schwieriger. Vielleicht würden wir bürgen, wenn nur so der andere die Chance bekommt, wieder auf die eigenen Füße zu kommen. Sonst doch nur dann, wenn wir wüssten, dass wir uns nicht übernehmen und die Bürgschaft in unserem, dessen und dem gemeinsamen Interesse ist. Auch der Bürge kann sich unmoralisch verhalten, wenn er die Insolvenz nur hinauszögert.*"
109 Siehe: Rolf Hochhuth, *Eine „abgestimmte" Hexenjagd* – Gastkommentar zum Fall Christian Wulff: Unaussprechliche Banalitäten waren fast drei Monate lang das zentrale Thema der deutschen Medien, Die Presse, 22. 2. 2012, S. 26 – „Hat man schon einmal seit der Gründung des Bonner Staates eine derart *einheitlich* abgestimmte Hexenjagd der deutschen Presse auf ein und denselben Menschen erlebt wie zuletzt auf Christian Wulff? Ich nie." Ich möchte hinzufügen: Machen Sie das Gedankenexperiment, wie dieselben konzertiert hetzenden Medien „aufgedeckt" und reagiert hätten, wenn der finanzkritisch werdende Christian Wulff seine Frau mit vier Kindern verlassen hätte, ohne sich scheiden zu lassen, um in „freier Partnerschaft" (Freiheit ist ja das Zentralthema seines Nachfolgers) mit einer seiner Selbstdarstellung nützlichen Journalistin zu leben. Was hätten die Medien alles vermutet, womit er ohne den in der westlichen Erwerbsgesellschaft üblichen Brotberuf seinen Lebensunterhalt bestritten hat etc. Wie hätten die Medien ihn bei dem von ihm gepredigten Prinzip Verantwortung beim Wort genommen …

nationalen Verfassungen zu umgehen; denn in einer demokratischen Willensbildung wäre dies nicht möglich, wie das Beispiel des oben erwähnten erfolgreichen „Volksaufstandes" in Island zeigt[110].

Eine weitere Umgehung der EU-Verträge stellt die Intervention der EZB (Europäische Zentralbank) am internationalen Anleihenmarkt dar. Die EZB kaufte und kauft unter Umgehung der „No-bail-out-Klausel" und unter Verletzung der eigenen Statuten[111] marode Staatsanleihen, um den „Markt zu stützen". Sie hat nun bereits mehr als € 200 Milliarden, das sind 200.000 Millionen, Anleihen aus Krisenstaaten gekauft (allein aus Griechenland 55 Milliarden), für die wir als im Notfall nachschusspflichtige Bürger natürlich haften, und hat im September 2012 erklärt, zum „Schutze des einheitlichen Geldmarktes" unbegrenzt (!) Anleihen am Sekundärmarkt aufzukaufen (siehe auch oben I.3.1.1.1.1.2.2).

Wie weit die Machtübernahme durch die „Finanzeliten" geht, zeigen die erzwungenen „Expertenregierungen" in Griechenland und Italien, sowie in der EZB – aber auch das Vor-sich-Hertreiben der deutschen Kanzlerin, deren Physiognomie für den gelernten Beobachter Bände spricht.

Nachstehend nur ein kurzer Blick auf das seriös im Nadelstreif auftretende Netzwerk[112]. Ich möchte nur ein „Dreigestirn" herausgreifen:

---

110 In Island haben die Banken ebenfalls nach dem US-Verführungsmuster agiert, bis die Blase platzte. Das isländische Volk lehnte jedoch trotz massiven Druckes ausländischer Regierungen (insbesondere Großbritanniens = City of London und der Niederlande) in zweimaliger Volksabstimmung eine Abfindung der ausländischen Spekulanten ab, und Präsident Ólafur Ragnar Grímsson verweigerte die Unterzeichnung der „Rettungsgesetze", die das Staatsvolk über Jahrzehnte zu Finanzsklaven gemacht hätten. Ergebnis: Die „Investoren" und ihre staatlichen Büttel gaben nach. Ein Vorbild für die angegriffene Eurozone ...

111 Ihre eigene Homepage verkündet den Euro-Land-Bewohnern: „Die Europäische Zentralbank (EZB) ist die Notenbank für die gemeinsame Währung Europas, den Euro. Ihre Hauptaufgabe ist es, die Kaufkraft des Euro und somit Preisstabilität im Euroraum zu gewährleisten. Das Euro-Währungsgebiet besteht aus den 17 Ländern der Europäischen Union, die den Euro seit 1999 eingeführt haben." Inwieweit der Ankauf von Krisenpapieren und das Gelddrucken diesem Ziel entsprechen, möge der nun in die Materie eingeführte Leser selbst beurteilen.

112 Ich habe in meinem Buch *Globales Schafe Scheren – Gegen die Politik des Niedergangs* (2006) die Finanzkrise vorausgesagt und in den Abschnitten 1.2.7.1 und III.4.2.2 von der „Globalen Finanzkriminalität" und von „Die Räuber im Nadelstreif treffen – Reform des Geldwesens und der Finanzmärkte" gesprochen. Als Antwort darauf hat u. a. Bundeskanzler W. Faymann sich bei der Bilderberg-Konferenz 2009 „Systemerhaltswissen" geholt, was sein Verhalten auch in der Folge gezeigt hat.

Prof. Mario Monti, der gegenwärtige „Sanierungspremier" von Italien, war neben seinem akademischen Wirken Mitglied des *Boards of International Advisors* bei der Investment Bank *Goldman Sachs* und Berater „für europäische Angelegenheiten und zu wichtigen Fragen globaler Politik". Weiters ist er Mitglied des *Bruegel* (Brussels European and Global Economic Laboratory), in dem die Hauptstrom-Akteure (-Profiteure) den Ton und die Strategie angeben. Diese Nichtregierungsorganisation setzt sich aus 19 Regierungsvertretern und 20 Unternehmens(Konzern)-vertretern zusammen. Zu letzteren gehören bezeichnenderweise auch *Goldman Sachs*, die NYSE (New York Stock Exchange), *Euronext* und die *Deutsche Bank*. Man könnte aufgrund des Mitmachens von Regierungsvertretern auch von einer „Nebenregierungsorganisation" sprechen.

Monti ist aber auch Mitglied der *Bilderberg-Gruppe* und der *Trilateralen Kommission*, die aus der Bilderberg-Gruppe hervorging und von *David Rockefeller* gegründet wurde. Letztere Gruppe aus 300 Wirtschaftsmächtigen hat es sich zur Aufgabe gesetzt, die amerikanische, europäische und US-amerikanische Wirtschaftspolitik im Interesse des herrschenden Systems zu gestalten.

Prof. Loukas Papadimos (engl. Lucas Papademos) studierte in den USA, war u. a. Professor an der Columbia University und leitender Volkswirt bei der Federal Reserve Bank Boston. In seine Amtszeit als Gouverneur der griechischen Notenbank fiel der Übergang der griechischen Notenbank von der Drachme zum Euro. Der gelernte Physiker hatte und hat überdurchschnittliche mathematische Kenntnisse und als Professor für Volkswirtschaftslehre in den USA und Griechenland vor allem ausreichendes ökonomisches Wissen, um die ökonomische Lage Griechenlands einzuschätzen und die von *Goldman Sachs* angeratenen Machenschaften zur Erschleichung der Mitgliedschaft in der Eurozone zu durchschauen.

Dann trat er als der „harte Retter" Griechenlands auf. Der Verantwortliche für die Verwaltung der griechischen Staatsschuld ist übrigens der *Goldman Sachs*-Ex-Trader *Petros Christodoulos*. Die möglichen Schlussfolgerungen kann sich der Leser hinzudenken.

Prof. Mario Draghi war von 2002–2005 Vizepräsident von *Goldmans Sachs* in London und auch Anteilseigner von Goldman

Sachs[113]. Von 2006–2011 bekleidete er das Amt des Gouverneurs der italienischen Zentralbank, war also mit dabei, als Italien durch die Mitgliedschaft in der Eurozone zinsengünstige Kredite bekam und so die Schuldenorgie bis hin zu einer Staatsverschuldung von 120% des BIP weiterführen konnte. Die erste „Großtat" nach seiner Bestellung zum Chef der EZB im November 2011 waren der Aufkauf von griechischen Pleiteanleihen in der Höhe von €55 Mrd. und die Zurverfügungstellung von €500 Mrd. im Rahmen eines Dreijahrestenders an die europäischen Banken um einen Zinssatz von 1%, und für 2012 folgte ein weiterer in dieser Höhe – also insgesamt die schwindelerregende Summe von einer Billion Euro (1.000 Milliarden!). Begründet wird diese statutenwidrige Vorgangsweise damit, dass dadurch die Banken einen Anreiz bekommen sollen, Staatsanleihen von Krisenstaaten um Zinssätze von 4–5 % zu kaufen. Die Banken aber legten trotz einer Zinsspanne von 300–400 % (!) einen Gutteil bei der EZB selbst ein und stärkten so ihre „Eigenmittel"; zumal, weil sie nicht nur den Staaten, sondern einander misstrauen. Draghi praktiziert also das US-Modell des „quantitative easing" (quantitative Erleichterung) zugunsten der Banken, statt dass die wirklich Reichen („die Märkte" und „Investoren") zu einem angemessenen Beitrag zur Finanzierung der Staaten verhalten werden.

Er ist somit der Vollstrecker dessen, was der US-Finanzminister (United States Secretary of the Treasury) *Timothy Geithner* im September 2011 bei seinem überraschenden Besuch in Breslau (Wroclaw) beim Treffen der Euro-Finanzminister gefordert hat, was aber dort abgelehnt wurde.[114]

---

113 Diese Anteile übergab er, als er 2006 Chef der italienischen Zentralbank (Banca d'Italia) wurde, einem „Blind Trust", also einem Treuhänder.
Es ist für das Zusammenspiel der US-Institutionen bezeichnend, dass als Vergeltung und Warnung an die Finanzminister das Rating Italiens „tagfertig" hinuntergestuft wurde – nach dem Motto: „Wenn ihr nicht pariert, dann kommen unangenehme Maßnahmen unsererseits."

114 Wenn man die beachtenswerte Karriere von T. Geithner betrachtet, dann kann man dessen Mitwirkung am unter 1.3.1.1.1.1.8 skizzierten raffiniert-konzertierten Entlastungsangriff auf den Euro zugunsten der US-Hochfinanz und des US-Dollars als Leitwährung verstehen. T. Geithner war u. a. Senior Fellow des *Council of Foreign Relations* (CFR) und der auf Initiative der Rockefellerstiftung gegründeten *Group of Thirty* (G 30) sowie vor allem 9. Präsident der *Federal Reserve Bank of New York*. In letzterer Funktion war er Mitgestalter der Bankenrettungspakete des Jahres 2008 und gleich danach als Finanzminister für das $ 800 Mrd. Konjunkturpaket 2009 verantwortlich.

Kritische Stimmen sprechen daher von einer „Goldman-Sachs-Regierung" Europas zum Zwecke seiner Plünderung und zum Zwecke der Rettung der Vormachtstellung des US-Dollars. Die Hauptstrom-Medien sind hierzu finanziell gleichgeschaltet – auch beim „Abschießen" widerspenstiger Politiker.[115]

Wie weit das Zusammenspiel der Finanzmächtigen mit der Administration und Justiz bis in die unterste Bankenebene geht, möge als Fallbeispiel die *„Sanierung" der ÖVAG* (Österreichische Volksbanken AG) zeigen. Während bei den Regionalbanken bei kleinen Falliments unbarmherzig auch die Köpfe langjährig erfolgreicher und treuer Mitarbeiter rollen, wird oben auf Kosten der Steuerzahler und der Primärbanken (d. h. der Genossenschaftsmitglieder und damit wieder der Steuerzahler) „saniert" – in der neuen Beschönigungssprache „nachhaltig stabilisiert".

Die offizielle Kurzmeldung auf der Homepage lautet dann wie folgt:

„Die Österreichische Volksbanken-AG (ÖVAG) ist das Spitzeninstitut des Volksbank-Sektors.

60,8 % gehören der Volksbanken Holding, hinter der alle 62 regionalen Volksbanken stehen. 23,4 % hält die DZ-Bank-Gruppe, 9,4 % die ERGO-Gruppe und 5,7 % die RZB. Lediglich 0,6 % befinden sich in Streubesitz.

Am 27. Februar 2012 haben sich die Republik Österreich und die Volksbanken auf eine nachhaltige Lösung zur Stabilisierung der ÖVAG geeinigt. Nach Vorleistungen durch die ÖVAG (zuletzt Verkauf der Volksbank International) und einem Grundsatzbeschluss der Volksbanken zu einem Verbund nach § 30a BWG, haben Bund und Volksbanken nun den nächsten Schritt gesetzt. Das Kapital der ÖVAG wird um bis zu 70 % herabgesetzt. Auch die anderen ÖVAG-Eigentümer (DZ Bank, Ergo Versicherung AG und RZB AG) stimmen diesem Kapitalschnitt mit Wirkung zum 31.12.2011 zu. Gleichzeitig nehmen Bund und Volksbanken eine Kapitalerhöhung im Ausmaß von insgesamt EUR 480 Mio. vor.

---

115 Ich bin überzeugt, dass gegen die deutsche Bundkanzlerin Angela Merkel für den Fall, dass sie nicht „kooperativ" bleibt, bereits genügend Abschussmunition in den Dossiers gesammelt ist – von ihrer „atypischen" Übersiedlung nach Ostdeutschland bis zu kleinen dortigen Begebenheiten, die sich aufbauschen lassen – und mir scheint, dass sie dies weiß. Sie konnten bereits mit einem Bild der verzweifelt dreinschauenden Kanzlerin den Titelseiten-Satz lesen: *Der Druck auf Deutschland steigt* (Die Presse, Wien, 10. Mai 2012, S. 1).

Ziel und Zweck dieser vereinbarten Maßnahmen ist die Sanierung und der Umbau der ÖVAG zu einer nachhaltigen Verbundbank nach § 30a BWG."

Im Klartext hat sich unter Missachtung und Beseitigung der genossenschaftlichen Demokratie folgendes abgespielt:

Noch im Juli 2011 wurde den Regionalbanken mitgeteilt, dass der „turn around" geschafft sei. Im Herbst wurden jedoch die schockierten Vertreter der gesunden regionalen Genossenschaftsbanken nach Wien zitiert, wo ihnen die katastrophale Situation der ÖVAG und das „neue Modell" ohne vorherige Aushändigung und Diskussion der Unterlagen als zwingend mitgeteilt wurden, wobei die Finanzmarktaufsicht (FMA) offenbar massiven Druck ausübte. Die Behörden spielten bejahendenfalls also auch auf dieser Ebene als Büttel der Bankinteressen mit. Das Finanzsystem steht offenbar über dem Recht. Alle Sitzungen wurden nämlich mit „Belehrungen" eingeleitet, wobei die Reserven der gut geführten Regionalbanken geradezu inkriminiert wurden, weil diese dem Spitzeninstitut von diesem benötigte Mittel vorenthalten hätten, über die es nun aber endlich verfügen müsse. Niemand sagte, dass dieses „Spitzeninstitut" die Regionalbanken hätte fördern müssen und dass das Management durch seine offenbar von kurzsichtiger Gier getriebene Gestion eine grobe Pflichtverletzung – wenn nicht sogar strafbare Handlungen – begangen hat. Diese Herren saßen vielmehr als FMA-gestützte[116] und -geschützte „Helden" am Tisch. Gefordert wurde die De-facto-Aufgabe der Selbständigkeit der unabhängigen Volksbanken durch einen „Grundsatzbeschluss der Volksbanken zu einem Verbund nach § 30a BWG". Bei Nichtkonformieren der Primärbankvertreter wurden diesen – wie man hörte – die Einsetzung eines Staatskommissärs, das Abdrehen der elektronischen Datenverarbeitung (EDV) und sogar das Zusperren angekündigt. Es ging nicht nur um die Aufhebung der genossenschaftlichen Demokratie, sondern

---

116 Wie sehr dieses Handlungsmuster in der FMA zugunsten von Großbanken „Tradition" hat, zeigt ein Fall im Sparkassenbereich, den mir ein ehemaliger niederösterreichischer Kontrollbeamter im Zusammenhang mit der aktuellen „Volksbankenplünderung" erzählt hat: Als sich vor einigen Jahren eine niederösterreichische Sparkasse weigerte, dem „Rückkaufbegehren" von Anteilen seitens der „Ersten" (Erste Bank der österreichischen Sparkassen AG) nachzukommen, tauchte die FMA auf und sorgte für „Ordnung".

um eine kollektive Enteignung, weil mitgeteilt wurde, dass die Holdinganteile auf Null abzuschreiben seien, und weil die „Verbundbank" gemäß § 30 Bankwesengesetz (BWG) berechtigt ist, beherrschenden Einfluss auszuüben[117].

Ähnlich wie bei Griechenland im Großen wurde der bankengetriebenen Finanzministerin aufgetischt, dass ein Konkurs 13 Milliarden Euro gekostet hätte und dass daher eine Teilverstaatlichung (also eine Haftungsübernahme durch die Bürger/innen) der einzig sinnvolle und kostengünstigste Weg sei.

Zu diesen Ungeheuerlichkeiten kommt noch hinzu, dass jene Manager, die das Desaster verursacht oder zumindest mitverursacht haben, sogar fürstlich abgefertigt wurden, dass die FMA und NB vorzeitig nichts bemerkt haben und dass die bereits verstaatlichte Tochterbank Kommunalkredit Austria AG nach ihrer Verstaatlichung nun wahrscheinlich nochmals € 500 Mio Zuschuss braucht. Auch hier sind Köpfe nicht nur nicht schadenersatzpflichtig gerollt, sondern sogar rechtzeitig in höchste politische Ämter aufgestiegen[118]. Dann wurde verkündet (Anfang April 2012), dass der Verlust 2011 „höher als erwartet" 1.340 Millionen beträgt und der Staat (also wir Bürger) € 700 Millionen abschreiben und noch € 250 Millionen einschießen müsse. Hinzu kommt noch, dass die Bilanz 2010 ebenfalls neu aufgerollt wird, weil man die bislang zum Anschaffungswert bilanzierten Wertpapiere nun auf den Marktwert herabsetzt (siehe hierzu auch 1.5.2.3 Destabilisierende Bilanzierungsregeln).

Die Schuldzuweisung für den ÖVAG-Finanzskandal ist ebenfalls bezeichnend: Die Nationalbank und die Finanzmarktaufsicht

---

117 § 30 BWG: „Eine Kreditinstitutsgruppe liegt vor, wenn ein übergeordnetes Institut (Kreditinstitut oder eine Finanz Holdinggesellschaft) ... das Recht besitzt, beherrschenden Einfluss auszuüben ..."
Das Ganze erinnert an das „Legen" der lokalen US-Sparkassen (Savings & Loan Banks), von denen durch die „Deregulierung" und das Aufzwingen des „großen Geschäftes" in den Achtzigerjahren 750 (!) in den Konkurs getrieben wurden.
118 Die nun das Bundesministerium für Unterricht, Kunst und Kultur für ihre Partei einfärbende und das Schulwesen, inkl. der Pädagogischen Hochschulen, umkrempelnde Ministerin Dr. Claudia Schmied war vollverantwortliches Vorstandsmitglied der Kommunalkredit, als die risikoreichen Geschäfte getätigt wurden. Auf die Frage, wie sie zu den Entwicklungen in der Bank stehe, hatte sie entwaffnend geantwortet: „Solange ich dort war, war alles in Ordnung" – weil die Folgen des damaligen Handelns noch nicht offenbar geworden waren ...

winden sich heraus. Schuld sind die kleinen, ordnungsgemäß und seriös geführten und nun unter behördlichem Druck de facto wegrationalisierten Regionalbanken[119], denen immer wieder mit Deckung der Aufsichtsorgane gesagt wurde, dass man im Bankwesen nach modernen Maßstäben wirtschaften müsse, um hohe Erträge zu erzielen, an denen sie ja schlussendlich auch partizipieren würden.

Überdies: Die Schlüsselpositionen in der ÖVAG wurden Ende April 2012 nach dem Proporz besetzt, womit gesichert erscheint, dass die Finanzpolitik wieder an den sektoralen Bankeninteressen orientiert sein wird. Mit einem Wort: Wie das Fallbeispiel zeigt, sind die Kleptokraten und ihre Handlanger nach wie vor kaum angetastet und ungebremst unterwegs. Werden die „Räuber im Nadelstreif" (Copyright Jean Ziegler) den Bogen überspannen? – Siehe I.3.1.1.1.1.10 .

Hierzu noch drei Bemerkungen :

a) Ich habe gemeinsam mit dem erfahrenen Wirtschaftprüfer Dkfm. *G. Robol*, bevor die *Hypo-Alpe-Adria* „hoch"ging, dem damaligen Finanzminister *J. Pröll* angeraten, diese geordnet in Konkurs zu schicken, weil man nur so die Schulden und die wahrscheinlich noch auftauchenden Folgen von Risikogeschäften sowie allfällige Ansprüche aus dem Ausland – insbesondere aus Bayern – loswerden kann. Andernfalls würde diese Bank ein Fass ohne Boden (was sich ja inzwischen herausgestellt hat[120]). Die Kleineinlagen seien durch das Versprechen der Bundesregierung ohnehin garantiert worden, und dies bräuchte man zur Vertrauenssicherung nur zu bestärken. Den Haftungsverbund der Hypothekenbanken würden wir mit der begründeten Argumentation aus-

---

119 Die Presse, Wien 6. 4. 20012, S. 18, Economist: „Die Volksbanken haben ihr Spitzeninstitut, ÖVAG, an die Wand gefahren, trotzdem werden sie dort im Aufsichtsrat weiterhin das Sagen haben" (fünf Regionalbankenvertreter und vier vom Bund [Staat] ernannte). Dieses „Sagen" ist wohl ein Ausdruck des schlechten Gewissens bezüglich des Zustandekommens des Debakels und auch nur formell, weil der Vorstand vorgegeben wird und die ihn offensichtlich unterstützende FMA die genossenschaftliche Demokratie bereits mitausgeschaltet hat (siehe oben).

120 Bis Anfang September 2012 wurden € 1,5 Mrd. an Steuergeldern eingeschossen. Die Geschäftsführung meldete per 6. 9. 2012 einen weiteren Finanzierungsbedarf von € 2,2 Mrd. an. Damit dieser das Bundesbudget nicht ins Wanken bringt, soll dieser Einschuss in Form der Übernahme von Garantien erfolgen (Scheinentlastung des Budgets und Hinausschieben der Zahlung).

schalten, dass diese Haftung nicht für frauduloses (betrügerisches), täuschendes und grob fahrlässiges Handeln gilt. Dies entspricht den allgemeinen Rechtsgrundsätzen zivilisierter Nationen, die in unsere Bundesverfassung rezipiert (aufgenommen) wurden.

Die in Konkurs geschickte Bank würden wir dann um einen oder einige Euros kaufen (aber im Unterschied zur Kommunalkredit Austria ohne Haftungsübernahmen), restrukturieren und mit Gewinn verkaufen. Die im Ministersekretariat tätigen „Fachleute" (u. a. karenzierte Bankmitarbeiter) rieten jedoch etwas anderes … Lieber gehen wir offenbar in einen Staatsbankrott, als dass wir Bankblasen geordnet auflösen.

Die Frage des Haftungsverbundes habe ich auch Vertretern der Volksbanken gestellt und gemeint: „Mit dem Argument, dass für frauduloses, täuschendes und grob fahrlässiges Verhalten nicht gehaftet wird, könnt ihr eure Selbständigkeit und eure wohlerworbenen, den Genossenschaftern gehörenden und euch anvertrauten Reserven retten. Ja selbst wenn ihr in einen Rechtsstreit verwickelt werdet, bekommt ihr wenigstens eine Atempause von gut drei Jahren." Die Antwort war: „Sie haben recht: Aber Sie bedenken nicht, dass die FMA dann unsere Existenz bedrohen könnte. Wir sind schlicht ausgeliefert."

b) Wir, d. s. *G. Robol*, der *Föhrenberger Kreis*, der *Arbeitskreis Zukunftsfähige Wirtschaft* und *ich*, haben im Angesicht immer exotischer werdender „Finanzinnovationen" wiederholt darauf aufmerksam gemacht, dass rasche (präventive) Eingriffsrechte der Finanzaufsicht[121] und ein angepasstes Bankenkonkursrecht dringend erforderlich seien, und auch Hilfestellung angeboten. Da es jedoch üblich geworden ist, dass die Betroffenen die sie angehenden Gesetze selbst schreiben (Interessendemokratur), kam es zu keiner Neuerung – nicht einmal zum Abschreiben der diesbezüglichen Schweizer oder deutschen Normen.

Nun, weil die Kuh bereits aus dem Stall ist und gerade noch weitere Kühe hinauslaufen (und wir unschuldigen Staatbürger

---

121 Z. B. Genehmigungspflicht größerer Überweisungen ins Ausland bei Gefahr der Plünderung der heimischen Bank durch Muttergesellschaften und Partner sowie die Einsetzung eines Finanzkommissärs bereits bei Gefahr im Verzug. Allein diese „Ruten im Fenster" hätten wahrscheinlich zur notwendigen Disziplinierung geführt.

bereits den Großteil der Schulden ungehängt bekommen haben), wird „mit Hochdruck" daran gearbeitet. Bis zum Sommer 2012 sollte ein Gesetz über die Gründung einer „Bilanzpolizei"[122] und ein „Banken-Insolvenzrecht" geschaffen werden[123]. Dabei hätte eine EU-Richtlinie von 2008 bereits zur Umsetzung eingeladen.

c) Wir haben auch empfohlen, des Übels Wurzeln anzupacken und mit einem über Nacht kommenden Paukenschlag (zumindest ebenso schnell wie das Durchpeitschen der „Rettungsschirme" und „Sparpakete") dem Spekulieren mit Kundengeldern ein Ende zu bereiten, indem das risikoreiche Investmentbanking vom Retailbanking (dem normalen Bankgeschäft) gesetzlich getrennt wird[124]. Jetzt, wo der Schaden zulasten der Allgemeinheit bereits eingetreten ist, kommt diese Forderung (bewusst?) zu spät.

Dieser Abschnitt wäre aber unvollkommen, wenn wir nicht noch einen einschlägigen Blick auf die „Mutter der Finanzkrise" und das „Vorbild", auf die USA, würfen. Der ehemalige General-inspektor des US-Bankenrettungsprogrammes TARP, *Neil Barofsky,* hat in seinem jüngsten Buch *„BAIL OUT – An Inside Account of How Washington Abandoned Main Street While Res-cuing Wall Street" (1012) /„Bail out – Eine Insideranalyse wie Washington die Hauptstraße verlassen hat, während die Wall Street gerettet wurde"/* die Dienstmagdrolle der US-Regierungen sowie die Unverfrorenheit der Finanzoligarchen bei der Plünde-rung der Gemeinwesen und der Bürger bedrückend klar aufge-zeigt. Sogar das staatliche „Hilfsprogramm" für die vor der Ver-steigerung stehenden Hausbesitzer (HAMP 2008) ist ein Geschäft für die Banken. Obwohl der Großteil der Hypothekarkredite aus

---

122 Wie man dies bei gleichzeitigem Personalstop und dem Einfrieren von Gehältern schaffen will, wird noch zu diskutieren sein, zumal bezüglich der eingangsseitigen Sanierung der Budgets die ertragreichsten Steuern und Abgaben, wie eine Internetab-gabe, nicht angegangen werden (siehe III.2.1).

123 Siehe „Ab Sommer ermittelt die Finanzpolizei", Die Presse, Economist, 8.3.2012, S 17

124 Dies ist nichts Neues: In den USA wurde im Zuge der „Weltwirtschaftskrise" in den Jahren 1932 und 1933 durch das Glass-Steagall Acts ein Trennbankensystem eingeführt, das unter Präsident Clinton wieder aufgehoben wurde. Letzteres öffnete die Möglichkeit, mit Kundengeldern massiv zu spekulieren.

Auch in Europa haben die gesunden Regional- und Genossenschaftsbanken bewusst kein Investmentbanking betrieben. Erst die US-verführten Spitzeninstitute engagierten sich in diesem Bereich und zwangen zum Teil die Primärbanken, „aus Ertragsgründen" mitzu-machen.

„Gier oder unsachlicher Beurteilung" (Finanzminister *T. Geithner*) oder „betrügerisch" (*N. Barofsky*) vergeben wurden, erfolgt kein Beitrag der Banken, sondern alle Staatsbürger zahlen für die Zahlungssicherung an die Banken. Außerdem hat die Justiz keinen der fraudulosen (kriminellen) Kreditvergaben zum Anlass eines Einschreitens genommen.

Er ruft wörtlich die US-Bürger auf, das Finanzsystem von der korrumpierenden Umklammerung durch die Megabanken (corrupting grasp of the megabanks) zu befreien. Dazu führt er an, dass die „Top-Banken" nun um 23 % größer sind als vor der Krise, dass sie nun Werte (assets) in der Höhe von 56 % des BNP halten, während es vor der Krise 43 % waren, und dass sie schließlich gegenwärtig 52 % aller Industriewerte besitzen, während es von 40 Jahren nur 17 % waren.

In der „Investorenkolonie Griechenland" spielt sich gerade Analoges ab. Griechenland wird zu seiner „Rettung" verhalten zu privatisieren, d. h. an die „Megabanken" abzuliefern, was nur geht. Waren es bislang „nur" Unternehmen der öffentlichen Hand und Infrastrukturen, wie Eisenbahn, Elektrizitätswerte und Häfen, die an die Finanzmächtigen gingen, so sind nun auch die lokalen Banken an der Reihe. Kritiklose Schlagzeilen wie „Kehraus am Bankensektor beginnt" zeugen von der widerstandslosen bzw. blinden Hinnahme dieses Raubzuges.[125]

I.3.1.1.1.1.8
Der Entlastungsangriff auf den Euro zugunsten des US-Dollars

Für jene Bürger und Bürgerinnen, die der „Bildungsholschuld" im Finanzbereich gerecht geworden sind, war es absehbar, dass die Noch-Dollar-Mächtigen, assistiert von der City of London, einen Angriff auf den Euro starten würden. Der starke und vertrauenswürdige Euro war ähnlich gefährlich geworden, wie es der französische Franc in den Sechzigerjahren des vorigen Jahrhunderts gewesen war. Als General de Gaulle es gewagt hatte, die Dollar-Hegemonie in Frage zu stellen, wurde der französische

---

125 Die Presse, Economist, 13. 8. 2012, S. 14

Franc von allen Seiten in die Zange genommen, wobei sich die besetzten und mit der politischen Schuldkeule zusätzlich beherrschbaren Deutschen anschließen mussten. New Yorker und Londoner Banken zogen abrupt Einlagen aus französischen Banken ab und kauften stattdessen D-Mark. Das US-Finanzestablishment veranlasste über seinen Regierungsarm, dass deutsche Banken ebenfalls Francs abstießen. Weiters zogen US-Unternehmen Investitionen aus Frankreich ab. Die konzertant eingesetzten Medien deuteten dies als Vertrauensverlust in den Franc, wodurch sich die Spirale zulasten dieser Währung weiter nach unten drehte.

Das noch laufende Angriffsmuster gegen den Euro ist weit raffinierter, weil ja eine ganze Staatengruppe getroffen werden muss.

Als ich 2009 gebeten wurde, im Wiener *Dr. Karl Kummer-Institut Verein für Sozial- und Wirtschaftspolitik* einen Vortrag über die Zukunft des Euro zu halten, habe ich als ersten Punkt den Ausbruch aus der anglo-amerikanischen Finanzsklaverei als Grundbedingung genannt und u. a. nachstehende Projektionsfolie verwendet:

Wird die Eurogruppe (die EU) an der Finanzkrise scheitern?

Ja – Wenn es nicht gelingt, sich aus den
  Fesseln der transnationalen
  Finanzversklavung zu befreien.

Hindernisse:
  – Die Hauptstromgläubigkeit und Abhängigkeit der
    Experten und Entscheidungsträger
  – Die blockierenden Interessen der Londoner City
    gepaart mit den Interessen des Fed
  – Die über den IWF und die WB Druck und allenfalls sogar
    Gewalt anwendende Einmischung der USA
  – Der noch nicht ausreichende Druck
    der europäischen Bevölkerung von unten

Wer in diesem Zusammenhang die Reden des englischen Premierministers und des Außenministers registriert hat, der weiß, wie und woher der Wind geht. Wenn von Außenminister *William*

Hague Worte fielen wie: „*Die Eurozone ist ein brennendes Haus ohne Ausgang*" und: „*Es war ein Wahnsinn, dieses System zu schaffen*", dann ist der Juniorpartner des US-Establishments im Inneren des EU-Gebäudes als Brandstifter unterwegs … und man starrt gebannt auf ihn und lässt sich von den „Investoren" diesseits und jenseits des Atlantiks vor diesen hertreiben.

Wenn man weiß, dass die Londoner City (d. h. die vom Euro abgekoppelte Finanzwirtschaft) bereits ein Drittel des englischen BIP (GNP) „erwirtschaftet", während der Wohlstand aus dem vernachlässigten, früher tragenden Industriebereich wegschmilzt, dann versteht man diese Haltung der Engländer – auch wenn sie nicht zukunftsfähig sein kann.

Wie lief nun die für mich vorhersehbare Aktion, um die weit besser als die USA dastehenden Eurostaaten ähnlich „fertigzumachen" wie Frankreich unter Charles de Gaulle?

Die Schritte gegenüber den naiven oder zu den Mittäuschern gehörenden Europäern sind einfach zusammenzufassen:

– Wähle ein kleines Land als Ausgangspunkt, bei dem das Fehlschlagen deiner Strategie kein zu großes Risiko in sich birgt.

– Wähle ein Land, in dem ein Gutteil der Regierung, der Administration und des Unternehmertums eher zu den Kleptokraten als zu den für das Gemeinwohl engagierten Bürgern gehört (siehe Steuermoral, Sozialbetrug, Verschiebung von Geld in Steuerparadiese).

– Stopfe dieses Land mit vorerst wohlfeilen Krediten voll.

– Bewirke, dass dieses Land in die Eurozone aufgenommen wird, und berate es dabei, wie man die Situation bezüglich der Konvergenzkriterien fraudulos (betrügerisch) positiv darstellt.

– Sobald das Land in der Eurozone angelangt ist, setze deine Ratingagenturen in Richtung Untergangsszenario in Marsch[126], blähe die Schulden auf, setze den betroffenen Kleinstaat massiv unter Druck und rufe den finanziellen Weltuntergang aus.

---

126 Die jüngste Analyse (Juni 2012) der beiden Ökonomen Manfred Gärtner und Björn Griesbach der Universität St. Gallen, Rating agencies, self-fulfilling prophecy and multiple equilibria? An empirical model of the European sovereign debt crisis 2009-2011, bestätigt diese Aussage. Die Autoren kommen zu dem Schluss, dass die 2008 begonnenen, volkswirtschaftlich nicht erklärbaren Herabstufungen der „Krisenländer" in Europa zur Finanzkrise geführt haben. Vor allem fällt auf, dass Länder außerhalb der Eurozone – insbesondere die USA und GB – unterschiedlich eingestuft wurden.

- Den Euroländern gegenüber schwinge medienstark die Solidaritätskeule (Erfordernis eines solidarischen „Rettungsschirmes").
- Insbesondere die widerspenstigen Deutschen setze massiv unter Druck, indem man die Kriegsverbrechen in Griechenland im Zeiten Weltkrieg medienwirksam hervorholt und eine Wiedergutmachungssolidarität propagiert (Frau Merkel mit Hakenkreuzbinde).
- Veranlasse über deinen Mann in der EZB, dass diese marodgemachte Anleihen aufkauft.
- Zusätzlich lasse deinen Mann in der EZB dulden (formell unterstützt durch die Gouverneure der Schulden machenden Südstaaten[127]), dass über das unter deiner Beratung eingeführte elektronische Clearing Netz Target 2[128] kurzfristige Gutschriften der Nationalbanken aneinandergereiht werden (inoffizieller De-facto-Rettungsschirm[129]).
- Auf Basis dieser vollendeten Tatsachen fordere dann zur Sanierung dieses an allen Parlamenten vorbeigegangenen Zustandes getrost unter Umgehung der Verfassungen der Mitgliedstaaten und der EU-Verträge unter Assistenz des IWF, den du ja gemeinsam mit den Engländern kontrollierst, einen gesamteuropäischen Knebelungsvertrag, in dem die Schuldenorgie und Schuldeneintreibung ohne demokratische Einflussnahme stattfinden kann.
- Sobald der Großteil der Schulden direkt oder indirekt auf die europäischen Institutionen hinübergeschaufelt ist, setzte die dir genehmen Ratingagenturen in Aktion, die neben Griechenland und den anderen PIGS-Staaten (Portugal, Irland, Spanien) auch die übrigen Staaten des Euroraumes aufs Korn neh-

---

127 Der „Club Méditerranée" (Diktion Prof. *W. Sinn* für die hochverschuldeten südlichen Euroländer) hat im EZB-Rat 70% der Stimmen. Die überstimmten deutschen Organwalter sind z. T. aus Protest zurückgetreten. Ein „Organwalter" ist jene Person, die ein rechtliches „Organ" (z. B. beim Jugendamt der Jugendamtsleiter) vertritt.
128 Das Trans-European Automated Real-time Gross Settlement Express Transfer System ist seit 19. November 2007 das gemeinsame Echtzeit-Brutto- (RTGS) des Eurosystems (ESZB) = Zahlungsverkehrssystem der Zentralbanken des Eurosystems.
129 Wie schon oben (I.2.2) angeführt, beträgt der Target-Saldo für Deutschland derzeit bereits €616 Mrd. (d. i. das Doppelte des Bundeshaushalts 2012 bzw. das 2,2-Fache der Einnahmen) und für Österreich €34 Mrd. (d. s. 53% der Einnahmen bzw. 46% des Budgets des Bundes für 2012).

men, so dass die ganze Welt dem Euro keine Zukunft mehr gibt und eine Flucht in den nun stärker dastehenden Dollar eintritt.[130]

- Da du zusätzlich noch CDS (Kreditversicherungen) an die Europäer verkauft hast, die bei Zahlungsausfall fällig werden, hast du noch ein weiteres Druckmittel für die Aktivierung der „Rettungsschirme"[131].

Dieser perfide Angriff auf den Euro ist bislang höchst erfolgreich. Die Politiker der Euroländer lassen sich von den Finanzoligarchen in die Selbstaufgabe hineintreiben. Nun ist auch der Erzkonkurrent Deutschland am Boden und die Ratingagentur Moody's, die den höchstverschuldeten USA noch immer eine AAA gibt, kann Deutschland mit dem Entzug des AAA mit der Begründung drohen, dass es sich zu viele Haftungen hat umhängen lassen[132].

Es ist jedoch zu erwarten, dass die traditionell Brutalität und Erbarmungslosigkeit praktizierenden Vertreter der Hochfinanz den Bogen überspannen (I.3.1.1.1.1.1.10) und dass das Niedermachen des Euro dem Dollar nur eine kurzfristige Atempause gibt. Es wäre klüger gewesen, gemeinsam mit den gutwilligen Europäern eine faire Neuordnung des Weltwährungssystems zu versuchen. Nunmehr ist ein Ende mit Schrecken zu erwarten, weil die potenten, weniger loyalen großen Spieler umso mehr erstarken[133] und die Position des Dollars als Leitwährung in Frage stellen.

---

130 Letzteres wurde bereits erreicht. Die Nachrichtenagenturen und Zeitungen meldeten das gestiegene Vertrauen in den Dollar und das Erstarken seines „Wertes".

130 Wie perfid agiert wird, zeigt die Vorgangsweise beim „Schuldenschnitt" in Griechenland: Dort, wo die CDS-Haftung große Spieler getroffen hätte, wurde ein „freiwilliger Schuldverzicht" (in Wirklichkeit eine Umschuldung zugunsten der Gläubiger) vorgenommen, und für den Rest der kleinen erklärte der griechische Satrap-Finanzminister einseitig Zahlungsausfall. Daher zahlen nun die düpierten kleinen Spieler, wie die ÖVAG (€ 400 Mio),– und, weil diese dies nicht mehr vermögen, der österreichische Steuerzahler.

132 Hat sich Deutschland übernommen? – Die Presse, Economist, S. 15, 25. 7. 2012. Die Beschlüsse des EU-Gipfels vom 29. 6. 2012 bezüglich einer Bankenunion haben zur Warnung von 270 Ökonomieprofessoren geführt, die darauf hinweisen, dass in den Euro-Krisenländern die Bankschulden derzeit 9 Billionen Euro betragen und daher fast dreimal so hoch sind wie die Staatsschulden.

133 Z. B. bietet sich China bereits als Finanzpartner an.

Wie hätten die Euroländer im Falle Griechenlands (dies gilt für andere Staaten auch) **reagieren müssen?!**

Wie im oben (I.3.1.1.1.1.7) angeführten Brief erwähnt, hätte an die Adresse der „Märkte", d. h. der Finanzmächtigen, etwa wie folgt argumentiert und agiert werden müssen:

a) Ihr habt die Finanzlage und die Gesamtwirtschaftslage genau gekannt. Daher habt ihr sorglos Kredite vergeben. Das ist euer bewusst eingegangenes Risiko.

b) Ihr habt hohe Zinsen verlangt. Diese beinhalten eine entsprechende Risikoprämie. Also tragt gefälligst das Risiko.

c) Ihr habt immer gesagt, dass ihr klüger seid als die Politiker. Daher tragt die Konsequenzen eurer Klugheit und versucht nicht, das eingegangene Risiko auf uns abzuwälzen.

d) Ihr habt die Griechen beim Erschleichen der Aufnahme in den Euroverbund fraudulos beraten und solltet froh sein, dass wir nicht Schadenersatz verlangen.

e) Die EU-Verträge verbieten einen Bail-out (Schuldenübernahme) gemäß Art. 125 der konsolidierten Fassung des Vertrags über die Funktionsweise der Europäischen Union. Auch das war euch bekannt.

e) Ergo schreibt die Hälfte oder mehr der offenbar bewusst sorglos gegebenen Kredite ab, und die Welt ist in Ordnung. Von uns bekommt ihr keinen Euro.

Ich weiß, dass auch europäische Banken involviert sind und dass den Europäern CDS angedreht wurden. Aber dies auszubügeln wäre immer noch kostengünstiger gewesen.

Dipl.-Ing. *Walter Lüftl*[134] hat im September 2011 unter dem Titel *Lasst die Griechen pleite gehen!* für den angenommenen Fall,

---

[134] Ich weiß um Lüftls unhaltbare De-facto-Leugnung der Gaskammern der Nazis und verurteile diese Haltung. Aber dies darf nicht dazu führen, dass alles, was er sagt und schreibt, in den Orkus geworfen wird.

dass Griechenland in Konkurs gegangen und die EU entgegen dem Bail-out-Verbot alle Schulden der Griechen übernommen hätte, eine demaskierende Milchmädchenrechnung publiziert:

Die „Fachleute" behaupten, dass man Griechenland nicht pleite gehen lassen könne, weil dies jeden EU-Bürger € 8.000 kosten würde. Das wären bei 500 Millionen EU-Bürgern vier Billionen Euro. Die Griechen haben aber „nur" €350 Mrd. Staatsschulden. Das sind bei etwa 350 Millionen EU-Steuerzahlern „nur" €1000 pro Kopf bis 2020. Das ergäbe über den angepeilten Rückzahlungszeitraum von zehn Jahren pro Kopf und Woche zwei Euro (1000/10/52 = 2). Woraus erklärt sich die Differenz von 3,650 Billionen?

Offenbar daraus, dass es gemäß der Diktion des US-Aufdeckungsjournalisten *Greg Palast* ein betrügerisch konstruiertes *„Picknick der Geier"* (Vulture's Picnic 2011) gibt, das von den ahnungslosen (weil teilweise korrupten?) und von den Finanzmächtigen am Nasenring geführten Politikern (siehe oben 1.3.1.1.1.1.6) hingenommen wird.

Selbst wenn Griechenland nun doch in den Staatsbankrott/in Konkurs geht und aus dem Euroverbund ausscheidet, wurde erreicht, dass auf dem Weg dorthin so viel Geld der stabileren Euro-Staaten verbraten wurde, dass ihr Rating heruntergesetzt werden kann und der Euro an Vertrauen verliert.

I.3.1.1.1.1.9
Europa in Geiselhaft

Die oben kurz dargelegte Finanzarchitektur und vor allem der jede Loslösung der EU aus der installierten Finanzsklaverei hintertreibende „Juniorpartner" der US-Finanzoligarchen, Großbritannien, sowie die Einsetzung von US-loyalen, systemtreuen „Experten" in den Regierungen der Krisenstaaten und in der EZB bewirken, dass sich Europa quasi in Geiselhaft befindet. Diese wird – so wie es derzeit aussieht – nur abgeschüttelt werden können, wenn es zum gewaltsamen Umbruch kommt, weil die sozialen Ungleichheiten unerträglich geworden sind und die Mehrzahl der Bürger das Spiel der Unersättlichen zu durchschauen beginnt.

Aber wäre es da nicht klüger, dass die Politiker den Aufstand wagen und eine gerechte Neuordnung einfordern? Das Schicksal der von den Hauptstrom-Medien „abgeschossenen" kritischen Politiker zeigt, wie schwierig es ist, gegen die „sündhaften Strukturen" (Johannes Paul II.) anzutreten.

In meinen Augen war das Hineindrängen in ein in den Euro mündendes EWS (Europäisches Währungssystem) ein bewusstes Kalkül zu Lasten Europas – vor allem gegen die erstarkende Deutsche Mark. Davor habe ich rechtzeitig gewarnt, denn bei den unterschiedlichen Produktivitäten und Lebensstilen konnte es auch ohne den perfiden Angriff auf den Euro nicht gutgehen. Wenn nämlich den weniger produktiven Ländern der Schutzschirm der flexiblen Wechselkurse fehlt, dann gibt es bei einer gemeinsamen Währung nur drei Wege, den interregionalen Ausgleich herzustellen:

a) Laufende Transferzahlungen an die Länder mit geringeren Produktivitäten – mögen diese durch natürliche Nachteile, nachhinkende Forschung und Entwicklung, einen lockereren Lebensstil und eine weniger effiziente bzw. korrupte Verwaltung bedingt sein –, um die Defizite auszugleichen.

b) Das Abwandern von Investitionskapital in die Krisenländer mit hoher Arbeitslosigkeit, weil dort die Löhne und die sonstigen Bedingungen (z. B. Auflagen bez. Umweltschutz) kostengünstiger sind.

c) Migration in die besser dastehenden Länder (dies geschieht gerade in Griechenland und Spanien).

Alle drei Wege führen zu sozialen Spannungen und rütteln am Sozialkapital (dem gesellschaftlichen Zusammenhalt) der Euroländer und der gesamten EU. Wer von den hart arbeitenden Deutschen wird einsehen, dass er für die Griechen oder andere laufend zahlen soll? Wer wird ohne Groll zusehen, wenn Investitionen abgezogen werden? Wer wird nicht aufgewühlt sein, wenn ihm Zuwanderer den Arbeitsplatz wegnehmen oder streitig machen?

Das hätten doch die Politiker oder zumindest ihre Berater wissen müssen; oder waren die Berater von der „Gorilla"-Seite, so dass sie nun in Finanzketten liegen?

Dazu kommt noch, dass die gesamte Wirtschaftspolitik nur auf Wachstum setzt. Wachstum löst in den Augen der Hauptstromökonomen und der Politiker alle Probleme. Hierzu brauche man entweder nur genug Geld in die Wirtschaft zu pumpen (Linie der Keynes-Verkenner) oder massiv die Löhne[135] und sonstigen Kosten zu senken (Linie der Monetaristen), und die ökonomische Welt käme in Ordnung. Dass dem in beiden Fällen leider nicht so ist, weil einerseits Investitionen sogar Arbeitsplätze vernichten können, wenn der Rationalisierungseffekt höher ist als der Kapazitätserweiterungseffekt (und das ist in der Regel der Fall), und andererseits Kostensenkungen, insbesondere bei den Löhnen, unzureichend oder volkswirtschaftlich kontraproduktiv sind, werden wir später unter III.2 ausführlicher betrachten.

Fakt ist: Die großen, für die meisten Staatsbürger verborgenen Player, wie BNY Mellon, State Street Global, Vanguard Group, die man als direkte oder indirekte Teilhaber des Fed und vor allem der großen Clearing-Plattformen[136] und als Mitglieder des IIF (Internationaler Bankenverband) sowie auf den Offshore-Plätzen, wo die geheimnisvoll zitierten „Märkte" zu Hause sind[137], identifizieren kann, können ihr Spiel derzeit zu Lasten Europas fast ungehindert durchziehen. Dies einerseits, weil sie nationale Regelungen umgehen und andererseits in allen rahmensetzenden

---

135 So verkündet der Professor für öffentliche Finanzen an der Universität St. Gallen und nunmehrige Chef der österreichischen ökonomischen Elitenschmiede „Institut für Höhere Studien" in Wien, Prof. Dr. *Christian Keuschnigg*, dass die „Problemländer ihre Löhne schnell senken müssten, um konkurrenzfähig zu werden". (Die Presse, Economist, 12. 5. 2012, S. 13 und 21.7. 2012, S. 11). Dass dies beim anhaltenden Rationalisierungsdruck und mangels eines zumutbaren Beitrages der großen Kapitaleigner zur Finanzierung des Gemeinwohls nur zum Einbruch der Massennachfrage und zu Massenarmut führen kann, wird im anbotseitigen Modelldenken, das die derzeitigen Rahmenbedingungen unveränderlich hält, nicht gesehen.

136 DTCC-EuroCCP, Euroclear, Clearstream (DTCC = Depository Trust & Clearing Corporation)

137 Hier tummeln sich auch Staatsfonds, die ähnlich agieren wie die „Privatkapitalisten". Die jüngste Studie von *James S. Henry,* New Estimates for „Missing" global private wealth, income, inequality, and lost taxes, Tax Justice Network, London Juli 2012, schätzt die in Steuerparadiesen veranlagten Finanzvermögen (ohne die Realitäten) auf mindestens $ 21 Bio.

Institutionen zu ihren Gunsten Regeln durchgesetzt und festgeschrieben haben, die als unantastbar gelten. Ihre Macht wird via
die Kette „Fed – City of London – IWF –WTO und Spezialab-
kommen", wie den *OECD-Code of Liberalisation of Capital
Movement* oder den diversen Investitionsschutzabkommen, ausgeübt und gesichert. Dahinter stehen noch die von ihnen dirigierten Medien und die Militärmacht der USA.

Zur Durchsichtigkeit des derzeitigen finanziellen Weltbeherr-
schungssystems hat die jüngst veröffentlichte und frei zugäng-
liche Studie von drei Systemanalytikern der ETH-Zürich, *The
Network of global Corporate Control* (Das Netzwerk der globalen Unternehmenskontrolle), wesentlich beigetragen. Die drei
Physiker haben 37 Mio. Unternehmen untersucht (Datenbasis
2007) und zunächst 43.000 TNCs herausgefiltert. Aus diesen
wurde die hochvernetzte „Supereinheit" von 147 Unternehmen
herausgeschält. Diese ist wechselseitig vernetzt und kontrolliert
rd. 40 % des Weltmarktes. Ihr gehören fast nur britische und US-
Banken an. Die acht größten US-Banken werden überwiegend
von zehn Aktionären kontrolliert, darunter die „Beteiligungsmo-
loche" *Black Rock, State Street, Vanguard* und *Fidelity*.

Die Liste der Mitglieder der *ISDA – International Swaps and
Derivatives Association* (Internationale Vereinigung für Swaps
und Derivate) gibt zusätzlichen Aufschluss über die Adepten der
„Geiselnehmer". Bei dieser Vereinigung geht es vor allem um die
Vereinbarung von Spielegeln für den OTC-Markt.

I.3.1.1.1.1.10

Der überspannte Bogen

Wer die gesellschaftliche Situation in den von den „Finanzmärkten" am härtesten erpressten Staaten betrachtet – insbesondere in Griechenland, Spanien und Portugal –, dem kommen die Dreißigerjahre des vorigen Jahrhunderts in den Sinn, in denen die erbarmungslose Ausbeutung durch die angloamerikanische Hochfinanz (assistiert von den rachelüsternen Franzosen) zum gesellschaftlichen Umbruch geführt hat.

Wenn Kinder hungern und sich zunehmend Menschen aus Verzweiflung das Leben nehmen; wenn die Einkommen unter das Existenzminimum gedrückt werden; wenn verkündet wird, es sei „unvermeidbar, dass in Griechenland oder Spanien der Sozialstaat abgebaut wird, weil ja auch die Lohneinkommen der Aktiven reduziert werden müssen"[138], und wenn gleichzeitig die wirklich Reichen keinen Betrag für das Gemeinwohl leisten, sondern sich Staatsvermögen aneignen; wenn Geld in Massen ins Ausland gebracht wird, weil man keine Kapitalverkehrskontrollen durchführt; wenn bis zu 50 % der Jugendlichen keine Arbeit haben; wenn die jungen Leute erkennen, was ich vorstehend geschildert habe (insbesondere unter I.3.1.1.1.1.8) – nämlich, dass sie von einem internationalen Finanzkartell, das die Schulden „aus Luft" kreieren konnte, ausgebeutet und versklavt werden –, dann braucht es nur die berühmte Lunte im Pulverfass für den gesellschaftlichen Umbruch.

Wir sollten vor allem auch bedenken, dass Gefahr besteht, dass jene jungen Akademiker, die keine Berufschance haben und proletarisiert werden, schon allein um ihr Selbstwertgefühl zu erhalten, zu Revolutionären werden.

---

138 Prof. Dr. Christian Keuschnigg, Professor an der Universität St. Gallen und Chef des Wiener Instituts für Höhere Studien.
Weiters ein Zitat aus der Financial Times Deutschland vom 19. 2. 12 „Das Sparprogramm – Schrumpfkur": Mit der Einigung im griechischen Kabinett steht das nächste griechische Sparpaket. Die Löhne in der Privatwirtschaft sollen eingefroren werden, bis die Arbeitslosigkeit wieder auf zehn Prozent sinkt, der Mindestlohn wird von 876 auf 590 Euro gesenkt. Arbeitslose erhalten 20 Prozent weniger, Rentner 30 Prozent. Die Mehrwertsteuer wird von 19 auf 23 Prozent erhöht. Vermögen, Tabak, Spirituosen und Benzin werden stärker besteuert, die Luxussteuer wird angehoben, eine neue Solidaritätssteuer eingeführt. Beamte trifft es besonders hart: Nicht nur sollen 150.000 von ihnen bis 2015 entlassen und die Gehälter um 15 Prozent gesenkt werden, sondern auch die Arbeitszeit ohne Lohnausgleich verlängert werden."

I.3.1.1.1.1.11

Aufrecht in den Untergang?

Der Vizechef des Bundes Junger Deutscher Unternehmer hat mir knapp nach dem Fall der Berliner Mauer in der Diskussion nach einem Vortrag, den ich in Dresden gehalten habe, zugeflüstert: *„Sagen Sie doch unseren anwesenden Politikern deutlich, dass dann, wenn wir nun im Namen einer ungebremsten ‚freien Marktwirtschaft' den sozialen Bogen überspannen, jene gesellschaftlichen Ordnungen, im Vertrauen auf welche ich derzeit wirtschafte und plane, in Gefahr sind. Auch ein ideologischer Rückschwung könnte ausgelöst werden."* Das war ein geradezu visionäres Wort eines verantwortungsbewussten jungen Bürgers. Nun ist Deutschland selbst ein international getriebener Staat.

Den derzeit an der Macht befindlichen Global-Plutokraten sollte *mutatis mutandis* ein Wort von *Václav Havel*, das er am 21. Februar 1989 vor seiner Verurteilung in Prag gesprochen hat, ins Politbuch geschrieben werden: *„Niemandem wird geholfen, wenn die Regierung so lange wartet, bis die Menschen demonstrieren und streiken. All dem könnte man sehr einfach durch sachlichen Dialog und durch den guten Willen, auch kritische Stimmen anzuhören, vorbeugen. Solchen Warnungen wurde kein Gehör geschenkt. So erntet die heutige Staatsmacht die Saat ihrer eigenen starren Haltung …*

Ich hoffe immer noch, dass die Staatsmacht endlich aufhört, sich wie das hässliche Mädchen zu verhalten, das den Spiegel zerschlägt, in der Meinung, er sei schuld an seinem Aussehen."
Die Hässlichkeit des unbarmherzig gierigen Finanzkapitalismus zeigt sich ja allenthalben. Sie wird, wenn der Bogen weiter überspannt wird, zum Aufstand der Bürger führen – und jene, die sich vom gegenwärtigen Machtapparat geschützt erachteten, werden enteignet aufwachen. Insbesondere der Abschnitt III sollte das vorherige Aufwachen bewirken.

Das Bedrückende ist hierbei, dass jene, die die Situation erkennen oder – wenn sie nicht wegschauen – erkennen müssten, sich nicht gegen den Hauptstrom zu engagieren getrauen.

Drei österreichische Beispiele hierzu:

– Als ich beim verfassungswidrigen Durchwinken des ersten „Rettungsschirmes" (EFSF) und der geplanten Zustimmung zum zweiten (ESM) den gelernten Juristen und habilitierten Politikwissenschaftler, Bundespräsident Dr. *Heinz Fischer,* darauf ansprach, dass nicht nur Verfassungsbruch vorliege, sondern auch das wesentlichste Hoheitsrecht des Parlamentes, die Budgethoheit, ausgehebelt würde, zog er sich auf Formalia (den Ablauf im Parlament) zurück. Nun hat er mit derselben Begründung die verfassungswidrigen Beschlüsse unterzeichnet.

– Als ich damals zusätzlich den Dekan der juridischen Fakultät, den Verfassungs- und Verwaltungsrechtler o. Univ.-Prof. DDr. *Heinz Mayer,* bat, sich zu melden, wurde mir mitgeteilt, dass diese Materie zu kompliziert sei und dass sich der Herr Dekan anderen Problemen widmen müsse.

– Es blieben mir dann nur noch zwei „große alte Herren", der siebzigjährige ehemalige Präsident des Verfassungsgerichtshofes, o. Univ.-Prof. em. Dr. *Karl Korinek,* und der 91-jährige ehemalige Justizminister und Professor für öffentliches Recht, o. Univ.-Prof. em. Dr. *Hans Klecatsky.*

Korinek zog sich auf seinen Pensionistenstatus zurück. *Klecatsky* hingegen explodierte fast vor Sorge um sein Vaterland und war bereit, an die „Verfassungsfront" zu gehen (an der er als „altes Eisen" abgetan wurde).

Interessant ist, dass nun, wo die „Kuh aus dem Stall" ist, *Korinek* zur Besinnung mahnt (aber nicht Einspruch erhebt). So redet und schreibt er: *Aber wir müssen bedenken, dass die Globalisierung und Ökonomisierung zu einem beachtlichen Verlust der Gestaltungskraft der demokratischen Institutionen geführt hat. Täglich können wir hören, dass staatliche und internationale Organe, Regierungen oder Notenbanken auf nationaler und internationaler Ebene etwas entschieden hätten, aber man müsse abwarten, wie die Finanzmärkte darauf reagieren.*[139]

---

139 Aus „Demokratiereform – Das Parlament muss wieder selbst entscheiden" gekürzte Fassung der Rede bei der Verleihung der österreichischen „Verfassungspreise 2012" in: Die Presse, Wien 4. 6. 2012, S. 15

1.3.2

Globalisierung ohne Zügel auch im Welthandel

Neben der ungezügelten Globalisierung im Finanzbereich wurde konsequenterweise die kaum gebremste Globalisierung im Handel gefordert und institutionalisiert. Es ging nicht um möglichst breite Wohlstandsmehrung (diese wurde lauthals vorgeschoben und scheint in allen WTO- und WB-Berichten auf), sondern um Finanz- und sektorale Industrieinteressen. Diese sollen im Folgenden kurz aufgezeigt werden.

I.3.2.1

Die Interessen im Hintergrund

Die das Weltgeschehen plutokratisch beherrschenden New Yorker und Londoner Finanzestablishments brauchten zur Flankierung ihrer Interessen auch völlige Freiheit im Welthandel. So konnte man sich einerseits von den verschuldeten Entwicklungsländern, denen man vorher die nach Verwertung drängenden Petrodollars hineingedrückt hatte, billige Rohstoffe verschaffen und andererseits vor allem auch auf den Warenmärkten frei spekulieren. Mittels spekulativ hochgetriebener Lebensmittelpreise war es auch möglich, in Importländern unliebsame Regierungen zu eliminieren (jüngstes Beispiel sind die maßgeblich mit den Lebensmittelpreisen zusammenhängenden Revolutionen im Vorderen Orient) und umgekehrt Exportländer durch auf den Markt geworfene Konkurrenzprodukte in die Knie zu zwingen. Das zur Stabilisierung der Rohstoffpreise entwickelte Instrument der Rohstofflenkungsabkommen (Commodity Agreements) wurde hierzu diskreditiert (siehe hierzu Abschn. II.1.4.6).

Eines der Instrumente ist die ICC, die Internationale Handelskammer (International Chamber of Commerce) in Paris[140]. Sie ist

---

[140] Wie sehr die von den Siegermächten nach dem Ersten Weltkrieg gegründete ICC Siegerinteressen diente, zeigt, dass drei ihrer Mitglieder an der Formulierung der deutschen Reparationen im Rahmen des Dawes-Planes (1924) beteiligt waren. Die unbarmherzige Plünderung Deutschlands (Deutschland musste, wie schon erwähnt, in den Friedensverträgen die Handelsflotte, die Kolonien und Privatvermögen im Ausland abliefern und darüber hinaus unfinanzierbare Reparationen zahlen) führte schließlich zum Emporkommen des Nationalsozialismus und zum Zweiten Weltkrieg.

mit der OECD, die ebenfalls dort ihren Sitz hat, und mit der WTO eng vernetzt und agiert meist als Vorprescher für neue freihändlerische Initiativen. Sie nennt sich stolz „World Business Organization", und das aktuelle Mandat ihres „Komitees in Handels- und Investitionspolitik" lautet: *The mandate of the Commission on Trade and Investment Policy is to break down barriers to international trade and investment so that all countries can benefit from improved living standards through increased trade and investment* flows. (Das Mandat … ist, die Barrieren für den internationalen Handel und die internationalen Investitionen niederzureißen, damit alle Länder durch wachsende Handels- und Investitionsflüsse sich eines höheren Lebensstandards erfreuen können.) Hierbei ist der unkonditionale (ungezügelte) Freihandel das Ziel, und es wird gegen alle Realität behauptet, dass dieser automatisch zu mehr Wohlstand für alle führe. Die Wirklichkeit zeigt jedoch, dass sich in den letzten Jahrzehnten die Schere zwischen Arm und Reich sowohl zwischen den Staaten als auch innerhalb der Staaten dramatisch erhöht hat. Der ungezügelte Freihandel dient also jener Minorität, die in der ICC maßgeblich vertreten ist. Wie verlogen die Argumentation ist, zeigt die persistente Ablehnung der Berücksichtigung unterschiedlicher ökologischer und sozialer Standards sowie von nicht Kaufkraftparität[141] aufweisenden Wechselkursen im internationalen Handel. Dies bewirkt eine ökologische und soziale Dynamik nach unten – statt nach oben. Die transnationalen Konzerne können ökologisch und sozial skandalöse Preisunterschiede ungestraft ausnützen und zusätzlich die Arbeitnehmer von Betrieben in den Importländern unter Druck setzen, um auch dort die Gewinne zu erhöhen. Dass dies eine makroökonomische und gesellschaftspolitische Zeitbombe ist, wird von den Kurzzeit-Gewinn-Optimierern nicht gesehen.

---

141 Kaufkraftparität liegt vor, wenn man bei Umwechslung von einer Währung in die andere etwa dieselbe Menge von Waren eines vergleichbaren Warenkorbes erwerben kann.

I.3.2.2
Freihandel ohne Finanzausgleich?

Wer ein wenig in Wirtschaftsgeschichte zuhause ist, der weiß, dass der Freihandel ein Kind der nationalen Steuerhoheit und des nationalen Finanzausgleiches ist. Die Städte hatten bis in die Neuzeit[142] das Recht, Maut einzuheben und zur örtlichen Lagerung und Anbietung der Waren zu zwingen. So schnitt man sich seinen Teil vom „Kuchen" zu Finanzierung der Gemeinwesen ab. Erst als flächendeckende nationale Steuergebiete und eine Verteilung des Steuerkuchens über den „Finanzausgleich" geschaffen worden waren, konnte man zur Beseitigung der lokalen Handelsabgaben schreiten.

Im internationalen Feld soll dies anders sein? Da regelt sich die halbwegs gerechte Verteilung von selbst? Mitnichten! Solange wir keinen internationalen Finanzausgleich haben, werden wir uns für die Finanzierung unserer Gemeinwesen durch moderate Grenzabgaben das notwendige Stück vom Kuchen abschneiden müssen.

Die Rückverteilung einer internationalen Handelsabgabe gemäß dem Anteil des nationalen BIP am BWP wäre ein Kompromissweg.

I.3.2.3
Freihandel ohne Ausgleich für unterschiedliche ökologische und soziale Standards

Was für den Finanzausgleich zutrifft, gilt *mutatis mutandis* (es ist zu ändern, was zu ändern ist) auch für die ökologischen und sozialen Standards. Solange diese weltweit nicht angeglichen sind, muss ein Ausgleich der durch sie gegebenen Kostenunterschiede erfolgen.

Dieser Ausgleich muss sich an im Zollgebiet allgemein verpflichtenden gesetzlichen Vorgaben (z. B. Mindestlohn) orientie-

---

142 In Wien kann man noch am Stadtrand die nun restaurierten „Linienhäuser" sehen, die der Warenkontrolle und Mauteinhebung dienten.

ren, damit ungerechtfertigtem Protektionismus vorgebeugt wird. Freien Marktzutritt sollte es daher nur bei gleichen ökologischen und sozialen Standards geben.

I.3.2.4

Der Wettbewerb nach unten – race to the bottom

Wenn dieser Ausgleich nicht erfolgt, gibt es einen ungebremsten „Wettbewerb nach unten" (race to the bottom). Das heißt, jene, die Mensch und Natur am „effizientesten" (brutalsten) ausbeuten, sind im Kostenvorteil und zwingen dadurch indirekt die Konkurrenten mitzuziehen, wenn sie nicht das Geschäft verlieren wollen.

I.3.2.5

Auf dem Weg zur globalen gesellschaftlichen Entropie oder zum globalen Aufstand

Wenn das gegenwärtige Treibenlassen unter dem Motto, dass ungezügelter Freihandel automatisch wohlstandmehrend ist, weitergeht, dann kommt es zum globalen Ausgleich nach unten. Man könnte dies „soziale Entropie" nennen. Alternative Gesellschaftsentwürfe (siehe z. B. III.4.5) hätten keine Chance.

Ich erwarte jedoch eher den globalen Aufstand gegen die Diktatur der derzeit den Ton angebenden plutokratischen Oligarchen sowie ihrer Handlanger und unkritischen Mitläufer. Denken Sie nur an das schon erwähnte *vorrevolutionäre Potential*[143], das in den arbeitslosen Akademikern in den sogenannten „Krisenstaaten" steckt.

---

143 Ein Ausdruck, der vom Promoter der ökosozialen Marktwirtschaft, *Josef Riegler*, stammt.

I.3.3
Missachtung bewährter Regeln der Unternehmensführung

I.3.3.1
Kurzzeitige Gewinnmaximierung statt langfristige Unternehmenssteuerung (Befriedigung von Stakeholder-Erwartungen)

Ich habe mit der Wiederaufbaugeneration gearbeitet. Diese verfolgte langfristige Ziele. Dann wurde jedoch – ausgehend von den Investmentgesellschaften – die Kultur der kurzfristigen Gewinnerwartungen hereingetragen. Quartals- und Halbjahresgewinne stehen nun im Vordergrund. Wer als Manager überleben will, muss mit allen Tricks trachten, gewinnträchtige Berichte abgeben zu können. Investitionen in die langfristige Unternehmenssicherung bleiben dadurch oftmals auf der Strecke.[144]

I.3.3.2
Kurzfristige Dienstverträge mit Kurzfristzielen

Diese Tendenz wird durch Kurzzeitverträge für die Führungskräfte, in die auch (schwer) zu erreichende Kurzzeitziele eingebaut werden, unterstützt. Viele Manager agieren dann nach dem Motto „Nach mir die Sintflut" und sparen an der Zukunft der Unternehmen, um kurzfristige Erfolge nachweisen zu können. Sie können dann mit scheinbar gutem Erfolg von sich aus anderswo andocken (kurzeitmaximierende Jobhopper). Die Nachfolger sind die Schuldigen.

---

144 Ein Beispiel hierzu: Der Schweizer Industrielle, weiland *René Bühler* (Die Bühler AG in Uzwil ist der weltgrößte Erzeuger von Nahrungsmittelfabrikationsanlagen), gab mir als jungem Manager den väterlichen Rat: Schauen Sie sich die Gesamtgestion von Abteilungen an, die sehr hohe Erträge ausweisen. Da habe ich einen Bereichsleiter gehabt, der laufend mit tollen Quartalsbilanzen kam. Als ich mir die Abteilung vorknöpfte, musste ich feststellen, dass er die Forschung und Entwicklung weitgehend „eingespart" hatte.

I.3.3.3
Destabilisierende Bilanzierungsregeln

I.3.3.3.1
Ausräumung der stillen Reserven

Jeder Unternehmer und Manager geht Risiken ein. Deshalb hat man in der europäischen Unternehmenskultur immer Reserven eingebaut, die im Notfall aktiviert werden konnten. Nunmehr wird dies geradezu als Betrug an den Stakeholdern betrachtet. Die Konsequenz ist nicht nur die höhere Verletzlichkeit der Unternehmen, sondern auch die Tendenz, beim Schlagendwerden von Risiken die Berichte und Bilanzen zu „schönen".

I.3.3.3.2
Hedonistische Bewertungen statt Mindestwertprinzip

Verstärkt wird diese Destabilisierung durch die importierten neuen Bewertungsregeln. Ich habe noch Aktiva nach dem Mindestwertprinzip bilanziert. Nun wird sogar das Gegenteil gemacht: Nicht der abgeschriebene Anschaffungswert oder der geringste derzeitige Marktwert wird eingesetzt, sondern der gestiegene Marktwert oder – wenn dies nicht der Fall ist – der Anschaffungswert. Die US-Hypothekenkrise, aber auch unsere Bankenkrisen haben zum Gutteil ihren Ursprung in hedonistischen Bewertungen.

I.3.3.4
Investitionen im höhere virtuelle Gewinne bringenden Finanzbereich statt in die Realökonomie (Unternehmen als Investmentbanken)

Da die virtuelle Finanzwelt höhere Gewinne versprochen hat und noch immer verspricht, haben viele Unternehmen eher im Finanzmarkt als im Produktions- und Dienstleistungsbereich investiert, ja man hat sich sogar Banklizenzen verschafft, um mit noch mehr

Gewinn im globalen Finanzcasino mitspielen zu können. *Siemens* ist ein typisches Beispiel. In Österreich ist die *Meinl Bank* ein wenig rühmliches.

In jüngster Zeit versuchen auch große Handelsunternehmen, an diesem Kuchen mitzunaschen und so ihre Gewinne aufzufetten. In dieser Richtung hat die größte Konsumgenossenschaft der Welt, die britische *Coop Group*, den Großteil der Filialen der teilverstaatlichten *Lloyds Banking Group* erworben.

I.3.3.5

Extremes Outsourcing und damit Verlust der Kernkompetenzen und des Kernpersonals – Schaffung von Arbeitslosigkeit

Um Kostensenkungen (vor allem beim Personal) ausweisen zu können, werden Leistungen an kostengünstige Dritte ausgelagert („outsourcing"). Dies geht so weit, dass z. B. Zuarbeiten und Leistungen in Indien erbracht und ganze Produktionen ausgelagert werden. Damit steigt nicht nur die Verletzlichkeit bei Ausfall der Telekommunikations- und Verkehrssysteme, sondern auch die heimische Arbeitslosigkeit. Weiters geht Fachwissen unwiederbringlich verloren.

I.3.3.6

Wettbewerb ohne soziale und ökologische Grenzen (neue Arbeitssklaven)

Ich weiß aus eigener Erfahrung, wie stark der Druck des ungebremsten Welthandels ist und dass dies geradezu dazu zwingt, die ökologischen und sozialen Standards zu senken (race to the bottom); aber ist es dann nicht unsere – auch unternehmerische – Pflicht, für gerechte Wettbewerbsverhältnisse einzutreten? Ich habe neben meiner Tätigkeit in den zu leitenden Unternehmen zwischen 1977[145] und 1989[146] Ausgleichsabgaben gegen unter-

---

145 Siehe DIE INDUSTRIE, Nr. 14, Wien 8. 4. 1977, *Österreich in der europäischen Ernährungswirtschaft – Amputiert ins Jahr 2000?*
146 Siehe Ernährung/Nutrition, Vol. 13/Nr. 10, 1989, *Braucht der Garten Europa einen Zaun? – Kritische Bemerkungen zum GATT.*

preisige Importe für die gesamte Lebensmittelindustrie und für chemische Produkte aus nachwachsenden Rohstoffen durchgesetzt und so einige Betriebe gerettet. Es war allerdings harte Arbeit. Nun sind wir diesbezüglich in der EU geradezu chancenlos, weil ungebremste Freihändler, wie die Engländer, alle Initiativen einbremsen. Aber es ist nie zu spät. Wir müssen eben am Ball bleiben und Netzwerke bilden, die die Blockade brechen. Bezüglich der durchzusetzenden Regelungen siehe III.1.4.

I.3.3.7
Erzielung von Skaleneffekten – bis zum Ende der Skala

Mit der Erhöhung des Durchsatzes/Ausstoßes sinken in der Regel die Stückkosten. Wenn man jedoch die steigenden Gesamtkosten bis hin zur Entsorgung und zum verursachten Verkehr ins Kalkül einbezieht, dann ist rasch ein Optimum erreicht. Die isolierte Ausreizung der Skaleneffekte ist bei gesamthafter Betrachtung in der Regel gemeinwohlschädlich. Da das künftige Paradigma *Dezentralisieren und Vernetzen der Bedarfsdeckungssysteme* heißen wird, laufen wir auch Gefahr, auf längere Sicht Fehlinvestitionen zu tätigen.

I.3.3.8
Hypermobilität als „Tugend". Damit Ende lokaler Solidaritäten, lokaler Kultur und lokaler ökologischer Rücksichtnahmen

Das große Schlagwort heißt heute „Mobilität". Arbeitnehmer sollen rasch überall einsetzbar sein. Die Drohung heißt: „Wenn du nicht mobil genug bist, dann hast du eben zu Recht keinen Arbeitsplatz." Aber widerspricht dies nicht dem Bedürfnis aller Menschen, einen Heimat gebenden Lebensraum zu haben? Werden die gezwungenen „Zigeuner der Industriegesellschaft" nicht wurzellos und weniger belastbar, weil sie in keine vertrauten sozialen Netze eingebunden sind? Wie sollen sie eine schützende Beziehung zur lokalen Mit(Um)welt aufbauen, wenn sie ihnen gar nicht vertraut und ein Anliegen ist? Wie sollen sie sich kulturell einbringen, wenn ihnen die lokale Kultur fremd ist und sie wissen, dass der Arbeitsplatz ohnehin wahrscheinlich nicht von längerer Dauer ist? Ich habe mich daher bemüht, lokale Arbeitsplätze zu schaffen und Regionalentwicklung anzustoßen. Die Mitarbeiter haben es mir durch besondere Motivation und Einsatzfreude gedankt. Es war also auch unternehmerisch „rentabel". Allerdings bezeichneten mich meine Managerkollegen als „verrückten Selbstausbeuter" und verpassten mir die Titel „Proletenmanager" und „Dezentraldirektor".

I.3.3.9
Das Ende der Zeitkultur und damit der allgemeinen Kultur

Was derzeit stillschweigend geschieht, ist das Dahinschwinden der Zeitkultur und damit auch der allgemeinen Kultur. Wir brauchen zeitliche Rituale, gemäß denen wir Gemeinsamkeit und gemeinsames Tun erleben können. Wer nur noch mobil im wirtschaftlichen Hamsterrad hasten muss, hat keine Zeit und Lust für kulturelle Aktivitäten. Ein Fixpunkt ist der arbeitsfreie Sonntag. Ich habe in einem im ländlichen Raum angesiedelten Betrieb den Schmerz der Schichtarbeiter gesehen, wenn sie am Sonntag in die „Tretmühle" gehen mussten. Es war auch klar, dass das Durchfahren erhebliche Kostenvorteile bringt, dass alle Konkurrenten pausenlosen Dauerbetrieb praktizieren und dass Hygiene- und Qualitätsargumente auch dafür sprechen. Aber wir setzten uns zusammen, machten ein optimales Konzept und handelten mit dem Handelsminister, der damals auch Obmann der einschlägigen Gewerkschaft war, jenen kleinen handelspolitischen Schutz aus, der die Kosten des Stillstehens am Wochenende ausglich. Die Handelspolitik hat also auch eine kulturelle Komponente.

Wir sollten vor allem nicht das derzeit kaum erreichbar erscheinende Ziel aufgeben, eine glückhafte Gesellschaftsordnung zu schaffen, die den Menschen eine neue Zeitkultur ermöglicht. Die derzeitigen Ordnungen sind menschengemacht und können daher auch von Menschen geändert werden. Eine Zeitkultur, die außerhalb der Ruhezeiten ein Drittel manuelle, ein Drittel geistige und ein Drittel kulturelle, soziale und spirituelle Aktivitäten anstrebt, wäre, wie schon erwähnt, wohl die erstrebenwerteste Lebensgestaltung.

Wir sollten die Früchte unserer Arbeit auch genießen können.

I.3.4
Abstreifen bewährter Regeln im Finanzbereich

I.3.4.1
Aufhebung der Trennung zwischen normalem Bankgeschäft und Investmentbanking (Risikogeschäfte mit Spargeldern)

Was sich die USA in den Dreißigerjahren im Angesicht der Weltwirtschaftskrise verordnet haben (Glass-Steagall Act 1932)[147], wurde unter Präsident Clinton (Gramm-Leach-Bliley Act 1999) wieder im Namen der „Freiheit" aufgehoben. Dies öffnete der Spekulation mit den Spareinlagen die Tore. Dadurch wurden auch die Schleusen für die (zeitweise) Entlastung der gerade bis zum Platzen gewachsenen großen Dollarblase geöffnet. Die „Finanzindustrie" expandierte in atemberaubendem Tempo. Sie kreierte immer abenteuerlichere, abgeleitete „Werte" (Derivate – siehe unten I.3.4.3) und verkaufte sie weltweit. Diese „Erfolge" zogen Europas Banker, die noch dazu zumeist in den USA ihre Zusatzausbildung erhalten hatten, in ihren Bann. Sie wollten mindestens so ertragreich wirtschaften. Die neuen „Finanzinstrumente" schwappten nach Europa über. Man spekulierte mit dem Geld der Sparer. Das bittere Ende der europäischen Banken zeichnet sich nun ab, weil in dem „großen Finanzcasino" nur jene (wenigstens zeitweise) gewinnen, die den Markt manipulieren können. Es sei denn, es kommt ein Befreiungsschlag (siehe III.1.5).

---

147 Trennbankensystem – flankiert durch die Federal Deposit Insurance Corporation (FDIC), einen Einlagensicherungsfonds.

I.3.4.2
Zweifelhafte Höchstbewertungen zur Generierung von „Eigenkapital" – beschönigende „Bilanzphantasie" als Tugend

Um den Banken in ihren Bilanzen mehr Eigenkapital zu geben (bei ihnen vorzutäuschen), wurden Höchstbewertungen bei Grundstücken und marktgängigen Produkten Mode. Marode Wertpapiere wurden ganz einfach zum Anschaffungswert eingesetzt und mit dem Vermerk „for sale" versehen – denn der Verlust kommt ja erst zum Vorschein, wenn tatsächlich verkauft wird. Dadurch konnten auch die Manager hohe Boni einstreichen. Das alte, vorsichtige Mindestwertprinzip (siehe oben I.3.3.3.2) war vergessen. Nun rauft man sich darum, was dem Eigenkapital zugerechnet werden darf. Wirklich not-wendend ist „100% Geld" (siehe III.1.5.1).

I.3.4.3
Schaffung und Nutzung von undurchsichtigen „Derivaten"

Derivate sind Finanzkonstrukte, die ihren Wert von anderen ableiten. Diese „sekundäre Finanzwelt" wurde zu einer großen Blase ausgestaltet. Meiner Meinung nach hatte und hat sie neben Geschäftemacherei auch den Zweck, die riesigen in Umlauf gesetzten („gedruckten") Dollarmengen zu kanalisieren (im Kreis zu schicken).

Ich habe von Bankern vernommen, dass sie manche „abgeleitete" Finanzprodukte selbst nicht mehr durchschauen. Die Bündelung von Hypotheken und Staatsanleihen in einer Form, dass niemand mehr durchblickt, wo die Schuldner sitzen und die Risiken liegen, ist eine der wohl am einfachsten zu durchschauenden Strategien. Auch Options und Futures sind noch begreifbar. Aber die diversen Zertifikate, Rückversicherungen, Swaps und Wetten auf die Entwicklung von Grundwerten und Derivaten leben vom Glauben an deren Wert. Die Folgen sehen wir gegenwärtig bei den international kleinen und daher leicht austricksbaren Spielern in Deutschland und in Österreich, wie ÖVAG und UNIQA, – insbesondere bei den CDS (Credit Default Swaps).

I.3.4.4
Ausgliederung (Verstecken) von Hoch-Risiko-Assets

Eine der bedenklichsten Strategien ist die Ausgliederung von Risikogeschäften in „Secial Purpose Vehicles" (SVP), in Zweckunternehmen, deren Risiken in den Bilanzen der Mütterhäuser nicht aufscheinen. Sie werden auch dazu verwendet, um in Zukunft erwartete Erträge in gegenwärtige Pauschalzahlungen umzuwandeln (Kapitalisierung). Die von ihnen gehandelten „verbrieften Sicherheiten" (asset backed securities – ABS) basieren auf den diversesten in Zukunft erhofften Zahlungen (cash flows), wie aus Hausbaukrediten, Krediten für Autokäufe, Kreditkartenkrediten bis hin zu Studentenkrediten (student loans), die in den USA bereits rd. eine Billion Dollar betragen. Ihre Größe wird auf mehr als zwei Billionen US-Dollar geschätzt.

I.3.4.5
Nutzung von Steuerparadiesen, um sich eines Beitrages zum Gemeinwohl zu entziehen und dubioses Eigentum zu verschleiern

Ich möchte auf diese Ungeheuerlichkeit nicht näher eingehen, weil sie in den Medien und Fachjournalen zu Recht und genügend erörtert wird. Hinweisen möchte ich lediglich auf die Doppelzüngigkeit in den USA und Großbritannien. Man „räuchert" lautstark „die „Steuerparadiese Schweiz, Liechtenstein und Österreich" aus, schützt und pflegt aber gleichzeitig die eigenen. Es geht also in Wirklichkeit um die Ausschaltung der ohnehin kleinen Konkurrenz. Die deutschen und österreichischen Medien gehen dieser Strategie voll auf den Leim. Die Londoner City könnte man mit einer unter Naturschutz stehenden Spinne im Zentrum des Offshore-Netzes bezeichnen. Die US-Investoren bedienen sich dieses Netzes zum Schaden des eigenen Landes, ziehen aber zulasten dritter Länder ebenfalls Steuersünder an Land.

„Legale und zertifizierte Offshore-Gründungen" von Unternehmen können daher nach wie vor ungestraft angeboten werden, um die nationalen Abgabensysteme zu umgehen. Sie brauchen zur Bestätigung diesbezüglich nur ins Internet zu sehen.

I.3.4.6
Verkaufen statt beraten?

Da die Bankangestellten unter enormen Erfolgsdruck gesetzt werden, ist die objektive und auch Zeit kostende Beratung in den Hintergrund getreten. Daher werden den Kunden eher Finanzprodukte ein- statt ausgeredet. Besonders perfid ist die Strategie, Broker (Händler) zwischenzuschalten. Dadurch wird vermieden, dass Haftungen auf die Bank durchschlagen. Die Broker aber wissen, dass sie ihr Geschäft nur behalten, wenn sie bestimmte Finanzprodukte in ausreichender Menge an den Bürger bringen.
Ein welterfahrener Exportmanager und Freund aus den USA, der mich im Juni 2012 besucht hat, meinte: Ich gehe prinzipiell nur noch zu meiner lokalen, kleinen Bank und nur, wenn ich gezwungen bin, zu den Großen. Diese handeln nämlich nach vorgegebenen „Ertragsmustern".
Ich habe ihm gesagt: Solange man die kleinen, lokalen Banken nicht ausgehungert hat. Z. B. zielt das neue Schema der „Build America Bonds" von 2009, das die steuerfreien lokalen „Tax free Bonds"[148] der Gemeinden ersetzt, in diese Richtung.

I.3.5
Grotesken in der Finanzierung der Staaten

Ich werde diesen Subabschnitt kurz halten, weil vieles im Handlungsteil ausführlicher kommt. Er soll lediglich ein Augenöffner für die indoktrinierten Denkmuster sein.

---

148 Diese existierten seit der Mitte des vorvorigen Jahrhunderts und dienten vor allem der Finanzierung von lokalen Infrastrukturprojekten. Viele US-Amerikaner kauften diese als Altersvorsorge. Sie fallen nun um diese Möglichkeit um, und ihre angesparten Bonds werden entwertet. Die Plünderung der Bürger und die Liquidierung der unbotmäßigen kleinen Einheiten schreitet auf – auf den ersten Blick – nicht erkennbaren Wegen voran.

I.3.5.1

Borgen der Gelder von jenen, denen man vorher das Privileg der Geldschöpfung gewährt hat

Die für die meisten Bürger nicht evidente Groteske in der Finanzierung der Staaten ist die Tatsache, dass zuerst den Bankern (dem Bankensystem) das Privileg der Geldschöpfung aus dem Nichts gewährt wird, um sich dann gegen Zinsen das für die Finanzierung der Gemeinwesen notwendige (oft auch nicht notwendige) Geld von diesen auszuborgen (siehe hierzu III.1.5.1).

I.3.5.2

Messen der Schulden am „Umsatz" statt am Ertrag – als % des BIP statt als % der Einnahmen

Es ist uns kritiklos geläufig geworden, dass die Schulden eines Staates am Bruttoinlandsprodukt (BIP) – also am Wert aller produzierten Waren und Dienstleistungen einer Volkswirtschaft – gemessen werden; d. h. grob gesprochen am Umsatz einer Volkswirtschaft. Dort setzen auch alle „Schuldenbremsen" an.
Machen Sie mit mir folgendes Gedankenexperiment: Ein Unternehmer hat einen Umsatz von €1,000.000.- – also für einen kleinen Einzelunternehmer „ganz schön". Sein Nettogewinn beträgt 3%, also €30.000.-. Das reicht gerade für die Familie, also für sein „Primärbudget" (€2.500.- pro Monat). Er verschuldet sich aber zu 60% seines Umsatzes (Maastricht-Grenze) und zahlt begünstigte 5% Zinsen (600.000 x 0,05 = 30.000). Was bleibt ihm dann noch fürs Leben und wann wird er seine Schulden zurückzahlen? Die Bank verzichtet nicht auf die Zinsen, aber sie ist bereit, ihm weiter Geld zu leihen, denn er hat ja noch belastbaren Grundbesitz. Also finanziert er sein Leben aus laufend steigenden Schulden. Das Ende ist abzusehen.
  In unseren Staaten läuft es analog. Auslaufende Schulden werden durch neue und höhere Schulden ersetzt. Ja wir haben uns sogar durch Substanzverkauf, genannt „Privatisierung", kurzfristig Luft verschafft.

Wir dürfen nicht den Umsatz als Messlatte nehmen, sondern den Ertrag; d. h. die Einnahmen des Staates, wenn wir solide und ohne absehbaren Staatskonkurs wirtschaften wollen. Dazu müssen wir die Budgets auch einnahmenseitig sanieren (siehe III.1.5 und III.2.2).

I.3.5.3

Keine den geänderten Gesellschafts- und Wirtschaftsstrukturen entsprechenden Steuern und Abgaben – Keine „Strategische Steuerreform"

Die gegenwärtige Steuerdiskussion gleicht dem Herumreden um den heißen Brei. Die Gemeinwesen verhungern vor der vollen Schüssel, weil beharrlich aus Angst vor den Hauptstrombegünstigten, aus Indoktrinierung und Unwissen, sowie unter Berufung auf die festgeschriebene internationale und nationale Finanzordnung nicht die geeigneten Löffel in die Hand genommen werden. Dies gilt insbesondere für Kapitalumsatzsteuern, Ressourcenverbrauchssteuern, Steuern auf Großvermögen und eine Internetabgabe (siehe III.1.5).

I.3.5.4

Abdeckung von Schulden mit Schulden – Schulden bis zum Untergang und bis zur totalen Machtübernahme durch die „Finanzeliten"

Wir haben bereits im obigen Beispiel (I.3.5.2) gesehen, dass die fortwährende, wenn auch gebremste (3% des BIP / a gemäß den Maastricht-Kriterien bzw. gemäß dem anvisierten „Europäischen Fiskalpakt" 0,5% des BIP / a) Verschuldung zur kollektiven Verarmung führen muss. Die Vorschaurechnungen (Trendfortschreibungen) von *Eichhorn* und *Solte*[149] zeigen, wie dramatisch die Situation ist. Wenn das Steuer nicht herumgerissen wird, hinterlassen wir der nächsten Generation Gemeinwesen, in denen die Schuldenkosten bis zu 100% der öffentlichen Einnahmen auffressen.

---

149 Das Kartenhaus Weltfinanzsystem S. 188 ff.

Da in den Demokratien der Widerstand wächst, werden nun rasch internationale Instrumente und Institutionen installiert, die den herrschenden Finanzeliten das Eintreiben der Schuldendienste unter weitgehender Umgehung der Parlamente (nationale und EU) ermöglichen (siehe ESM – I.3.1.1.1.1.7), wobei IWF und WB sekundieren.

I.3.5.5
„Totsparen" der Gemeinwesen als nunmehrige Konsequenz?

Von den Vertretern des Hauptstroms wird geradezu gebetsmühlenartig wiederholt, dass das aufgezeigte „Totsparen" der Gemeinwesen eben die unvermeidliche Konsequenz dessen ist, dass wir in der Vergangenheit über unsere Verhältnisse und auf Pump gelebt haben.

Aber haben nicht die „Investoren" den Politikern die Kredite aufgedrängt oder leichtfertig gegeben? Sind nicht die öffentlichen Haushalte deshalb notleidend, weil sich die fordernden Investoren einem ihrer ökonomischen Leistungsfähigkeit angemessenen Beitrag zur Finanzierung der öffentlichen Ausgaben entziehen? Haben nicht jene, die den Schuldendienst einfordern, das Geld, dessen Verzinsung sie eintreiben, „aus der Luft" geschaffen?

Diese Fragen werden von den Bürgern immer mehr gestellt, und die arbeitslosen Akademiker haben begonnen, die Argumente gegen die „Finanzsklaverei" zusammenzutragen. Es ist zu erwarten, dass sich diese an die Spitze des Befreiungsschlages stellen werden. Hoffentlich ist die Einsicht der Finanzoligarchen so groß, dass er ohne Gewaltausbrüche stattfinden kann (siehe unten).

I.3.5.6
Bis zum Aufstand der Massen?

Einige alte Politiker, die das Ohr noch beim Volk haben, und wache Soziologen haben die Stimmung in der Bevölkerung als „vorrevolutionäres Potential" (siehe oben) charakterisiert. Die

Online-Jugendbefragung CH, D, Ö vom Mai 2012 hat deutlich gezeigt, dass die nachfolgende Generation den gegenwärtigen Politikern keine Problemlösungskompetenz mehr zutraut (nur 19,2%). Es besteht daher die Gefahr, dass es zum überraschenden Aufstand der zukunftslosen Jungen kommt und dass sich dem auch die zunehmend mit Abstrichen und Arbeitslosigkeit konfrontierten Alten anschließen. Das Entstehen von „Piratenparteien" sollte zu denken geben.

Damit der zu erwartende Aufstand nicht im Chaos endet, das noch mehr Leid bringt, habe ich dieses Buch als Handlungsanleitung und Hilfestellung für den sanften, zielgerichteten und daher geordneten Aufstand geschrieben.

I.4

Missachtung bewährter Muster im Bildungsbereich

Auch im Bildungsbereich müssen wir Entwicklungen verzeichnen, die unsere freiheitlich-demokratischen Gesellschaften und die auf ihr aufbauende Hochkultur in Gefahr bringen.

Ich greife einige mir bedeutsam erscheinende heraus.

I.4.1

Das Überstülpen von ideologischen Gleichheitsmustern gegen jede pädagogische Erfahrung

Ich habe während des Zweiten Weltkrieges Unterricht in Ausweichquartieren (die Schule war Lazarett), in einer zweiklassigen Dorfschule und nach dem Krieg in einem zerbombten Gymnasiumsgebäude erlebt. Meine Lehrerinnen und Lehrer waren „Typen" (Individualisten, an denen man sich reiben konnte) mit unterschiedlichen Lehrstilen. Was ich von ihnen mitgenommen habe, waren vermitteltes Selbstvertrauen, Hinterfragen von vorgegebenen Situationen und Verhaltensmustern, gesellschaftliche Ziele („Ein Volk ohne Vision hat keine Zukunft"), Wege der selbständigen Wissensaneignung und vor allem das Schätzen der

Lebensgrundlagen und der handwerklichen Gestaltung der Mitwelt. Damit verbunden war auch die Kenntnis und Wertschätzung der Heimat und ihrer kulturellen Traditionen. Nach der ideologischen Gleichschaltung durch die Nazis war dieses Aufblühen der Vielfalt wie ein bildungspolitisches Aufatmen.

Wenn ich nun die gegenwärtige Bildungslandschaft betrachte, dann stelle ich vom Fuß (Kindergarten, Vorschule, Volksschule) über den Mittelbau bis zum Kopf (den Universitäten) nicht nur eine Ausbildung zur wirtschaftlichen Brauchbarkeit und des Abprüfens von Fertigkeiten (siehe PISA-Test)[150], sondern auch eine klare Tendenz zur Gleichmacherei fest. Ein Bildungssystem, dem die innere Anbindung an die Menschenwürde in ihrer Vielfalt fehlt, setzt auf „Chancengleichheit" in der Gesellschaft über verordnete Gleichheiten im Bildungssystem. Auf Umwegen kommt derzeit die alte materialistische Utopie der „klassenlosen Gesellschaft" zur absoluten Menschwerdung auf Erden bei der bildungspolitischen Hintertür herein. Gesamtschule für alle, Einheitsmatura (Einheitsabitur) für alle, „Neue (Einheits)Mittelschule" etc. – und all dies „der Zeit entsprechend" elektronisch vernetzt und beurteilt („evaluiert"). Hierbei ist bezeichnend, dass die Protagonisten dieser „Reform" keine pädagogische Erfahrung haben (aber dafür fundamentalistische ideologische Ansichten).

Eine der sanften Revolutionärinnen im US-Bildungswesen, *Wendy Kopp*, hat gemeint: *Die Bildungspolitik wird von Menschen geformt, die keine Schulerfahrung haben. Eines der Prinzipien von „Teach for America" ist, dass diese Erfahrung wesentlich ist, um eine Führungsrolle im Bildungsbereich einzunehmen. Man kann diesen Schritt nicht auslassen.*[151] Wenn sich der Leser die Mühe nimmt und die einschlägige österreichische Ministerin und ihr Büro, mittels dessen sie über die Köpfe der erfahrenen Pädago-

---

150 PISA ist das Akronym für „Programme for International Student Assessment" (*Programm zur internationalen Schülerbewertung*) der OECD. Wie die gesamte OECD hat der PISA-Test eindeutig einen ökonomischen Hintergrund, nämlich die Employability. Die Brauchbarkeit im gegenwärtigen Wirtschaftssystem wird vergleichend gemessen. Der am Karsamstag 2012 verstorbene Doyen der österreichischen Erziehungswissenschaftler, Prof. *Marian Heitger*, hat ihn kurz wie folgt charakterisiert: *PISA misst nur Äußerlichkeiten, also ob man dieses oder jenes gelernt hat.*
151 Interview in: Die Presse, Forum Bildung vom 30. 1. 2012, S. 20. Wendy Kopp hat 1990 vor allem mit dem Blickwinkel auf Kinder mit schwachem sozioökonomischem Hintergrund die Initiative „Teach for America" gegründet.

gen hinweg regiert[152], ansieht, dann wird der Mangel offenkundig und gravierende Folgen sind längerfristig zu erwarten.

Goethe hat die Folgen der Gleichmacherei wie folgt gereimt:

> *Gleich zu sein unter Gleichen,*
> *das lässt sich schwer erreichen:*
> *Du müsstest ohne Verdrießen,*
> *wie der Schlechteste zu sein dich entschließen.*

Die ideologisch verkopfte Gleichmacherei durch Schreibtischtäter führt aber auch zu unnötigem menschlichem Leid. Es ist eine pädagogische Erfahrung, dass geistig, körperlich und sozial Schwächere zur Selbstbestätigung der heranwachsenden Mitschüler gedemütigt werden. Aber selbst dort, wo dies dank einer kleinen, gut gelenkten Gruppe nicht stattfindet, wird dem Benachteiligten in der Gemeinschaftsschule immer seine Schwäche vor Augen geführt. Dies nimmt dem Benachteiligten die Freude an den kleinen Erfolgen und an dem damit verbundenen Lob.

Hierzu zwei Beispiele:

- Der verstorbene Universitätsprofessor *Fritz Schwind* hatte einen geistig behinderten Sohn. Er bekannte sich zu diesem und versuchte mit Erfolg, aus ihm herauszuholen, was möglich war. Anerkennung und Ermutigung zu kleinen Schritten waren hierbei der erfolgreiche Weg. Schwind wehrte sich deshalb gegen eine Gemeinschafts(Integrations)schule, weil durch die laufende Konfrontation mit intelligenteren Mitschülern seinem Sohn das schrittweise aufgebaute Selbstvertrauen und die Freude an den kleinen Erfolgen zerstört würden.
- Meine Nachbarn sind beide Tierärzte und haben keine eigenen Kinder. Sie haben ein Kind adoptiert und ein weiteres in Pflege genommen. Da sie sich in der Praxis abwechseln können, gelingt die Kinderbetreuung im „Radl". Der in Pflege genommene kleine Raphael war ein aufgegebener Fall. Er konnte nicht einmal kriechen und fassen. Mit geradezu „unendlicher" Geduld lernte er die Motorik zu handhaben,

---

152 Die Verweigerung der Bestellung des designierten Rektors der pädagogischen Hochschule in Innsbruck, weil er eigene Gedanken geäußert hat, ist bezeichnend hierfür und zeugt für den „geistigen Rasenmäher".

einfache Worte zu sprechen und sich in der anregenden Natur zu bewegen. Nun beherrscht er schon die Wochenplanung und kann unter Umgehung der Straße selbständig auf Besuch kommen und mit mir reden. Das nächste Ziel ist, ihn kindergartenreif zu machen, wo er vor allem durch seine Naturkenntnis bei den intelligenteren Kindern punkten kann. Er wäre gar nicht fähig gewesen, in eine „Integrationskinderkrippe" oder einen „Integrationskindergarten" zu gehen. Nur das individuelle Eingehen auf ihn, die behutsame Förderung in der Kleinstgruppe der Familie und nicht zuletzt die enge, liebevolle Bindung an die Pflegeeltern konnten diesen unerwarteten Erfolg bewirken.

I.4.2

Vernachlässigung des nachhaltigen Einübens der Basis-Kulturtechniken (Lesen, Schreiben, Rechnen), statt dessen „kreative Gestaltung"

Die in Mode gekommene „*Neue Pädagogik*", die „lustvolles Lernen" und „stressfreie Erziehung" sowie „Freiheit von Disziplinierung" und „freie Kreativität" fordert, vernachlässigt geradezu systematisch das Einüben der Basiskulturtechniken Lesen, Schreiben, Rechnen und Zeichnen. Das Einmaleins und Bruchrechnen zu lernen ist trotz attraktiver Beispiele in der Regel nicht lustvoll. Lustvoll ist erst die Freude am Können, die sich nach der harten Lernphase einstellt – ähnlich wie beim Spielen eines Musikinstrumentes. Das Können sollte dann auch gelobt und ermutigend beurteilt werden.

Die Basiskulturtechniken sind aber auch die Voraussetzung für die allenthalben geforderte „Employability".

Hierzu ein Beispiel: Die Feinstahlwerke Traisen luden 30 Schulabsolventen zu einem Aufnahmegespräch und Aufnahmetest für Lehrlinge ein. Rund ein Drittel verweigerte, Papier, Bleistift und Zirkel in die Hand zu nehmen, und sagte, man sei nur hergekommen, weil die Eltern dies wünschten. Diese Verweigerung war offenbar ein Selbstschutz, weil sie sich vor den anderen Bewerbern nicht blamieren wollten. Zirka die Hälfte konnte nicht ausreichend lesen und rechnen sowie den Zirkel bedienen. Kommentar des Betriebsleiters: „Und uns wirft man vor, dass wir nicht bereit sind, ausreichend Lehrlinge aufzunehmen."

Wie kommt es dazu? Ganz einfach: Den Lehrern wird jedes Instrument der Disziplinierung genommen (diese wäre ja eine „unzulässige Einschränkung der Freiheit der Schüler"). Die Lehrer, insbesondere junge Lehrerinnen, müssen Bepöbelungen durch pubertierende und bewusst früh sexualisierte Schüler erdulden und sich überdies durch minutiöse Aufzeichnungen gegen behördliche und elternseitige Angriffe absichern.

Gemäß einer jüngsten GfK-Umfrage kann jeder fünfte österreichische Jugendliche zwischen 14 und 20 Jahren nicht prozentrechnen ...

Die Anfang September 2012 von der EU-Kommission veröffentlichte vergleichende PISA-Studie gibt an, dass mehr als ein Viertel der österreichischen Jugendlichen eine Leseschwäche haben, und das „Netzwerk Alphabetisierung" weist darauf hin, dass rd. 15 % der Gesamtbevölkerung nicht ausreichend lesen, schreiben und rechnen können. Und da wird von der „Wissensgesellschaft" geredet.

Aber Umorganisieren – vor allem die verordnete „Neue Mittelschule" – wird alle diese Probleme lösen ...?

I.4.3

Abschaffung von Leistungsbeurteilungen und Missachtung der Trias Können x Übung x Wille = Leistung

Ich weiß von meiner Erfahrung als Betreuer schwieriger Jugendlicher[153] sowie von vielen Kindern, mit denen ich Kontakt habe, wie sehr sie faire Maßstäbe und eine faire Beurteilung schätzen. Jugendliche brauchen Grenzen und Ziele. Diese abzuschaffen bedeutet nicht nur Orientierungslosigkeit, sondern auch unerfüllte Bereitschaft, etwas zu leisten. Eine faire Benotung ist daher ein sinngebender Ansporn.

---

[153] Ich hatte Buben mit 13 und 14 Jahren, die von der eigenen Mutter missbraucht worden waren, in Baracken und feuchten Untergeschoßen lebten und in ihrer inneren Aggression mit Schlagringen zu den Treffen gekommen sind.

Die neue Standardisierungssucht der selbsternannten schulpolitischen Experten steht allerdings einer auf den Schüler eingehenden Benotung entgegen. Hierzu meine eigene Lebenserfahrung: Ausbombung, letzte Front des Zweiten Weltkrieges, Überleben durch Mithilfe am Bauernhof, kindlicher Schleichhandel, Ausschlachtung von Kriegsschrott (vor allem Buntmetalle) statt Schulbesuch machten mich zu einem „schlechten Schüler". Aber meine Lehrer erkannten meine Situation und schleusten mich trotz Rechtschreib- und Rechenfehlern sowie Wissenslücken durch die ersten Engpässe. Ich erinnere mich an den Ausspruch meines verehrten Mathematiklehrers: „Der ist in Freiheit dressiert. Aber das kriegen wir schon hin." Bei ihm genügte ein richtiger Ansatz, um mich mit einem „Befriedigend" und dem Bemerken „Das nächste Mal sei beim Multiplizieren nicht so ‚großzügig'" angepasst zu beurteilen. Später gab ich in Mathematik gratis Nachhilfestunden für „bedürftige" Schüler der Unterstufe. Bei einer standardisierten und computerisierten Beurteilung hätte ich keine Chance gehabt.

Mein Hochschulprofessor (nun natürlich „Universität") in Mechanik und Maschinenkunde pflegte die Trias *Können x Übung x Wille = Leistung* zu beschwören. Etwas „kapiert" zu haben genügt nicht, man muss es einüben, bis es „sitzt", und hierzu muss noch der Wille, dies zu tun, kommen, um das Wissen später anwenden zu können. Weil es sich um ein Produkt handelt, ist das Ergebnis (die Leistung) null, wenn ein Faktor null ist. Daher ist vor allem der „lästige" Faktor der Einübung unverzichtbar.

I.4.4
Vernachlässigung der Allgemeinbildung und Staatbürgerkunde zugunsten von Berufsfertigkeiten (willfährige, unmittelbar einsetzbare Bürger/innen)

Der mündige Bürger ist im *pädagogischen Kontrollstaat* (Marian Heitger) offenbar bewusst nicht gefragt. Die hierzu erforderlichen Bildungsinhalte werden offensichtlich als gefährlich erachtet. Welche Schüler kennen die Geistesgeschichte Europas sowie den Aufbau unseres Gemeinwesens und die Philosophien, auf denen sie aufruhen? Welche „neuen Mittelschüler" kennen die Grund-daten der Budgets der EU, des Bundes, des eigenen Bundeslandes und der Heimatgemeinde? Woher kommt das Geld und wohin geht es? Wer hat im Mathematikunterricht die Jahreskosten des Surfens im Internet und der Mobiltelekommunikation (Handys, iPads, Smartphones, Datenstick etc.) sowie eines mittleren Motorrads und Autos berechnet? (Die Überschuldung von Jugendlichen und die steigenden Privatkonkurse zeugen von die-sem Unwissen.) Wen hat man vor der Entlassung ins Leben die Abgabe einer Steuererklärung gelehrt?

Die Schweizer Demokratie, Sparsamkeit und weitgehende Kor-ruptionsfreiheit funktionieren offenbar vor allem auch deswegen, weil auf die politische Bildung nicht zugunsten der unmittelbaren Brauchbarkeit, heute „Kompetenzen" genannt, verzichtet wird. Jeder Schweizer macht seine eigene Steuererklärung (kein auto-matischer Abzug vom Lohn) und denkt bei dieser Gelegenheit nach, wohin die gezahlten Beiträge für das Gemeinwesen konkret gehen und ob sie sparsam und sinnvoll eingesetzt werden.

Als ich einige Jahre an der Universität für Bodenkultur „Markt-lehre und Betriebswirtschaft" für Landschaftsökologen (nunmehr „Landschaftsplaner") gelesen habe, gehörte die Kenntnis der ein-schlägigen Budgets und des Steuerwesens sowie Projektmanage-ment zu den von mir geprüften Inhalten, weil die Hörer diesbe-züglich keine Vorkenntnisse mitbrachten. Ich konnte es nicht verantworten, die Studenten als selbständige Planer oder überprü-fende Staatsbeamte bar dieses Wissens in die harte Realität des Berufslebens zu entlassen. Nach mir begab man sich nicht mehr in diese „wissenschaftlichen Niederungen". Meine Hörer aber waren mir für dieses Rüstzeug dankbar und hielten Kontakt zu mir.

Hier sollte man auch noch den Mangel an Staatsbürgerkunde bei den Migranten erwähnen. Wie kann man erwarten, dass Ein-wanderer sich an die „Hausordnung" halten, wenn sie diese gar nicht kennen? In anderen Staaten war dies sogar für befristete Aufenthalte Voraussetzung: Als ich als Student ein Stipendium in die USA und nach Großbritannien erhielt, war die Kenntnis der Geschichte und der Gesellschaftsordnung des Gastlandes Teil des Qualifizierungsgesprächs.

176

I.4.5
Minderbewertung des umfassende Kenntnisse und Kreativität erfordernden Handwerks (virtuelle Schreibtischökonomie?)

Wer das Erbe der Kulturnationen betrachtet, findet den Ausdruck der lokalen und überregionalen Kulturen vor allem in der handwerklich gestalteten Mitwelt. Der Tischlermeister, bei dem Karl Popper in der Lehre war, wurde zu seinem Vorbild bezüglich Wissen und Praxis.

Ich habe erlebt, wie meine Mittelschullehrer uns nicht nur handwerklich gefordert haben, sondern auch Mitschülern behutsam den Weg in das Handwerk als Hauptberuf ermöglicht haben. Letztere hatten alle ein geglücktes Leben und keine psychischen Schäden, weil sie in ein anderes Ausbildungs- und Berufsfeld gewechselt haben.

Wenn wir bedenken, welche umfassenden Kenntnisse ein moderner Handwerker haben muss (das merke ich in Gesprächen und bei Arbeiten mit ihnen), dann sollten wir ihr Ansehen höher ansiedeln als das jener, die einen „Schreibtisch" anstreben und sich nicht schmutzig machen wollen.

Hinzu kommt noch, dass in einer zukunftsfähigen Wirtschaft (siehe *Piore & Sabel*, Das Ende der Massenproduktion) handwerkliche Fertigung, Reparatur, Instandhaltung und Wiederverwendung sowie lokal angepasste Technik eine tragende Rolle spielen werden.

I.4.6
„Fachhochschulen überall" zulasten der bewährten technischen Mittelschulen einerseits und der Universitäten andererseits

Der losgetretene Trend zu einer Unzahl von „Fachhochschulen" entspricht nicht nur dem Bestreben, im internationalen Vergleich eine möglichst hohe (Schein)Akademikerquote nachzuweisen, er bedient auch das Prestigebedürfnis aller größeren Städte, eine solche Institution in ihren Mauern zu haben.

Unter Unterrichtministern, die wenig Ahnung von notwendigen, kostspieligen technischen Infrastrukturen hatten (haben), wurden in Konkurrenz zu den bewährten technischen Mittelschulen neue Fachhochschulen gegründet, statt – wenn man schon dem internationalen Trend nachläuft – die technischen Mittelschulen aufzumöbeln, sie technisch hervorragend auszustatten und Fachhochschullehrgänge aufzusetzen.

Dazu kommt noch der Druck der Wirtschaft in Richtung „Employability". Man möchte möglichst rasch einsetzbare, kostengünstige Arbeitskräfte mittleren Kalibers.

Durch dieses Geschehen werden nicht nur die knappen Mittel auf zu viele Akteure verteilt, wodurch das Niveau längerfristig sinken muss – es werden auch die Universitäten zunehmend ausgehungert.[154]

Die klugen Schweizer haben diesen importierten Trend nicht mitgemacht (wenige gute Universitäten und gute Mittelschulen).

I.4.7
Verschulung der Universitäten und Züchtung eines Scheinakademikertums (US-importierter Bachelorkult)

Im Wege des politisch übergestülpten Bologna-Prozesses, der von seinem Ursprung her das erkennbare Ziel hat, möglichst rasch und kostengünstig einsatzbereite Arbeitskräfte auszubilden, kommt es zur zunehmenden Verschulung der Universitäten. Die externen Evaluatoren denken vornehmlich in industriellen Mustern (bestmöglicher Durchsatz in kürzester Zeit) und die Stipendien sind ebenfalls an knappe Zeiten gebunden. „Workloads" und „Credit Points" dirigieren den Studienbetrieb. Die Mittelzuteilung erfolgt stillschweigend entsprechend der Verwertbarkeit des Wissenstransfers.

Wie groß das Bedürfnis nach Bildungsfreiraum ist, zeigt die oben angeführte Befragung von 20-30-jährigen Personen in Deutschland, Österreich und der Schweiz im Mai 2012, bei der sich fast 74% eine freie Bildungsphase und mehr Allgemeinbildung wünschen.

---

154 Ein österreichischer Wirtschaftsminister (ein Jurist) hat die Linie wie folgt beschrieben: „Die Universitäten müssen durch die Konkurrenz der Fachhochschulen gefordert werden." Dies ist ein Agieren in Richtung Employability, also zur unmittelbaren „Verwertbarkeit" der Absolventen, und verkennt außerdem das Wesen der Universitäten.

Dazu kommt noch, wie schon vorstehend erwähnt, die Sucht, möglichst viele Akademiker nachzuweisen, damit man in den internationalen Vergleichen gut dasteht. Daher sollen möglicht viele „Bachelors" in die Statistik eingehen. Ich habe nichts dagegen einzuwenden und finde es sachentsprechend, wenn z. B. eine mehrjährige Zusatzausbildung mit dem Bachelortitel honoriert wird; aber was ist eine Bachelor der Physik? – doch nur ein halbgebildeter Physiker. Wir sollten daher die Titel sachgerecht verleihen und nicht die Gesellschaft mit halbgebildeten Akademikern überschwemmen, die womöglich sich ihres Halbgebildetseins gar nicht bewusst sind. Solches kann auf die Dauer nicht gut gehen.

I.5
Wegschauen, Verdrängen und Angst-Tolerieren von politischen Konzepten, Ideologien und Religionen

I.5.1
Die nicht hinterfragten ökonomischen Rechtfertigungsideologien

Da wir aus den Lehrplänen der Universitäten die „Dogmengeschichte" „entrümpelt" haben und die Lehrstühle und Medien die herrschenden Lehren vertreten und verteidigen, wurden diese bislang als geradezu naturgesetzlich vorgegeben betrachtet. Die jüngsten Krisen haben jedoch geistige Breschen geschlagen.

Die These, dass der „Markt" (Wer sind die Akteure?) alles zum Besten regelt, wird nur noch eingeschränkt akzeptiert. Das Anstreben von Langzeitzielen, wie Ressourcenschonung, die automatische Pflege sozialer Rücksichtnahmen und die Erzielung von Verteilungsgerechtigkeit, wird ihm nicht mehr zugesonnen. Dennoch entfalten sich keine wissenschaftliche Systemkritik und darauf aufbauend institutionelle Vorschläge zur besseren Systemgestaltung. Es bedarf daher einer Renaissance der „politischen Ökonomie", die den verengten Blickwinkel sprengt, die Wirtschaftwissenschaften wieder als Teil der Kulturwissenschaften betrachtet und sie als wesentlichen Bereich in das gesellschaftliche Gesamtsystem einbringt. Dies kann den dialogischen Weg zu neuen begeisternden Lebens- und Gesellschaftsmodellen öffnen.

I.5.2
Die akzeptierte Welt-Finanzordnung

Hier ist das „Angst-Tolerieren" noch ausgeprägter. Um die Finanzoligarchen nicht zu vergrämen (sie haben ja die Mittel und führen die Politiker finanziell am Nasenring), wird lautstark nur an kleinen Schräubchen gedreht, aber die Strukturen werden nicht in Frage gestellt. Da die gegenwärtige Finanzordnung international vertraglich festgezurrt ist (IWF, Weltbankgruppe, Baseler Abkommen etc.), sind Änderungen nur schwer zu erzielen. Außerdem dominieren vom Establishment gut finanzierte Lehrstühle und Think Tanks, wie INET und CER, die Diskussion. Daher lässt man die Dinge bis zum Äußersten treiben – ungefähr nach dem Motto „Nach uns die Sintflut". Durchdachte Vorschläge (siehe III.1.5) können jedoch den Boden bereiten.

Hierzu sollten wir endlich auch unabhängige Lehrkanzeln für Geldpolitik einrichten, die alternative Währungsordnungen durchdenken und lehren. Diese könnten auch erfahrene Finanzleute als Honorarprofessoren heranziehen. Wenn ich sehe, für welche einsparungsfähigen Fächer (bis hin zu Gendersoziologie) Geld ausgegeben wird, dann liegt hier ein schweres Versäumnis nicht nur der Bildungspolitiker, sondern auch der Universitäten selbst[155] vor.

---

[155] Als ich vor drei Jahren den Vorsitzenden der österreichischen Rektorenkonferenz gebeten habe, doch eine unabhängige (nicht fremdfinanzierte) Lehrkanzel für Geldpolitik anzuregen, bekam ich nicht einmal eine Antwort, obwohl ich darlegte, dass dies geradezu eine „akademische Selbstverteidigungsstrategie" sei, weil bei aus dem Ruder laufenden Budgets den Universitäten sicher Mittel entzogen werden – womöglich mit dem Hinweis, dass sie sich um Drittmittel bemühen sollten. Woher aber sollen die Mittel für eine unabhängige Forschung und Lehre im Geldbereich kommen?

I.5.3

Die Einschränkung der Grundfreiheiten im Namen der Sicherheit und der „political correctness"

Wer die Zeitläufte aufmerksam verfolgt, der merkt, dass im Namen der „Sicherheit" und des „Friedens" immer mehr Freiheiten eingeschränkt werden. Statt zu fragen, was die Gründe sind, warum wir die Welt zu einem „freiheitslosen Hochsicherheitstrakt" umbauen müssen, kriminalisieren wir die Welt zu hohen sozialen Kosten (*Zygmunt Bauman*). Von den demütigenden Flughafenkontrollen bis zur Telekommunikationsüberwachung reichen die Einschränkungen von Freiheit, Menschenwürde und Menschenrechten.

Gleichzeitig werden Begriffe vorgegeben und andere negativ belegt. Die diesbezüglichen Kleinspielereien, wie, dass die Sprachgebräuche „Mohr im Hemd" (süße Speise) oder „Zigeunermusik" rassistisch sein könnten, möchte ich weglassen. Aber, dass es bereits ein schweres rassistisches Vergehen sein soll, wenn ich die uns an den Rand eines Dritten Weltkrieges führende Besetzungs- und Atompolitik Israels kritisiere, weil es sich ja um die gemäß der *political correctness* unantastbaren Juden handelt (Antisemitismuskeule); dass ich ein „Verhetzer" und „Rassist" zugleich bin, wenn ich das Wesen des Islam als das einer theokratischen Eroberungsreligion aus dem siebenten Jahrhundert benenne; und dass ich als „Fundamentalist" bloßgestellt werde und sogar straffällig bin, wenn ich basierend auf Fakten epidemische Homosexualität als gesellschaftszerstörerisch und pervers bezeichne, dann laufen wir Gefahr, dass wichtige Dinge und Probleme nicht mehr benannt und erkannt werden und dass wir deshalb in explosive Situationen hineintrudeln.

Besonders deutlich ist dies beim Islam. Die *political correctnes* verordnet eine Toleranz, die der Selbstaufgabe gleicht. Während die Christen und ihre Wertordnung im Namen von Kunst und Freiheit des Denkens lächerlich gemacht werden dürfen und Christus selbst verhöhnt werden darf[156], ist jede noch so sanfte Kritik am

---

[156] Einer der Gipfelpunkte ist wohl die auf Kosten aller österreichischen Bürger vom ORF geförderte Filmproduktion von Ulrich Seidl „Paradies: Glaube". Diese verhöhnt in blasphemischer Weise das Christentum und die gläubigen Österreicher. Der um die geistige Landeskultur der Republik Österreich besorgte Bundespräsident sieht diese Verhöhnung im Unterschied zu antisemitischen Karikaturen aber nicht als Anlass für eine entschiedene Zurechtweisung.

Islam bereits „Intoleranz" und „Verhöhnung"; im harmlosesten Fall „Islamophobie". Die Gerichte praktizieren diesbezüglich bereits eine Zweiklassenjustiz. Aus diesem Grunde kam es in den USA zur Gegenbewegung *Act for America*, die die Einhaltung der gesetzlichen Gleichheit für alle und die eindeutige Akzeptanz der freiheitlich demokratischen Rechtsordnung der Gründerväter auch durch die Muslime fordert. In Österreich ist der Fall *Elisabeth Sabaditsch-Wolff* bezeichnend. Am 15. Februar 2011 wurde diese am Landesgericht Wien wegen „Herabwürdigung religiöser Lehren" zu einer Geldstrafe von €480.- verurteilt. Von der ursprünglichen Anklage der Volksverhetzung wurde sie freigesprochen. Die „Herabwürdigung religiöser Lehren" wurde vom Gericht damit begründet, dass Frau *Sabaditsch-Wolff* in einem Islam-Seminar Mohammed als „Pädophilen" bezeichnet hätte, da er nach islamischer Überlieferung mit der neunjährigen Aisha Sexhatte. Nach Ansicht des Gerichts sei dies „herabwürdigend", weil Mohammed ja nicht ausschließlich Sex mit Kindern, sondern auch mit erwachsenen Frauen gehabt hätte und er mit Aisha bis zu seinem Tod, als Aisha achtzehn Jahre alt geworden war, zusammenblieb. Somit sei er nicht „pädophil" veranlagt gewesen. Interessant dürfte wohl sein, ob diese eigenartige Rechtsauslegung im Hinblick auf verurteilte Kinderschänder in Österreich Bestand haben könnte. Bekanntlich waren ja viele dieser Kinderschänder gleichzeitig verheiratete Familienväter und hatten Sexualverkehr mit erwachsenen Frauen. Bei Gleichheit in der Beurteilung dürften diese juristisch somit auch nicht mehr als „Pädophile" bezeichnet werden …

Wenn aber Jesus, der im Unterschied zu Mohammed als Mensch **und** Gott verehrt wird, als wandernder süchtiger Kiffer und Frauenheld dargestellt wird, oder christliche Sakramentalien in „Mysterienspielen" buchstäblich in den Kot gezerrt werden, dann findet die Justiz, dass die Anwendung der einschlägigen Paragraphen des Strafgesetzbuches „nicht mehr zeitgemäß"[157] sei, zumal, wenn es sich um „Kunst" handelt.

Damit sind wir aber schon bei einem der heikelsten Kapitel, nämlich der Verharmlosung des Islam.

---

157 Selbst erfahrene Begründung der Abweisung einer Anzeige beim österreichischen Kreisgericht Korneuburg. In Deutschland hat sich die Judikaturpraxis herausgebildet, dass blasphemische Beleidigungen nur strafbar seien, wenn sie den „öffentlichen Frieden" gefährden könnten. Das bedeutet aber, dass de facto nur die mohammedanische Religion geschützt ist, weil die Christen nicht mit Gewalt reagieren. Der Staat schützt also nur Gewaltbereite. Dies …

I.5.4

Die Verharmlosung des Islam

Ich möchte diesem Abschnitt zur Vermeidung von Missverständnissen vorausschicken, dass ich in meinem Leben gute, aufgeklärt-tolerante muslimische Freunde hatte und habe. Diese haben aber zum Teil ihre tolerante Haltung nicht überlebt, wie der ehemalige Direktor der irakischen Staatsbahnen, *Hussein Zakarya*. Mit den aufgeklärten Muslimen und Muslimas war und bin ich einig, dass die Allgemeinen Menschenrechte als höchste rechtliche Richtschnur gelten sollten. Diese fordern religiöse Toleranz und verbieten vormittelalterliche Rechtsregeln, wie die Verstümmelung von Menschen gemäß der Scharia. Wir waren uns weiters einig, dass Gewalt oder gar Mord kein Mittel zur religiösen und politischen Auseinandersetzung sein darf. Letztere Überzeugung und Haltung habe ich, nicht zuletzt als Christ, noch immer. Doch Toleranz hat dort ihre Grenzen, wo Mitmenschen diese Richtschnur nicht nur missachten, sondern sogar offen ablehnen.

Im zwischenmenschlichen Verhalten sollte der Grundsatz gelten: Liebe deine Mitmenschen, aber sei im Allgemeininteresse nicht tolerant gegenüber Irrtümern, Haltungen und Praktiken, die zulasten anderer gehen.

Ein Freund, der lange Zeit in der gesamten Welt – insbesondere auch im arabischen Raum[158] – tätig war und heuer Europa bereiste, fragte mich im Sommer 2012, wieso wir Europäer nicht sähen, was in allen Ländern passiert, in denen die Muslime an die Macht gekommen sind[159]. Offenbar seien die Europäer zu wenig informiert, zu faul, zu sehr mit sich selbst beschäftigt oder zu feige und daher verdrängend, dass sie die Gefahr nicht erkennen, die mit einer politischen Bewegung verbunden ist, die nach wie vor im Namen ihrer Religion anstrebt, die Welt zu erobern.

---

157 könnte Verachtung gegenüber den Christen und Ermutigung zu weiterer Radikalität auslösen.
158 Einer seiner Kunden war der Vater Bin Ladens.
159 In allen Ländern, in denen die Muslime an die Macht gekommen sind, werden die anderen Religionen bekämpft und ausgerottet. Dies gebieten ja der Koran, der Hadith (allgemeine Überlieferung), die Sunna (überlieferte Normen, insbesondere Handlungsweisen des Propheten) und die aus ihnen abgeleitete Scharia. Der Islam kennt in allen seinen Schattierungen keine Trennung von Religion und Staat und befürwortet die gewaltsame Ausbreitung des Glaubens.

Die gewalttätigen Muslime, die in der zweiten September-
woche 2012 ein Mohammed verhöhnendes Video zum Anlass
nahmen, um Menschen zu ermorden und diplomatische Einrichtungen zu stürmen, sollten ein Augenöffner sein – auch für das
tolerierende Schweigen der heimischen Muslime.

Ich habe mich in jüngster Zeit zwei Jahre lang mit dem Islam
befasst und bin leider zu schockierenden Erkenntnissen gekommen. In allen Richtungen des Islam gibt es nicht nur die vorge-
schriebene, angeblich gottgewollte, Intoleranz gegenüber allen
anderen geistigen Bewegungen, sondern auch das Gebot, diese mit
List und Gewalt zu bekämpfen und Apostaten (vom Islam Abgefal-
lene) zu töten. Ich musste mich fragen: Wenn Gott die personifi-
zierte Liebe ist, wie kann dann eine Religion, die Gewalt, Eroberung und Unterdrückung fordert, toleriert und praktiziert, von Gott
stammen? Hatte nicht *Dante* die richtige Einschätzung, weil er
Mohammed und seinen Schwiegersohn Ali in der *Divina Commedia* im Inferno antraf, wo sie für das große Schisma büßten?

Aber es kamen noch zwei wesentliche Maximen in der orthodoxen Lehre des Islam dazu, die bei mir die inneren Alarmglocken
läuten ließen:

a) Der aufgetragene *heilige Krieg (Dschihad oder Djihad)* in all
seinen Formen hat zu dauern, bis das *Dar ul-Harb (das Haus
des Krieges)* in das *Dar ul-Islam (Haus des Islam)* eingeglie-
dert ist. Es gilt der Fundamentalsatz: Die Erde gehört Allah,
seinem Propheten und den Muslimen. Andersgläubige sind
Feinde Allahs und der Muslime und müssen als solche
bekämpft werden.

b) *Takkiya* ist Teil und Instrument des Dschihad. D. h. Täuschung
und Lüge sind im heiligen Krieg um die Weltherrschaft des
Islam nicht nur erlaubt, sondern sogar geboten.

Im Christentum und Humanismus sind Lüge und Täuschung
grundsätzlich geächtet. Nur im Krieg wird die Täuschung als
erlaubt angesehen (Kriegslist)[160]. Wir sinnen jedoch in unseren

---

160 Ich denke, dass dies eine unzulässige Auslegung des Christentums ist. Christus hätte
nie Krieg geführt und gelogen. Mein Firmpate, der einfache Bauer *Karl Marchart,* war
aus diesem Grund im Zweiten Weltkrieg „Gewissensdeserteur" nach dem Motto „*Denkt
euch, es sei Krieg, und keiner geht hin".* Für ihn war Krieg „bestens organisierter Massenmord".

„Dialogen" den Muslimen unsere geistige Welt (mind set) zu und bedenken nicht, dass die geistige Welt unserer Gesprächspartner völlig anders strukturiert ist. Ich habe dieses kluge Ausweichen und Beschönigen in persönlichen Diskussionen erlebt:

Da antwortet der sich sehr umgänglich und tolerant gebende Integrationsbeauftragte der Islamischen Glaubensgemeinschaft in Österreich auf nachstehende Fragen wie folgt:

– Warum protestiert ihr nicht weltweit öffentlich gegen Steinigungen von Frauen, Tötung von Apostaten, körperliche Verstümmelungen etc. Das widerspricht doch dem verkündeten toleranten und „aufgeklärten" Islam?

Antwort: Da sind wir überfordert, denn dies sind zum Großteil ethnische Probleme.

– Warum tretet ihr nicht dafür ein, dass die Scharia, die ja zum Großteil Stammesgewohnheitsrecht aus dem 7. und 8. Jh. ist, entrümpelt wird – insbesondere im Strafrecht?

Antwort: Das ist eine Sache der Theologen und der längerfristigen Entwicklung.

– Wenn ihr die Mehrheit hättet, würdet ihr dann die Scharia einführen?

Antwort: Wir haben nicht die Mehrheit und halten uns an die Gesetze.

– *Nachfrage*: Ich beharre auf meiner Frage. Was würdet ihr tun, wenn ihr die Mehrheit hättet?

Diplomatische Antwort: Dann würden wir, wie alle gläubigen Menschen, eine gottgefällige Gesellschaft einrichten.

– *Weitere Nachfrage*: Heißt das Einführung des islamischen Rechts als oberste Richtschnur, wie dies in euren österreichischen islamischen Religionsbüchern steht?

Diplomatische Antwort: Das haben Sie gesagt.

Ähnliches kann ich vom neuen Präsidenten der IGGiÖ, der türkischer Religionsbeamter ist, berichten:

– *Frage*: Sie fordern in Österreich mehr öffentliche Förderung bis hin zu einer theologischen Fakultät. In Ihrem Heimatland wird hingegen den christlichen Kirchen nicht nur keine Förderung zuteil, sondern ihnen wird sogar die Rechtspersönlichkeit verweigert; das letzte Priesterseminar wurde zwangsweise geschlossen und Kirchen werden nach wie vor behördlich, d.h.

gewaltsam, in Museen oder Moscheen umgewandelt. In „Museumskirchen", die den Christen heilig sind, wie z. B. die Bischofskirche des hl. Nikolaus in Demre (Myra), ist das Beten ausdrücklich verboten, weil sie ja nun „Museen" sind. Wieso setzen Sie sich nicht diesbezüglich für Toleranz and gleiche Standards ein? *Antwort*: Wir leben in Österreich und ich verwahre mich gegen wechselseitiges Aufrechnen.

Mich erinnert dies alles an den Strategiesatz: *Der Weg zur Diktatur geht über die Demokratie*. Dies haben wir bei den Kommunisten und Nationalsozialisten erlebt und das erleben wir gegenwärtig hautnah im Mittelmeerraum, wenn Anhänger des gewählten neuen ägyptischen Präsidenten, Mohammed Mursi, skandieren: *Der Koran ist unsere Verfassung und die Scharia unser Gesetz.*
Es geht aber nicht nur um die längerfristig zu wahrende politische Freiheit. Es geht auch um die wesentlichste geistige Errungenschaft der Neuzeit, die Aufklärung im Sinne Immanuel Kants – also um die Freiheit des Denkens, die Europa in allen Bereichen fruchtbar gemacht hat. Kant formulierte treffend: *„Aufklärung ist der Ausgang des Menschen aus seiner selbst verschuldeten Unmündigkeit. Unmündigkeit ist das Unvermögen, sich seines Verstandes ohne Leitung eines anderen zu bedienen."* Die Aufklärung hat die europäischen Gesellschaften auch von einschränkend dominant gewordenen Theologismen befreit. Der Glaube konnte wieder ein *obsequium rationale* – eine verstandesgeleitete Nachfolge – werden.
Es wäre nun angebracht, auf die historischen, sozialen und theologischen Hintergründe sowie auf aktuelle Entwicklungen näher einzugehen[161]. Dies würde nicht nur den Rahmen sprengen, sondern auch den Bitten meiner lieben Gattin, meiner Kinder und meiner Freunde nicht entsprechen, ihr Leben nicht zu gefährden, weil bei den Muslimen seit dem 11. Jahrhundert (Austilgung der den Verstand betonenden und Kritik zulassenden Mutaziliten) Islamkritik und Kritik am Propheten Mohammed unter Todes-

---

161 Vielleicht schaffe ich dies in einem getrennten Buch (Arbeitstitel: Meinen muslimischen Brüdern und Schwestern im Namen von Brüderlichkeit, Freiheit, Gleichheit und Liebe).

sanktion stehen. Ich habe mich daher entschlossen, nachfassende Literatur anzugeben und eine tapfere Frau direkt sprechen zu lassen, die mit ihrem Mannesmut den Angsttolerierern, die wie „Biedermann und die Brandstifter"[162] handeln, ein Beispiel gibt, und an die Aufforderung Kants, sich seines Verstandes eigenständig zu bedienen, anknüpft. Es ist die ehemalige anatolische Näherin *Arzu Toker*, die in bewundernswerter Weise einen zweiten, zur geistigen Unabhängigkeit führenden Bildungsweg gegangen ist.

Zur empfohlenen Literatur: Um nicht zu überlasten, greife ich nur vier nach Umfang und Lesbarkeit gestaffelt heraus:

Josef A. Herget, Christentum und Islam – Zwei Welten im Widerspruch, 4. Aufl., Vinzentinische Nachrichten Nr. 111, Wien 2011

Mark A. Gabriel, ehemaliger Professor für Islamische Geschichte an der Al-Azhar Universität in Kairo, Islam und Terrorismus – Was der Koran wirklich über Christentum, Gewalt und die Ziele des Djihad lehrt, 3. Auflage, Resch Verlag, Gräfeling 2005.

Bat Ye'or, Der Niedergang des orientalischen Christentums unter dem Islam – 7. Bis 20. Jahrhundert – zwischen Dschihad und Dhimmitude, 2. Auflage, Resch Verlag, Gräfeling 2005

Karl-Heinz Ohlig/Gerd-R. Puin, Die dunklen Anfänge des Islam, Neue Forschungen zur Entstehung und frühen Geschichte des Islam, 3. Aufl., Schiler Verlag, Berlin/Tübingen 2007

Die korankundige *Arzu Toker* hat mit ihren „16 Gründen" und acht Antworten auf häufige Fragen eine der prägnantesten und mutigsten Analysen gegeben. Sie zu lesen erspart manches Literaturstudium und beschämt viele, die der falschen *political correctness* huldigen. Ich habe sie gebeten, ihren Text verwenden zu dürfen, und fand ihre Zustimmung unter der Bedingung, dass mein Buch keine religiöse Abhandlung über den Islam ist. Dies konnte ich ihr zusichern.

---

162 *Biedermann und die Brandstifter* ist ein Drama des Schweizer Schriftstellers Max Frisch. Es handelt von einem Bürger namens Biedermann, der zwei Brandstifter in sein Haus aufnimmt, obwohl sie von Anfang an erkennen lassen, dass sie es anzünden werden. Er verdrängt den unangenehmen Gedanken, bis das Haus brennt.

Sechzehn gute Gründe, den Islam zu verlassen oder: Mein Wille zur Selbstbestimmung und Freiheit

von Arzo Toker

Alles kritisch zu prüfen ist etwas Gutes, denn wir können uns bei unserem Denken und Handeln irren. Wer die Wahrheit liebt, muss daran interessiert sein, Schwächen der eigenen Denkresultate und Problemlösungen zu erkennen, Gegenargumente anzuhören und eigene Ideen mit Alternativen zu vergleichen, zu modifizieren und zu revidieren.

Bei meiner Kritik am Islam handele ich nicht aus Hass, sondern weil ich meine Fähigkeit zu denken nicht verleugnen kann und will. Der Mut, sich des eigenen Verstandes zu bedienen (Kant), führt, wie ich meine, zwangsläufig zu dem Schritt, den Islam zu verlassen. Dies will ich in sechzehn Punkten begründen.

Vorbemerkung

Es fiel mir schwer, mich zu beschränken. Ich veröffentliche also nur meine sechzehn Gründe, wobei hierin keine Wertung bezüglich der Gewichtung der Gründe liegen soll. Zudem möchte ich den deutschsprachigen Lesern mitteilen, dass ich die Behauptung der islamischen Theologie sowie der Islamisten, dass der Koran auf Arabisch offenbart wurde und nicht übersetzbar sei, nicht teile. Allerdings sind einige Übersetzungen nicht originalgetreu, sondern beschönigend. Ich empfehle, die Koran-Übersetzung von Rudi Paret zugrunde zu legen.

1. Der Islam als totalitäres, patriarchalisches Rechtssystem

Der Islam ist nicht nur eine Religion, sondern auch ein totalitäres, von Männern beherrschtes gewalttätiges Rechtssystem (s. Sure 5 [Al-Maida], Vers 33). Der Islam ist darüber hinaus eine politische Anschauung, die aus Versen des Korans, aus dem Leben des Propheten und aus anderen Überlieferungen abgeleitet wird. Dem stelle ich die demokratische Verfassung (Deutschlands) und die Zivilordnung entgegen. Die Demokratie ist ein großes Geschenk sowohl in Deutschland als auch in meinem Herkunftsland, der Türkei. In beiden Ländern, so scheint es mir, wird nicht ausreichend erkannt, wie kostbar dieses Geschenk ist.

2. Der Prophet – alles andere als ein ethisches Vorbild

Mohammed, der Prophet des Islam, soll von Gott gesandt sein und sein Leben (d.h. seine Handlungsweisen) gelten als wegweisend für die gesamte Menschheit. Aber eben dieser Mohammed

- führte Kriege, zwang Menschen, ihren früheren Glauben abzulegen, ließ Gefangene köpfen. Das Siegen allein reichte ihm nicht: Er raubte auch den Besitz der Besiegten oder ließ deren Haus, Hof und Baumbestand in Brand stecken

- heiratete als 52-Jähriger ein Kind (die 9-jährige Aischa)

- hielt über ein Dutzend Frauen, die er z.T. von seinen Raubzügen gegen andere Stämme als Kriegsbeute mitgebracht hatte. Nachdem ihre Familien ermordet worden waren, nahm er sie als Ehefrauen oder Sklavinnen in seinen Harem auf

- ließ vom Glauben Abgefallenen kreuzweise Hand und Fuß abhacken. Er ließ sie verdursten

- ließ seine Kritikerinnen und Kritiker, Dichterinnen und Dichter ermorden, und versprach den Mördern große Belohnung im Jenseits.

Die Liste dieser Beispiele ließe sich noch verlängern. Das Ergebnis ist eindeutig: Mohammed hat kein Leben gelebt, das als Vorbild für die Menschheit gelten kann, sondern das abschreckt und das allein schon Grund genug ist, die Religion, die er schuf, abzulehnen.

3. Gottesknechtschaft statt Leben in Selbstverantwortung

Koran und Überlieferungen verbreiten die Mär, jede Handlung des Menschen wäre von Gott vorherbestimmt, und ohne Erlaubnis Gottes könne kein Mensch etwas tun. Sein Schicksal sei von Gott besiegelt. Allah bestimme, wer reich und wer arm werde, bestimme, wer Muslim und wer Ungläubiger würde und so fort. Mohammed hat einen Gott kreiert, der beliebig und ungerecht handelt, und wer nicht an ihn glaubt, sei Heide. Ich meine hingegen:

Erst die Selbstverantwortung führt den Menschen zur radikalen Bejahung der eigenen Existenz und zur Freiheit. Dadurch, dass im Islam alles als von Gott gelenkt proklamiert wird, wird der Mensch in die Nichtigkeit, d.h. in die Unmündigkeit und Wertlosigkeit geführt und versinkt in Gleichgültigkeit und Passivität. Dies kann man in vielen muslimisch geprägten Ländern beobachten. Die negative Wirkung dieser Lehre wird noch dadurch verstärkt, dass viele gläubige Muslime glauben, dass das eigentliche Leben erst im Jenseits gelebt werde. Dieser Irrglaube behindert Wissenschaft, Fortschritt, Aufklärung, Mündigkeit und Freiheit. Abgesehen davon schwächt all dies die Moral, weil dem Menschen die Verantwortlichkeit für seine Taten abgenommen wird.

4. Intoleranz gegen Nicht- und Andersgläubige

Toleranz und Friede sind für den Islam lediglich Mittel, die man im Krieg als List einsetzen kann. In vielen islamischen Staaten müssen die Christen und Andersgläubigen eine zusätzliche Steuer zahlen. Im Osmanischen Reich wurden Kinder von Christen geraubt, um aus ihnen die brutalste Militäreinheit, die Janitscharen, zu formen. Natürlich gibt es im Koran Verse, die bejahen, dass die „Götzenanbeter" ihre Götter anbeten sollen und die Moslems ihren Gott. Es gibt auch den Vers, der besagt, dass Juden, Christen und Sabiis, die gute Taten vollbracht haben, ins Paradies kommen werden. Es gibt auch einen Vers, der besagt, dass es keinen Zwang in der Religion geben dürfe (Sure 2 [Al-Bakara], Vers 256). Von daher könnte man meinen, der Islam sei tolerant.

Doch es gibt noch viel mehr Verse, die den genannten Vers aufheben und genau das Gegenteil proklamieren. Der Islam ist eine Religion, die die Welt als Kriegsschauplatz ansieht – und zwar so lange, bis die gesamte Menschheit islamisch geworden ist. In der Sure 4 [Al-Nisa), Vers 91, heißt es: „Tötet sie, wo ihr sie findet", und in der Sure 9 [At-Tauba], Vers 29, steht: „Kämpft mit Waffen gegen diejenigen, die nicht an Allah glauben noch an den Jüngsten Tag und die nicht für verboten erklären, was Allah und sein Gesandter (d.h. Mohammed) für verboten erklärt haben, die sich nicht nach der rechten Religion (d.h. dem Islam) richten – von denen, die die Schrift erhalten haben (d.h. Juden und Christen) – kämpft (mit der Waffe) gegen diese, bis sie die Minderheitensteuer abgeben als Erniedrigte!"

An vielen Stellen im Koran rechtfertigt Mohammed (bzw. nach muslimischer Vorstellung Allah) die Gewalt gegen Andersgläubige. Sie seien des Todes (z.b. Sure 47 [Muhammad], Vers 4), sollen unterworfen werden (Sure 9 [At-Tauba], Vers 29), dürfen vertrieben und enteignet werden (Sure 59 [El-Haschr] Verse 1-7). Umfangreiche Kapitel der Werke, die die Sunna (d.h. das Norm setzende Handeln Mohammeds) enthalten, sind dem Jihad gegen Anders- und Nichtgläubige gewidmet.

Mit diesen Textstellen konfrontiert, weisen Muslime gerne auf Stellen im Alten Testament hin, an denen ebenfalls von Gewalt gegen Andersgläubige die Rede ist (z.b. 2.Mose 22, 17; 3.Mose 20). Aber erstens ist es Unsinn, die Pest mit der Cholera austreiben zu wollen, und zweitens haben sich die meisten Juden und Christen – im Unterschied zu vielen Muslimen – von diesen Wahnideen längst distanziert.

5. Christen- und Judenfeindlichkeit

Entgegen allen anderslautenden Behauptungen bekämpft der Islam nicht nur Heiden und Abtrünnige, sondern ist im Kern auch radikal juden- und christenfeindlich. Sure Al-Imran, Vers 19 lautet: „Als einzig wahre Religion bei Gott gilt der Islam." Das Christentum und das Judentum werden als Religion schlechthin verneint und denjenigen, die nicht an Mohammed und seine Version von Gott glauben, werden Strafen angedroht. Mohammed behauptet, dass Gott alle vor ihm entsandten „Propheten" und auch Abraham zu sich gerufen und ihnen befohlen habe, an den Islam zu glauben. Juden wird zudem unterstellt, dass sie Unheil anrichten.

Vers 46 der Sure 4 (An-Nisa) schließt mit der Verfluchung der Juden: „... Aber Gott hat sie (zur Strafe) für ihren Unglauben verflucht. Darum glauben sie wenig (oder: Darum sind nur wenige von ihnen gläubig)." In der Sure 5 (Al-Maida), Vers 72 verkündet Mohammed: „Ungläubig sind diejenigen, die sagen: ‚Gott ist Christus, der Sohn der Maria!'" In den Versen 171-173 derselben Sure wird auf die christliche Lehre von der Dreieinigkeit Gottes hingewiesen und beteuert, dass die bestraft werden, die an sie glauben. Mohammed verbietet den Muslimen sogar, mit Juden und Christen befreundet zu sein, weil sie „Frevler" seien (Sure 5 [Al-Maida], Vers 51).

6. Frauen im Islam

Mohammed sicherte die gesellschaftliche Ordnung dadurch, dass er die Frau zur Bediensteten, zur Beute des Mannes machte. Die Unterdrückung der Frau wurde im Islam gesetzlich festgelegt. Frauen gelten als

• intellektuell und religiös (minder) erschaffen
• Quelle der Bosheit, der Zwietracht, als intrigant, undankbar und teuflisch
• bedauernswerte Wesen, da die meisten von ihnen ohnehin in der Hölle landen werden.

Mohammed bestimmte durch Sure 4 (Al-Nisa), Vers 3, dass die Männer bis zu vier Frauen, die ihnen gefallen, heiraten können. Und um diese Bestimmung zu verstärken, förderte er den Glauben, dass es eine Tugend sei, mehrere Frauen zu heiraten.

Auch als Zeugen sind Frauen nur halb soviel wert wie Männer, denn es steht geschrieben: „... und nehmt zwei Männer von euch als Zeugen. Wenn es nicht zwei Männer sein können, dann sollen es ein Mann und zwei Frauen sein, solche, die euch als Zeugen genehm sind – (zwei Frauen), damit (für den Fall,) dass die eine von ihnen irrt, die eine (die sich nicht irrt) die andere (die sich irrt, an den wahren Sachverhalt) erinnere. (Sure 2 [Al-Bakara], Vers 282). Das gleiche Prinzip zeigt sich im Erbrecht: „... Auf eines männlichen Geschlechts kommt (bei der Erbteilung) gleichviel wie auf zwei weiblichen Geschlechts ..." (Sure 4 [An-Nisa], Vers 12). „Der Mann bekommt soviel wie der Anteil von zwei Frauen." (Sure 4, 176)

Zur Verschleierung der Frau heißt es: „Und sprich zu den gläubigen Frauen, dass sie ihre Blicke zu Boden schlagen und ihre Keuschheit wahren und ihren Schmuck [Reize] nicht zur Schau tragen sollen – bis auf das, was davon sichtbar sein darf – und dass sie ihre Tücher um ihre Kleidungsausschnitte schlagen und ihren Schmuck vor niemand anderem enthüllen sollen als vor ihren Gatten oder Vätern oder den Vätern ihrer Gatten oder ihren Söhnen oder den Söhnen ihrer Gatten oder ihren Brüdern oder den Söhnen ihrer Brüder oder Söhnen ihrer Schwestern oder ihren Frauen oder denen, die sie von Rechts wegen besitzen, oder solchen von ihren männlichen Dienern, die keinen Geschlechtstrieb mehr haben, und den Kindern, die der Blöße der Frauen keine Beachtung schenken. Und sie sollen ihre Füße nicht so auf den Boden stampfen, dass bekannt wird, was sie von ihrem Schmuck verbergen." (Sure 24 [Al-Nur], Vers 31)

Und an anderer Stelle heißt es (Sure 33 [Al-Ahzab], Vers 33): „Und bleibt in eurem Haus. Putzt euch nicht heraus, wie man das früher im Heidentum zu tun pflegte."

Eine Ausnahme bildet die Sure 24 (Al-Nur), Vers 59, nach der die älteren Frauen sich nicht verschleiern müssen. In dieser Sure spricht Mohammed von Frauen, denen er keine weitere Ehe zutraut, weil sie alt sind. In Hinblick darauf, dass er als ein Mann von über 50 Jahren die neunjährige Aischa geehelicht hat, mag das verständlich erscheinen.

Immerhin gewährt er bei seiner Neigung zu sexuellem Kindesmissbrauch älteren Frauen einen kleinen Freiraum: „Und für diejenigen Frauen, die alt geworden sind und nicht mehr damit rechnen können zu heiraten, ist es keine Sünde, wenn sie ihre Kleider ablegen, soweit sie sich dabei nicht mit Schmuck herausputzen." (Sure 24, 60) Angesichts des Gebotes, dass die Frauen, die nicht mehr gebärfähig sind, kein Kopftuch zu tragen brauchen, sieht man, wie wenig die Bevölkerung den Koran tatsächlich liest.

Gleichzeitig frage ich mich, warum wohl die selbsternannten Islamvertreter den betreffenden Vers nicht in den Moscheen verlautbaren lassen. Damit würde ein großer Teil der Kopftücher abgelegt werden können. Natürlich gibt es Frauen, die dies nicht schaffen – gerade so wie jene Chinesinnen, deren Füße durch lebenslanges Verbinden verkrüppelt sind, nicht mehr ohne Verband leben können.

Dennoch fordere ich: Weg mit den Kopftüchern in den Schulen, in den Ämtern! Und auf jeden Fall muss es verboten werden, die Kinder zu verschleiern. Die Verschleierung der Kinder basiert auf der Verehelichung des Kindes Aischa mit Mohammed und bedeutet die Sexualisierung der kleinen Mädchen. Die Eltern, die dies tun, sollten eine Strafanzeige wegen Kindesmisshandlung erhalten.

7. Gewalt im Islam

Der Islam sät Gewalt (vgl. Sure 9,74 und 4,95). Den Kriegen, die Mohammed führte, gingen kleinere Unternehmungen voraus, etwa das Ausrauben von Karawanen aus Mekka. Diese Überfälle und die Kriege danach dienten der wirtschaftlichen Bereicherung Mohammeds und seiner Mitkrieger. Viele nahmen teil, weil sie wussten, dass sie Anteil an der Beute bekommen würden. Ein Fünftel der Kriegsbeute ging stets „an Allah". Von daher hat die Gewalt vom 11. September 2001 in New York, die Bomben von Madrid (11.4.2004), die Bombe von London (7.7.2005) und auch die Gewalt zwischen den Religionsgruppen im Irak, die Morde in der Türkei an Turan Dursun (4.9.1990) und anderen Journalisten und Kritikern eine lange Tradition.

Es hat Tradition, wenn Mütter den Tod ihrer Söhne im Jihad in Kauf nehmen und ankündigen, weitere Söhne haben zu wollen, die ebenfalls zum angeblich gottgewollten Selbstmordanschlag bereit sind. Die religiöse Verherrlichung von Gewalt muss aufhören! Ihr stelle ich die Aufklärung, den Frieden und den zivilisierten Diskurs entgegen.

8. Entmenschlichung der Männer

Indem Mohammed die Männer über die Frauen stellte, gelang es ihm, die Männer hörig zu machen. Denn in seinem System ist auch der Mann ein armer Untertan Gottes. Er muss sich blindlings beugen vor Gott und vor dessen Botschafter, d.h. vor Mohammed selbst. Indem Mohammed den Mann außerhalb seines Hauses knechtete und in ein Nichts verwandelte, ihn in den eigenen vier Wänden aber zum „Pascha" machte, brachte er den Mann dazu, die schlechte Situation der Frau bereitwillig zu akzeptieren. Genau die Verse, die zuerst der Unterdrückung der Frau dienen sollten, sind zugleich die Verse, welche die Männer degradieren, entmenschlichen.

Die Sure 4 (Al-Nisa), Vers 38, ist ein frappierendes Beispiel dafür: „… Die Männer stehen über den Frauen, weil Gott sie von Natur vor diesen ausgezeichnet hat … Und wenn ihr fürchtet, dass irgendwelche Frauen sich auflehnen, dann vermahnt sie, meidet sie im Ehebett und schlagt sie!" Die Angst der Männer, dass Frauen sich auflehnen, soll sie dazu verleiten, mit Gottes Segen genau die Frau zu schlagen, die sie lieben, mit der sie Kinder zeugen, mit der sie alt werden wollen. Darüber hinaus wird der Mann im Islam auf ein dumpfes Triebwesen reduziert, das schon beim bloßen Anblick offener Haare ejakuliert.

Ein erwachsener, reifer, mündiger Mensch weiß seinen Sexualtrieb zu beherrschen. Auch die in den Islam hineingeborenen Männer sollten dazu in der Lage sein, wenn man es ihnen abverlangt. Ich rufe die Männer auf: Sagt Nein zum Islam! Sagt Nein zu eurer Entmenschlichung! Dann werdet ihr echte Lebensgefährtinnen gewinnen, gleichberechtigte Partnerinnen. Wer dem eine zu Gehorsam verpflichtete Sklavin vorzieht, hat nicht einmal die unterste Stufe der kulturellen Zivilisation erreicht.

9. Unterjochung der Frauen selbst noch im Jenseits

Der versprochene Eintritt ins Paradies verlangt Frauen einen hohen Preis ab: Die Frau muss ihrem Mann zu Diensten stehen, ihm gehorchen, ihn zufrieden stellen, seine Begierden stillen. Aber auch wenn sie all dies fehlerlos bewerkstelligt, darf sie das herbeihalluzinierte Paradies nur dann betreten, wenn ihr Mann dem zustimmt. Schließlich sind sie nur die „vorübergehenden Frauen auf Erden". Die eigentlichen Frauen der Männer (im Paradies) sind die Huris. Diese sind irdischen Frauen in jeder Hinsicht überlegen und kommen an erster Stelle.

Die Beschreibung des Paradieses in den Suren 78 (En-Nebe), 56 (El-Vakia) und 76 (Ed-Dehr) zeigt das sehr deutlich. En-Nebe verheißt den Männern „gleichaltrige (Huris) mit schwellenden Brüsten" und „einen Becher Wein". Die Sure El-Vakia verspricht „Gärten der Wonne", und „großäugige Huris haben sie zur Verfügung", „in ihrer Schönheit den wohlverwahrten Perlen gleich". All dies zeigt, dass es für gläubige Musliminnen selbst im erträumten Paradies kaum Ruhe und Glück geben wird; sie werden ihre Ehemänner vielmehr in den Armen der Huris vorfinden.

10. Das muslimische Bild des Menschen: ein undankbares, zu absolutem Gehorsam verpflichtetes Geschöpf

Immer wieder stellt Mohammed fest, dass der Mensch von Grund auf ein undankbares Geschöpf ist. Vielgebrauchte Ausdrücke im Koran sind: Heuchler, Wildesel, der verfluchte Mensch. Wie undankbar ist er doch! Unzählige Male werden die Menschen gefragt: „Was wollt ihr alles leugnen von den Wohltaten eures Herrn?" Die Menschen sind in Mohammeds Augen undankbare, zu absolutem Gehorsam verpflichtete Wesen, die im Namen einer sonderbaren göttlichen „Gerechtigkeit" bestraft werden müssen. Diesem Bild stelle ich die Idee des mündigen Bürgers mit aufrechtem Gang entgegen, das Bild eines Menschen, der Behauptungen mit wachem Verstand kritisch prüft, anstatt sich in blindem Gehorsam archaischen Wahnideen zu unterwerfen.

11. guter Grund, sich aus dem Islam ausgetreten zu erklären:

„Muslim" oder „Moslem" ist ein arabisches Wort und bedeutet „der sich Unterwerfende" oder „sich Hingebende". Der Begriff, der sich Unterwerfende, also Untertan, zeigt, wie geknechtet der sogenannte Gläubige im Islam ist. Abzulehnen, sich „Untertan" Allahs zu nennen, bedeutet, den Menschen von seiner Sklaverei durch diese religiöse Fiktion zu befreien. Andererseits sagt das Wort „Muslim, Moslem" sprachlich nicht auf Anhieb etwas aus, während die Übersetzung ins Deutsche „Untertan" eine Reihe von Fragen aufwirft. Hört ein Kind das Wort Moslem, denkt es sich nicht viel dabei. Wird ihm jedoch „Untertan" gesagt, wird es nachfragen:

– Warum Untertan?
– Wessen Untertan?
– Warum sind die anderen keine Untertanen?
– Warum bin ich ein Untertan?

Wenn wir nicht in Untertanen-Kategorien denken wollen, müssen wir für uns verständliche, klare Wörter einsetzen. Die Sprache ist Ausdruck des Denkens.

Und wenn Menschen an den Islam als Religion nicht glauben, kein „Untertan" sein wollen, dann müssen sie dies offen tun. Die Lossagung in der eigenen Küche versteckt zu erklären, bedeutet ungewollt eine Zustimmung. Zugleich ist es die Verneinung dessen, was wir wissen, Verneinung der Selbstachtung im Sinne von Respekt vor der wichtigsten Eigenschaft des Menschen, die ihn vom Tier unterscheidet: sein Denkvermögen.

Ich schlage vor, dass wir das deutsche Wort einführen. Ich rufe alle Menschen auf, statt des arabischen Wortes „Muslim" oder „Moslem" das deutsche Wort „Untertan" zu benutzen. Sprache ist Ausdruck des Denkens.

12. Grund — Ränkeschmieden und Lügen. TAKKIYA — „Du sollst lügen"

Runde Tische und die Islamkonferenz von Herrn Schäuble sind eine Farce, es sei denn, die islamistischen Herren erklären selbst, dass es die Bestimmung der Takkiya gibt und sie diese nicht akzeptieren. Und zwar öffentlich. Ein Dialog mit den islamischen Verbänden ist nicht möglich, solange sie die Aufklärung in ihren Reihen nicht offiziell, weltweit und öffentlich nachvollziehbar beginnen. Denn Vortäuschen und Ränke schmieden ist ein Teil des islamischen Glaubens.

3, Al-Imran, Vers 54: „Und sie, (d.h. die Kinder Israels) schmiedeten Ränke. Aber (auch) Gott schmiedete Ränke. Er kann es am besten."

7 Al-Araf, Vers 99: Sind sie denn sicher vor den Ränken Gottes?" 27, An-Naml, Vers 50 u. 51: „Sie schmiedeten Ränke. Und wir schmiedeten (ebenfalls) Ränke, ohne dass sie es merkten, 51 Schau nur, wie das Ende ihrer Ränke war! Wir rotteten sie und ihr Volk allesamt aus!"

Im Ränkeschmieden, teilt der Gott Korans in der Sure Yunus, Vers 21 mit, sei er schneller. Untertane (Muslime) können Meinungen und Unglauben vortäuschen, um sich zu schützen oder um ihr Leben zu retten, oder um der Sache des Islam zu dienen. Das wird „takkiya" genannt. Wendet er Takkiya an, wird er nicht bestraft. Dies besagt der Vers „... Anders ist es, wenn ihr euch vor ihnen (d.h. den Ungläubigen wirklich fürchtet. (In diesem Fall seid Ihr entschuldigt.) ..." Al-Imran, Vers 28.

„Takkiya" gilt nicht nur für Personen, sondern auch für Institutionen und sogar für Staaten. So kann ein islamischer Staat mit einem nichtislamischen Staat Frieden schließen und gemeinsam gegen andere ungläubige Staaten kämpfen.

Gott denkt auch an die Interessen der Untertanen (Moslems) und gibt ihnen die Möglichkeit, in bestimmten Situationen, besonders in Situationen, in denen man ihnen schaden könnte, sich so zu verstellen, als ob sie Freunde der Ungläubigen wären. Das heißt, es ist rechtens, wenn Untertane (Moslems), um sich vor eventuellen Gefahren zu schützen, sich heuchlerisch gegenüber Ungläubigen verhalten und die Ungläubigen mit falscher Freundschaft täuschen.

Der Religionsbeauftragte der Türkei hat dies so interpretiert, dass ein Staat der Untertanen (moslemischer Staat) mit Ungläubigen Frieden schließen kann, wenn dieser Frieden sich nicht gegen andere Untertane (Moslems) richtet. Ein Untertanen-Staat (moslemischer Staat) kann mit Ungläubigen zusammenarbeiten, wenn sich dies gegen andere Ungläubige richtet.

Ich setze dem den Dialog und die transparente Demokratie entgegen. Mag sein, dass unsere Demokratie hier und da hinkt. Aber wir können darüber diskutieren. Wir können sie entwickeln, ohne Angst zu haben.

13. guter Grund — „Und nimm keine Ungläubigen zu Freunden"

Dies ist für eine Gesellschaft wie die unsrige in Deutschland besonders bedenklich.

Laut Überlieferungen des Korans hat Gott die Freundschaft zwischen Untertanen (Muslimen) und Ungläubigen (Nichtmuslimen) verboten. Sollten sie sich nicht fügen, werden sie bestraft. Weil Gott alles weiß, weiß er auch, was die Menschen denken und fühlen. Sollten die Menschen trotz dieser Verse Nichtmuslimen zugeneigt sein, sie lieben und mögen und Freundschaft zu ihnen hegen, dann weiß Gott das und er wird sie bestrafen.

Sure 3: Al-i Imran, Verse 28. ve 29: „Die Gläubigen sollen sich nicht die Ungläubigen anstatt der Gläubigen zu Freunden nehmen. Wer das tut, hat keine Gemeinschaft (mehr) mit Gott. 29: Sag: Ihr mögt geheim halten, was ihr in eurem Innern hegt, oder es kundtun, Gott weiß es. Er weiß (alles), was im Himmel und auf der Erde ist. Gott hat zu allem die Macht."

Al-Imran 28 ist nicht die einzige Sure, die vor der Freundschaft mit Ungläubigen warnt. Auch Al-Nisa enthält eine solche Bestimmung: Al-Nisa 144: „Oh ihr, die ihr glaubt, nehmt euch nicht die Ungläubigen anstelle der Gläubigen zu Freunden. Wollt ihr denn Gott eine offenkundige Handhabe gegen euch liefern?"

Es gibt viele ähnliche Beispiele, die zeigen, dass Freundschaft und emotionale Bindung zu Ungläubigen gleichgesetzt wird damit, sich gegen Gott zu stellen. Mit einem solchen Verhalten geben die Gläubigen von sich aus Gott allen Grund, gegen sie vorzugehen, sie verlieren jeglichen Wert bei Gott. Die Sure At-Tauba, Vers 23, gehört für mich zu den grausamsten Versen, denn mittlerweile gibt es viele „Mischehen" in Europa. „Ihr Gläubigen! Nehmt euch nicht eure Väter und eure Brüder zu Freunden, wenn sie den Unglauben dem Glauben vorziehen! Diejenigen von euch, die sich ihnen anschließen, sind die wahren Frevler!"

14. Grund: Der Koran gilt nur für Araber

Der Koran ist ein Buch, das den damaligen arabischen Traditionen entsprach, und ist gültig nur für jene, für Araber. Abgesehen von der Sprache spricht es Konflikte und Verhaltensweisen an, die es in der damaligen arabischen Kultur gab. Auch die Konfliktlösungen entsprechen der damaligen arabischen Kultur und Norm. Ein Beweis dessen ist die Heirat Mohammeds mit der Frau seines Stiefsohnes und die diesbezüglich veröffentlichten Verse (z.B. Sure 33, Vers 37). Dies gilt auch für viele andere Bereiche des Lebens wie Erbrecht, Steuerrecht etc.

Des Weiteren gibt es Verse, in denen Allah den Menschen in Mekka Undankbarkeit vorwirft, weil sie nicht glauben; denn er habe ihnen mit Mekka ein ergiebiges und sicheres Land zugewiesen.

Auch dies ist ein Beweis, dass der Islam für eine räumlich und kulturell abgegrenzte Gruppe von Menschen gilt.

Laut Mohammed habe Gott jedem Stamm einen Propheten geschickt und ihnen Bücher in ihrer Sprache geschickt, denn Gott wollte, dass jeder Stamm seine Befehle in der eigenen Sprache liest und lernt. Sure 14, Abraham, Vers 4: „Und wir haben keinen Gesandten (zu irgendeinem Volk) geschickt, außer (mit einer Verkündigung) in der Sprache seines Volkes, damit er ihnen (d.h. seinen Volksgenossen) Klarheit gibt."

Deshalb hätten die Araber und aus dem arabischen Stamm Mohammed ein Buch ihrer Sprache bekommen. „Wir haben sie zu einem arabischen Koran gemacht. Vielleicht würdet ihr verständig sein" (43. Az-Zuhruf, Verse 3-4), und sehen Sie auch nach in Sure 12, Yusuf, Vers 2: „Wir haben sie (d.h. die Schrift) als einen arabischen Koran hinabgesandt. Vielleicht würdet ihr verständig sein." Sure 41, Fussilat, Vers 3 und 4: „Eine Schrift, deren Verse auseinandergesetzt sind, herabgesandt als ein arabischer Koran, für Leute, die Bescheid wissen. Vers 4: Wir haben dich mit dieser Offenbarungsschrift als Verkünder froher Botschaft und als Warner (zu deinen Landsleuten gesandt). Aber die meisten von ihnen wandten sich ab, so dass sie nicht hören."

Sure 13, Ra´d. Vers 37: So wie er dir vorliegt, haben wir ihn (d.h. den Koran) als eine arabische Entscheidung hinabgesandt. Solltest du aber nach (all) dem Wissen, das dir (von Gott her) zugekommen ist, ihren (persönlichen) Neigungen folgen (und den wahren Glauben aufgeben), dann hast du Gott gegenüber weder Freund noch Beschützer." Sure 20, Ta-Ha, Vers 113: „Und so haben wir sie (d.h. die Schrift) als einen arabischen Koran hinabgesandt ..." Sure 42, As Sura, Vers 7: „Und so haben wir dir einen arabischen Koran (als Offenbarung) eingegeben, damit du die Hauptstadt (d.h. Mekka) und die Leute in ihrer Umgebung warnst, und damit du (deine Landsleute) vor dem Tag der Versammlung warnst (dem jüngsten Tag) an dem nicht zu zweifeln ist." Diese Suren und Verse zeigen, dass der Koran für eine bestimmte arabische Gesellschaft vorgesehen wurde.

Mohammed sagt damit, dass die Menschen jeweils in ihrer Sprache und in ihrer Kultur angesprochen werden. Sure 6, Al-An'am, Verse 156-157 „Wir haben die Schrift zu euch hinabgesandt, damit ihr (nicht etwa) sagt: Die Schrift ist nur auf zwei Gruppen (die) vor uns (gelebt haben, d.h. die Juden und die Christen) herabgesandt worden, und wir haben von dem, was sie (in der Schrift) geforscht (und erfahren) haben, keine Ahnung. 157: Oder (damit) ihr nicht etwa sagt: „Wenn die Schrift auf uns herabgesandt worden wäre, wären wir eher rechtgeleitet als sie ..." Es gibt noch viele andere Suren und Verse, die diese Aussagen bestätigen. Allah spricht jene Araber, den Stamm Mohammeds, an. Seine Zielgruppe sind nicht einmal alle Araber, sondern eine bestimmte Gruppe von Arabern.

Das zeigt auch die Art, wie Konflikte gelöst werden: Einige von Mohammeds Anhängern machten ihm Vorhaltungen wegen ihres „Untertanseins", (d.h. Muslimseins). Sie wollten mehr Kriegsbeute haben. Dies ärgerte Mohammed. Er veröffentlichte dagegen folgenden Vers: Sure Al-Hugurat, Vers 17: „Sie rechnen es dir gegenüber als ihr Verdienst an, dass sie den Islam angenommen haben. Sag: Rechnet es euch mir gegenüber nicht als euer Verdienst an, den Islam angenommen zu haben ..." Dass der Islam, die Religion der Untertanen, eine auf einen kleinen arabischen Raum begrenzte Religion ist, beweist auch das folklorisierende Verhalten vieler Untertane (Muslime) heute. Angefangen von der Übernahme arabischer Namen bis hin zu der folkloristischen arabischen Kleidung zeugt dies von alter arabischer Kultur, Tradition und Niveau.

Grund 15: Der Koran, ein Buch voller Widersprüche

Am Koran darf nicht gezweifelt werden. Wenn der Koran die Offenbarung Gottes ist, dann darf er keinen Irrtum und keinen Widerspruch enthalten. Aber der Koran ist widersprüchlich und das, obwohl in der Sure 4, An Nisa, Vers 82 steht: „... Wenn er von jemand anderem als von Gott wäre, würden sie in ihm viel Widerspruch finden ..." Beispiel 1: Wein trinken Sure 16, An-Nahl, Vers 67: „Und (wir geben euch) von den Früchten der Palmen und Weinstöcke (zu trinken), woraus ihr euch einen Rauschtrank macht, und (außerdem) schönen Unterhalt." Widerspruch: Sure 2, Al-Baqara, Vers 219: „Man fragt dich nach dem Wein und dem Losspiel. Sag: In ihnen liegt eine schwere Sünde. Und dabei sind sie für die Menschen (auch manchmal) von Nutzen ..."

Beispiel 2: Heirat mit Christen, Juden und anderen Ungläubigen, Sure 2, Al-Baqara, Vers 221: „Und heiratet nicht heidnische Frauen, solange sie nicht gläubig werden! Eine gläubige Sklavin ist besser als eine heidnische Frau, auch, wenn diese euch gefallen sollte. Und gebt nicht (gläubige Frauen) an heidnische Männer in die Ehe, solange diese nicht gläubig werden! Ein gläubiger Sklave ist besser als ein heidnischer Mann, auch wenn dieser euch gefallen sollte." Hierbei liegt der Widerspruch in ein und demselben Vers. Warum sollen die Männer „heidnische" Frauen heiraten, nicht aber die Frauen? Warum soll die Frau einen untertänigen (moslemischen) Sklaven heiraten? Mohammed meint, wenn eine Frau einen „Untertan" (Muslim) heiratet, wird sie sich dem „unterwerfen" müssen.

16. Grund: Cihad, Krieg

Krieg ist für den Islam eine kanonische Vorschrift. Wenn ich sehe, dass in Europa die Grenzen aufgehoben sind und werden, scheint mir die Spielart der Demokratie des Menschen würdiger zu sein. Ich stelle dem Krieg im Islam den Frieden der aufgeklärten Gesellschaft entgegen. Es ist kein Zufall, dass es keine selbstbombenden Juden und Christen gibt. At-Tauba 41. ayet: „Rückt leichten oder schweren Herzens (oder mit leichtem Gepäck oder mit schwerer Rüstung, oder klein und groß) zum Kampf aus und führet mit eurem Vermögen und in eigener Person um Gottes willen Krieg ..." At-Tauba, Vers 73: „Prophet führe Krieg gegen die Ungläubigen und die Heuchler (oder setze den Ungläubigen und den Heuchlern heftig zu) und sei hart gegen sie!" 9 At-Tauba Vers 88: „Aber der Gesandte und diejenigen, die mit ihm glauben, führen mit ihrem Vermögen und in eigener Person Krieg (oder haben Krieg geführt, sich abgemüht). Ihnen kommen dereinst die guten Dinge zu, und ihnen wird es wohl ergehen." 9 At-Tauba Vers 123: „Ihr Gläubigen kämpft gegen diejenigen von den Ungläubigen, die euch nahe sind (d.h. mit ihren Wohnsitzen an euer Gebiet angrenzen). Sie sollen merken, dass ihr hart sein könnt. Ihr müsst wissen, dass Gott mit jenen ist, die ihn fürchten."

Sure 29 Al ANKABÛT Vers 69: „Diejenigen, aber, die sich um unseretwillen abmühen (d.h. Kriegsdienst leisten), werden wir unsere Wege führen." 47, Sure Mohammed Vers 4: „Wenn Ihr (auf einem Feldzug) mit den Ungläubigen zusammentrefft, dann haut (ihnen mit dem Schwert) auf den Nacken! Wenn ihr sie schließlich vollständig niedergekämpft habt, dann legt (sie) in Fesseln, (um sie) später entweder auf dem Gnadenweg oder gegen Lösegeld (freizugeben). (Haut mit dem Schwert drein) bis der Krieg (euch vom Frieden abgelöst wird!). Dies ist der Wortlaut der Offenbarung. Wenn Gott wollte, würde er sich (selber) gegen sie helfen. Aber er möchte (nicht unmittelbar eingreifen, vielmehr die einen von euch (die gläubig sind) durch die anderen (die ungläubig sind) auf die Probe stellen. Und denen, die um Gottes willen getötet werden, wird er ihre Werke nicht fehlgehen lassen …"

Schlussbemerkung

Im Osten des Jemen gab es den Ort Hadramut. Dort lebte der Stamm Kinde. Die arabischen Quellen, welche über Mohammeds Krankheit berichten, schreiben, dass die Frauen dort ungeduldig auf die Nachricht vom Tod Mohammeds warteten. Als sie die erhielten, färbten sie ihre Nägel mit Henna, musizierten und tanzten dazu. Sie freuten sich und feierten, weil sie hofften, dass nun die Ära der Vernichtung der Freiheit und der Rechte der Frauen und ihre systematische Erniedrigung ein Ende haben würden. Der Nachfolger Mohammeds, Abu Bakr, aber ließ den Frauen und ihren Beschützern Hände und Füße abhacken und sämtliche Zähne ziehen. Ich gedenke dieser Frauen von Hadramut mit großer Hochachtung. Lasst uns daran arbeiten, dass ihre Hoffnungen endlich Realität werden. Anderthalb Jahrtausende schon haben die Wahnideen dieses archaischen Gotteskriegers Mohammed die Hirne der Menschen vernebelt und weltweit Unfrieden gestiftet. Es ist an der Zeit, diesem Wahnsinn ein Ende zu bereiten.

www.arzutoker.de/gruende.htm

Antworten auf Fragen und Beschuldigungen, die immer wieder an mich gestellt werden:

Warum beleidigen Sie unseren Glauben?

Ich greife keinen Glauben an und beleidige keine Religion, ich kritisiere sie. Das ist ein wesentlicher Unterschied. Ich fordere die Menschen auf, ihr wichtigstes Organ zu nutzen: Ihr Gehirn. Meine Kritik soll die Menschen befreien, aus Angst oder zu Liebe zu Allah zu handeln. Der Mensch kann nachdenken, erwägen und entscheiden, er kann sich davon befreien, der „Untertan" Allahs zu sein, er kann sich befreien von der Furcht vor Hölle, Hilflosigkeit, Unwissenheit. Darin will ich die Menschen mit meiner Kritik unterstützen. Der Mensch kann auch moralische Werte haben, ohne Untertan Allahs zu sein. Und wenn er Schwierigkeiten hat, dies zu vollziehen, so biete ich ihm das Grundgesetz, die Verfassung an.

Er braucht sich nur daran zu halten. Diese berücksichtigt auch die Menschenrechte. Da die Religionskritik in den islamischen Gesellschaften weitgehend abgelehnt wird und Sie dafür nicht offen sind, interpretieren Sie meine Kritik als Angriff und greifen mich auch persönlich als Mensch an. Sie schreiben Mails oder beleidigen mich und andere Ex-Muslime auf ärgste und versuchen mir Furcht einzujagen. Eine demokratische Gesellschaft zeichnet sich jedoch aus, durch die Offenheit und durch Kritik und Diskussion über alle gesellschaftlich wichtigen Theorien, Thesen und Glauben führen zu können; auch über religiöse Werte und diese Religion tragenden Personen. Aber, anscheinend haben Sie Ihr Leben auf das Religiöse gebaut und empfinden meine Kritik so, als ob ich Ihnen den Grund und Boden nehmen würde, als ob ich Ihr Leben angreifen würde. Sie aber sind, so vermute ich, Migranten wie ich. Wir sind in diese Gesellschaft gekommen, freiwillig. Wir bleiben freiwillig hier.

Die geistigen und persönlichen Freiheiten hierzulande sind eine Errungenschaft von jahrhundertelangen Kämpfen der Menschen in Europa. Sie haben kein Recht, dies einzuengen. Zugegeben, die Demokratie in Deutschland ist sozusagen sinnbildlich ein „Geschenk" gewesen, aber umso wertvoller ist dieses Geschenk und muss gelebt, ausgekostet, gehütet werden wie ein kostbares, zerbrechliches, wertvolles Porzellan. Abgesehen davon kann weder eine Ideologie, noch eine Religion beleidigt werden. Das ist nicht möglich. Beleidigt werden können Lebewesen wie Menschen, die Gefühle haben. In der Türkei gibt es den Spruch, „Wie die Mutter, so die Tochter", ich denke, dass dies auch auf die Religion und auf Sie anonyme Schreiber angewendet werden kann. „Wie der Glaube, so die Gläubigen."

Warum beleidigen Sie unseren Propheten, warum sprechen Sie unseren Propheten Mohammed nur als Mohammed an?

Das Wort „Hazreti", das Mohammeds Namen vorangestellt wird, drückt die Achtung und die Ehrerbietung, bzw. Respekt aus und wird von Untertanen (Muslimen) praktiziert. Das Wort Prophet wird dem Namen Mohammed von denjenigen vorangestellt, die glauben, dass er ein Prophet ist. Da ich weder Untertan (Muslimin) bin, noch glaube, dass Mohammed ein Prophet ist, brauche ich diese Ausdrücke nicht zu benützen. Es kann auch umgekehrt gedacht werden. Auch Christen in diesem Land könnten Ihnen vorwerfen, dass Sie ihren Glauben, Gott und Jesus „beleidigen", weil Sie diese Religion nicht akzeptieren, weil Sie Jesus als Prophet anerkennen, nicht aber, wie es das Christentum sieht, als Gottes Sohn.

Sie engen ihre Freiheit, Karikaturen zum gesellschaftlich relevanten Thema Islam zu veröffentlichen, ein. Ein Gott, der sich durch eine Karikatur oder Kritik beleidigen lässt, kann nicht allmächtig sein. Der Beleidigte erklärt, ob er beleidigt ist. Auch ich kann mich beleidigt erklären. Seltsam ist, dass dieselben Untertane (Muslime) nicht beleidigt sind, bei Ungläubigen zu arbeiten und zu leben. Wenn es aber um die Freiheiten hier geht, dann sind sie beleidigt. Ich werfe keine Steine auf Botschaften, nur weil die Länder, die sie repräsentieren, die Menschenrechte nicht akzeptieren, sondern nur Allahs Rechte an seine Untertane, d.h. Gläubige.

Sie sind gottlos, haben Sie keine Werte, keine Moral?

Doch, ich habe Werte. Die Grundlage meiner Moral besteht aus dem kategorischen Imperativ. „Handle nur nach derjenigen Maxime, durch die du zugleich wollen kannst, dass sie ein allgemeines Gesetz werde." Meine Werte basieren auf der Liebe zum

Menschen, zur Natur, Kunst, Literatur, Humor, Liebe, Freundschaft, nur um einige zu nennen. Um über einen Moralkodex zu verfügen, muss ich nicht an eine Religion glauben. Ich kann auch ohne einen Glauben mir und den Menschen, der Gesellschaft nützlich sein und über Moralkodexe, die ich daraus ableite, verfügen. Ich muss mich nicht vor der Hölle Mohammeds fürchten, um ein guter Mensch zu sein. Der kategorische Imperativ und die Liebe zum Mensch und Natur reichen völlig aus, um eine humane Gesellschaft zu bilden.

Werden Sie von Juden und Christen geleitet, geführt? Schlafen Sie mit Juden und Christen? Wer bezahlt Sie?

Der Mensch muss nicht „geleitet, geführt" werden. Ein Esel oder ein Tier, der nicht selbstständig denken kann, kann geleitet werden; nicht aber der Mensch. Er kann selbst leiten, er kann seine eigene Richtung festlegen. Natürlich brauchen wir Menschen, Regeln, um miteinander leben zu können. In Deutschland werden diese Regeln vom Grundgesetz, von der Verfassung gesetzt. Früher gab es Menschen, die sich zu Gott oder Gottes Botschafter erklärten, und Regeln zum Miteinander leben festlegten. Heute heißen diese Menschen oft „Guru".

Ihre Religion, Islam, setzte sich als „Religion" nach Christentum und Judentum durch und das nicht friedlich, sondern mit der Kraft des Krieges, der Gewalt. Ihre Bosheit, den Juden und den Christen zu unterstellen, Menschen wie mich zu führen, zu lenken, hat seine Ursache in ihrem Glauben, dem Islam. Denn: Während Mohammed in den ersten Jahren seiner Propheterie freundlich zu Juden und Christen war, wurde er, als er verstand, dass sie ihn nicht akzeptieren werden, feindlich. Dies kostete insbesondere vielen jüdischen Stämmen das Leben. Einige jüdische Frauen wurden nach der Ermordung ihrer Ehemänner in seinen Harem aufgenommen.

Islam ist judenfeindlich und christenfeindlich und bleibt es, solange Sie nicht den Koran nehmen, lesen und die feindlichen Verse in Frage stellen. Diese Gesinnung bringt Sie dazu, mir zu unterstellen, dass ich von Juden und Christen geleitet, geführt werde. Ihre Unterstellung, dass ich die Aufklärung fordern und einleiten würde, weil ich mit Juden und Christen sexuell verkehre, zeigt lediglich IHRE wahre Gesinnung, IHRE wahre Meinung über Frauen, die denken können; Ihre Meinung über Frauen, die ihr Gehirn benützen; IHRE Reduzierung der Frau auf ihr Geschlecht! Schließlich und endlich die Frage: Wer bezahlt Sie? Niemand. Ich bin nicht käuflich.

Was haben Sie davon?

Es gibt nichts Schlimmeres als das kleingeistige Krämergutdünken. Was nützt mir das? Was bekomme ich dafür? Sollen doch die anderen tun. Bin ich der einzige Mensch? Was habe ich davon? Das ist die Gesinnung, die dem Vers 60, Sure At-Tauba zugrunde liegt. Sure At-Tauba, Vers 60 ist die Grundlage dieser Frage bzw. dieser Gesinnung. Dort wird erklärt, wer für welche Tätigkeit eine Belohnung, bzw. Almosen bekommt: „diejenigen, die für die Sache des Islam gewonnen werden sollen, ... für den heiligen Krieg (den Weg Gottes) und für den, der unterwegs ist, der dem Weg Gottes gefolgt und dadurch in Not gekommen ist ..." Dieser Kosten-Nutzen-Mentalität stelle ich das Solidaritätsprinzip entgegen, das eine der Grundlagen des menschlichen Daseins ist.

Stimmt es, dass Frauen nur mit Erlaubnis des Ehemannes ins Paradies dürfen?

Ja, die Grundlage bildet die allgemeine Stellung der Frau im Koran und der Scharia, in der die Frauen zum absoluten Gehorsam gegenüber dem Mann und zur absoluten Zufriedenstellung des Mannes verpflichtet werden. Diese „Weisheit" steht allerdings nicht explizit im Koran, sondern auch in den Überlieferungen: Riyazü's Salihin Band I, Seite 326 Ausgabe in Türkisch, Überlieferungen von Ümmü Seleme, eine der vielen Frauen Mohammeds: „Eine muslimische Frau kann dann ins Paradies, wenn ihr Mann mit ihr vollends zufrieden (sexuell und im Allgemeinen ist gemeint) war." Siehe auch Gazali, Band II, Seite 148 (Ausgabe in Türkisch) „Wie man sieht, hat Gottes Gesandter den Gehorsam der Frau ihrem Mann gegenüber als eine Bedingung des Islam angegeben", Gazali, 1975, Band 2, Seite 72-74, siehe auch Gazali, Ausgabe 1975, Band II, Seite 155-156).

Einige wenige, zusammengefasste Aspekte:

aus der allgemeinen Stellung der Frau im Koran und den vielen verschiedenen erniedrigenden Überlieferungen. Den Beschreibungen des Paradieses, in der die Frauen lediglich die Zuschauerposition haben und den Mann bekommen, den sie bereits auf Erden hatten, während der Mann mit mindestens 70 Huris belohnt wird, gibt es keinen einzigen Vers für die Belohnung der Frau mit Gilman (männliche Wesen) und auch nicht mit langem Geschlechtsakt. Der Behauptung Mohammeds, dass die schönen „Huris" im Paradies die eigentlichen Frauen der Männer seien. Der Mann lediglich der Gast der Frau auf Erden sei.

Die Frau den Mann sexuell und im Allgemeinen zufrieden stellen muss, damit er sich sorglos dem Gebet und religiösen Geboten hingeben kann, da diese für den Eintritt des Paradieses erforderlich sind. Alle Aspekte, die dieser Bestimmung zugrunde liegen, hier zu erläutern, würde den Rahmen einer solchen Erklärung sprengen. Deshalb nur diese kurze Zusammenfassung. Für detaillierte Informationen siehe Prof. Dr. *Ilhan Arsel Seriat ve Kadin* – erscheint in Oktober unter dem Titel „Frauen sind eure Äcker" im Alibri Verlag.

Zudem möchte ich dadurch (unter anderem) verhindern:
– die Islamisierung der Migrationspolitik
– die Unterdrückung der Frauen und der Männer
– die Sexualisierung der Kinder
– das Untertanbewusstsein, dass der Koran den Gläubigen impft, bzw. die Entmündigung des Menschen

Arzu Toker

Ich möchte dem nichts hinzufügen außer die Bemerkung, dass die Lektüre für Politiker und Fachbeamte verpflichtend sein sollte. Diese sollten auch wissen, dass ein Minarett ein Herrschaftszeichen ist – und nur eine kleine Moschee ein Bethaus. Die großen „Freitagsmoscheen" sind Versammlungsplätze der Umma, des islamischen Volkes, und haben auch politische Funktionen. Im Laufe der Geschichte waren sie nicht nur Orte des Gebetes, sondern vor allem auch befestigte Plätze zur Vorbereitung von Kriegen und für Gerichtsverfahren bis hin zu Exekutionen. Die großen Freitagsmoscheen sind Zentren einer gesellschaftlichen Gegenwelt.

Ein „europäischer Islam" setzt die Absage von den mit unseren freiheitlich-demokratischen Rechts- und Gesellschaftsordnungen nicht vereinbaren Regeln des Islam voraus. Es sollte für Muslime eigentlich klar und einsichtig sein, dass man die bewährte „Hausordnung" der Gastländer, in die man ja wegen ihrer Attraktivität gegangen ist, achtet, respektiert und sich mit ihr ohne Mentalreservation[163] identifiziert.

Der Dialog mit den Amtsträgern ist wenig sinnvoll, weil sie ihre theokratische Macht zu bewahren versuchen und hierzu die *Takkiya* einsetzen. Wie im hypothetischen Fall, dass jemand versucht hätte, mit dem Großinquisitor über die Berechtigung der Inquisition zu reden, ist bei ihnen die Antwort leider programmiert.

Der freie, liebevolle Dialog muss vielmehr mit den nicht beamteten muslimischen Mitbürgern gepflogen werden. Mit diesen sollten wir die unseren freiheitlich-demokratischen Rechtsordnungen – insbesondere den Menschenrechten – widersprechenden Lehren diskutieren und Konsens suchen; vor allem sollten wir klarstellen, dass Gewalt keine Lösung ist, sondern nur sich aufschaukelnde Gegengewalt erzeugt. Wir sollten uns bei diesem geduldigen Dialog auch vom historischen und gegenwärtigen Missbrauch des Christentums zur Bemäntelung ökonomischer und politischer Interessen glaubwürdig distanzieren, aber auch nicht verschweigen, welche brutalen Eroberungszüge und Unterwerfungen im Namen des Islam stattgefunden haben (siehe *Bat Ye'or*).

Dem Teil III vorgreifend, möchte ich den für alle Schüler verpflichtenden Ethikunterricht vorschlagen, damit die jungen Muslime (und auch andere junge Menschen, die von Fundamentalisten geleitet werden) mit anderen Wertordnungen, Religio-

---

163 D. h., ohne den Hintergedanken, gegenwärtig taktisch zuzustimmen, aber später, wenn man stark genug ist, doch das „höherrangige, göttliche islamische Recht" einzufordern und durchzusetzen. Alle Imame, die ich hörte, betonten immer, dass das *divine law*, das göttliche Recht, das sie kennen, vor dem *human made law*, dem menschengemachten Recht, gehe. Einfach gesagt: In ihrer politischen Theologie bricht Koranrecht jedes andere Recht.

nen und Weltbildern vertraut gemacht und so in die Lage versetzt werden, sich des eigenen Verstandes zu bedienen. Dies ist wohl die wichtigste Voraussetzung für einen toleranten, „europäischen" Islam.[164]

Zusätzlich sollten wir die Menschenrechte und damit die freiheitlich demokratischen Grundrechte in den Verfassungen mit „Ewigkeitsgarantie"[165] verankern.

---

164 Ich hatte vor dreißig Jahren in Tübingen ein Gespräch mit dem fast erblindeten obersten Islamlehrer Deutschlands. Er war Bosnier und sprach offen aus, dass er sich wegen des weltweiten, theokratischen Missbrauchs des Islam geniere. Die Bosnier hatten keinen eigenen Staat und waren daher die ersten toleranten Muslime Europas. Dieser tolerante Islam lag auch dem österreichischen Islamgesetz von 1912 zugrunde. Die verlogene Politik des Westens habe nun aber den vor allem von Saudi-Arabien finanzierten Fundamentalisten Aufwind gegeben.

165 „Ewigkeitsgarantie" bedeutet, dass die Norm, auf der das Gemeinwesen aufruht, weder durch Gesetzesbeschluss mit qualifizierter Mehrheit noch durch Volksabstimmung geändert werden kann.

II.
URTEILEN

II.

Die absehbaren Folgen

II.1

Zerstörung menschlichen Glücks

II.1.1

Unersättliche Hineinstopfer

Es ist nicht nur das auf unbegrenztes Wachstum ausgelegte Wirtschaftsdesign, das den unersättlichen Konsumismus als „Wirtschaftsmotor" erfordert, und der daher mit allen Mitteln der werbenden Verführung gefördert wird.[166]

Es kommen weitere Triebkräfte hinzu. Die dem anerzogenen Nützlichkeitsdenken (siehe PISA-Kriterien) folgende innere Leere verleitet zur „Eventkultur". Man füllt die Leere mit dem Konsum immer rascher aufeinanderfolgender und immer reizintensiverer „Events". Dies ist zusammen mit dem Berufsstress eine Ursache der steigenden psychischen Erkrankungen, die bereits zu den häufigsten Gründen für Berufsunfähigkeit gehören.

Es kommt aber noch ein weiterer wesentlicher, schon im Abschnitt I.1.3 aufgezeigter, meist nicht beachteter Grund hinzu: Wenn die kurze Zeitspanne des Lebens „als letzte Gelegenheit" (*Marianne Gronemeyer*) betrachtet wird, weil Himmel und Hölle in das Reich der „Disziplinierungsmärchen" verbannt worden sind[167], dann bleibt bis auf die goldene Vernunftregel: „Was du nicht willst, dass man dir tu, das füg' auch keinem andern zu" keine

---

166 Sie brauchen nur die eingehende Werbepost und die Ihnen zwangsweise mitgelieferten Fernsehwerbungen zu betrachten, um bezüglich der Zwänge, die auf unsere jungen Mitbürger einwirken, besorgt zu sein. Dazu kommt noch der Gruppenzwang, im Konsum und Outfit sowie bei den Telekommunikationsgeräten „in" zu sein.

167 Eine Studie des Linzer IMAS-Instituts aus dem Jahre 2009 zum Thema „Ostern zwischen Brauchtum und Gläubigkeit" hat ergeben, dass nur 34% der Befragten überzeugt waren, dass es ein Leben nach dem Tod gibt. Dass es einen Himmel gibt, in den man kommen kann, bejaht nur noch knapp ein Viertel der Bevölkerung. Das Leben und sein Sinn werden also dramatisch verkürzt. Es bleibt die gehetzt zu nutzende „letzte Gelegenheit".

psychische Bremse. Selbst diese Bremse wirkt nur in der Gegenwart und zwischen etwa gleich starken Kontrahenten, weil man bei einem Schwächeren keine Vergeltung zu erwarten hat und weil die kommenden Generationen bei diesem Kalkül keine Partner sind.

Dass die Kultur des unersättlichen Hineinstopfens nicht nur zum ökologischen, sondern auch zum sozialen Stillstand und Kollaps führen muss, haben die Neurobiologen *Humberto Maturana* und *Francisco Varela* aufgezeigt.[168]

Der Quantenphysiker *Hans-Peter Dürr* hat von einer ganz anderen Seite her kommend seine Forscher- und Lebenserkenntnis in der gleichklingenden Aussage festgehalten, dass das Wesen des Universums die Verbindung, das Zusammenwirken ist. Die von ihm postulierten kleinsten Einheiten hat er daher „Wirks" benannt. Die liebevolle Verbindung sei nicht nur die höchste Stufe, sondern auch das Wesen des Seins.

II.1.2
Enttäuschte und Gescheiterte

Das „Grand Design" der Arbeitsmärkte mit Hypermobilität[169] bis hin zur Leiharbeit, gepaart mit der systematischen Zerstörung der kleinen gesellschaftlichen Einheiten, führt zu anonymisierten Gesellschaften, in denen jeder einen Überlebensplatz zu erhaschen versucht. Bergende Solidaritäten entstehen in einem solchen Milieu ebensowenig wie Berufungen (eine Arbeit, die Aufgabe und Erfüllung ist). Daraus sind auch die Zukunftsängste (fast 93%) einerseits und die Sehnsucht nach Familie (93%) und Freundschaft (über 95%) andererseits in der erwähnten Jugendbefragung vom Mai 2012 zu erklären. Meister, die früher sorgsam Lehrlinge ausgebildet haben, klagen darüber, dass ihnen die Arbeitsvorgaben kaum noch Zeit für die Ausbildung geben. Akademiker leben von projektbezogenen Arbeiten und Gelegenheitsjobs.

---

168 „Wir machen einzig und allein die Tatsache offenkundig, dass es biologisch gesehen, ohne Liebe, ohne Annahme anderer keinen sozialen Prozess gibt." (Der Baum der Erkenntnis, Scherz Verlag, Bern 1987, S. 266.
169 Zwei Drittel der österreichischen Jugendlichen zwischen 14 und 24 Jahren möchten ihre Heimat nicht verlassen (Quelle APA Wien 2. 7. 20012).

Die Konsequenz sind viele Enttäuschte und sich gescheitert fühlende Mitbürger. Dies kann keine friedvolle Basis für die Gesellschaft sein. Für Kurskorrekturen siehe III.2.2.1 .

II.1.3
Flucht in virtuelle Welten

Eine häufig anzutreffende Reaktion der Betroffenen ist die Flucht in virtuelle Welten. Früher waren dies das Kino und die Billigromane. Nunmehr ist vor allem das Internet im Zusammenspiel mit den neuen Empfangsgeräten die sich anbietende Fluchtpforte. Ich erlebe dies in meinem Umfeld bei prekären Arbeitsverhältnissen hautnah. Die Zahl der Internetsüchtigen steigt. Laut den Drogenbeauftragten der deutschen Bundesregierung sind bereits rund 560.000 Menschen als internetsüchtig einzustufen. In der Altersgruppe der 14- bis 24-Jährigen gibt es 2,4 Prozent abhängige und 13,6 Prozent „problematische Internetnutzer" (Stand Frühjahr 2012). Hierbei ist die Dunkelziffer sicher ziemlich hoch.

Dazu kommt noch ein Boom von esoterischen Gruppen, von denen das Internet strotzt.

II.1.4
Flucht in geistig versklavende Fundamentalismen

Ein weiterer, ebenfalls die Lebenstüchtigkeit und das Lebensglück herabsetzender Fluchtweg ist die Flucht in scheinbar bergende Extremgruppen, die Solidarität und Halt zu geben versprechen. Dies können religiöse Sekten, wie die Mun-Sekte, und esoterische Gruppen, aber auch andere – vor allem radikale – Gruppierungen sein. Die Entwicklung der rechten Szene in Ostdeutschland, wo aufgrund des abrupten Übergangs des Wirtschaftssystems die Hoffnungen auf westliche Standards und Arbeitsplätze nicht erfüllt wurden, zeugt von dieser Reaktion. Umso mehr ist eine Sinn- und Hoffnung gebende Gesellschafts- und Lebensvision für diese Menschen notwendig.

II.1.5
Flucht in die Sucht

Ich habe Süchtige erfolgreich resozialisiert und bin in zwei Fällen auch gescheitert. Daher bin ich mit der Not der betroffenen Personen und den Ursachen ein wenig vertraut. In der Regel ist die Ursache des Abgleitens nicht nur die Perspektivenlosigkeit am Arbeitsmarkt und die in die innere Leere hineinflackernde Eventkultur, es ist vor allem der Mangel an Ansprache, Halt und Vorbild in der Kleingruppe der Familie. Diese aber wird derzeit systematisch demontiert.

Die erste Stufe ist meist der unangemessene Alkoholkonsum („Volksdroge"), dem dann die härteren Stufen folgen. Man versucht ganz einfach von dieser „harten Welt auf Urlaub zu gehen" und verschlechtert dadurch seine Situation noch mehr.

Die Entziehungskuren nützen meist nichts, wenn nicht ein verständnisvolles (liebevolles) Auffangmilieu flankiert, wie es z. B. die Emmausgemeinschaften bieten.

II.2
Zerstörung der Lebensgrundlagen

II.2.1
Verbrauch der endlichen Ressourcen

Der bekannte deutsche Industrieplaner und Gründer der leider nicht mehr existierenden Kulturzeitschrift *Scheidewege, Max Himmelweber,* hat vor 40 Jahren geschrieben: *Lasst doch den kommenden Generationen wenigstens die Edelmetalle für die chirurgischen Bestecke.* Die marktfundamentalistischen Ökonomen haben darauf geantwortet, dass eben dann die Müllhalden, die wir hinterlassen, die künftigen Bergwerke sein müssten. Wenn die Rohstoffe knapp werden, dann wird der Markt entsprechend reagieren. Die Myopie, die Kurzsichtigkeit, der Märkte (sprich der Akteure am Markt) wurde ausgeblendet.

Dramatisch werden die Folgen der Myopie bei Ressourcen, die unwiederbringlich verloren gehen. Versiegelter oder durch unangepasste Nutzung zerstörter Boden braucht bis zu 500 Jahre, um wieder aufgebaut zu werden. Ausgestorbene Tier- (inklusive Fisch-) und Pflanzenarten sind auf immer verloren. Abgeschmolzene Gletscher können im Sommer das Lebenselixier Wasser (Schmelzwasser) nicht mehr liefern. Das zulasten der Ökosysteme verpuffte Erdöl und Erdgas ist schlicht weg. Die „Seltenen Erden" unserer elektronischen Geräte sind im Müll vergraben.

Wir hätten von der wegen Devisenknappheit entwickelten „Sekundärwirtschaft" im ehemaligen Ostdeutschland einiges lernen können, aber dazu waren wir zu stolz und zu marktfundamentalistisch.

II.2.2

Destabilisierung der Ökosysteme

Wer die Riskolandkarten der großen Versicherungen betrachtet, muss feststellen, dass insbesondere die Elementarrisiken dramatisch zunehmen. Da mich mein Freund *Walter Stahel* von der *Geneva Association* dankenswerterweise am Laufenden hält, bin ich halbwegs gut informiert[170]. Die Hauptursachen sind unsere materialintensiven Energieversorgungs- und Transportsysteme, die das Erdklima verändern, unsere nicht kreislauforientierten Wegwerfsysteme im Güterbereich sowie eine unangepasste, ebenfalls materialintensive Landbewirtschaftung. Wir sind mit einer dramatischen Stoffstromkrise konfrontiert, weil die menschenverursachten Stoffströme von der Natur nicht mehr „verdaut" werden können. Deshalb hat eine Gruppe um *Friedrich Schmidt-Bleek* 1994 den *Faktor 10 Club* gegründet, dessen Ziele einer globalen „Müllerstickung" entgegenwirken.

---

170 *W. Stahel* ist Generalsekretär-Stellvertreter dieses Think Tanks der großen Versicherungsgesellschaften in Genf.

II.2.3
Müllerstickung

Der Ausdruck „Müllerstickung" wurde vom seinerzeitigen Präsidenten der Deutschen Forschungsgemeinschaft, dem Biologen *Hubert Markl*, geprägt[171]. Er besagt, dass die anthropogenen (menschengemachten) Stoffströme die Ökosysteme derart überfordern, dass sie gleichsam am/im Müll ersticken. Die *Faktor 10 Gruppe* hat grob abgeschätzt, dass wir die Stoffströme weltweit halbieren müssen, um die Erde nachhaltig zu bewirtschaften. Da den Entwicklungsländern aber ein Nachholbedarf zugestanden werden muss, sollten die Industriestaaten je „Serviceeinheit" den Materialeinsatz auf 1/10 reduzieren (Faktor 10). Dies ist durch eine Kombination von Technik, Organisation und Lebensstil ohne Verlust an Lebensqualität möglich – wenn wir nur wollen.

Die Materialintensität wird in MIPS (Material Intensity per Service Unit – Materialintensität je Serviceeinheit) gemessen. *F. Schmidt-Bleek* hat als einprägsame Metapher für die Summe aller Umweltbelastungen, die eine Ware oder Dienstleistung bei ihrer Entstehung bis zum Endverbraucher akkumuliert, den *ökologischen Rucksack* erfunden.

II.2.4
Verlust der Ernährungsbasis

Hier geht es nicht nur um die zunehmende Bodenversiegelung (jährlich etwa die Fläche Österreichs weltweit) und das Niedermachen der vielfältigen, standortangepassten, bäuerlichen Landwirtschaft, es geht darüber hinaus um meist nicht ins Kalkül gezogene Entwicklungen. Dazu gehören:

a) Die Folgen einer Landbewirtschaftung, die die Natur gewaltsam zu „korrigieren" versucht, statt die menschlichen Nutzungsschleifen behutsam in die natürlichen Kreisläufe einzuhängen,

---

171 Festrede anlässlich der 172. Ordentlichen Mitgliederversammlung der Senckenbergischen Naturforschenden Gesellschaft, *Die ökologische Herausforderung der Wissenschaft*, Frankfurt 14. 11. 1989, abgedruckt in Natur und Museum Nr. 120, Frankfurt 1990

d. h. Synergien nutzen, statt die Keule schwingen[172]. Sie zerstört die uns tragenden Ökosysteme.

Die Biologin Rachel Carson (1907–1964) hat in ihrem Buch *Der stumme Frühling* dies wie folgt auf den Punkt gebracht: „Wenn man, um (konkurrierendes) Leben zu bekämpfen, Zuflucht zu Waffen wie Insektiziden nimmt, ist dies ein Beweis für mangelndes Wissen und für die Unfähigkeit, die Vorgänge in der Natur so zu lenken, dass rohe Gewalt überflüssig wird." (Bibliographie cit. S. 277).

b) Die Inkaufnahme von Naturzerstörung durch Kriegshandlungen (verniedlicht als „Kollateralschäden").

c) Die bewusste kriegerische Zerstörung der Ernährungsbasis („Politik der verbrannten Erde"), die nun großflächiger geschieht als in den vergangenen Jahrhunderten.

d) Die Störung der Produktionsbedingungen oder die totale Zerstörung der Produktionsgrundlagen mittels „moderner" Methoden der thermonuklearen, biologischen und geophysikalischen Kriegsführung[173]. Hierzu siehe Rosalie Bertell (Kriegswaffe Planet Erde), Nigel Calders (Unless Peace comes) und Michael Chossudovsky (Der Dritte Weltkrieg hat schon begonnen).

Es geht also nicht nur um die agrarpolitische „Ernährungssouveränität". Es geht auch um deren gesamthafte Einbettung der Landbewirtschaftung in eine friedlich und behutsam gestaltete Welt.

II.2.5
Neue Krankheiten und Epidemien

Ich möchte hier nicht die bekannten Problematiken wie Aids ansprechen, sondern darauf aufmerksam machen, dass der intensivierte Verkehr und der Klimawandel die Verschleppung und das Ansiedeln von Krankheitserregern und Parasiten bewirken. Dies

---

172 Mich lachen die gelernten Agrarier aus, wenn ich Disteln mit der Hand oder anderweitig mechanisch bekämpfe.
173 Die „Ionosphären"-Heizer (riesige Mikrowellenstrahler) und das Ausstreuen von Mikropartikeln in der Atmosphäre sind mir direkt bekannt.

geht von der Einschleppung von gefährlichen Pilzen, die alte Kulturpflanzen vernichten (Ulmensterben und nun auch die massive Schädigung der Esche), über Virosen (z. B. Scharka-Virus bei Steinobst) und Bakterien (z. B. Feuerbrand) bis hin zu gefährlichen Insekten, wie die Dornfingerspinne. Ein besonderes Problem stellen die auf den Menschen übertragbaren Virosen und Zoonosen dar, zumal wir bei den Virosen im Unterschied zu den bakteriellen Attacken keine spezifisch wirksamen Medikamente haben. Die wohl beste Strategie ist die Bildung von nicht zu großen Einheiten (Populationen), damit einerseits der Schädling über keine überreiche Nährstoffquelle verfügt und andererseits befallene Gebiete ohne Zusammenbruch der Gesamtversorgung abgegrenzt werden können. Das soziale Bedürfnis der Dezentralisierung und Vernetzung zeigt auch auf diesem Gebiet seine Sinnhaftigkeit.

II.3
Zerstörung der Wohlbefinden spendenden Gesellschaften

Wohlbefinden muss nicht immer mit der materiellen Güterfülle Hand in Hand gehen. Wenn z. B. genügend materielle Güter zur Verfügung stehen, dann ist die Zeit, sie zu genießen, für die Betroffenen wertvoller. Ebenso können Sicherheit und Geborgenheit als erstrebenswerter angesehen werden als ein hohes Einkommen. Im Folgenden möchte ich kurz anleuchten, wo es augenscheinlich in unseren mit „westlicher Effizienz" gesteuerten Gesellschaften schiefläuft. Der österreichische „Indikatoren-Bericht 2009 zum Monitoring Nachhaltiger Entwicklung" zeigt z. B., dass die Bewohner kleinerer Gemeinden trotz niedrigerer Einkommen zufriedener sind, weil die sozialen Netzwerke noch tragen.

II.3.1
Keine bergend-stabilen, überschaubaren Gesellschaftseinheiten

Der letzte obige Satz zeigt das Bedürfnis nach überschaubaren Strukturen. Der Hauptstrom läuft aber nach wie vor den Skaleneffekten nach (siehe auch III.2.4 Aufstand gegen die Zentralisierer) und schafft immer größere und anonymere Gebilde, die zu heimatlosen (auch haltlosen) Gesellschaften führen. In den gesellschaftlichen Megastrukturen sind einsichtige Rollen kaum noch möglich, und die in ihnen geforderte Mobilität lässt keine stabilen sozialen Bindungen und Solidaritäten sowie keine Identifikation mit der lokalen Umwelt entstehen. Heimatlose sind leicht zu manipulieren und ewige Glücksucher.

II.3.2
Angst und Unsicherheit im Zunehmen

Eine der Folgen der installierten Sachzwänge sind zunehmende Zukunftsängste (Jugendbefragung 2012 loc. cit: 92,6%!). Diese bewirken wieder, dass Familiengründungen hinausgeschoben oder ganz vermieden werden. Die Frau eines ursprünglich „ohne Wenn und Aber" freihändlerischen Kollegen hat mir gestanden: „Meine Tochter hat einen netten, intelligenten Freund. Er ist ein gut ausgebildeter Akademiker, aber er findet keinen stabilen Dauerarbeitsplatz. Vielmehr hantelt er sich von Projekt zu Projekt. Wie sollen sie da eine Familie gründen?"

Wenn wir uns so ins Aussterben hineinmanövrieren, dann werden die Zukunftsprobleme noch gravierender, weil der gesellschaftliche Sozialvertrag nicht mehr aufrechterhalten werden kann. Die Ängste werden dann zu Recht noch größer (siehe hierzu die Vorschläge in III.2.2).

II.3.3
Psychische Erkrankungen werden zur Pandemie

Zukunftsangst, aktuelle Sorge um den Arbeitsplatz, beruflicher Stress (um den Arbeitsplatz zu halten) und fehlende soziale Netze bewirken, dass die psychischen Krankheiten zur Pandemie werden. Eine der breit wirkenden Ursachen ist ein grundsätzliches Denk-, Handlungs- und Beurteilungsmuster, das zur Überforderung und zum Kippen von Systemen – auch des „Systems Mensch" – führt. Es ist dies das mechanistische Konzept der *Tragfähigkeit*.

In unserer Effizienzraserei belasten wir Systeme so weit, dass sie gerade noch nicht kippen. Ein kleiner Anstoß genügt dann aber, um den Zusammenbruch auszulösen. Diese Denkweise gilt für alle Bereiche. Wer denkt in einem GPS-gesteuerten Traktor mit Maschinenkombination noch daran, ob es dem Boden und den Pflanzen unter ihm gut geht? Wer kann in einem Stall mit 3.000 Schweinen noch an das Wohlbefinden des einzelnen Tieres denken?

Man trachtet die Systeme so zu steuern, dass es bei höchster Produktivität die geringsten Ausfälle gibt; mehr nicht.

Beim Menschen ist dies ähnlich. „Management by objectives" (Management durch Vorgaben) nennt man die moderne Sklavenhaltung, die den Mitarbeitern das Letzte abverlangt. Die Folgen sind dramatisch. Die WHO schätzt, dass bei ungebremstem Trend die psychischen Krankheiten in 20 Jahren nach Krebs und Herz-Kreislauf-Erkrankungen der drittgrößte „Volkskrankheitsbereich" sein werden. Daher meine Aufforderung zu einer Gesellschaftsordnung (inklusive Handelspolitik), die eine neue Arbeits(zeit)kultur (siehe insbesondere III.2.2.1) ermöglicht. Hierbei geht es auch um die Größe der Organisationseinheiten. Man kann in Unternehmen oder Gemeinwesen mit tausenden Menschen nicht auf den Einzelnen eingehen. Kurz vor dem Zusammenbruch erscheinen die Mitarbeiter/Mitbürger meist äußerlich noch „ganz normal", aber dann ist es oft irreversibel geschehen.

II.3.3.1

Burnout

Der Burnout, das Ausgebranntsein, ist in aller Munde, obwohl dieser Zustand emotionaler Erschöpfung mit reduzierter Leistungsfähigkeit formell nicht als Krankheit, sondern als „Problem der Lebensbewältigung" angesehen wird. Es wird also eher der Betroffene als das krankmachende Umfeld verantwortlich gemacht. Die Krankenkassen zahlen folglich keine Behandlungskosten. Für die Betuchteren stehen teure Wellness-Ressorts und Gesundheitszentren mit spezieller Burnout-Therapie zur Verfügung, die Ärmeren (und diese werden mehr) fallen durch den Rost.

Diese Situation ist deshalb bedenklich, weil dem Burnout meist psychosomatische Erkrankungen, verbunden mit dem Verlust der Arbeitsfähigkeit, folgen, und sich die unbehandelte Entwicklung bis zum Selbstmord steigern kann. Therapie und Umfeldgestaltung müssten daher ineinandergreifen.

Besonders bedenklich ist, dass man bei überforderten Kleinkindern und Schülern bereits von „Burnout" spricht. Hier muss die stabile, liebevolle, Zuwendung und Zeit gebende Milieugestaltung das Hetzen durch eine kalte Erwachsenenwelt ablösen. Die Gesellschaftsordnung muss hierfür Freiraum geben, wenn wir vermeiden wollen, dass „seelische Krüppel" die Zukunft auch materiell belasten.

II.3.3.2

Depression

Die Depression (krankhaftes persönlichkeitsveränderndes Niedergedrücktsein) setzt meist auf den unbehandelten Burnout auf. Sie ist bereits zur Pandemie geworden. Trotz der hohen Dunkelziffer (vor allem in der „Dritten Welt") sind weltweit (WHO) 120 Millionen Fälle gemeldet, in denen therapeutisch eingegriffen werden musste. In den Industrieländern ist die Depression bereits zur häufigsten Krankheit geworden. In Österreich sind 800.000 Depressive erfasst. In Deutschland leiden rd. vier Millionen Menschen an Depressionen (rd. 5% der Bevölkerung). Die Depression wurde zur dritthäufigsten Ursache für Arbeitsunfähigkeit. Hinter jedem dritten Alkoholiker und Drogensüchtigen verbirgt sich als Auslöser der Versuch, eine Depression zu überspielen. Gemäß der gesamteuropäischen Statistik ist die Depression tödlicher (Selbstmorde) als Aids, Drogenmissbrauch und Verkehrsunfälle zusammen[174]. Da müssten doch die Alarmglocken bei allen das Gemeinwohl im Munde führenden Politikern und Gutmenschen läuten!

---

174 Mai J., Depression in Deutschland – Fakten, karrierebibel.de 2009

II.3.3.3
Süchte

Die vergebliche Flucht vor der harten gesellschaftlichen Wirklichkeit in alternative Scheinwelten ist vielfältig und wird meist zur Sucht. Die Internetabhängigen und unersättlichen Eventhascher sind noch der harmloseste Fall. Viel gravierender ist die Drogenabhängigkeit. In Deutschland leiden 5-7% der Bevölkerung unter einer Abhängigkeit. Davon sind ungefähr 150.000 Personen Drogenabhängige. Rd. 1 Million Menschen leiden an Medikamentensucht. Die Entwicklungen und Auswirkungen sind dramatisch: In Deutschland haben sich die Krankenhausaufenthalte binnen 10 Jahren verdoppelt und die Arbeitsausfälle ebenfalls. Haben wir nicht mehr zu bieten als teure, wenig Besserung bringende Nachsorge für unglückliche Mitmenschen?!

II.3.4
Das Ende des Sozialstaates

Aber es kommt ja noch „dicker": Weil die staatlichen Haushalte zunehmend notleidend werden, können wir uns ohne Kurskorrektur die Nachsorge in Zukunft auch nicht mehr leisten (siehe in III.2.1 die Prognose von *Erich Streissler*). Warum ist dies so und ist dies tatsächlich unvermeidbar?

II.3.4.1
Umschichtung des Volkseinkommens in Richtung Kapitaleinkommen

Da sich die großen Kapitaleigner (die wirklich Reichen) einem ihrer ökonomischen Leistungsfähigkeit entsprechenden Beitrag zur Finanzierung der Staaten entziehen, sich die Staaten zunehmend verschulden, die Kapitalien über den Zinseszinseffekt laufend in einer geometrischen Reihe wachsen und damit auch die Zinsansprüche laufend steigen, nehmen die Kapitaleigner einen immer höheren Anteil am Volkseinkommen in Anspruch.

II.3.4.2
Zunehmende Öffnung der sozialen Schere

Dies bedeutet, dass die Masseneinkommen zurückgehen und die Staaten ihre sozialen Transferzahlungen zurückfahren müssen[175]. Die „soziale Schere" öffnet sich daher immer mehr. Solches erfolgt nicht nur innerhalb der Staaten (siehe Sozialberichte), sondern auch zwischen den Staaten. In zwei Jahrzehnten erfolgte Verdoppelung des Abstandes zwischen den ärmsten und reichsten Ländern (Bürgerkriegsländer, wie Somalia, werden hierbei ausgenommen, weil dort die messbaren Volkseinkommen gegen null gehen).

Die OECD-Studie „Divided we stand – Why inequality is rising" vom Dezember 2011 widerlegt die Annahme, dass Wirtschaftswachstum automatisch allen Bevölkerungsgruppen zugutekommt und dass Ungleichheit soziale Mobilität fördert. Die Schlussfolgerung des Generalsekretärs *Angel Gurría* lautet: „Zunehmende Ungleichheit schwächt die Wirtschaftskraft eines Landes, sie gefährdet den sozialen Zusammenhalt und schafft politische Instabilität – aber sie ist nicht unausweichlich. Wir brauchen eine umfassende Strategie für sozialverträgliches Wachstum, um diesem Trend Einhalt zu gebieten." Diesem Wunsch versuche ich im Teil III zu entsprechen.

II.3.4.3
Überforderte Staatshaushalte

Wer die „Schuldenuhren" der Staaten im Internet betrachtet, dem wird klar, dass dies alles ein Spiel mit relativ kurzfristigem Ablaufdatum ist. Wenn er weiß (Finanzwissen ist eine Holschuld), dass jeder Schuld eine Forderung gegenüber steht, dann muss es unangemessen Reiche geben. Wenn er noch dazu weiß, dass sich diese durch „Standortwettbewerb" (Ausspielen der Staaten gegeneinander) und Flucht in Steueroasen einem Beitrag zur Finanzierung der Ausgaben für das Gemeinwohl entziehen und sich diese Handlungs-

---

175 Dies hat Deutschland über die Hartz-Reformen bereits erfahren. Das Ende der Entwicklung ist aber ohne gesamthafte Reform des Finanzwesens noch nicht erreicht.

weise noch dazu durch einige mächtige Staaten, die in ihrem Sold stehen, absichern lassen, dann muss ihn der gerechte Zorn packen …

II.3.4.4

„Rettung" der Staaten durch „Privatisierungen" im großen Stil, d. h. Beraubung der Bevölkerungen durch die Finanzmächtigen

Dieser Zorn (so entstehen „Wutbürger") erhöht sich noch, wenn er sieht, dass die Staaten Gemeingut an die sich der Beitragsleistung entziehenden Finanzoligarchen verkaufen und dass Letztere dies noch als großzügige „Rettung" darstellen. Er beginnt zu verstehen, dass man zur Wurzel des Wortes zurückgehen muss: *Privare* bedeutet im Lateinischen *rauben*.

Er muss auch erfahren, dass bei den kleinen Dingen rigoros gespart wird, während zur Bedienung und „Rettung" des Finanzsektors Geld in Milliardenhöhe fließt.

II.3.4.5

Soziale Destabilisierung – Gefahr von Radikalisierung, Terror, Bürgerkrieg und Krieg

Der Generalsekretär der OECD hat unerwarteterweise die Konsequenzen benannt (siehe oben II.3.4.2): Gefährdung des sozialen Zusammenhalts und politische Instabilität.

Wenn die Staaten und anderen Gemeinwesen zunehmend notleidend werden und eine Generation, die weder Krieg noch echte Not erlebt hat, auf ihre bisher selbstverständliche Alimentierung pocht; und wenn diese Generation noch dazu keine „Opferkultur", sondern nur Fordern und aufputschende Events kennt, dann muss vorrevolutionäres Potential geortet werden. Dieses können sich radikale Organisationen und ausländische Mächte zunutze machen. Wir haben uns offenbar auf einem Pulverfass verdrängend-unkritisch „wohnlich" eingerichtet.

Die Jugendkrawalle in Frankreich und England sollten Warnungen sein.

II.4

Versorgungskrisen

Dieser Bereich der negativen Folgen wird meist ausgespart. Umso mehr möchte ich ihn betonen.

II.4.1

Zerstörung der lokalen, angepassten Finanzdienstleistungen durch Plünderung der soliden Regionalbanken durch die spekulierenden Zentralinstitute

Ich habe unter I.1.1.1.1.1.7 bereits auf das De-facto-Legen der lokalen genossenschaftlichen Volksbanken in Österreich und die „Ver-Haftung" der lokalen Raiffeisenbanken hingewiesen. Da man die Baseler Abkommen undifferenziert auf die gesunden kleinen Genossenschaftsbanken anwendet[176], und zwar sowohl auf die Eigenkapitalvorschriften (trotz der sie stützenden Haftung der Mitglieder)[177] als auch auf die Anforderungen gegenüber den persönliche bekannten Kunden[178], werden diese kostenmäßig „nicht konkurrenzfähig" gemacht. Die staatlich geretteten Banken machen ihnen noch dazu unterpreisige Konkurrenz, denn diese müssen ja wieder auf die Beine kommen[179]. Zusätzlich bindet der Staat die unschuldigen kleinen Banken in die Finanzierung von „Rettungszahlungen" für jene Banken ein, die sich verspekuliert haben.

In den USA ist dieser „Konzentrationsprozess" noch dramatischer verlaufen, weil man die lokalen Banken aktiv in das Invest-

---

176 Die deutsche Bundeskanzlerin hat sich vergebens dagegen gewehrt, wurde aber mit dem Totschlagargument, dass finanzielle Sicherheit unteilbar sei, niedergestimmt.

177 Eine lokale Bank, die nicht spekuliert (Investmentbanking), sondern nur Geld sammelt und ausleiht, einen kleinen Risikofonds hat und von der solidarischen Haftung der Mitglieder getragen wird, braucht der Natur der Sache nach keinen großen Kapitalpolster.

178 Wozu zwingt man die Bank, von einem lokalen Handwerker, den man genau kennt und der seine Werkstatt ausbauen will, einen komplizierten Businessplan und hohe Sicherheiten (alles kreditverteuernd) zu verlangen?

179 Ich höre dies laufend bei Gesprächen mit Mitarbeitern kleinerer (unschuldiger) Banken.

mentgeschäft hineingetrieben hat[180], um beim Platzen der Risikogeschäfte seitens der Großbanken zuzugreifen.

Der jüngste Länderbericht des IWF für Österreich (Juli 2012) gibt der Strategie des Legens der kleinen lokalen Banken Auftrieb. Es gäbe zu viele Banken (Österreich ist „overbanked") und: „Die Profitabilität der österreichischen Bankgeschäfte war in den letzten Jahren ziemlich niedrig." Aber soll und will eine lokale Genossenschaftsbank hohe Gewinne machen? Ist nicht ihr Gründungsauftrag, solide zu beraten, ein gutes Service und kostengünstige Kredite zu geben ... und keine hohen Gewinne zu machen?

Womöglich kommt nun der Schluss, kleine gesunde Banken zu schließen, damit die verstaatlichten mittleren Banken[181] (die sich als „Systembanken" gebärden, die man nicht fallen lassen kann, weil sonst die Welt unterginge) herübergerettet werden und man dem IWF berichten kann, dass man die empfohlene Strukturbereinigung vollzogen hat.

Was aber tun wir, wenn das Währungssystem oder das gesamte höchst verletzliche Bedarfsdeckungssystem – aus welchem Grund immer – zusammenbricht und wir auf lokale Geldversorgung und Wirtschaftskreisläufe angewiesen sind? Ich habe eine solche Situation am Ende des Zweiten Weltkrieges erlebt und gesehen, wie die lokale Genossenschaftsbank die Notversorgung sicherstellen konnte. Schönwetterannahmen allein genügen bei verantwortungsvoller Planung nicht. Im Rahmen einer Worst-Case-Planung (Annahme des schlechtesten Falles), wie sie jeder Gebäudeplaner verpflichtend anwenden muss, sollten wir auch bedenken, dass die Datenverarbeitungssysteme ausfallen können. Wie soll dann unser dezentraler Notbetrieb aussehen?[182]

---

180 Dort müsst ihr verdienen, um kostengünstig zu wirtschaften, konkurrenzfähig zu sein und euren Eigentümern einen attraktiven Ertrag nachzuweisen. Dies erinnert mich an das Schicksal der österreichischen „Bank für Arbeit und Wirtschaft" (Arbeiterbank), die derselben Anspruchsmanie erlegen ist.

181 Die österreichischen „Großbanken" sind im internationalen Vergleich Banken mittlerer Größe.

182 Ich habe im wissenschaftlichen Beirat des österreichischen Verteidigungsministeriums zu bedenken gegeben, dass jede moderne Aggression die Datenverarbeitungs-, Energieversorgungs- und Verkehrssysteme angreift. Sollten wir da nicht einfache Kommunikations- und Meldesysteme für den Notfall zur Verfügung haben?

II.4.2

Energieversorgungskrisen durch Auslandsabhängigkeit und mangelnde Energie–Raumplanung

Ich möchte den Ausführungen unter I.2.6 nur hinzufügen, dass kommende Generationen über uns den Kopf schütteln und sagen werden: Wie konnten diese Menschen nur so blind und beschränkt sein?!

– Sie zapften die überreichlich einstrahlende Sonnenergie nicht an.

– Sie plünderten die Leichenhäuser dieser Erde und bauten mit den fossilen Primärenergieträgern ein nur kurzfristig aufrechterhaltbares Energieversorgungssystem auf.

– Sie haben dadurch falsche Wirtschafts- und Wohnstrukturen aufgebaut und sich in ökologisch und sozial nicht nachhaltigen Mega-Cities zusammengerottet.

– Statt nachhaltige Energieversorgungs- und Bedarfsdeckungsstrukturen zu errichten, haben sie Erdöl- und Erdgaskriege geführt, die in Summe mehr gekostet haben als die plündernde Nutzung der fossilen Lager.

– Sie sind das Risiko der energetischen Nutzung von Atomenergie unnötig eingegangen und haben den kommenden Generationen die langfristige Versuchung der Welt mit ionisierenden Strahlen hinterlassen, obwohl sie in sicherer Entfernung den dauerhaften Fusionsreaktor „Sonne" zur Verfügung hatten.

– Sie haben die Landbewirtschaftung unnötig energieintensiv gestaltet und dabei noch Zukunftskapitalien der kommenden Generationen, nämlich die fruchtbaren, belebten Böden weitgehend zerstört, sowie die Vielfalt an Pflanzen und Tieren (Biodiversität) verringert.

– Statt eine sinnvolle Energierumplanung zu machen, haben sie von weit her fossile Primärenergieträger importiert, dadurch unnötig Geld ins Ausland getragen und außerdem Diktaturen und Terroristen alimentiert.

– Sie haben in ihrer Verfangenheit in Großsystemen, um „*alternativ*" zu sein, schließlich auch große fruchtbare Flächen mit

Photovoltaikpanelen zugepflastert und geplant, „Solarstrom"
in der Sahara zu generieren und nach Europa zu transportieren.

– Sie haben es unterlassen, im Rahmen der Energieraumplanung
für die Möglichkeit einer Not(Grund)versorgung im Inselbetrieb Vorsorge zu treffen.

– Sie haben zugesehen und mitgespielt, wie mit den Erdöl- und
Erdgasgeldern, die sie ins Ausland überwiesen haben, unsere
Industrien und Ländereien aufgekauft wurden und in fremde
Hände kamen, die kaum lokale Loyalitäten haben und denen
unsere ökologischen und sozialen Standards eher ein Hinder-
nis denn ein Anliegen sind.

Was waren sie? Dumm oder verantwortungslos oder korrupt oder
alle drei zusammen?

II.4.3
Ernährungskrisen durch Aufgabe der Ernährungssouveränität

Dass die Nahrungsdecke der Erde knapp wird, pfeifen die Spatzen
vom Dach. Der „fachliche Rat" der Ökonomen des *Centre for
European Policy Studies*, dass Europa reich genug sei, um sich
auch bei Lebensmittelknappheit die erforderlichen Nahrungsmittel
kaufen zu können, und dass daher das „Gerede von der notwendigen Ernährungssicherheit" unbegründet sei, ist schlicht wirklich-
keitsfremd. Die Herren (eine Dame ist mir nicht bekannt) haben
offenbar nur Schönwetter mit kleinen Störungen erlebt und daraus
ihr Modell-Urteil abgeleitet. Auch haben sie die Verschränkung der
Land- und Forstwirtschaft mit der Erhaltung und Pflege der von
den Bürgern erwünschten Kulturlandschaften außer Acht gelassen.

Was derzeit abläuft, nämlich die stillschweigend tolerierte oder
sogar gelobte, schleichende Aufgabe[183] der Möglichkeiten zur
Selbstversorgung im Krisen- und Knappheitsfall ist zukunftskriminell. Schon allein die Verletzlichkeit der Fernversorgungs-
systeme gebietet, regionale Versorgungssysteme aufzubauen bzw.
zu erhalten. Die Ernährungsraumplanung müsste mit der Energieraumplanung Hand in Hand gehen.

---

183 Die Sonntagsreden klingen anders.

Die Mikroelektronik und die Informatik bieten heute die Möglichkeit, auch kleine Produktionseinheiten hochproduktiv und verlässlich zu gestalten und zu vernetzen. Dass wir diese Techniken für die Aufrechterhaltung von unangepassten und unsicheren Großsystemen einsetzen statt für intelligente Dezentralisierung und Vernetzung, ist eine der großen Sünden unserer Generation.

II.4.4
Künftige Reparatur- und Instandhaltungskrisen durch das Untergehenlassen des lokalen Handwerks

Wir wissen auch, dass zur ökologisch notwendigen Verringerung der Stoffströme und aufgrund der kommenden Knappheit von Rohstoffen eine Renaissance von *Instandhaltung, Reparatur und Wiederverwendung* notwendig sein wird; ebenso der individuellen *Fertigung auf Bestellung* statt Massenproduktion auf Verdacht.

Durch die hohe Belastung der menschlichen Arbeit mit Steuern und Abgaben und durch die Begünstigung der Wegwerfgüter produzierenden Großunternehmen (bis hin zu den mit öffentlichen Geldern hergestellten Verkehrsanschlüssen und zu der subventionierten Entsorgung) haben wir nicht nur ein Bauern-, sondern auch ein die nachhaltige Zukunftsgestaltung gefährdendes Handwerkersterben. Wenn wir dazu noch bedenken, dass Europas sichtbare Kultur weitgehend durch das sie formende Handwerk entstanden ist, dann müssen wir auch in diesem Bereich dringend ansetzen. Ich weiß aus eigener Wahrnehmung, wie rasch erworbenes Handwerkswissen verloren geht und was unsere erfahrenen Meister in schwierigen Situationen an Lösungen hervorzaubern konnten, welche die Ingenieure staunen machten. Sie hatten Materialgefühl und Sinn für angepasste, möglichst einfache Problemlösungen.

Neben der steuerlichen Besserstellung ist hier auch das Prestige stärker zu betonen, damit die ungeerdete Schreibtischsucht nicht überhand nimmt. Längerfristig sollten wir dem Ideal, das ich unter I.3.3.9 und III.2.2.1.f angetönt habe, nachstreben und unter dem Motto „Handwerk überall" einer neuen Lebens- und Arbeitskultur nachstreben.

III.
HANDELN

III.

Die notwendigsten gesellschaftlichen Stellglieder

Mir ist bewusst, dass die nachstehenden institutionellen und geistigen Handlungsanleitungen von Kritikern – den sogenannten „Realisten"–, die uns in die gegenwärtige umfassende Krisensituation gebracht haben, zumindest teilweise als Utopien abgetan werden, weil sie sich von ihren geistigen Häusern und Besitzständen, in denen sie sich wohnlich eingerichtet haben, nicht zu trennen vermögen.

Es gibt aber auch realistische Einwände, die die gegenwärtige Erreichbarkeit zu Recht in Frage stellen, weil der geistige Boden noch nicht ausreichend aufbereitet ist, oder weil gegenwärtige, unüberwindliche Machtverhältnisse entgegenstehen. Hier bekenne ich mich zu dem, was *F. J. Radermacher* als *„Doppelstrategie"* bezeichnet. Man formuliert sein Ziel und gibt dieses nicht preis, aber bekennt sich zu einer gegenwärtigen Notstrategie, die jedoch so gestaltet sein muss, dass sie die Langzeitstrategie nicht kompromittiert. Das *ceterum censeo* ist erforderlich.

Ich bringe hierzu ein einfaches Beispiel: Ich weiß, dass meine Frau und ich auf unserem Bergbauernhof unter den gegenwärtigen Marktbedingungen, dem momentanen Lebensentwurf unserer Kinder und meiner physischen Belastbarkeit nur extensiv wirtschaften können. Wir forsten aber im Gegensatz zu den Nachbarn die steilen Flächen nicht auf und nutzen potentielle Ackerflächen als Grünland, was sogar für die Zukunft Humus speichert. Potentiell dreischnittige Wiesen werden nur einmal gemäht. Außerdem halten wir ein Minimum an Saatgut für Getreide, Wurzel- und Knollenfrüchte, sowie Gemüse bereit. Wir halten also Produktionsbereitschaft, weil wir wissen, dass die Gesellschaft (und wir selbst auch) in Zukunft jeden Quadratmeter fruchtbaren Bodens und die Handwerkskunst seiner Bewirtschaftung brauchen werden. Beim Eintreten der erwarteten Knappheit können wir jederzeit intensivieren. Gegenwärtig lächeln viele über uns, weil sie den „Rückblick aus der Zukunft" nicht wagen oder verdrängen.

Viel massiver sollte obige Überlegung für die Gesamtgesellschaft gelten. Wir versiegeln oder entfremden in Österreich derzeit pro Tag fruchtbaren Boden in der Größe eines Kleinbauernhofes (rd. 20 ha). Dies ist schlicht „zukunftskriminell".

III.1
Internationale Rahmensetzungen

III.1.1
Renaissance des Völkerrechts statt gleichmachende Globalisierung Abwendung sozialer Entropie

Wir stoßen gegenwärtig allenthalben auf den ultimativen Lösungsvorschlag für die sich gegenwärtig aufschaukelnden Probleme in Form einer „Weltregierung".[184] Wie diese zustande kommt und wie sie legitimiert sein soll, können die wenigsten sagen. Wenn wir an Kultur- und Politblöcke wie China, Indien und Indonesien denken, sowie an die fundamentalistisch-islamisch regierten Staaten, dann kann man kaum die Chance einer einem Minimalkonsens genügenden Weltregierung sehen.

Eine solche erscheint mir auch kontraproduktiv. Große Einheiten haben immer die Tendenz, Regelungen unangemessen an sich zu ziehen und Vereinheitlichung auch dort einzufordern, wo sie nicht notwendig und sinnvoll ist. Dies führt zur „sozialen Entropie".

III.1.2
Geordneter Wettbewerb von Gesellschaftsordnungen als Basis der sozialen und kulturellen Evolution

Die Völkerrechtsordnung, insbesondere auch die Finanz- und Handelspolitik, sollte vielmehr die Entwicklung unterschiedlicher Gesellschaftsentwürfe ermöglichen, die miteinander in fried-

---

184 Auch in den berechtigten und bewegenden Aufrufen von *Stéphane Hessel* (*Empört Euch!* und *Engagiert Euch!*) und von *Hugo Portisch* (*Was Jetzt?*) kommt immer wieder der Ruf nach der Weltzentralgewalt.

lichen Wettbewerb treten. Staaten sollten Schaufenster attraktiver, nachahmenswerter Gesellschaftsgestaltungen sein. Die informierten Weltbürger sollten sich unterschiedliche Gesellschaftsentwürfe ansehen und sagen können: „Wir möchten leben wie die Schweizer oder wie die Norweger oder wie die 'lässigeren' Griechen", und nicht gesagt bekommen, was für sie gut sein muss und wie sie sich zu organisieren haben – womöglich von demokratisch nicht legitimierten Plutokraten. Was innerstaatlich gilt (ein Bayer möchte kein „Preuße", ein Vorarlberger kein Wiener und ein Appenzeller kein Zürcher sein), sollte umso mehr für den zwischenstaatlichen Bereich gelten.

Ich bringe immer als historisches Beispiel das Iglauer Bergrecht, das ökonomisch, ökologisch und sozial so attraktiv gestaltet war, dass es weltweit kopiert wurde.

Thomas Morus (More) (1478–1535) hat in seiner Parabel *Utopia* ein fiktives Vorbild als Maßstab vorgegeben.

III.1.3
Föderales Europa der Vater/Mutterländer

Wir erleben gegenwärtig, dass über die Köpfe der Bürgerinnen und Bürger ein *„Europäischer Zwangsbundesstaat"* errichtet werden soll, um den Finanzmächtigen den Durchgriff auf die Haushalte der Staaten und die Einkommen aller Bürger zu ermöglichen. Hierbei sind die Deutschen die Getriebenen, die man mit ihrer „Nazi-Vergangenheit" unter Druck setzt. Die Finanzhoheit der Parlamente wurde bereits indirekt durch die widerrechtliche Praxis der EZB (Kauf von maroden Anleihen und Zulassen von Anschreibungen via Target-System) und durch den EFSF eingeschränkt. Der ESM hebt das Königsrecht der Parlamente, die Finanzhoheit, de facto auf, und der Fiskalpakt flankiert dies. Die Rufe der am Nasenring geführten (siehe I.3.1.1.1.1.6), gepanikten Politiker nach einer Fiskalunion, Bankenunion, politischen Union, einem Schuldentilgungsfonds und einer Wachstumsunion (als ob Wachstum allein Arbeit und allgemeinen Wohlstand schaffen könnte – siehe III.2.2.1) bedeuten in Wirklichkeit die Übergabe der gesellschaftlichen Gestaltungsmacht an die internationale „Finanzelite" und die solidarische Haftung aller europäischen Bürger gegenüber diesen. Dies aber wird zur sozialen Zerreißprobe führen und das „Friedensprojekt EU" wird zum „Unfriedensprojekt der Europäischen Uneinigkeit" mutieren. Sich hinausredende Ankündigungen, wie beim Europäischen Rat vom 28./29. 6. 2012, wo man ohne Änderung der grundlegenden Strukturen und Dynamiken verkündete, dass der Rat sich dazu verpflichtet hat, resolute Maßnahmen zu ergreifen, um den Spannungen auf den Finanzmärkten zu begegnen, Vertrauen wiederherzustellen und das Wachstum wieder anzukurbeln („The Council therefore committed itself to taking resolute action to address financial market tensions, restore confidence and revive growth"), verstärken nur das Absinken des Vertrauens in die vorherrschende Politik.

Sind die Norweger, die vor allem wegen der „Europäisierung" ihrer Fischgründe und ihrer kargen – aber landeskulturell wertvollen – Landwirtschaft nicht der EU beigetreten sind, etwa schlechter gefahren? Oder hat sich das kleine Island nicht besser errappelt, weil das Volk den Finanzoligarchen die Stirn geboten hat?

Ich habe immer als Alternative zur EU für die Vertiefung der EFTA plädiert, damit die europäische Vielfalt aufrechterhalten bleiben kann, aber über den intensivierten Handel und kulturellen Austausch jenes von innerer Solidarität getragene Friedenprojekt Europa entsteht, das die EU sein sollte (wollte). Die EU in ihrer gegenwärtigen Form ist leider ein „sektoraler Zentralverwaltungsstaat", der sich auf Wirtschaftsfragen beschränkt und das, was er nicht regelt, zur Subsidiarität erklärt. Außerdem widerspricht seine gesetzgeberische Konstruktion der europäischen Demokratie- und Rechtskultur, weil die versammelte Exekutive höchste gesetzgeberische Gewalt hat und das Antragsrecht bei der EU-Exekutive (Kommission) liegt.

Die gegenwärtig unter Umgehung der Lissabonner Verträge („Verfassung") durchgepeitschte Einführung einer nicht demokratisch legitimierten Finanzdiktatur[185] trägt den Keim des bür-

---

185 Der inoffizielle Auftrag an Ratspräsident Herman Van Rompuy, Kommissionspräsident Manuel Barroso, Eurogruppenchef Jean-Claude Juncker und EZB-Chef Mario Draghi, bis Ende Juni 2012 Eckpunkte eines „Masterplans" für den Euroraum zu erarbeiten, zeugte von dieser demokratischen Abgehobenheit.

gerkriegsähnlichen Zerfalls in sich, weil sich die Bürger ihr Ausquetschen zugunsten anonym bleibender Superreicher nicht mehr bieten lassen werden.

In jüngster Zeit kommt noch die Initiative der Außenminister der „*Zukunftsgruppe*"[186] hinzu, die vom deutschen Außenminister, G. Westerwelle, initiiert wurde. Sie sieht „im Hinblick auf die gegenwärtige Krise mit dem Bestreben, die Währungsunion ‚irreversibel' zu machen", die Gründung eines Bundesstaates vor. Dieser soll gleichzeitig mehr Demokratie und zentrale Durchgriffsrechte bringen – also einen Widerspruch in sich selbst. Aber nicht nur das. Dieselben Außenminister, die von einem kontinentaleuropäischen (England ist sicher nicht zu gewinnen) Bundesstaat mit mehr Demokratie sprechen, befürworten die Auslieferung Europas an eine Finanzdiktatur im Wege eines die Parlamente der Mitgliedstaaten und der EU umgehenden Staatsvertrages, nämlich des ESM.

Diese demokratische Schizophrenie, ohne die Probleme an der Wurzel anzugehen, wird nicht nur von den Bürgern kaum mitgetragen werden, sondern zum Aufstand und Zerfall führen – wenn nicht eine Verzweiflungsaktion der USA oder ein Eingreifen der durch die NATO und die US-Medien rundum provozierten Russen dem zuvorkommt.

Zu Recht hat daher der Direktor des Wiener *Instituts für Angewandte Politische Ökonomie, Christian Zeitz*, ein europabegeisterter Hayek-Schüler, bei dem ich solches nicht vermutet hätte, geradezu verzweifelt aufgerufen: „Es wäre daher die Pflicht aller verantwortungsvollen Politiker, uns jetzt mal auf nationaler Ebene für den bevorstehenden Eis-Sturm fit zu machen. Die meisten Versuche, international oder ‚gemeinsam' noch etwas zu ‚retten', sind leere Kilometer. Jetzt ist es ein Gebot der Stunde, die Entwicklung und Vorbereitung einer robusten Überlebens-Ökonomie in Angriff zu nehmen, die sich in verstärktem Ausmaß an lokaler Autarkie und kleinräumiger Zusammenarbeit ausrichtet und auf alternative Formen funktionsfähiger Zahlungssysteme setzt."

---

186 Deutschland, Belgien, Dänemark, Italien, Luxemburg, Niederlande, Österreich, Polen, Portugal, Spanien.

Der einzuschlagende Weg ist daher, so schmerzhaft er ist, der friedliche Aufstand der Bürger Europas in Richtung eines Weltschuldenschnitts und eines währungspolitischen Neubeginns (Abschütteln der anonymen Finanzsklaverei), sowie die Schaffung eines Staatenbundes in Form einer vertieften EFTA mit einer gemeinsamen, demokratisch legitimierten Rechts- und Friedensordnung. In einer solchen völkerrechtlichen Konstruktion hätten auch die Schweiz mit ihrer hohen Demokratiekultur und Island, das den erfolgreichen Aufstand gegen die Finanzdiktatur vorgezeigt hat, ihren geschätzten Platz. Außerdem würde den Russen ihre Angst vor der evidenten Verschwisterung von EU und NATO genommen. Dadurch wäre der Weg zu einer wachsenden kulturellen Verklammerung offen, und die Russen hätten sogar eine Rückendeckung gegen die offenkundigen Begehrlichkeiten Chinas.

Schließlich könnte den Staaten mit geringerer Produktivität und daher unausgeglichenen Leistungsbilanzen – wenn notwendig – das Instrument der geordneten Abwertung ihrer Währung als Schutzschirm wieder offen stehen. Letzteres sollte in Form eines stabilitätsorientierten Verfahrens im Rahmen der ebenfalls zu gründenden Weltwährungsunion erfolgen (siehe III.1.5.2.1).

III.1.4
Wohlstandsmehrende Handelsregeln

Auf die Gefahr hin, dass ich einiges von I.3.2 wiederhole, möchte ich die wesentlichen Eckpfeiler einprägsam festhalten, denn was sich entgegen den offiziellen Beteuerungen weltweit abspielt, ist ein „Wettbewerb nach unten" (race to the bottom).

III.1.4.1
Bestimmungslandprinzip bezüglich der einzuhaltenden ökologischen und sozialen Standards als Voraussetzung des freien Marktzutritts

Es muss für den freien Marktzutritt nachgewiesen und überprüft werden, ob die Ware oder Dienstleistung im Ursprungsland unter gleichen, verpflichtenden und wirklich eingehaltenen Standards wie im Bestimmungsland erstellt wurde bzw. wird. Dies gilt auch für nicht kostenwirksame Standards, wenn Gesundheit und Umwelt geschädigt oder gefährdet werden.

Durch dieses Prinzip können auch der fällige, allgemein verpflichtende Mindestlohn sowie eine weitere Arbeitszeitverkürzung abgedeckt werden.[187] Es ist ja grotesk, dass uns von den Propheten des Hauptstromes erklärt wird, dass dies nicht möglich sei, weil wir sonst die internationale Konkurrenzfähigkeit verlieren. Vielmehr sollten wir in die Lage versetzt werden, die Früchte der Arbeitszeit sparenden Automatisierung genießen zu können, statt im verordneten Hamsterrad noch schneller laufen zu müssen (siehe auch unten).

Wenn wir dieses im Rahmen der WTO-Spielregeln rechtfertigbare Prinzip nicht durchsetzen, dann drohen Deindustrialisierung und Arbeitslosigkeit, das Abgeschnittenwerden von Innovationen und schließlich das Ende des europäischen Gesellschaftmodells. Forschung und Entwicklung alleine – wie uns allseits von den Hauptstromökonomen gepredigt wird – genügen nicht. Die produktive Innovation muss in die vielfältige Produktion eingebettet sein und mit ihr in Wechselwirkung stehen. Dies habe ich in meiner aktiven Managerzeit deutlich erfahren.

III.1.4.2

Ausgleichsabgaben bei niedrigeren, kostenwirksamen Standards in den Lieferländern und deren Einspeisung in einen internationalen Entwicklungsfonds

Die durch unterschiedliche Standards bewirkten Kostenunterschiede sind durch *Ausgleichsabgaben* auszugleichen. Nur so kann es fairen und wohlstandmehrenden Wettbewerb geben.

Um ungerechtfertigten Protektionismus zu verhindern, sollen die Ausgleichsabgaben einem internationalen Entwicklungsfonds

---

187 Die Aufdeckungen von Günter Wallraff zeigen, dass der ungezügelte Wettbewerb zu einer „neuen sozialen Frage" führt; nämlich zu unerträglichen, der europäischen Sozialkultur Hohn sprechenden Ausbeutungsverhältnissen.

zufließen. Aus diesen Mitteln können jene Staaten gefördert werden, die ihre ökologischen und sozialen Standards schrittweise erhöhen und eine rechtsstaatlich-demokratische Ordnung unter Achtung der Menschenrechte anstreben.

III.1.4.3

Gleicher Rang für ökologische und soziale Normen

Im Gegensatz zum gegenwärtigen Zustand müssen ökologische und soziale Regelungen nicht nur denselben Rang haben wie die bisherigen in der WTO festgeschriebenen Normen, sie müssten im Konfliktfall sogar Vorrang haben, weil es um die Lebensgrundlagen und das Wohlbefinden der Menschen geht.[188] Wenn wir dies nicht tun, bleibt ein Treiben des Wettbewerbs nach unten erhalten.

Die Ausarbeitung der schon in RIO 1992 schubladisierten *Legal Principles for Environmental Protection and Sustainable Development* (Rechtsprinzipien für Umweltschutz und nachhaltige Entwicklung – siehe Literaturliste) sollte hierzu vor den Vorhang geholt werden.

III.1.4.4

Kaufkraftparität der Handelswährungen

Es sollte einleuchten, dass ein fairer Warenaustausch nicht stattfinden kann, wenn eine Währung massiv unterbewertet ist. Wenn man beim Umtausch einer Währung in die andere nicht etwa gleich viel Güter eines definierten Warenkorbes in etwa gleicher Qualität einkaufen kann (siehe III.1.5.2.1), dann gibt es keine faire Konkurrenz, und volkswirtschaftlich auch keine optimale Allokation der Produktionsfaktoren. Ohne Kaufkraftparität geht nämlich die Produktion monopolartig zum absolut billigsten und nicht zum relativ billigsten Produzenten. Letzteres erleben wir gerade im Handel mit China.

---

188 Ich habe mit dem Ethiker Günter Virt das *Fundierungskriterium* formuliert, dass nämlich der Schutz und die Pflege jener Wirklichkeiten, auf denen andere aufbauen, Vorrang haben sollten.

III.1.4.5

Schutz der Grundversorgungen für den Fall gestörter Zufuhren – Ernährung, Energie, Gesundheit

Es sollte eine Selbstverständlichkeit sein, dass Maßnahmen zur Sicherung der Grundversorgung mit Lebensmitteln, Energie und Gesundheitsdiensten geschützt werden dürfen. Die internationale Notifikation und Begründung sollte ebenso selbstverständlich sein, damit verborgene, ungerechtfertigte Protektionismen hintangehalten werden.

III.1.4.6

Renaissance der Rohstofflenkungsabkommen

Im Zuge der Weltwirtschaftskrise der Dreißigerjahre des vorigen Jahrhunderts wurden Instrumente für einen fairen und stabilen Austausch von Schlüsselrohstoffen und weltweit gehandelten Basislebensmitteln entwickelt. Die getroffenen Regelungen umfassten Metalle wie Zinn und Kupfer, und Nahrungsmittel wie Weizen, Zucker, Kaffee und Tee.

Das Konzept für die *Commodity Agreements* war bestechend einfach:

a) Produzenten und Konsumentenländer sollten gleiche Stimmrechte haben.

b) Man soll sich auf einen längerfristigen Gleichgewichtspreis einigen. Dieser sollte nicht nur den Markt räumen, sondern auch der Industrie und den Konsumenten weitgehend stabile, d. h. planbare Preise bescheren.

c) Die Preise sollten nur innerhalb eines Preisbandes schwanken.

d) Zur Stabilisierung der Preise sind Pufferlager (buffer stocks) einzurichten. Aus diesen wird verkauft, wenn die Preise nach oben ausreißen, und in diese wird gekauft, wenn das Preisband nach unten unterschritten wird. Bei dieser „Offenmarktpolitik" besteht natürlich die Gefahr, dass die Produzentenländer den Gleichgewichtspreis zu hoch ansetzen wollen. Wenn dies geschieht, würden die Pufferlager überfüllt werden und die Produktion würde über das Marktgleichgewicht ausgeweitet. Letzteres würde zu weiteren, nicht finanzierbaren Aufkäufen führen und die angehäufte Ware wäre nur mit Verlusten absetzbar.

Daher wird immer wieder das Argument vorgebracht, dass die Rohstofflenkungsabkommen als Offenmarktinstrumente zwar theoretisch sinnvoll erscheinen, aber in der Praxis nicht durchführbar seien. Offenbar fürchtet man den marktkonform regulierten Welthandel wie der Teufel das Weihwasser und tut solche Regelungen als unrealistisch und nicht praktikabel ab[189].

Ich kann als funktionierendes Beispiel die österreichische Offenmarktpolitik bei Schweinen anführen, die sich bis zum Beitritt zur EU bewährt hat. Der bekannte „Schweinezyklus", der dadurch gekennzeichnet ist, dass bei hohen Preisen Belegungen erfolgen, die dann regelmäßig später zu einem Überangebot und niedrigen Preisen führen, wurde durch gezielte Ein- und Auslagerung ausgeglichen. Allerdings setzen solche Interventionen eine gute Marktkenntnis und Markteinschätzung sowie ein professionelles Management voraus.

Offenmarktpolitik bei Stapelprodukten abzulehnen, weil dies meist nicht funktioniert habe, gleicht einem Urteil, dass man nicht Auto fahren solle, weil viele schlechte Lenker gegen die Wand gefahren sind.

Die nach dem Zweiten Weltkrieg geplante Internationale Handelsorganisation (*ITO – International Trade Organisation*) sah die Etablierung von Rohstofflenkungsabkommen vor. Ihre Einführung wurde jedoch durch ein Veto der USA verhindert und von der geplanten ITO blieb nur als „Nachgeburt" das GATT (Allgemeines Zoll- und Handelsabkommen – General Agreement on Tariffs and Trade), das 1994 in die WTO (Welthandelsorganisation) übergeführt wurde. Auch diese sieht keine Rohstofflenkungsab-

---

189 Ich habe dies selbst zweimal persönlich erlebt: Einmal in einer Diskussion mit Professor Dr. Stefan Tangermann (bis 2008 Direktor für Handel und Landwirtschaft bei der Organisation für wirtschaftliche Zusammenarbeit und Entwicklung – OECD), und ein zweites Mal mit dem damaligen EU-Agrarkommissar Dr. Franz Fischler. Die Methode des Abtuns war jedes Mal die gleiche: Wenn solches in der Praxis sinnvoll und machbar wäre, dann hätte man es sicher schon in die Tat umgesetzt. Im Übrigen kann man sich ja gegen Preisschwankungen versichern oder Forward-Kontrakte abschließen.

kommen vor. Der Zweck der Verhinderung war und ist klar: Rohstofflenkungsabkommen verhindern die lukrative Spekulation auf den Rohstoffmärkten. Weiters würden sie auch die Aneignung von Rohstoffvorkommen durch inszenierte Krisen erschweren.

Wie notwendig eine einvernehmliche Bewirtschaftung der Weltrohstoffe ist, zeigen die jüngsten – von den Dollarüberhängen begünstigten – Spekulationsblasen, die besonders bei Nahrungsmitteln grausame Folgen haben. Das Beschönigen der Situation, indem man von der nunmehr gegebenen *„höheren Volatilität der Weltmärkte"* spricht, gegen die man sich eben absichern müsse (wodurch die Großspekulanten ein zusätzliches Geschäft machen), ist eine verborgene Kapitulation der Handelspolitik.

Dramatisch ist die Situation im Erdölbereich. Statt faire Rohstofflenkung zu versuchen, bei der Produzenten- und Konsumenteninteressen abgestimmt werden, wurde einerseits ein internationales Produzentenkartell, die OPEC, gegründet, und andererseits die geldpolitische (Petrodollars) und militärische „Absicherung" (NATO, EU Battle Groups) der Interessen der Importländer aufgebaut.

Aber auch andere Bereiche, wie die monopolistische Hinhaltepolitik Chinas bei den für die elektronische Industrie unverzichtbaren Seltenen Erden, zeigen, dass die institutionelle Zusammenarbeit für alle Teile vorteilhafter ist.

Besonders bedenklich erscheint jedoch die Ankündigung, dass für viele Politstrategen zur Rohstoffsicherung auch militärische Gewalt legitimiert erscheint. Dies finden wir im „Project for the New American Century (PNAC)" und seinen Epigonen, aber auch in strategischen Papieren der EU. Als ich 1961 am University College London meine Dissertation über „Trends in den Internationalen Rohstofflenkungsabkommen nach 1945" geschrieben habe, lautete mein vorausschauendes Nachwort (Epilogue) wie folgt: *„Wir leben in einer Zeit der Massenorganisation. Die zunehmende Bevölkerungsdichte und die hohe wechselseitige wirtschaftliche Abhängigkeit auf unserem Planeten lassen die in früheren Zeiten praktizierten Freiheiten nationaler Gruppierungen nicht mehr zu. Ohne die wirksame Koordination der verschiedenen nationalen Anstrengungen und ohne effiziente Mechanismen für die regelmäßige Abstimmung (clearing) ökonomischer Interessen würden wir eine der bedeutenden Wurzeln internatio-*

naler Konflikte nicht beseitigen. Die erweiterte Anwendung von Rohstofflenkungsabkommen könnte daher nicht nur zu höherer Stabilität und zu höherem Wohlstand führen, sondern uns auch vom ‚letzten und endgültigen Krieg' bewahren." Wenn wir uns die Erdölkriege im Vorderen Orient[190], die international angezündelten „Bürgerkriege" im rohstoffreichen Afrika und das „Wildern" im Hinterhof Russlands mit der Folge des Afghanistan-Krieges im Laufe des vorigen und des begonnenen neuen Jahrhunderts vor Augen führen, sowie das mögliche Eskalieren zum Globalkonflikt bedenken, dann muss dieses Urteil leider aufrecht bleiben.[191]

Es sei noch hinzugefügt, dass wir auch im eigenen nationalen Bereich zur Stabilisierung der Preise – insbesondere beim Grundnahrungsmittel Getreide – beitragen können. Die Einstellung der Haltung von Pufferlagern ist in diesem Lichte mehr als kurzsichtig (siehe auch 1.3.7.9).

III.1.5
Neugestaltung der internationalen Finanzarchitektur – Aufstand gegen die etablierte, anonyme Finanzsklaverei

III.1.5.1
Aufstehen gegen das Nichtwissen im Finanzbereich

Bevor ich im folgenden Abschnitt auf die anstehenden, für das Gemeinwohl erforderlichen Regelungen im Finanzbereich eingehe, muss ich noch einen Vorwurf platzieren.

Es herrscht die indoktrinierte und vom säumig wegsehenden Bildungswesen geförderte Meinung vor, dass das Finanzwesen

---

190 Der gegenwärtig angezündete Syrien-Konflikt ist nicht so sehr ein Erdöl-, sondern ein Erdgaskrieg (in Syrien liegen die größten Erdgaslager im Vorderen Orient).

191 Hinzu kommen noch die enorme Aufrüstung Chinas und seine weltweite Einkaufstour im Erdöl- und anderen Rohstoffbereichen sowie bei Ländereien (China schichtet seine enormen, von Entwertung bedrohten Dollarguthaben in Realwerte um). Es ist zu erwarten, dass China seine „wohlerworbenen Interessen" auch mit Waffengewalt „verteidigen" wird, zumal der „Westen" diesen politischen Stil vorgelebt hat. Die globalen Machtverhältnisse beginnen sich um 180° zu drehen. Chinas Einbindung in Rohstofflenkungsabkommen wäre daher zusätzlich friedenssichernd.

etwas so Kompliziertes und kaum Begreifliches sei, dass man seine Gestaltung und Verwaltung den „Experten" überlassen müsse. Damit haben die modernen Plutokraten den Freibrief für de facto unkontrolliertes, eigenmächtiges Handeln zulasten der übrigen Bürger. Wie oben (1.3.1.1.1.1.6) gesagt, führen sie die Politiker am Nasenring durch die politische Manege und sind die eigentlichen Entscheidungsträger, obwohl gerade das Finanz- und Geldwesen einer demokratischen, gemeinwohlorientierten Steuerung bedarf.

Wie weit diese Indoktrinierung geht, mögen zwei Episoden zeigen:

– Als es noch den Club der Internationalen Wirtschaft gab, hat dort der Erzbischof von Wien einen Vortrag zum Thema „Europa nach dem Fall des Eisernen Vorhangs" gehalten. Es fiel kein Wort über die Finanzmärkte. Als ich auf diesen Mangel hinwies, war die Antwort, dass dies alles so kompliziert sei, dass man es den Experten überlassen müsse. Meine Entgegnung war, dass die „Experten" die „Hohepriester des gegenwärtigen, nicht durchhaltbaren Finanzsystems" seien und dass sich die Kirche in ihrer Geschichte gar wohl mit Finanzfragen auseinandergesetzt habe. Dies sei auch gegenwärtig ihre moralische Pflicht, weil der Finanzsektor parasitären Charakter entwickelt hat. Die meisten gemeinwohlorientierten Banken im Lande seien von Priestern gegründet worden, die das sie umgebende Elend nicht mehr tatenlos ansehen wollten. Wo bleibt der kirchliche Aufstand in der Gegenwart? Die ausweichende Antwort war: „Von Ihnen habe ich ja nichts anderes erwartet …"

– Im Naturhotel Steinschalerhof im Pielachtal wurde bei einem abendlichen Gläschen Wein über die gegenwärtige Finanzkrise polemisiert. Bei den Schuldzuweisungen fiel u. a. auch das Wort „Bankster" gegen heimische Akteure. Da erhob zum Schrecken des Gastgebers ein Gast vom Nebentisch zornig und laut seine Stimme: „Das stimmt doch überhaupt nicht!" Nach einer Schockstille setzte er für den Gastgeber, der die Beleidigung eines Bankers vermutet hatte, erlösend fort: „Die lokalen Dummköpfe, die an das System geglaubt haben, sind nicht die wirklich Schuldigen. Die wahren Verbrecher, die Bankster, sind jene, die das System erfunden und institutionalisiert haben, an das unsere Banker noch immer glauben."

III.1.5.2

Weltschuldenschnitt – geordnetes Auslassen der Finanzblasen als Basis des Neubeginns – Einigung auf „100% Money" (Wiederherstellung der Finanzhoheit der Staaten)

Ich denke, dass wir uns zur Orientierung noch einige **Basisdaten** (Stand Frühjahr 2012) vor Augen führen sollen.

Österreich:

BIP € 309,1 Mrd, Budget: Ausgaben € 73.585 Mrd
Einnahmen 64.408 Mrd Abgang € 9.177 Mrd
Staatsschuld insges. € 224,2 Mrd – pro Kopf € 26.565
Zinsendienst/a € 7,89 Mrd – pro Kopf € 1.060
Tägliche Neuverschuldung € 36,8 Mio (in Relation zu
*   Deutschland hoch)[192]*

Deutschland:

BIP € 2.570 Mrd, Budget: Ausgaben € 306,1 Mrd
Einnahmen € 280,1 Mrd, Abgang € 26 Mrd
Staatsschuld insges. € 2.125 Mrd – Pro Kopf € 26.000
Zinsendienst € 38,3 Mrd – pro Kopf € 468,8
Tägliche Neuverschuldung € 88,2 Mio

Welt:

Weltschulden $ 40,5 Bio
Anstieg 2007–2009: 30% !
Bruttoweltprodukt – BWP („Welt-BIP"):
Nominal $70 Bio, kaufkraftangepasst $ 79 Bio
Weltfinanzvermögen – WFW 2010 € 212 Bio
(1980 waren BWP und Welt-Finanzvermögen gleich hoch;
*   2012 WFW/BWP = 3/1 !)*

---

[192] Hinzu kommen noch (ohne die eingegangenen Haftungen) gemäß der Analyse des Rechnungshofes „Finanzielle Auswirkungen auf künftige Finanzjahre" in der Höhe von €156 Mrd..

Wenn wir so weiter machen wie bisher, erreichen die Schulden-
kosten 100% der öffentlichen Einnahmen gemäß der Schätzung von
Eichhorn und Solte in „Das Kartenhaus Weltfinanzsystem" 2009.

USA   2027
Welt   2042
EU 12 2049

Fazit: Ohne Kurskorrektur gehen unsere Gesellschaften einem
dramatischen Absturz entgegen. Die Dreißigerjahre des vorigen
Jahrhunderts und der folgende Zweite Weltkrieg sollten uns ein
Lehre sein. Damals bereitete das – auch gegenwärtig anzutref-
fende – Überspannen des Bogens durch die Finanzmächtigen den
Diktaturen den Weg.

Ich habe auf Ersuchen der österreichischen Franziskaner[193]
2010 den nachstehenden Artikel geschrieben, den ich wegen seiner Kompaktheit nicht zerreißen möchte. Daher werde ich erst
nach ihm näher auf die Neugestaltung der Finanzarchitektur eingehen. Ich habe nur die wesentlichen Ziffern aktualisiert (Stand
Mai 2012).

---

193 Pater *Benno Mikocki* hat gemeint: „Wir waren immer auf der Seite der Armen. Was
jetzt abläuft, führt zu breiter Verarmung zugunsten einiger weniger Superreicher. Schreiben Sie uns in wenigen Worten und möglichst leicht verständlich, welche Auswege es
gibt." Ich habe dies getan und die Franziskaner haben den Artikel über ihre Zeitschrift
Betendes Gottesvolk in Deutschland, Österreich und der Schweiz verbreitet. Er ging
sodann via den Europaratsabgeordneten *Anton Salesny* zu Jahresbeginn 2011 an 3.500
Opinion Leader in Europa – mit dem Erfolg, dass man weiter gegen den Abgrund taumelt ...
Ich muss zur Legitimation der Franziskaner erwähnen, dass sie die ersten gemeinwohlorientierten Banken eingerichtet und in Europa die doppelte Buchhaltung eingeführt
haben. Die von ihnen gegründeten Banken (*Montes Pietatis*) verlangten keine Zinsen.
Sie hoben lediglich eine Sammel- und Verwaltungsgebühr sowie einen Beitrag zu einem
Risikofonds ein. Letzeres war notwendig, weil ja das Risiko eines Fallisements nicht
ausgeschlossen werden kann. Ich denke, dass diese beiden sozialen Innovationen
wesentlich zu dem spektakulären Aufstieg der oberitalienischen Stadtstaaten beigetragen
haben (billige Unternehmensfinanzierung und bessere Unternehmenskontrolle).

Wege aus der die Weltgesellschaft bedrohenden Finanzkrise

a) Die **Verschuldung** fast aller Staaten der Welt gegenüber wenigen Eignern von Großkapitalien hat ein Ausmaß erreicht, das **ohne drastischen Schuldenverzicht** der Gläubiger **nicht zu tilgen** ist ($ 40,5 Billionen). Allein der Euro-Raum ist mit über €8 Billionen – also über 8.000 Milliarden Euro – verschuldet; das Europa der 27 Staaten mit über 10 Billionen Euro. Die von den derzeit Finanzmächtigen eingeforderten Sparmaßnahmen zu Lasten der ärmeren Schichten der Bevölkerungen und der Verkauf von gemeinwohlorientierten öffentlichen Einrichtungen zu ihren Gunsten führen zu unerträglicher sozialer Verelendung.[194]

Das Geld, das den Staaten anfangs geradezu aufgedrängt wurde, um später durch entsprechendes Rating die Zinsen zu erhöhen, wurde aus dem Nichts geschaffen (*fiat-money*). Es muss nun geordnet wieder ins Nichts zurückgeführt werden, um extreme soziale Verwerfungen mit unabsehbaren Folgen zu vermeiden. Die aufgebaute Finanzblase beträgt derzeit ungefähr das Dreifache des Weltbruttoproduktes – also des Wertes aller Waren und Dienstleistungen, die weltweit erstellt werden. Sie durch Schuldenverzicht oder durch die Einhebung angemessener Beiträge der Finanzmächtigen nach dem Prinzip der ökonomischen Leistungsfähigkeit geordnet implodieren zu lassen, ist ein Gebot der Stunde und die einzige Alternative zu sozialem Kahlschlag, größtem Leid, Chaos und Bürgerkrieg oder Krieg.

Kluge Großspekulanten – wie G. Soros – plädieren daher nunmehr bereits für massive Eingriffe, weil sie wissen, dass bei Überspannen des sozialen Bogens jene Wirtschaftsverfassung gefährdet ist, der sie ihren Reichtum verdanken und die ihnen diesen bisher sichert (Gefahr des gesellschaftlichen Umsturzes).

---

194 Die jüngste Linie der Finanzoligarchen, die sogar zu einem Besuch des handlangenden US-Finanzministers bei seinem deutschen Kollegen in dessen Urlaubsort geführt hat, ist nicht minder gefährlich. Die Aufforderung zum weiteren Gelddrucken via EZB bedeutet längerfristig eine hohe Inflation und damit eine breitflächige Enteignung der Bürger.

b) Die Kredite wurden von höchstbezahlten „Fachleuten" gewährt, und **die verlangten Zinsen enthielten und enthalten eine Risikoprämie.** Es wurde also von kompetenten Personen bewusst Risiko eingegangen. Dieses Risiko nun zu sozialisieren (d. h. der Allgemeinheit umzuhängen) und die Gewinne zu privatisieren, widerspricht allen Regeln einer geordneten Wirtschaftsgestaltung und dem von den Akteuren immer beschworenen „Sanktionsmechanismus der Märkte".

c) Dass sich jene, die bisher die Politik am Nasenring herumgeführt haben, gekonnt wehren und mangels „Hilfe" den Weltuntergang ausrufen, ist zu erwarten gewesen. Schulden können aber nicht durch neue Schulden womöglich zu noch höheren Zinssätzen getilgt werden. Die nun aufgespannten „Rettungsschirme" setzen nur eine zusätzliche Schuldenschicht auf die bestehende und verteilen diese auf alle Bürger und Bürgerinnen.

Die nun gegen die Statuten der EZB und der EU-Verträge praktizierte Geldmengenvermehrung („quantitative easing" genannt) und das Zulassen des Anschreibens von Schulden im europäischen Zahlungsverkehr (Target-System) sind nichts anderes als ein versteckter „monetärer Rettungsschirm" und das kann nur zu einem bitteren Ende führen.

d) Im Angesicht der bereits **evidenten Verarmungen und Nöte** sind vor allem die Christen aufgerufen, dem Beispiel des barmherzigen Samariters zu folgen und nicht an den unschuldigen Opfern vorbeizugehen. Wir dürfen nicht wegschauen, sowie alles den interessengebundenen „Fachleuten" überlassen, sondern müssen die Dinge mutig beim Namen nennen und die notwendigen Korrekturen einfordern.

Derzeit findet eine evidente Plünderung der Ärmsten statt. Die Interessen weniger großer, unersättlicher und international vernetzter Kapitaleigner werden durch von ihnen gestaltete internationale Finanz- und Handelsregeln sowie durch das politische und militärische Gewaltmonopol einiger mächtiger Staaten geschützt.

Täglich werden neue Staatsschulden eingegangen, die in den „Schuldenuhren" im Internet einsehbar sind. Diese sind nicht mehr eintreibbar, weil die Zinslasten über den Wachstumsraten der Volkswirtschaften der betroffenen Länder liegen und die auferlegten Sparmaßnahmen noch dazu wirtschaftlichen Niedergang wirken. Die Schuldenblase dehnt sich daher laufend aus und droht zu platzen.

Die „Noch-Leitwährung", der US-Dollar, die in Wirklichkeit von einem Großbankenkartell mit Nationalbankprivilegien (Fed) gestaltet und benützt wird, „ruht" auf einer US-Staatsschuld von mehr als € 16 Billionen, die, da sie nicht rückzahlbar ist, nur durch immer neue Schuldenaufnahme vor der Implosion bewahrt wird. D. h. auch die „Leitblase" wird immer größer und gefährlicher. Es bedarf daher einer grundlegenden Kurskorrektur bezüglich der *„sündhaften Strukturen"* (Johannes Paul II. in der Enzyklika *Sollicitudo Rei socialis* als „Antwort auf das Elend in der heutigen Welt").

Wie könnte (sollte) diese Kurskorrektur aussehen?
Es bieten sich folgende not-wendenden Auswege an:
I. Die politische Ausgangssituation:

Die „Finanzindustrie" hat sich seit 1961 (OECD-Kodex zur Liberalisierung des Kapitalverkehrs) zunehmend der staatlichen Kontrolle und eines Beitrages zum Gemeinwohl entzogen. Vielmehr dominiert sie das politische Geschehen und spielt die Staaten gegeneinander aus. Letzteres wird beschönigend „Standortwettbewerb" genannt.

Der bayerische Ministerpräsident *H. Seehofer* hat die Situation auf den Punkt gebracht: *Diejenigen, die entscheiden, sind nicht gewählt, und diejenigen, die gewählt werden, haben nichts zu entscheiden.* Der Finanzsektor hat somit – statt dienenden – *„parasitären Charakter"* (*G. Robol*) entwickelt. Er muss durch eine weltweite demokratische „Revolution von unten" in die Gemeinwohlpflicht genommen werden – dies in Konfrontation mit der Schutzmacht der großen Kapitaleigner, den USA, und ihrem Juniorpartner in London. Hierzu muss auch offen aufgezeigt werden, dass das US-Fed-System, wie vorstehend erwähnt, keine Nationalbank nach europäischem Vorbild, sondern ein mit Nationalbankprivilegien ausgestattetes Großbankenkartell ist, dem die innere Gemeinwohlverpflichtung fehlt. Analoges gilt für die Londoner City.

1) Fernziel muss ein neues **Weltwährungsabkommen (Weltwährungsunion)** sein – wie 1944 bereits von J. M. Keynes vorgeschlagen –, gemäß dem eine neue, an Kaufkraftparitäten orientierte Leit(Verrechnungs)währung den US-Dollar ablöst. Überschuss- (z. B. China) und Defizitländer (z. B. USA) müssten Pönale (Strafzahlungen) leisten, womit ein Anreiz zu ausgeglichenen Zahlungsbilanzen gegeben wäre. Hand in Hand mit dieser Neuordnung müsste eine „Welteröffnungsbilanz" (Prof. *Radermacher* und Doz. *Solte* nennen dies „Währungsschnitt") platzgreifen; d. h. ein **Neustart bei Streichung der bisherigen Schulden** – ähnlich wie im biblischen Vorbild des hebräischen Jubeljahres (3. Mo 16–24).

2) Solange dieses umfassende Ziel nicht erreicht ist, bieten sich nachstehende, **rasch durchführbare Maßnahmen** an. Europa wäre mächtig genug, diese auch im Alleingang zu verwirklichen.

2.1) Transaktionssteuer auf den Handel mit „Verbrieften Sicherheiten" (das sind „asset backed securities"/handelbare Schuldverschreibungen). Der weltweite Derivatehandel beträgt derzeit jährlich rd. $ 1,2 Trillionen (US-Quadrillionen), also $ 1.200 Billionen/a, oder täglich 3,3 Billionen. Rechnet man noch den außerbörslichen den Derivatehandel (OTC-Handel) von jährlich über $ 1, 5 Trio (über $ 4 Bio pro Tag) hinzu, so kommt man auf rd. 3.000 Billionen/a. Bei einer Steuer von 0,1 % ergäben sich 3 Billionen oder 3.000 Milliarden. Umgelegt nach der Wirtschaftsleistung (BIP) wären dies für Deutschland (rd. 6 %) 180 Milliarden und für Österreich (rd. 0,6 %) 18 Milliarden (d. i. mehr als das Doppelte des laufenden Zinsendienstes). Beide Länder könnten also nicht nur die Haushalte entlasten, sondern auch mit Rückzahlungen beginnen.

2.2) Eine allgemeine internationale **Kapitalumsatzsteuer** (erweiterte Tobin Tax) von 0,1 % auf ein Transfervolumen von rd. $ 600 Billionen pro Jahr würde für beide Länder zusätzlich € 36 bzw. 3,6 Milliarden bringen.

2.3) Eine **Mehrgeldsteuer** auf die Herausgabe von „Schatten-geld" (dies sind geldwerte Verbriefungen, die derzeit weltweit das rd. 50-Fache des Nationalbankgeldes ausmachen) von 0,1% könnte die Millenniumsziele der Vereinten Nationen mit $ 100 Mrd. finanzieren und so die nationalen Budgets entlasten.

2.4) Eine **Internetabgabe** von einem Millionstel Cent pro bit – und zwar nur auf die über 90% *spams* (d. h. auf den Informations-müll) – würde in Deutschland rd. €300 Mrd. und in Österreich rd. €30 Mrd. hereinspielen (also in Deutschland fast das ganze Bud-get und in Österreich mehr als ein Drittel!). Die Furcht, dass bei der Einhebung dieser Abgabe die Zensur durch die Hintertür hereinkommen könnte, kann dadurch gebannt werden, dass ent-sprechende Antragsmöglichkeiten auf Befreiung vorgesehen wer-den und dass eine unabhängige Kommission über die Informati-onsfreiheit wacht.

2.5) Eine **Besteuerung der Finanzgroßvermögen**, die rd. das Dreifache des Weltbruttoproduktes betragen ($ 212 Billionen) und mit gut 5 % verzinst werden, mit einem für alle Gutverdiener geltenden Steuersatz von rd. 50 %, würde $ 5,3 Billionen erbringen, oder, wieder umgelegt, $ 318 bzw. 31,8 Mrd. Eine **Besteuerung aller Großvermögen**, die ca. $ 350 Billionen betragen, würde sogar einen Steuerertrag von $ 630 bzw. 63 Milliarden bringen.

Es ist somit evident, dass die Gemeinwesen und die Bürger aus-bluten, weil die geeigneten Instrumente zur Sanierung der Haus-halte nicht in die Hand genommen bzw. aus der Hand geschlagen werden.

3) Es sollte aber noch eine wesentliche Maßnahme hinzugedacht werden: Wenn die Geldwirtschaft in nachhaltig geordnete Bahnen kommen soll, dann müsste dem Rat des wohl größten Ökonomen der USA, Irving Fisher, „**100 %-money**", nachgekommen wer-den. Er führte zu Recht die wechselnden Finanzblasen und gemeinwohlschädlichen Kontraktionen auf die praktisch unbe-schränkte Möglichkeit der Geldschöpfung (und Vernichtung) durch die Banken (fractional lending) zurück und machte daher den Vorschlag, dass Banken nur Notenbankgeld verleihen sollten. Die Notenbank könnte die Ansprüche der Banken aufkaufen und so die Banken mit „echtem Geld" ausstatten. Dieser Weg wäre im Euroraum möglich, indem die EZB bei Auslaufen von Anleihen mit eigenem, zinsenfreiem Geld einspringt und so zur Entschuldung der Staaten beiträgt, statt den Banken billiges Geld zu geben, das sie dann entweder mit einem hohen Aufschlag weiterverleihen oder zur Überbrückung von Risikoperioden bei der EZB „parken".

Wir sehen also gegenwärtig zu, wie Mitmenschen und ganze Gemeinwesen vor der vollen Schüssel verhungern, bzw. sich die soziale Schere immer weiter öffnet, weil wir uns nicht getrauen, die „geeigneten Löffel" in die Hand zu nehmen und gemeinwohlorientierte Strukturen zu schaffen.

Wir sind daher weltweit aufgerufen, die Neuordnung einzufordern. Wenn die Bewegung stark genug ist, wird sie den Widerstand der selbsternannten „Eliten" brechen. Dies war in der Geschichte immer so, wenn der Bogen überspannt wurde. Die derzeit ergriffenen Maßnahmen sind einerseits kontraproduktiv (zu Tode sparen und Bankrisiken sozialisieren) und andererseits unzureichend (Drehen an den alten Steuerschrauben zu Lasten der Masseneinkommen und mit zu geringem Ertrag). Die vorstehenden Maßnahmen müssen – um eine erpresserische Kapitalflucht zu vermeiden, durch **Kapitalverkehrskontrollen** flankiert werden. Größere internationale Kapitalbewegungen müssten wieder meldepflichtig werden. Es sollte die Regel gelten, dass sie automatisch genehmigt sind, wenn die Behörde nicht binnen 24 Stunden widerspricht. Dies würde einerseits die Spekulationen massiv treffen und andererseits der Realökonomie nicht schaden; wenn nämlich ein seriöses Geschäft eine 24-Stunden-Frist nicht verträgt, dann ist es wohl kaum realökonomisch wertvoll.

Um einen fairen internationalen Wettbewerb zu erreichen, sind vor allem in der WTO die **Verfahrensstandards** (PPMs – processing and production methods) hinterfragbar zu machen. Ausgleichsabgaben müssen Kostenunterschiede, die auf unterschiedlichen, kostenwirksamen sozialen und ökologischen Standards beruhen, im Interesse eines fairen Wettbewerbs ausgleichen. Ein ausgleichsabgabenfreier Marktzutritt dürfte nur bei Einhaltung der **Standards des Bestimmungslandes** möglich sein. Die Ausgleichsabgaben sollten in einen internationalen Entwicklungsfonds fließen, der jene Staaten unterstützt, die ihre sozialen und ökologischen Standards erhöhen (Brechen des Wettbewerbs nach unten). Ohne die Überprüfbarkeit der Verfahrensstandards sind alle noch so wohlgemeinten sozialen und ökologischen Zielsetzungen nicht erreichbar, weil der anonyme Markt jene belohnt, die Mensch und Natur am „effizientesten" ausbeuten (Kostenvorteil).

Schließlich müsste die mit der Schuldenstreichung (z. B. Entwertung der Finanzvermögen 1 : 10 – *„Finanzieller Faktor 10"*) einhergehende Mitentwertung von Pensionsfonds und anderen kapitalbasierten Lebensvorsorgen abgefangen werden. Dies ist durch die neu erschlossenen Steuereinnahmen möglich (Umlageprinzip als Ausfluss der sozialen Gesamtsolidarität und Grundversorgung als Teilhabe an der Gesamtwertschöpfung).

Zum Weltschuldenschnitt:

Es wird laufend der Weltuntergang ausgerufen, wenn bei Banken sorglos eingegangene Risiken schlagend werden. Banken müssen, so wie jedes andere Unternehmen, für ihre Gestion gerade stehen. Wenn das „too big to fail" und „too connected" – d. h. die Behauptung, dass beim Konkurs einer großen und vernetzten Bank („Systembank") die Wirtschaft zusammenbreche und daher der Staat (die Gesamtbevölkerung) einspringen müsse – weiter gelten sollte, dann ist der Plünderung der Gemeinwesen Tür und Tor geöffnet. Ein Bankenkonkursrecht mit entsprechendem Schutz der Kleinanleger kann unnötige Härten ausgleichen. Hinzu sollte noch die Trennung von Investmentbanking (risikoreiche Kapitalanlagen) und Retailbanking (Verleihung von eingesammelten Geldansprüchen) kommen.

Wenn eine Bank in Konkurs geht, bleiben ja die Infrastruktur und das den laufenden Betrieb beherrschende Personal erhalten. Ich habe daher dem österreichischen Finanzminister in Falle der *Hypo Alpe Adria* den Rat gegeben: „Geordnet in Konkurs gehen lassen. Damit die unseriösen Machenschaften versenken – bis hin zu den eigenartigen bayerischen Engagements und der Bedienung korrupter Politiker. Flankierend die ohnehin vorhandene Kleinanlegergarantie bestärken. Dann ‚um einen Euro' kaufen, restrukturieren und mit Gewinn verkaufen." Nun haben wir bereits über drei Milliarden Bürgergeld versenkt, und der Vorstand schlägt neuerdings (Juni 2012) zusätzlich vor, ein Portfolio von € 10 Mrd. (das Bundesbudget der Republik Österreich beträgt €73,6 Mrd.) in eine Sondergesellschaft (Bad Bank) auszulagern, d. h. die Fallissements den Bürgern umzuhängen. Dabei beträgt das Bad-Bank-Engagement der Republik in Form der *KA-Finanz* bereits €17 Mrd.!

Bei den betroffenen Großinvestoren ist kaum ein Konkurs zu erwarten, weil sie nicht nur über riesige Finanzpolster verfügen, sondern auch weitgehend in Realitäten umgeschichtet haben. Ein grundsätzlicher Neuanfang ist bei ihnen nicht nur gerecht, sondern auch zumutbar und machbar.

Zum sanften Auslassen der Finanzblase: Wenn wir den Gemeinwesen (Staaten) wieder die Finanzhoheit geben, dann können diese auslaufende Anleihen mit echtem (originär geschöpftem) Nationalbankgeld aufkaufen und so die Gläubiger befriedigen, ohne neue Schulden aufzunehmen. Es wäre dies ein möglicher friedlicherer Übergang als der abrupte „Weltschuldenschnitt".

Zu „100% Money" oder keine Geldschöpfung durch die Banken
Ich denke, dass der beste Einstieg zur Erläuterung der not-wendenden Neuordnung ein Originalzitat von Iriving Fisher ist. Dieser schrieb 1935[195] aufgrund der bitteren Erfahrung der Weltwirtschaftkrise und seiner ökonomischen Durchsicht am Ende seines revolutionären Buches *100% Money*: *„Wenn das System nicht*

---

195 Irving Fisher war nicht allein. Seiner Publikation ging der *Chicago Plan* von 1933 voraus. In zwei Papieren *Long-time objectives of Monetary Management* und einem Annex *Banking and Business Cycles*, die vertraulich an 40 Schlüsselpolitiker gingen, kamen namhafte Ökonomen der Universität von Chicago ebenfalls zum Schluss, dass „100 % Reserve" und die Trennung der Geldschöpfung vom Kreditgeschäft Voraussetzungen für eine langdauernde Stabilität der Wirtschaft seien. Die Politik tastete jedoch die Bankenprivilegien und das Geldsystem nicht an. Der *Banking Act 1935* führte als vertrauensbildende Maßnahmen lediglich die Federal Deposit Insurance (Gesamtstaatliche Einlagenversicherung) und die Trennung der Kommerz- von den …

geändert wird, drohen deshalb zukünftige Booms und Depressionen noch schlimmer auszuarten als in der Vergangenheit."[196]
Das erleben wir gegenwärtig!

Fishers Beobachtung, dass die Banken „Luftgeld" verleihen („Sie verkaufen ungedeckte Ansprüche auf Zentralbankgeld") und in den Boom-Phasen die Leute mit Krediten vollstopfen, um dann, wenn der Bogen überspannt ist, die Schrauben anzuziehen, möchte ich durch eine weitere ergänzen. Wenn man den Aufstieg der angloamerikanischen Hochfinanz Revue passieren lässt, dann hat das Erzeugen von Blasen und deren Platzenlassen System. Man lockte die Unternehmer mit kostengünstigen Krediten in langfristig angelegte Investitionen, um dann das Geld zu verknappen und Kredite mit vielerlei Argumenten fällig zu stellen. Da die Bankeigner die einzig Liquiden waren, konnten sie als „Retter" auftreten. Sie kauften die Bergwerke, Eisenbahnen, Fabriken und Erdölförderungen auf und ließen sich noch als Erhalter der Arbeitplätze feiern. Die Studie *The Network of global corporate Control* an der ETH-Zürich zeigt diese Verflechtung. Die Großinvestoren sind vernetzt und verfügen nicht nur über das Großbankensystem, sondern sind auch die Haupteigner der „Blue Chips", der wertvollsten Industrien und Dienstleistungsunternehmen.

Sowohl die nicht fraudulos intendierten als auch die bewusst geplanten Zyklen mit dem ungeheuerlichen menschlichen Leid und der unnötigen Kapitalvernichtung, die sie bewirken, könnten abgefangen werden, wenn das öffentliche Gut „Geld" wieder in demokratisch-rechtsstaatliche Hände käme. Außerdem käme die im Gleichschritt mit dem Wirtschaftswachstum auszuweitende Geldmenge (Bedingung für Preisstabilität) den Gemeinwesen

---

195 … Investitionsbanken ein. Aufgrund der Rezession 1937–1938 wurde der *Chicago Plan* 1939 von den Professoren nochmals in Erinnerung gerufen (*A Program for Monetary Reform* – Ein Programm für die Reform des Geldwesens). Die Rezession wurde jedoch durch die Kriegswirtschaft „gelöst", an der die großen Banken und Investoren blendend verdienten.
196 Dieselbe Beurteilung stammt vom Nobelreisträger für Ökonomie *Maurice Allais* (1911–2010). Er war Ingenieur und Volkswirt und ein hervorragender Mathematiker. Da er die Weltwirtschaftskrise im vorigen Jahrhundert erlebt hatte, wurde er zum korrektiv denkenden Ökonomen. Ich erinnere mich eines Gespräches mit ihm, in dem er meinte: *Wenn wir beide ins Nebenzimmer gehen und Geld drucken, sind wir Verbrecher. Wenn nebenan Bankkredite aus Luft gegeben werden, dann ist dies „höhere Weisheit".*

zugute. Der wegen der Nichtunterstützung durch die Plutokraten chancenlose US-Präsidentschaftskandidat Senator Ronald Ernest (Ron) *Paul* hat vorgerechnet, dass die Bürger der USA in den letzten 100 Jahren keine Steuern zu zahlen gehabt hätten, wenn das vom Fed kreierte Geldvolumen dem Staat, d. h. den Bürgern, und nicht den Banken zugewachsen wäre. Ich selbst habe dies in der nachstehenden Vortragsfolie auf den Punkt gebracht:

Das „eigenartige" Bündnis von Politik und Geld

Die Vergabe des Privileges, Geld zu schöpfen,
und sich dann von den Privilegierten Geld zu borgen,
ist entweder dumm oder korrupt oder pervers.

Aber lassen wir zur Umsetzungsstrategie nochmals Irving Fisher zu Wort kommen – angelehnt an die das Wesentliche zusammenfassende Darstellung von *Thomas Betz* in seinem Beitrag *Irving Fisher, 100% Money – 100% Geld*, „Zeitschrift für Sozialökonomie", Ausgabe April 2009:

„Der Kern des 100%-Planes besteht in der Unabhängigkeit des Geldes von Krediten. Das Verfahren zur Schöpfung und Vernichtung von Geld muss also von den Bankgeschäften getrennt werden. Ein positiver Nebeneffekt davon wäre, dass die Banken sicherer und profitabler würden. Aber der wichtigste Effekt wäre die Verhinderung von großen Booms und Depressionen."

Eine unabhängige, aber dem Gemeinwohl verpflichtete „Währungskommission" soll über die Gestion der staatlichen Zentralbank (eigentlich eine Abteilung des Finanzministeriums) wachen. Die Zentralbank kauft Anleihen, Schuldtitel und andere Aktiva der Geschäftsbanken mit Zentralbankgeld, das auf diese Weise die Rolle einer Staatsschuldverschreibung einnimmt, oder nimmt sie als Sicherheit für die Kreditierung von Zentralbankgeld; und zwar so lange, bis *„die Barreserve jeder dieser Banken 100% der bargeldlos per Scheck verfügbaren Sichtguthaben auf Bankkonten erreicht. … Nach dieser Substitution von Anleihen durch echtes Geld wäre die Bank dazu verpflichtet, dauerhaft eine Barreserve von 100% für die Sichtguthaben ihrer Kunden zu halten. Oder anders gesagt: Die Sichtguthaben wären wirkliche Gut-*

haben, die aus Bargeld bestehen, das die Bank im Auftrag der Kontoinhaber verwaltet." Es wären dann zukünftig weder das unkontrollierte Aufblähen (Boom) noch der Einsturz (Depression) der Geldmenge noch ein „Bankrun" möglich, denn: *„Es gibt keine bessere Einlagensicherung als eine 100%-Reserve."* Die Staatsschuld wird entscheidend verringert, die entsprechenden Zinszahlungen werden obsolet, denn der Staat kauft seine eigenen Schuldverschreibungen zurück und stellt sie damit glatt. Schließlich würde das Geldsystem vereinfacht, *„weil kein grundlegender Unterschied zwischen Brieftaschengeld und Scheckbuchgeld mehr bestünde".* Entsprechend vereinfacht würden auch die Gesetze, denn „*... diese Gesetze sind vor allem Bemühungen zur Behebung von Mängeln unseres Bankensystems, die daraus resultieren, dass es keine 100%-Reserve gibt. Die meisten dieser Vorschriften wären überflüssig, wenn die ursprüngliche 100%-Reserve garantiert wäre."*

Um eine Verstaatlichung der Banken zu vermeiden, wie das während der ersten Weltwirtschaftskrise Praxis war und auch jetzt wieder der Fall ist, plädiert Fisher für die Verstaatlichung des Geldes bzw. der *„monetären Funktion"* der Banken: *„Wenn die Banken ihre eigentliche Funktion zur Vergabe von Krediten behalten wollen, die sie auch besser ausführen können als die Regierung, so sollten sie die eigentliche monetäre Funktion abgeben, weil sie sie nicht so gut ausführen können wie die Regierung."*

Diese Regelung bedeutet aber auch, dass das normale Bankgeschäft vom spekulativen Geldanlegen (Investmentbanking) getrennt werden muss, wie dies in den USA im Angesicht der Weltwirtschaftskrise des vorigen Jahrhunderts bereits der Fall war (*Banking Act 1933*, genannt *Glass-Steagall Act* nach den Promotoren).

Noch ein Vermerk zum immer wieder vorgebrachten Argument, dass sich die Politiker, wenn man sie an die Krippe lässt, unangemessen zum Schaden der Bürger bedienen würden; mit anderen Worten: Sie würden unangemessen Geld drucken und über eine Inflation die Bürger berauben.

Ich möchte nicht die einfachen Totschlagargumente gebrauchen, dass man sich nur die das gegenwärtige System charakterisierenden Schuldenuhren, das *quantitative easing* in den USA und schließlich die inflationäre Gelddruckerei durch die EZB (Target-Salden, Aufkauf maroder und Kauf neuer Staatsanleihen, Flutung des Geldmarktes zu 1 % und nun sogar 0,75 % Zinsen für die leihenden Banken) ansehen müsse, um umzudenken. Es geht vielmehr darum, dass in demokratisch-rechtsstaatlich verfassten Gemeinwesen die sachkundigen Amtsträger (Organwalter) für das Gemeinwohl arbeiten und nicht für Partikularinteressen. Die Gesetze und Verordnungen können nur das regelbare „Minimum an äußerer Moral" (*Walter Antoniolli* 1907–2006) vorgeben, den inneren Kompass (siehe III.4) muss eine gemeinwohlorientierte (solidarische) Wertordnung bilden; denn fast jede Norm kann auch missbraucht werden. Dennoch kann die Gesetzgebung bestmöglich Vorsorge treffen. Die Zielsetzungen der Währungspolitik (insbesondere angemessene Versorgung der Volkswirtschaft mit Geld, Wahrung der Geldwertstabilität, Kontrolle der Gestion der Banken) und die Zusammensetzung der „Währungskommission" aus unabhängigen, an keine Partikulärinteressen gebundenen, erfahrenen und integren Personen (Experten) können klar geregelt werden.

Ich frage mich, wo die Gouverneure und die gegenwärtig in den Gouverneursräten Sitzenden sowie die um ihre Neubestellung Bemühten geistig gewesen sind, als die Banken und Versicherungen nicht oder kaum verantwortbare Risiken eingegangen sind. Ich frage mich auch, warum sie unsere Vorhalte zur Einführung des Euro (siehe I.3.1.1.1.1.7) so locker abgetan und mit der unkritischen Behauptung, wir seien „Untergangpropheten" und „Verschwörungstheoretiker", ins Eck gestellt haben. Ich frage mich schließlich, wo diese „Experten" und „Fachleute" waren, als der absehbare Angriff auf den Euro begann (siehe I.3.1.1.1.1.7). Nun, da die Kuh aus dem Stall ist, verteidigen sie sogar die Geiselhaft Europas als „solidarische Notwendigkeit".[197]

---

[197] Der jüngst verstorbene Vorstandsdirektor Dkfm. Herbert Gschwandtner meinte 2010 bei einem einschlägigen Empfang im persönlichen Gespräch: *Zu meiner aktiven Zeit wären wir bei solchen Fehlern sofort ausgewechselt worden. Nun plaudert man sich über die Probleme ungestraft hinweg …*

Man sollte daher die künftige *Währungskommission* nicht mit diesen „Altlastern"[198] besetzen, sondern Personen ersuchen, die sich in Praxis und Wissenschaft bewährt haben und die notwendige Integrität und Unabhängigkeit aufweisen. Um konkret zu sein: Man könnte insbesondere aus folgenden Personen, die für diese Aufgabe in Frage kommen, auswählen:

Dozent Dr. *Dirk Solte,* Wirtschaftsingenieur und Volkswirt, Forschungsschwerpunkt das Weltfinanzsystem; Prof. em. *Wolfgang Eichhorn,* Mathematiker und international anerkannter Volkswirt; Prof. *Franz Josef Radermacher,* Mathematiker, Informatiker, Statistiker und Volkswirt; *Prof. Hans Christoph Binswanger,* sofern der weise Volkswirt und Geldtheoretiker noch bereit ist, sich im „Geldalltag" zu engagieren; *Prof. Mathias Binswanger,* der in der Tradition seines Vaters einschlägig arbeitende Sohn des H. C. Binswanger; Prof. *Hans Werner Sinn,* Ökonom und Präsident des ifo Instituts für Wirtschaftsforschung in München, könnte seinen bekannten analytischen Sachverstand einbringen; Dkfm. *Günther Robol* als emeritierter, national und international erfahrener Wirtschaftsprüfer und Volkswirt; Prof. *Michael Schemann,* international erfahrener Banker, Wirtschaftprüfer und Forscher; Prof. *Bernd Senf,* Volkswirt und Geldtheoretiker und Erfinder des Terminus „Monetative"; Prof. *Josef Huber,* Promoter des „Vollgeldkonzepts" in der Initiative „Monetative"; *André Lussi,* international erfahrener Banker, der eine große Clearingbank aufgebaut und langjährig geleitet hat; Dr. *Cornelius Grupp,* international erfahrener Industrieller und Vordenker; *Elisabeth Faller* MSc, Direktorin einer gemeinwohlorientierten genossenschaftlichen Primärbank und Spartenvertreterin in der Wirtschaftskammer Österreich, womit die „Basis" eine Stimme erhält; Dr. *Christoph* Leitl, Unternehmer und Präsident der Wirtschaftskammer Österreich, dem ich in der Tradition von Julius Raab das Mitwirken am künftigen finanziellen Wiederaufbau zutraue; *Mag. Georg Kovarik,* Leiter der Abteilung Volkswirtschaft im Österreichischen Gewerkschaftsbund, der bislang bescheiden im

---

198 Ein hoher österreichischen Nationalbanker hat mir vor fünf Jahren, als ich ihm vorgehalten habe, dass die gegenwärtige Dynamik nicht durchhaltbar sei, entwaffnend geantwortet: *Wir spielen das Spiel, so lange es geht. Wenn ich ausschere, verliere ich meinen Posten.* Er war wenigstens ehrlich. Die meisten winden sich nach wie vor mit Beschönigungen und Unwahrheiten durch das Geschehen.

Hintergrund stand. Damit wäre auch ein ausgewogener Mix zwischen der Sicht der Wissenschaft, der Praxis, des Unternehmertums und der Arbeitnehmer gegeben.

Der Beirat der Initiative „Monetative" ist eine weitere „Fundgrube" für geeignete Personen.

Für die deutsche Szene gilt Analoges. Etliche Genannte sind ja Deutsche.

Abschließend ein Zitat von M. Schemann als erfahrenem Finanzfachmann und Volkswirt: *Eine Geldreform wie von der Monetative angestrebt ist der einzig noch offene Weg zur Sanierung der Staatsschuldenkrise und des Geldwesens.*

Hierbei sollte das Konzept der „Monetative" als *„vierte Gewalt"* neben Parlament, Verwaltung und Justiz nicht zu eng gesehen werden. Eine „echte" (d. h. der öffentlichen Hand gehörende), dem Gemeinwohl verpflichtete Nationalbank könnte die Aufgabe des „full reserve banking" erfüllen und überwachen.

Großbetrügereien, wie die Vermarktung von im Kern wertlosen Finanzderivaten und die jüngst aufgeflogene Manipulation des *Libor*[199], wären von vornherein ausgeschlossen.

Wie aktuell diese Vorschläge sind, zeigt ein Arbeitspapier der Forschungsabteilung des Internationalen Währungsfonds vom August 2012, *The Chicago Plan revisited*, IMF Working Paper WP/12/20. Die beiden Forscher *Jaromir Benes* und *Michael Kumhof* kommen bei Anwendung eines DSGE-Modells (Dynamisches Stochastisches Allgemeines Gleichgewichtsmodell) bei der modellhaften Überprüfung zum Ergebnis, dass die Argumente *Irving Fishers* für eine Trennung von Kredit- und Investmentbanken und für eine 100%-Reserve zur Sicherung der Einlagen zutreffen. Alle vier Vorteile, die I. Fisher publiziert hat, treffen zu:

(1) Eine viel bessere Kontrolle eines der Hauptgründe der Konjunkturzyklen, nämlich die kurzfristigen Ausdehnungen und Rücknahmen von Bankkrediten, und die Bereitstellung von bankengeschaffenem Geld. (2) Die völlige Ausschaltung von pani-

---

199 Die *London Interbank Offered Rate* ist der täglich festgelegte Referenzzinssatz im Interbankengeschäft, der an jedem Arbeitstag um 11:00 Uhr Londoner Zeit fixiert wird. Es handelt sich um Sätze, welche die wichtigsten international tätigen Banken der British Bankers' Association festlegen, zu denen sie am Markt Gelder von anderen Banken aufnehmen, beziehungsweise angeboten bekommen. Libor-Zinsen sind daher Angebotszinsen

schen Geldabhebungen (bank runs) mit der Konsequenz der Insolvenz von Banken. (3) Die „dramatische" Verminderung der öffentlichen Schulden und (4) die ebenso dramatische Reduktion der Privatschulden, weil die Geldschöpfung nicht an die gleichzeitige Schaffung von Schulden gebunden ist (Kreditgeld).

Ich möchte hinzufügen, dass mit dieser Reform auch der zum Großteil betrügerische (fraudulose) „Derivatezirkus" und das Unwesen der gemeinwohlschädigenden „Steueroasen" ein Ende fänden.

Das Bemerkenswerte ist, dass dieses Arbeitspapier überhaupt zur Publikation freigegeben wurde. Dies erfolgte zwar mit dem Vermerk, dass es nicht die Meinung des Internationalen Währungsfonds repräsentiert und nicht in diesem Sinne zitiert werden darf; aber allein die Tatsache, dass es sogar ins Internet gestellt werden durfte, zeigt, dass man die Zeit für reif erachtet, die Grundfesten der gegenwärtig festgeschriebenen Finanzarchitektur in Frage zu stellen und eine grundsätzliche Reform anzudenken. Auf diesem „Mutterboden" und auf dem Hintergrund der gegenwärtigen scheinbaren Ausweglosigkeit der Finanzsituation muss nun beharrlich und not-wendend weiter gepflanzt werden.

III.1.5.3
Weltwährungsabkommen (International Currency Union) – geordnetes Abtreten des US-Dollars als Leitwährung

Es ist evident, dass die von den USA dominierte Architektur des Weltfinanzsystems nicht mehr aufrechterhalten werden kann. Ein geordneter Übergang in eine neue, partnerschaftliche Gestaltung ist notwendig, um weitere, sich aufschaukelnde Verzweiflungshandlungen zu vermeiden (siehe die Dollar-, Erdöl- und Erdgaskriege im Irak, in Afghanistan, in Libyen und nun in Syrien, sowie der zerstörerische Angriff auf den Euro) und die USA und ihre Partner (siehe NATO) aus der eigenen Geiselhaft der verzweifelten Verteidigung der Leitwährungsfunktion des Dollars zu befreien.

Die Eckpunkte des neuen Systems, das durch einen Weltschuldenschnitt und nationale Vollgeldstrategien flankiert werden sollte (siehe oben), wurden schon von J. M. Keynes/E. F. Schumacher 1944 vorgeschlagen, aber von den USA zurückgewiesen. Es sind dies:

III.1.5.3.1

Kaufkraftparität der Wechselkurse in Relation zur Verrechnungseinheit.

Bei der Einigung auf die Verrechnungseinheit sollte auf das Selbstwertgefühl der USA Rücksicht genommen werden. Daher sollte diese „ICU – International Currency Unit – Internationale Währungseinheit" oder allenfalls „IUD – International Union Dollar" genannt werden.

Die Wechselkurse sollten so festgelegt werden, dass bei Umwechslung in eine andere Währung etwa der gleiche repräsentative Warenkorb (dieser ist ebenfalls zu vereinbaren) gekauft werden kann (siehe auch III.1.4.4).

III.1.5.3.2

Schwankungsbänder, bei deren Überschreitung eine Neufestlegung der Wechselkurse vorzunehmen ist.

Die Wechselkurse sollten um 5% nach oben und unten schwanken dürfen.

Sollte jedoch eine Volkswirtschaft dauerhaft aus dem Gleichgewicht geraten, so sind verpflichtende Konsultationen abzuhalten und ein neuer, angepasster Wechselkurs festzulegen. Mit einer solchen Regelung werden einerseits möglichst stabile Wechselkurse erzielt (Handelserleichterung und Hintanhalten von Spekulationen) und andererseits der „Schutzschirm" einer Abwertung nicht verweigert.

III.1.5.3.3

Regeln für ausgeglichene Zahlungsbilanzen – Pönale bei Überschüssen und bei Defiziten

Überschüsse der einen bedeuten immer Defizite der anderen. Die Ungleichgewichte sollten nicht strukturell werden, um abrupten Zusammenbrüchen zuvorzukommen. Daher sollten ausgeglichene

Leistungsbilanzen das Ziel sein. Um dieses Ziel zu erreichen, sollten sowohl Defizit- als auch Überschussländer Pönale zahlen. Die eingehenden Mittel sollten temporär notwendigen Hilfsmaßnahmen dienen (hierzu ist eine Notreserve zu bilden), aber grundsätzlich in einen internationalen Entwicklungsfonds fließen, aus dem die Erreichung der Millenniumsziele der UNO gefördert wird.

III.5.3.3.4
Institutionelle Verankerung

Die ICU sollte den Status einer Spezialorganisation der Vereinten Nationen erhalten. Sie sollte den IWF ersetzen. Die demokratisch neu formierte und verschlankte Weltbankgruppe könnte das Büro führen.

III.1.5.4
Einhebung transnationaler Abgaben – insbesondere im Wege der Clearing-Plattformen zur Finanzierung der Gemeinwesen

Während wir derzeit die Gemeinwesen (Gemeinden, Bundesländer, Bundesstaat und mit der Wahrnehmung öffentlicher Dienste beliehene Institutionen) aushungern, werden die ergiebigsten Steuerquellen nicht genutzt, weil die Betroffenen unter „politischem Naturschutz" leben. Da die Jugend im Schnitt gebildeter wird und vor allem die arbeitslosen Akademiker über ihr Schicksal nachzudenken beginnen, zeichnet sich ein gewaltiger – hoffentlich nicht gewalttätiger – Umschwung ab. Diejenigen, die sich bislang einem angemessenen Beitrag für das Gemeinwohl entzogen haben, sollten diese Gefahr (dieses Risiko) sehen und daher rechtzeitig einlenken. Aber auch die zu gemeinwohlorientiertem Handeln verpflichteten Politiker sollten beharrlich die Erschließung der neuen Steuerquellen betreiben und hierzu international Allianzen – insbesondere auch mit den „Entwicklungsländern" – aufbauen. Die „Transaktionssteuer" ist nach den jahrelangen Kampagnen von ATTAC nun zwar in aller Munde, jedoch nicht Teil der strategischen Umsetzung.

Strategen müssen auch Junktims einsetzen. Sowohl die USA als auch GB, die bei den meisten Abgaben auf der Bremse stehen, brauchen in vielen Bereichen die Unterstützung oder das Wohlwollen anderer Staaten. Ihnen muss glaubhaft gemacht werden, dass man, wenn sie den Bogen überspannen, auch „fremdzugehen" bereit ist. Die Russen und die Chinesen warten geradezu darauf. Nur betteln nützt im internationalen Geschehen wenig.

Ich möchte die oben (II.1.5.1) genannten Abgaben nicht wiederholen, aber zwei Ergänzungen hinzufügen:

a) Über die gegenseitig vernetzten CLS, die Internationalen Clearing-Plattformen, wie DTCC, EuroCCP, Euroclear und Clearstream, sind internationale Kapitalumsatzsteuern technisch einfach einhebbar. Da am G-20-Gipfel in Pittsburgh im September 2009 beschlossen wurde, dass die OTC-Finanzprodukte (die nicht an Börsen, sondern „am Schalter" gehandelten) über elektronische Handelsplattformen gehandelt und über eine zentrale „Gegenpartei" abgewickelt werden sollen, ist dies noch leichter und umfassender möglich geworden.

b) Den oben genannten Abgaben sind noch eine Abgabe auf den Welthandel mit Gütern und Dienstleistungen und eine internationale Treibstoffsteuer hinzuzufügen. Erstere wird üblicherweise Terra-Abgabe genannt, die zweite fälschlicherweise *Kerosinsteuer*, weil man vor allem an Flugbenzin dachte.

Eine Abgabe von 0,5% auf die Weltexporte von derzeit. rd. $ 18 Bio würde $ 90 Mrd. hereinspielen. Dies wären bereits 90 % der für die Erreichung der Millenniumsziele propagierten $ 100 Mrd.

Die Kerosinabgabe auf den derzeit von Mineralölsteuern befreiten Verbrauch durch den Flug- und Schiffsverkehr von 5 % des Abgabepreises des Mineralölhandels würde zusätzlich rd. $ 130 Mrd. erbringen[200]. Die Millenniumsziele wären also allein aus diesen beiden Steuern reichlich finanzierbar. Außerdem stünden

---

200 Neben dem Lamento über die Preise sind kaum konkrete Ziffern über Verbrauch und Preise zu erhalten. Ich bin jedoch aus meiner industriellen Tätigkeit gewohnt, plausible Abschätzungen machen zu müssen, und habe folgende Annäherung gemacht: Weltverbrauch ca. 90 Mio Barrel (bbl) pro Tag; 33 Mrd. bbl/a; Anteil von Flug- und Schiffverkehr ca. 20 % = 16,5, Mrd./a; ein Erdölbarrel = rd. 159 Liter(l); 16,5 x 159 = 2,6 Bio l; Erdölpreis ca. $ 85 / bbl; Verdopplung bis zum GHA = $ 160 / bbl; 160 : 159 = rd. $ 1.-/l; Steuer von 5% - 2,,600,000.000 x 0.05 = rd. $ 130 Mrd..

Mittel für den zukunftsfähigen Umbau der Bedarfsdeckungssysteme zur Verfügung (siehe III.2.2.1.1).

Künftig wird aber auch Erdgas in die Besteuerungsgrundlage einzubeziehen sein. Damit wäre der Millenniumstisch reichlich gedeckt.

Zählt man alle sich ökonomisch und ökologisch als sinnvoll anbietenden Abgaben zusammen, dann würden wir geradezu in Einnahmen schwimmen, könnten die Mitwelt schonen und die naturverträglichen Techniken und Strukturen aufbauen, statt Massenverarmung, Massenarbeitslosigkeit und globale Naturzerstörung auf uns zu nehmen.

Ich war gespannt, ob diese Thematik bei *Rio + 20 United Nations Conference on Sustainable Development,* mit dem Leitthema *Green Economy* (Grüne Wirtschaft) und dem geplanten Enddokument *The Future we want – Die Zukunft, die wir wollen,* einem Megatreffen von 50.000 Menschen Ende Juni 2012, ausreichend zur Sprache und zum Durchbruch kommen würde[201]. Dies war geradezu erwartungsgemäß nicht der Fall, weil schon im Vorfeld nicht entscheidend agiert wurde. Offenbar geht es uns immer noch nicht schlecht genug, um uns zu zukunftsweisenden Schritten aufzuraffen.

III.1.5.5
Spiel(frei)raum für nationale und regionale Regelungen

Es liegt offenbar in der Natur von Administrateuren, dass sie Angst vor Vielfalt haben; aber es kann sich auch um bewusste Gleichmacherei handeln. Die legendäre EU-weite Regelung der Gurkenkrümmung fällt in den ersten Bereich. Die sukzessive Gleichschaltung und die Verzweckung der Bildungssysteme in Richtung *employability* und Austauschbarkeit zielen jedoch bewusst auf die kritiklose Verwendbarkeit der BürgerInnen ab. Noch drückender ist die machtbezogene Gleichschaltung im

---

201 Unter dem Vorsitz Brasiliens – einem Land der brutalsten Naturzerstörer, Ausrotter indigener Völker und Ausbeuter, bis hin zu de facto Sklavenhaltung – gab es erwartungsgemäß keine entscheidenden Durchbrüche. Vielmehr wurde das Treffen – wie zum Hohn – dazu genutzt, um „nebenbei" Abkommen über Ölschürfrechte und Flugzeuglieferungen auszuhandeln.

Finanzbereich. Hier wird schlicht brutal durchregiert und jeder, der ausschert, „bestraft" (ihn bestrafen „die Märkte" – siehe die jüngsten Maßnahmen gegen die Ungarn, die eine eigene Wegvariante versucht haben, von der man vermutet hat, dass sie in Richtung „100% Money" deuten könnte).

Wir brauchen ein Geldsystem, das auch regionale Ergänzungen zulässt. Die Empfehlung an die Griechen, als eigene Parallelwährung *Expressgeld* einzuführen, liegt auf dieser Linie. Bei diesem Vorschlag handelt es sich um eine vom Staat in Zusammenwirken mit der Nationalbank herausgegebene Nebenwährung mit Hortungs- und Umtauschbremse in der Tradition des erfolgreichen Wörgeler Modells, das bekanntlich auf Intervention der Nationalbank verboten wurde (Verletzung des Geldmonopols). Diese Lösung enthält sowohl Elemente des *Vollgeldes* (100% Money) als auch des *Freigeldes* nach Silvio Gesell. Sie wurde von *Gelleri* und *Mayer* für Griechenland empfohlen (*Expressgeld statt Euroaustritt*).

III.2
Nationale Regelungen – supra- und international koordiniert

III.2.1
Vor allem eingangsseitige Sanierung der Budgets durch eine strategische Steuerreform
(insbesondere dem BIP entsprechender Anteil an einer internationalen Kapitalumsatzsteuer, einer internationalen Abgabe auf bislang „ungeschorene" Finanzvermögen und einer Internetabgabe) –

kein „Ende des Sozialstaates"!

Wie unter III.1.5 ausgeführt, liegen die ertragreichsten und dem Prinzip der ökonomischen Leistungsfähigkeit sowie der ökologischen, sozialen und volkswirtschaftlichen Nützlichkeit entsprechenden Steuerquellen brach[202]. Es bedarf der konzertierten politi-

---

[202] Eine Besteuerung der Kohlendioxidemissionen ist nützlich und ökologisch richtig (siehe Forum Ökologisch-Soziale Marktwirtschaft e.V. (FÖS) Mai 2012, Carbon taxation and fiscal consolidation: the potential of carbon pricing to reduce Europe's fiscal deficits), aber unzureichend.

schen Anstrengung, um diese zu erschließen. Die internationale Durchführung und die Verteilung der eingehenden Mittel gemäß dem Anteil am Weltbruttoprodukt (bis es eine bessere Lösung gibt) sind neben den unter III.1.5 angeführten Rahmensetzungen die Grundpfeiler der eingangsseitigen Sanierung der Budgets. Die erzielbaren Einnahmen gäben auch noch ausreichend Spielraum für eine strategische Arbeitsmarktpolitik, für Bildung, Forschung und Entwicklung und eine ausreichende Entwicklungshilfe.

Der bekannte Ökonom *Erich Streissler* hat in einem Artikel mit dem Titel *Eine neue Sozialpolitik nach dem Euro* (gemeint war „nach der Einführung des Euro") 1997 aufgrund der sich abzeichnenden Entwicklung geradezu visionär vorausgesagt: „Der Staat wird sich auf eine minimale, kaum wirklich lebenserhaltende Grundsicherung für die Alten zurückziehen müssen." Und weiter: „Das entscheidende ethische Problem wird es werden, die öffentlichen Ausgaben für unheilbar Kranke in den letzten Lebensmonaten zu limitieren." Private Vorsorgen, private Wohltätigkeitsveranstaltungen, lokale Gebietskörperschaften und Wirtschaftsverbände müssten einspringen.

Ich habe ihm damals gesagt: Deine Analyse stimmt, weil du die Rahmenbedingungen für unveränderlich erachtest. Wir werden den Aufstand gegen die derzeitigen, dies bewirkenden „sündhaften Strukturen" wagen müssen. Deine nüchternen Schussfolgerungen zeigen, dass der gesellschaftliche Hauptstrom den Maximen der Nazis bezüglich des „unproduktiven unwerten Lebens" nahekommt – Wer materiell nichts nützt, ist wertlos? Die von wenigen diktierte „Wirtschaftlichkeit" übernimmt den Primat über das menschliche Leben …

Der lange genug vom Denken und Handeln der herrschenden Finanzeliten geprägte und von diesen besoldete Chef der EZB, *Mario Draghi*, hat die Prognose Streisslers mit der Aussage bestätigt (Interview mit dem *Wall Street Journal*): „*Das europäische Sozialstaatsmodell gibt es nicht mehr.*" Die Zeiten, in denen die Europäer so reich gewesen seien, dass sie „sich leisten konnten, jeden dafür zu bezahlen, dass er nicht arbeite", seien vorbei[203]. Wie

---

203 Zitiert nach Die Presse, 25. 2. 2012, Economist S. 13. Auf derselben Seite sieht der Generalgouverneur der Österreichischen Nationalbank, *E. Nowotny*, keine Alternative zum Sparen. Der Staat müsse bei den Ausgaben sparen, auch wenn die Wirtshaft dadurch zweifellos gebremst werde.

er die steigende Arbeitslosigkeit bekämpfen will und warum wir plötzlich so „arm" sind, sagt der „Monetarist" nicht ...

Der jüngste Pensionsbericht der OECD, *Pensions Outlook 2012,* liegt auf der Linie des Rückzuges des Staates, d. h. der Gesamtsolidarität aller Bürger, weil diese nicht mehr finanzierbar sei. Er hält Österreich vor, dass bereits 13 Länder die Sicherung der Pensionen teilweise an Private ausgelagert haben, und ermahnt die Österreicher, sich künftig nicht nur mit einem höheren Pensionsalter, sondern auch mit einer um bis zu einem Viertel geringeren Pension anzufreunden.

Betrachtet man hingegen die Primärbudgets, also die Budgets (öffentlichen Haushalte) ohne den Schuldendienst, dann sind diese in der Regel ausgewogen. Kommt noch der Eingang aus den aufgezeigten Steuerquellen hinzu, dann müssen wir das europäische Sozialmodell nicht zu Grabe tragen und müssen uns nicht von jenen, die sich bislang einem angemessenen Beitrag zur Finanzierung des Gemeinwohles entzogen haben, vorwerfen lassen, dass wir „Wohlstandsillusionisten" seien.

D. h. aber nicht, dass wir manches Unsinnige und Unverantwortliche nicht hinterfragen müssen[204]. Hierfür gäbe es die wirksame Bremse der hinterfragenden direkten Demokratie in Ausgabenfragen. Wenn jeweils angegeben und veröffentlicht werden muss, was der Zweck und Effekt einer Ausgabe ist und welche Belastung sie für den Steuerzahler bedeutet (von Prestigeprojekten und teuren Auslandsreisen bis hin zur Eigenwerbung im Parlament, Gehältern in staatsnahen Unternehmen, Beratungshonoraren, personenbezogenen Annoncen und reichlichen Buffets), dann würde manches von vornherein nicht getan. Wir brauchen hierzu nur auf die Sparsamkeit in der Schweiz zu blicken. Sie wäre eine gute „Benchmark".

---

204 Ich selbst habe in meiner beruflichen Praxis das Instrument der *„Nullbudgetierung"* angewendet. In der Tradition der Philosophie des „Als ob" (*H. Vaihinger* 1952–1933) wurde die Fiktion aufgestellt: Was passiert, wenn der Bereich nicht mehr dotiert wird.

III.2.2

Auf Basis der sanierten Budgets

Wenn wir dem Diktat der sich anonym gebenden großen Kapitaleigner und der von ihnen dirigierten Schutzmächte entkommen
sind, dann können wir uns genau jene strategisch wichtigen Ausgaben leisten, die wir derzeit einsparen oder uns gar nicht anzudenken getrauen.

III.2.2.1

Schaffung sinnvoller Arbeit

Die derzeitige Arbeitsmarktpolitik ist geradezu stümperhaft.
Durch Flutung des Geldmarktes und Verlockung zu irgendwel-
chen Investitionen hofft man mehr Beschäftigung zu erzielen. Da
aber der Rationalisierungseffekt von Investitionen in der Regel
höher ist als der Kapazitätserweiterungseffekt, ist dies meistens
ein Schuss ins eigene Knie.

Wie „systemgefangen" das Hauptstromdenken ist, zeigt die
aktuelle (September 2012) Diskussion über die steigende Arbeitslosigkeit. Da teilt der Leiter des österreichischen Wirtschaftsfor-
schungsinstitutes mit, dass die Arbeitslosigkeit steigen müsse,
wenn die Wirtschaft um weniger als 2 % pro Jahr wächst, weil
sonst die Rationalisierungseffekte nicht ausgeglichen werden.
Aber können wir unbegrenzt wachsen?[205]

Wir müssen den Arbeitsbereich im größeren Zusammenhang
gestalten und sehen, dass in der Regel eine Kombination mehre-
rer Maßnahmen, die ineinander greifen, erforderlich ist. Einige
wesentliche seien in der Folge angeführt:

---

[205] Als der österreichische Gewerkschafter *Josef (Sepp) Wille* die Unmöglichkeit
erkannte (in 35 Jahren Verdoppelung der Materialströme) und neue Wege einforderte, tat
dies seiner Karriere nicht gut. Die Interessen des Hauptstroms dominierten.

III.2.2.1.1

Umbau der Versorgungssysteme gemäß den Systemprinzipien der Biosphäre

Wenn wir den zukunftorientierten Umbau der Bedarfsdeckungs-systeme ökologisch und sozial geordnet in Angriff nähmen, dann hätten wir allein im Bereich der traditionellen Erwerbsmuster eine Nachfrage, die dem Wiederaufbau nach dem Zweiten Welt-krieg entspräche – aber ohne vorangehende Zerstörung.

Eine ökologisch, sozial und volkswirtschaftlich sinnvolle Zukunftsplanung sollte sich an fünf Prinzipien orientieren, die für die gesamte Biosphäre gelten. Wenn wir diese beachten, können wir sinnvoll und dezentral Arbeit schaffen, d. h. die Arbeit zu den Menschen bringen, statt sie heimatlos in der Welt herumzujagen, damit sie ihr Überleben sichern. Ich habe sie vor 30 Jahren for-muliert, weil einfache und einleuchtende Richtlinien notwendig sind.

Es sind dies:

– Die **solare Orientierung** – die gesamte Biosphäre ist an der Nutzung der einstrahlenden Sonnenenergie orientiert. Die Sonne ist der in sicherer Entfernung geparkte Fusionsreaktor, der uns reichlich mit Energie versorgt.

– Die **Schließung von Materialkreisläufen** (Kreislaufprinzip). Dies bedeutet, dass ein Gut nur dann in Verkehr gebracht wer-den soll (darf), wenn nachgewiesen wird, dass es nach Ver- oder Gebrauch entweder schadlos in natürliche Kreisläufe ein-geht oder industriell gewerblich wiederverwendet wird.

– Die **kaskadische Nutzung von Energie und Material**. Die Ökosysteme sind nicht nur durch Kreislaufführung der Mate-rialien gekennzeichnet, sie nutzen auch Energiepotentiale und Materialien stufenweise ab. Dies bedeutet in der Praxis, dass wir von der Wegwerfökonomie zu Reparatur, Instandhaltung und Recycling kommen und dass unterschiedliche Energieni-veaus ausgenützt werden (von der Gegendruckturbine bis zur Temperierung von Wohnräumen, Bädern, Glashäusern und Fischteichen).

– Auf **Biodiversität** (ökologische Vielfalt) und **ökonomische Diversität** setzen. Je vielfältiger ein System aufgestellt ist, desto stabiler und unangreifbarer ist es. Es bietet aber auch umso mehr Kombinationsmöglichkeiten und Synergien sowie Anregungen zu Innovationen. Biologische und gesellschaftliche Monokulturen führen zu Erstarrung und Niedergang. Plötzlich wäre auch eine arbeitsintensivere, vielfältige Landbewirtschaftung sinnvoll (siehe I.2.7.7).

– Schließlich sind die vier vorstehenden Systemprinzipien nur erreichbar, wenn wir intelligent **dezentralisieren und vernetzen**. Insbesondere die Nutzung der reichlich einstrahlenden Sonnenenergie und die Schaffung von schadlosen Materialkreisläufen erfordern Dezentralisierung (derzeit läuft die Dynamik in die gegenteilige Richtung – Zentralisierung).

Fazit: Der Umbau der gesamten Bedarfsdeckungsstruktur in Richtung konkreter Nachhaltigkeit würde – wie schon eingangs gesagt – dem Arbeitsboom nach dem Zweiten Weltkrieg gleichen – aber ohne vorheriges Leid und stattgefundene Zerstörung. Diese Umbauphase würde auch Zeit für die grundsätzliche Neuordnung der Güterverteilung und Lebenszeit der Menschen geben. Auf Basis der oben aufgezeigten zukunftsfähigen Finanzarchitektur ist sie auch finanzierbar. Aber auch ohne diese wäre der Umbau leistbar, wenn wir die Militärausgaben von weltweit $ 1,74 Bio (2011 – SIPRI 2012) auch nur halbierten, zumal die Militärausgaben der „Entwicklungsländer" den höchsten Anstieg zeigen. Die Rüstungsausgaben haben sich in den letzten zehn Jahren mehr als verdoppelt und Deutschland ist bereits zum drittgrößten Waffenexporteur aufgestiegen. Hier bedarf es des globalen friedlichen Aufstandes (Siehe insbes. III.4.6).

III.2.2.1.2
Neuorganisation der Arbeitsfelder (des „Arbeitsmarktes")

Ich liebe das Wort „Arbeitsmarkt" und „Humanressourcen" nicht, weil der Mensch und seine Arbeit keine handelbare Ware sein sollten, aber ich verwende den eingeführten Terminus.

Wenn ich mir die „expertenbasierten" Nachrichten aus aller Welt bezüglich der notwendigen *Investitionsoffensive* zur Schaffung von Arbeitsplätzen und die Art, wie man dies erreichen will, vor Augen führe, dann wird mir „schwarz vor den Augen". Erstens habe ich in meiner Zeit als Industriemanager erlebt, wie die Automatisation schrittweise Platz gegriffen hat. Sie ging von den pneumatischen Steuerungen über die Mikroelektronik bis zum CIM (Computerintegrierte Fertigung). Dieser Trend hält an. Daher ist – wie schon erwähnt – der Rationalisierungseffekt von Investitionen in der Regel höher als der Kapazitätserweiterungseffekt. Dies bewirkt den Verlust von Arbeitsplätzen statt der Schaffung von neuen. Wir müssen sogar mit Bereichen rechnen, die voll automatisiert werden. Zweitens versucht man durch Fluten des Geldmarktes (quantitative easing) die Investitionen anzukurbeln. Die vorsichtig gewordenen und misstrauischen Banken geben jedoch Kredite nur noch gegen hohe Sicherheiten oder parken das frische billige Geld bei den Zentralbanken. Daher haben wir gerade auch einen Boom der Unternehmensanleihen (Unternehmen borgen direkt Geld, um zu angemessenen Zinsen investieren zu können).

Was wir wirklich brauchen, sind insbesondere folgende **Maßnahmen**:

a) Aufgrund der eingangsseitig sanierten Budgets kann die **direkte und indirekte Besteuerung der menschlichen Arbeit (Lohnsteuern und Sozialabgaben) endlich wegfallen**. Dadurch wird Arbeit wieder dort leistbar, wo sie entweder zulasten des Gemeinwohls nicht getan wird oder durch den Einsatz von Energie und Material substituiert wird. Dies gilt neben der Leistbarkeit von Reparatur und Instandhaltung vor allem für die personalintensiven Dienste – vom Bildungs-, Forschungs- und Kulturbetrieb über das Gesundheitswesen und die Altenpflege bis zum Gastgewerbe.

b) Die zunehmend ausgehungerten **Gemeinden** könnten wieder sinnvoll in die Erneuerung und Verbesserung der Infrastruktur sowie in den Bildungs- und Kulturbetrieb investieren[206].

c) **Öffnung und Startförderung** für dezentrale und lokale Energieproduktion; lokale Ernährungssicherung durch Gemeinschaftsgärten (inkl. interkulturelle Gärten mit Integrationseffekt) und die Anlegung von Stadtgärten auch zum Gemüse- und Obstbau sowie der Stadttierhaltung; für Reparaturwerkstätten; für die Erzeugung von Konsumgütern in Kleinserien oder auf Bestellung und deren Reparatur etc.

d) Die **Errichtung** von kommunitären Siedlungen, Bildungszentren und Begegnungsstätten.[207]

e) Vor allem der sogenannte **informelle Sektor**, d. h. jene Arbeitsfelder, die nicht durch klassische Lohnarbeit, Scheinselbständigkeit und professionelle Dienste abgedeckt werden können, sollte systematisch eröffnet und alimentiert werden. Zu diesem gehören insbesondere die familiären Dienste, wie die „professionelle Elternschaft" (siehe III.2.2.2), der Pflegebereich, die Betreuung von psychisch Kranken und einsamen Alten, die Beschäftigung bietenden Einrichtungen für Behinderte, die Heranziehung von Arbeitslosen zu arbeitsintensiven und Erfahrung voraussetzenden Sanierungen und Erhaltungen, sowie nicht zuletzt der vielfältige Kulturbetrieb.

f) Wir sollten in all diesen Bereichen jedoch der menschlichen Phantasie und Innovationskraft nicht vorgreifen. Wenn wir auf Basis der sanierten Budgets die allgemeine Teilhabe am wirtschaftlichen Erfolg[208] in Form der „**Grundsicherung**" bzw.

---

206 Wie dramatisch die Situation ist, zeigt das *Gemeinde-Monitoring 2012* des Rechnungshofes der Republik Österreich. Gehen wir US-Verhältnissen entgegen, wo in herabgekommenen Landgemeinden Brücken, Straßen und Gebäude gerade noch notdürftig repariert werden und der lokale Kulturbetrieb erstorben ist?
207 Der Erfolg der Entwicklungsstrategien für das Große Walsertal in Vorarlberg und für das Lesachtal in Kärnten zeugt von der Sinn- und Dauerhaftigkeit solcher Investitionen.
208 Hier muss ein Vermerk zum immer wieder gebrachten Gegenargument gemacht werden, dass eben die qualifizierten „Leistungsträger" jene seien, die die Wertschöpfung bringen. Unser gesellschaftliches System, auf dem deren Leistungen aufbauen (Bildung, Infrastruktur, Forschung etc.), ist eine gemeinschaftliche Errungenschaft und sollte daher in seinen Früchten allen zugutekommen, wobei die Anstrengungen der qualifizierten Leistungsträger ohnehin gut honoriert werden. ...

„Grundeinkommen" verwirklichen, dann haben die Mitbürger und Mitbürgerinnen Zeit, Muße und Spielraum, um neue Ideen und Aktivitäten zu entwickeln.[209]

Sie haben Freiraum für eine ihren Fähigkeiten und Interessen sowie ihrem Beitrag für das Gemeinwohl entsprechende Lebens- und Arbeitsplanung (Wahl des Erwerbsfeldes und des Erwerbsstiles). Arbeit kann dann auch wieder Freude machen (Wunsch von rd. 93% der jungen Mitbürger bei der Onlinebefragung vom Mai 2012 loc. cit).

Schrittweise könnte dann auch das Ziel der unter I.3.3.9 dargelegten **Zeitkultur** (1/3 manuell, 1/3 geistig, 1/3 kulturell, sozial, spirituell) verwirklicht werden.

Diese gesellschaftlichen Strategien werden jedoch nur dann von Erfolg begleitet sein, wenn im Erziehungs- und Bildungsbereich gemeinwohlorientierte Wertordnungen und Handlungsmuster vermittelt werden (siehe III.2.2.2 und III.2.2.4.3). Geförderter „Hard Rock" und Primitivekstasen im Rahmen der populistisch subventionierten Eventkultur werden uns zu einer harten (rock) Landung bringen.

---

208 … Ich habe als CEO nur das Gehalt eines Betriebsleiters samt Überstunden und Dienstwagen samt Autotelefon (ich bin bis zu 140.000 km pro Jahr gefahren, weil ich auch Kundenbesuche machte) in Anspruch genommen und habe dies offen gelegt. Der Erfolg waren eine für Managerkollegen staunenswerte Solidarität der Mitarbeiter und meine persönliche Zufriedenheit. Vor allem entfaltete sich die Kreativität der Mitarbeiter – insbesondere der Meister und Facharbeiter. Sie hielten nicht mehr zurück, sondern brachten sich voll ein.

209 Mein alter Freund Ing. Leo Szlezak, szlezak@sapo.pt, hat dieses Konzept schon vor 30 Jahren erarbeitet und publiziert. Sein konkret durchgerechnetes Konzept der öffentlichen Finanzierung durch REV-Steuern (Steuern auf Ressourcenverbrauch, Energie und Vermögen) blieb jedoch in den Schubladen, weil es für die selbsternannten Eliten unbequem war und diese die öffentliche Meinung beherrschten. Nach dem EU-Beitritt kam die Ausrede des erforderlichen „Gleichschritts".

III.2.2.1.3

Förderung und Vergemeinschaftlichung sowie Ausbau (daher auch Rückkauf oder Rückübernahme) der wesentlichen öffentlichen Dienste wie Öffentlicher Verkehr, Post und Telekommunikation, Energie, Wasser

Die wiedergefüllten öffentlichen Kassen ermöglichen den Rück- und Ankauf „privatisierter" öffentlicher Güter. Dazu gehören die Grundversorgungen mit Energie, Kommunikation, Verkehr und Wasser. Wir müssten die Strategie des von den neuen Vertretern der Privatinteressen und den von diesen vorgespannten naiven Linken als gefährlichen Antisemiten denunzierten Wiener Bürgermeisters *Dr. Karl Lueger* nachvollziehen. *Lueger* nahm die Verkehrsbetriebe den – vor allem englischen Investoren – ab und errichtete ein vorbildliches öffentliches Verkehrssystem, das nicht auf höchsten Gewinn, sondern auf bestes Service für die Bürger ausgelegt wurde. Die Hochquellenwasserleitung und die Abwasseranlagen sind noch heute vorbildlich.[210] Diese Investitionen schafften eine Menge Arbeitsplätze.

Ich weiß, dass in den öffentlichen Betrieben auf Kosten der Allgemeinheit im Parteiinteresse Schindluder getrieben wurde. Aber deshalb darf man das Kind nicht mit dem Bade ausschütten. Ich habe immer als Kostenorientierung (Benchmarking) die spar-

---

210 Dennoch „bedankte" sich die Gemeinde Wien im Jahr 2012 durch Aberkennung eines prominenten Straßennamens (*Dr.-Karl-Lueger-Ring*) bei ihm. (Er war eben leider kein atheistischer Sozialist und von einem Christlichsozialen darf im Parteiengezänk nichts Gutes kommen.) Grotesk ist, dass dies eine Gemeinde getan hat, die das von Lueger aufgebaute Verkehrs- und Kanalsystem an „Investoren" verleast und damit de facto dem Gemeinwesen entzogen hat. Wenn man noch hinzudenkt, dass dies zur Vermeidung von Steuern auf beiden Seiten getan wurde, dann sollte eher die Schamröte die lokale Parteifarbe kennzeichnen. Aber so ist eben die gegenwärtige, nicht zukunftsfähige Politik in fast allen Bereichen und bei fast allen Parteien.
Der jüngst gegen *Lueger* hochgepeitschte Antisemitismusvorwurf ist unzutreffend. Allein der Satz *Luegers* „Wer ein Jud' ist, bestimme ich" zeigt, dass er zwischen den damals dominierenden, ausbeutenden „Finanz- und Handelsjuden" und den vielen ehrlichen jüdischen Handwerkern und Kaufleuten gar wohl unterschieden hat. Dass erstere die Antisemitismuskeule hochgezogen haben, um ihre Interessen zu verteidigen, entspricht der noch heute gängigen Praxis. Die jüdisch dominierte Hochfinanz verweigerte Lueger die für die öffentlichen Investitionen erforderlichen Kredite. Er konnte sich diese aber über die Vermittlung von *Werner v. Siemens* aus Deutschland besorgen. Seine Verstimmung gegenüber den jüdischen Finanzmagnaten ist daher verständlich.

samen, öffentlichen Betriebe in der Schweiz empfohlen. Diese werden von einer Gemeinschaftsethik getragen, die zur bestmöglichen Verwaltung im Interesse des Gemeinwohles verpflichtet.

Die obgenannten Versorgungen sind öffentliche Güter. Wie wollen Sie erwarten, dass privatisierte **Telefongesellschaften** das Staatsgebiet optimal versorgen; noch dazu wenn – wie im Falle der österreichischen *Telekom* – ein Großaktionär in Mexiko residiert? Ich habe hautnah erlebt, wie lokale Servicestellen geschlossen und die guten, ortskundigen Mitarbeiter entlassen wurden. Verbliebene, in Zentralstellen umgesiedelte Mitarbeiter haben gestanden, dass sie im ländlichen Raum nur noch dann intervenieren, wenn „ein größerer Wirbel" der Konsumenten zu erwarten ist. Die Services in den dünn besiedelten Räumen rentieren sich eben nicht.

Bei der **Post** ist die sinkende Versorgungsqualität noch ausgeprägter. Kam früher der Postbote (Briefträger) sogar noch am Samstag, so denkt man derzeit laut über eine nur zweimalige Zustellung pro Woche nach. Statt kostengünstige briefliche und literarische Kommunikation zu ermöglichen, zeigt man stolz die Gewinne her[211] und beklagt sich gleichzeitig über die Konkurrenz durch das Internet sowie scheinheilig über die Sprach- und Schreiblosigkeit der Bürger. Es wurden „privatwirtschaftliche" Tarife eingeführt, die praktisch prohibitiv sind. In alten Schillingen kostet ein einfacher Brief derzeit S 8,50! Ein Buch, das ich an einen deutschen Freund mit „Normalpost" zum günstigsten Tarif versendet habe, kostete € 15.-. Das sind gemäß den offiziellen Umrechnungskursen auf den Euro rd. DM 30.- oder ATS 206.-! Mein ehemaliger Verleger hat mir gesagt, dass er als kleiner Verlag an den Kosten der Aussendung der Prospekte und Ankündigungen zu scheitern drohe. Dies gilt für alle Schriften versendenden Institutionen. Werden wir bewusst in eine literaturlose und sich nur oberflächlich aus dem Internet bedienende Gesellschaft gesteuert?

Obendrein lässt die Verlässlichkeit der Zustellung nach. Ich kenne Gerichtspost, die nie angekommen ist.

---

210 Sie können dann börsenorientierte Selbstdarstellungen wie *Starke Entwicklung – Starke Dividende – Wertzuwachs von 90% seit dem Börsegang 2006*, Die Presse, Fokus Finanzplatz Wien, 27. 6. 2012, S. F6, lesen.

Im **öffentlichen Verkehr** ist es kaum besser: Die Situation ist deshalb grotesk, weil allenthalben die Verminderung des PKW-Verkehrs gefordert (CO_2- und andere Abgasminderungen), der öffentliche Verkehr aber zurückgefahren wird. Entfernt wohnende Studenten können sich bei verschlechterter Verbindung die Heimfahrt nicht mehr und nur noch auf zeitraubenden Umwegen leisten (konkretes Beispiel Graz–Mühlviertel). Die „Ertragsstrecken" werden kostspielig ausgebaut[212] und Nebenbahnen eingestellt. So wurde in meinem Heimatbereich die alte Industriestrecke Lilienfeld–St. Ägyd von den Bundesbahnen aufgegeben. Ein Konsortium von Gemeinden und Betrieben hält sie bis auf weiteres als Anschlussbahn im Güterbereich aufrecht. Die alten Leute und Familien beklagen, dass sie nunmehr auf die viel unbequemeren Autobusse angewiesen sind.

Die dezentrale öffentliche Versorgung wird eingestellt oder nach unten abgewälzt. Dennoch benötigen die jahrzehntelang parteipolitisch herabgewirtschafteten Bundesbahnen einen jährlichen Zuschuss, der doppelt so hoch ist wie das gesamte Verteidigungsbudget. Eine gemeinsame, sparsame und ausgewogene Planung zwischen Bund, Ländern und Gemeinden wurde jahrelang vermieden. Aber es ist nie zu spät für den konstruktiven Aufstand.

Das Ziel einer flächendeckenden Versorgung zu bestmöglichen Kosten und mit bestem Service ist allerdings Voraussetzung für eine Umkehr (modern „turnaround" genannt). Derzeit läuft die Entwicklung in die Gegenrichtung. Ein pensionierter Eisenbahningenieur, der nun frei reden kann, hat die gegenwärtige Strategie auf den Punkt gebracht: „Um die Nebenbahnen los zu werden, verschlechtert man das Service und investiert nichts, um dann argumentieren zu können, dass diese Strecken eben nicht angenommen werden."

Noch dazu wird aus parteipolitischen und Vernebelungsgründen bestes Personal ausgeschaltet und gleichzeitig auf ganzen Seiten

---

212 So wurde die Strecke Wien–St. Pölten um €2,82 Mrd, ausgebaut, um in 25 Minuten in Wien zu sein. Da von den 60 km 36 km in Tunnels verlaufen, sind nicht nur die Betriebs- und Erhaltungskosten enorm – man sieht nichts mehr von der schönen Landschaft. Die hohen Kosten gelten auch für das „rollende Material". Die Ökobilanz ist noch dazu negativ (Berechnungen von F. Schmidt-Bleek am Beispiel des französischen TGV).

Eigenwerbung für die „Ausschalter" gemacht[213]. Ich habe mich gewundert, als vor einem Jahr einer der besten und bewährtesten Speditionsmanager, die ich kenne, Prof. *Friedrich Macher*, von der Rail Cargo abgehalftert wurde, und habe daher diesbezüglich recherchiert. *Macher*, der aus Idealismus zur ÖBB gegangen war („Ich muss einmal auch etwas für mein Vaterland tun"), hatte ein gutes Konzept, aber er beging „politischen Selbstmord". Er begann nämlich auch die „Altlasten" aufzuzeigen und Reinigung einzufordern. Daraufhin wurde ihm mit gekaufter Medienunterstützung der weitere Zugang zu den Unterlagen gekappt, indem man ihn degradierte.

Es müssen im Verkehrsbereich in Zukunft im Voraus auch unbequeme Fragen bezüglich der Verantwortbarkeit „moderner" Investitionen gestellt werden:

Müssen wir z. B. in 25 Minuten von Wien nach St. Pölten kommen können (so wird geworben), wenn allein die Abschreibung (ohne Reparatur und Instandhaltung, sowie ohne die Kosten des laufenden Betriebs) für den Lainzer Tunnel an der Einfahrt von Wien € 13 Mio pro Jahr ausmacht? (Angenommene Amortisationszeit: 100 Jahre)

Müssen wir die Alpen an mehreren Stellen mit riesigen Kosten durchbohren, obwohl wir wissen, dass die Afrikanische Platte noch immer gegen Norden drückt und Erdbeben am Südrand zu denken geben, ob diese Investitionen von Dauer sein können? Dürfen wir dies auf Kosten der lokalen Netze tun, die wir in Zukunft dringend benötigen werden?

Die einfachste Lösung wäre wohl: Wir holen uns einen pensionierten Generaldirektor der SBB (Schweizer Bundesbahnen) als Sanierer und nehmen das Bahnnetz wieder in die gereinigte öffentliche Hand.

Im **Wasserbereich** haben wir den Angriff auf die gemeinwohlverpflichtete Wasserversorgung praktisch abgewehrt. Es besteht jedoch die Gefahr, dass verschuldete Gemeinden den Sirenengesängen der Investoren erliegen. Ein Vertreter des größten privaten Wasserversorgers Europas, der *Société lyonnaise des eaux,* hat mir vor etlichen Jahren geklagt, dass Österreich ein „weißer

---

213 Die ganzseitigen Selbstlob-Inserate in der Gratiszeitung *Heute*, womöglich mit einem Bild des Generaldirektors, sind eine Dauereinrichtung.

Fleck" auf seiner Firmenlandkarte sei. Die Stadt Budapest hatte verkauft und die Bewohner mussten in der Folge „kostendeckende Preise" hinnehmen.

Bei der **Energieversorgung** finden wir leider zunehmenden ausländischen und privaten Einfluss. Dies wird die notwendige Umstellung der Energieversorgung auf erneuerbare Energieträger und eine ausgewogene, zukunftsorientierte Energieraumplanung erschweren. Auch hier wird der Rückkauf Sinn machen. Durch mehr Fähigkeit zur standortangepassten Eigengestaltung können auch im Energiebereich zusätzliche Dauerarbeitsplätze geschaffen werden.

III.2.2.2

Förderung der Familie als primäre Stätte der Sozialisierung (insbesondere Erlernen der sozialen Grundtugenden im für das Kind einsichtigen Kreis)

Die Fakten zeigen, dass die Sozialisierung der Kinder massive Mängel aufweist. Wenn in Österreich rd. 20 % der Volksschulkinder mit psychischen Schäden antreten[214] und jedes dritte Kind burnout-gefährdet ist[215], sowie jedes vierte Kind Gewalt in der Schule erlebt[216], dann zeichnet sich auch im Land der beschönigenden „Kakanen" eine gesellschaftliche Bombe ab. Nicht nur, dass der Schulbetrieb gefährdet ist; die künftig zu versorgenden, gesellschaftsuntauglichen Bürger werden den Sozialvertrag zum Einsturz bringen. Meiner Information nach ist die Situation in Deutschland nicht besser.

Die Ursachen sind längst bekannt, werden aber ideologisch ausgeblendet. Der Präsident des Vereines Jugendbetreuung in Zürich, *R. Koradi*, hat aufgrund seiner Erfahrungen die Hauptursache klar formuliert. Es ist die Demontage der stabilen, bergenden Familie, die von mehreren Seiten in Frage gestellt und ausgehöhlt wird. Er sagt uns: „Die Familie ist die wichtigste Erziehungs- und Bil-

---

214 Verhaltensgestörte Kinder werden beschönigend als „verhaltenskreativ" bezeichnet.
215 Quellen: Sozialforscher Prof. *E. Gehmacher* und Prof. *R. Perner*
216 Zusatzanalyse zur PISA-Studie 2009

284

dungsgemeinschaft für das menschliche Zusammenleben. Sie ist nicht bloß ‚Organisationseinheit' beliebiger Ausprägung. Sie ist eine von Mann und Frau bewusst gewählte Lebensgemeinschaft, die in biologischer und sittlicher Hinsicht die Urzelle der Gesellschaft ist." „In der Familie – durch das Zusammenleben der Eltern mit ihren Kindern – wird das Erbe der kulturellen, gesellschafts- und staatspolitischen Errungenschaften bei der nächsten Generation emotional verankert, unabhängig von den betroffenen Kulturen."[217]

Weiters wissen wir, dass die ersten drei Lebensjahre „lebensentscheidend" sind. „Kinder lernen in den ersten Lebensjahren so viel wie nie wieder in ihrem späteren Leben." (*G. Hüther*, Hirnforscher und Neurobiologe)

Wieso dulden wir dann, dass die Familien steuerlich benachteiligt werden und dass eine Familie nur überleben kann, wenn beide Elternteile berufstätig sind? Wieso sind wir nicht bereit, ein ausreichendes Muttergehalt zu bezahlen (ergänzt durch ein Vatergehalt bei „professioneller Elternschaft"), damit die Kinder jene dauerhafte, individuelle Zuwendung erfahren können, die ihnen nicht nur die Muttersprache, sondern auch das dauerhafte Urvertrauen für das ganze Leben gibt? Das Motto „Möglichst bald in die Kinderkrippe" gebiert leider psychische „Kinderkrüppel". Wieso haben wir keine attraktiven Programme, die Müttern nach Erledigung ihrer vornehmsten Aufgabe, der Erziehung der Kinder, den Einstieg ins Berufsleben in der klassischen Erwerbswirtschaft oder im informellen Bereich ermöglichen?

Ich habe zwei Töchter, die aufgrund ihres Berufes das Privileg haben, ihre Kinder bis zum dritten Lebensjahr „hauptberuflich" („professionell") zu begleiten. Wir sehen, wie ihre Kinder emotional, intellektuell, motorisch und sozial im Vorteil sind (sie gehen selbstverständlich auch einige Stunden in den Kindergarten, um sich in einer größeren Gruppe zu integrieren).

Wieso himmeln wir aus kurzsichtigem, parteipolitischem Opportunismus die „Regenbogenfamilien" an, die den biologisch

---

217 Zeit-Fragen, Nr. 41, 10. 11. 2011 S. 7 u. 8

vorgegebenen Bedürfnissen der Ontogese des Kindes nicht entsprechen und in der Regel instabil sind?![218]

Es gibt Modelle der „professionellen Elternschaft", die den Bedürfnissen der Kinder gerecht werden, die sich unter den gegebenen marktwirtschaftlichen Verhältnissen sowohl für die Unternehmen als auch für den Staat rechnen und die derzeit näher erforscht werden. Die Grundidee ist die einander ergänzende Teilzeitbeschäftigung beider Elternteile, die einen Teil ihrer Arbeitszeit dem Beruf als Eltern (daher „professionelle Elternschaft") widmen. Staat und Wirtschaft anerkennen die partnerschaftliche Elterntätigkeit als „Beruf" und fördern sie. Ein ganztägiger öffentlicher oder privater Betreuungsplatz kostet mehr als die vorgeschlagene soziale Innovation.[219]

Zusätzlich haben wir es „geschafft", dass nach dem Kleinkindalter weitgehend Gleichaltrige einander „erziehen", weil die Eltern keine Zeit mehr für sie haben und die Familien durch systematisches Schlechtmachen[220] demontiert sind. Dadurch kommt es zur Ausprägung von „Gang-Kulturen", in denen der Stärkere und Brutalere das Vorbild ist, sowie zum allgemeinen Kulturverlust.

---

218 Die österreichische Frauenministerin *G. Heinisch-Hosek* biederte sich bei der Schlusskundgebung der Wiener „Regenbogenparade" mit den Aussagen an, dass Homosexuelle ein Recht auf Kinder hätten (Das Kind als Privatbeute?) und mit „Wir brauchen einfach mehr Regenbogenfamilien".

Die Bundesfrauengeschäftsführerin der SPÖ, *Andrea Mautz*, schreibt in einem Gastkommentar zur Frage der gemeinsamen Obsorge bei geschiedenen Paaren: „Das Bild der Familien hat sich in den letzten Jahrzehnten stark verändert ... (Stichwort: Patchwork und Regenbogenfamilien) ... Wir leben nun einmal in einer Welt, in der Ehen geschieden werden können. 50 Prozent oder mehr sind davon betroffen. ... Erst wenn Familienbilder sich der Jetztzeit anpassen, werden Obsorgestreitigkeiten ausgewogener entschieden werden" (Die Presse, 26. 7. 2012, S. 27). Von den existentiellen Bedürfnissen der Kinder, sowie von Treue, Rücksichtnahme und Stabilität ist nicht mehr die Rede. Egozentrische Selbstverwirklichung hat Vorrang. Aber diesbezüglich ist Frau *Mautz* nicht allein. Auch die *Konservativen* glauben sich in ihren neuen Programmen an die „Jetztzeit" (dem zerstörerischen Zeitgeist) anpassen zu müssen.

219 Die Näheres siehe *Ernst Beinstein Akademie*, Wien

220 Die Denunzierung der Familie als „Unzeitgemäßes Matriarchat oder Patriarchat", „Befreiung der Kinder zur eigenständigen Selbstfindung" etc.

III.2.3
Durchdenken der föderalen Struktur und der öffentlichen Dienste nach Schweizer Muster

Die Schweizer „Kleinstaaterei" wird von den elitengesteuerten Medien und Universitäten als nicht zukunftsfähig erachtet. Wenn man jedoch durch den Medienvorhang sieht, dann läuft das erprobte Modell kostengünstig und zur weitgehenden Zufriedenheit der Bürger. Es entspricht auch der Empfehlung von *Ch. Zeitz* in III.1.3 (dezentrale robuste Überlebensökonomie).

Die Prinzipien sind einfach: rechtsstaatlich (Treue zum Gesetz), demokratisch (weitgehend basisdemokratisch), föderal (maximale Delegation nach „unten") und heimatverbunden (Heimatgemeinde im Pass).

Was ist aber dann der Unterschied zu anderen Staaten, wie Österreich?

Ich durfte nach dem Zweiten Weltkrieg als bedürftiges Kind für einige Zeit in der Schweiz zur Sekundarschule gehen. Staatsbürgerkunde (inkl. der Erfahrungen aus der Geschichte der Eidgenossenschaft) war großgeschrieben. Meine Gasteltern machten ihre Steuererklärungen selbst und informierten sich über die Ausgaben, die mit ihren Steuern finanziert wurden auf den Ebenen Gemeinde, Bezirk, Kanton und Bund. Der Kern ist die bestmögliche Delegation öffentlicher Aufgaben nach unten, gepaart mit einer professionellen Kontrolle von oben und seitens des Staatsvolkes von unten.

In Österreich hingegen wird den Schulkindern die für sie „zu komplizierte" Einführung in das Gemeinwesen „erspart". Auch bei der Steuer „erspart" der Lohnsteuerabzug dem Arbeitnehmer die Steuererklärung und damit die Beschäftigung mit den öffentlichen Ausgaben. Die meisten Österreicher kennen ihre lokalen Abgeordneten nicht und diese müssen sich nicht regelmäßigen Befragungen stellen.

Die Schweiz kennt vor allem eine demokratiepolitisch wichtige Vorphase des Gesetzgebungsprozesses zur Versachlichung, Objektivierung und Bürgernähe, die *Vernehmlassung*. Bei der Vorbereitung von Verfassungsänderungen, neuen Gesetzesbestimmungen, völkerrechtlichen Verträgen und größeren Vorhaben werden die

Kantone, die politischen Parteien und die interessierten Kreise (insbesondere Verbände) vom Bundesrat (Bundesregierung) zur Stellungnahme eingeladen. Dies geschieht, indem die zuständige Stelle einen *Vorentwurf* und einen *erläuternden Bericht* veröffentlicht bzw. interessierten Kreisen zustellt. Der Vorentwurf und der erläuternde Bericht werden öfters nicht von der Regierung bzw. dem zuständigen Amt, sondern von einer von der Regierung oder vom Amt bestellten Expertenkommission ausgearbeitet. Eine solche besteht aus Fachleuten aus den von der Vorlage betroffenen Gebieten. Insbesondere im Hinblick auf ein mögliches Referendum (hierfür genügen 50.000 Stimmen oder neun Kantone) ist es in der Schweizer Politik wichtig, bei der Vernehmlassung alle wichtigen Interessengruppen zu konsultieren, um sogenannte „referendumssichere" Vorlagen präsentieren zu können. Auch wer nicht persönlich zum Vernehmlassungsverfahren eingeladen wird, kann sich zu einer Vorlage äußern, auch als Einzelperson. Außerdem sind die Vernehmlassungsunterlagen öffentlich zugänglich.

Zusätzlich unterliegt die Ausgabenpolitik des Bundes der Infragestellung durch ein Referendum. Zu dieser Regelung kommt noch das kantonale Finanzreferendum, das es in allen Kantonen gibt. Dabei haben die Bürger bei ungewöhnlich hohen Ausgaben des Staates die Möglichkeit, in einem Referendum über diese abzustimmen.

Da gäbe es für unsere Politiker und ganze Staatsvölker einiges zu lernen, statt die Schweizer Kleinstaaterei zu verhöhnen.

III.2.4
Aufstand gegen die Zentralisierer

Wir können in diesem Abschnitt quasi nahtlos an das Vorstehende anschließen.

III.2.4.1
Klein ist nicht automatisch teurer

Gegenwärtig werden die für die meisten Sparten der industriellen Produktion geltenden Skaleneffekte (economics of scale) auf alle anderen Lebensbereiche in unangemessener Weise übertragen, obwohl dies auch im industriellen Bereich nicht unbegrenzt gilt. Wenn man nämlich die Recycling-, Transport- und Organisationskosten sowie die mit der Größe abnehmende Flexibilität einbezieht, ist das Optimum bald erreicht. Das klassische Fallbeispiel hierfür ist die „mushrooming strategy" von W. L. Gore & Associates, Newark, Delaware, die aus Polytetrafluorethylen (PTFE bzw. Teflon) wasserundurchlässige, aber dampfdiffusionsoffene Funktionstextilien herstellen (Markenname *Goretex*). Wenn ein Werk mehr als 400 Mitarbeiter zu zählen beginnt, wird anderswo ein neues gegründet. Dies hat für den Konzern auch den Vorteil, dass die Werke in Wettbewerb stehen, wodurch ein weiterer Anreiz zur Kostenoptimierung gegeben ist.

Allenthalben wird nun ohne durchgehende Begründbarkeit für die Zentralisierung plädiert. Dies gilt für den Bereich der föderalen Strukturen (Abschaffung der Bundesländer) als auch für die Verwaltung (Zusammenlegung von Bezirken und Gemeinden) und für die Justiz (Schließung von Bezirksgerichten, Einsparung von Jugendgerichten). Wir entwickeln dadurch eine immer größere Bürgerferne und eine abnehmende Verbundenheit der Bürger – insbesondere der jungen Menschen – mit den Strukturen und Abläufen in den Gemeinwesen. Ich habe unter 1.2.8.3.2 bereits auf den Verlust an Sozialkapital und demokratischer Kontrolle hingewiesen. Zu Recht hat Prof. *K. Korinek* jüngst auch auf den „Verlust der Machtbalance" und auf die „freiheitssichernde Funktion" eines bürgernah verfassten Gemeinwesens hingewiesen[221]. Der neue Präsident der Obersten Gerichtshofes Österreichs (OGH), Dr. *Eckart Ratz*, hat in einem Interview vom 16. 1. 2012 einen weiteren Aspekt im Zusammenhang mit der Schließung von Bezirksgerichten zu bedenken gegeben. Es ist dies der unkomplizierte, direkte Kontakt mit der Justiz und die Prägung durch sie.[222]

---

221 Rede bei der Verleihung der österreichischen Verfassungspreise 2012
222 Die Presse, 16. 1. 2012, S. 15: „Wenn es keinen Richter im Ort gibt, kann man nicht mehr vor Ort in familienrechtlichen Angelegenheiten vorstellig werden. Und die Bevölkerung könnte sich das Bild von der Justiz nur noch via Medien machen. Wenn man aber im Ort einen Richter sieht, einen vernünftigen Menschen mit einem Herz aus Fleisch und nicht aus Stein, dann verankert sich dieses Bild in der Bevölkerung viel mehr, als wenn sie in den Medien lesen, dass bei einem großen Prozess alles drunter und drüber gegangen ist."

Es stellen sich mehrere Grundsatzfragen:

a) Müssen wir alles Demokratisch-Bürgernahe wegsparen, um die unersättliche Hochfinanz bedienen zu können – also den Weg in die totale Finanzsklaverei gehen?

Ich denke, nein, weil uns die oben dargelegte strategische Steuerreform genügend Spielraum gibt und bei der unvermeidlichen Neuordnung der globalen Finanzarchitektur ein angemessener Beitrag der Superreichen erreichbar erscheint (siehe III.2.1).

b) Es kann nachgewiesen werden, dass kleine Einheiten insgesamt kostengünstiger arbeiten, wenn die bislang externalisierten sozialen und ökologischen Kosten einbezogen werden, und wenn man noch dazu bedenkt, dass die kleinen Einheiten flexibler sind.

Wenn man die Strukturen und Verwaltungsabläufe der *Schweizerischen Eidgenossenschaft* oder des kleinen österreichischen Bundeslandes *Vorarlberg* betrachtet, dann bestätigt sich das positive Urteil in der Praxis. Eine maximale Delegation nach unten bei guter Kontrolle, gepaart mit direktdemokratischer Mitbestimmung, ist die kostengünstigste Lösung (siehe III.2.3).

Der Schweizer Politikwissenschaftler und Ökonom *Gerhard Kirchgässner* hat zusammen mit zwei Kollegen aufgrund empirischer Untersuchungen und statistischer Belege nachgewiesen, dass direktdemokratisch gesteuerte Gemeinwesen zu sowohl ökonomisch als auch politisch effizienteren Lösungen kommen. Die Ausgabenpolitik wird sorgsamer gehandhabt, die Steuermoral ist besser und die allgemeine Wirtschaftsleistung ist höher.[223]

Dazu kommt, dass eine zukunftsorientierte Kreislaufwirtschaft, gepaart mit einer solar orientierten Energiewirtschaft, *eo ipso* Dezentralisierung erfordert.

Stoffkreisläufe sind kostengünstig nur schließbar, wenn die Materialien in lokale ökologische Kreisläufe oder in lokale industriell-gewerbliche Wiederverwendungskreisläufe eingehen. Es bedarf hierzu nur der klaren ordnungspolitischen Norm, dass ein Gut nur dann in Verkehr gebracht werden darf, wenn nachgewiesen wird, dass es entweder schadlos in natürliche Stoffkreisläufe

---

[223] *Kirchgässner G.* mit *Feld L. P* und *Savioz M. R.*, Die direkte Demokratie: Modern, erfolgreich, entwicklungs- und exportfähig, Helbling & Lichtenhahn, Basel - Genf - München 1999

oder in industriell-gewerbliche Wiederverwendungskreisläufe eingeht (siehe oben III.2.2.1.1).

Sonnenenergie fällt reichlich, aber dezentral an. Ihre optimale Nutzung erfordert eine systematische Dezentralisierung aller Versorgungssysteme. Die solare Energiewirtschaft ist weitgehend rohstoffunabhängig. Sonne und Wind stehen fast überall uneingeschränkt zur Verfügung, ergänzt durch Biomasse und Wasserkraft (auch zur Speicherung).

Darüber hinaus sind erneuerbare Energiequellen klima- und naturverträglich und sind kaum für kriegerische Nutzungen geeignet. Sie lösen uns vor allem auch aus der tödlichen Abhängigkeit von den Eignern fossiler[224] und mineralischer (Uran) Primärenergieträger. Sie sind somit auch lebensfreundlich und friedensstiftend.

Beide Orientierungen (Kreislaufwirtschaft und Energieversorgung aus erneuerbaren Quellen) schaffen nachhaltig Arbeitsplätze und wirken der Massenmenschenhaltung in Großstädten entgegen.

Intelligent Dezentralisieren und Vernetzen ist somit eine gesellschaftspolitische Überlebensstrategie. Für sie bedarf es eines analogen Aufstandes wie beim Finanzwesen.

Wir müssen vom weitgehend von oben und von den großen Kapitaleignern gesteuerten Befehlsstaat zum von unten gewachsenen und getragenen Koordinationsstaat kommen.

III.2.4.2

Kleine, überschaubare Einheiten als Voraussetzung für die Bildung von Sozialkapital

Wie schon unter I.2.8.3 ausgeführt, ist die Notwendigkeit der Sozialisierung in überschaubaren gesellschaftlichen Einheiten eine Tatsache, über die man nicht ungestraft hinweggehen kann. Die Demontage der kleinen, bergenden Beziehungen und gesellschaftlichen Einheiten droht eine Zukunftsbombe auszulösen. Die sozialen Kosten unsicherer, eventhaschender, das soziale Netz nutzender, aber nicht tragender Mitbürger drohen eine unerträgliche Zukunftslast zu werden.

---

224 Derzeit füttern wir indirekt die islamischen Fundamentalisten und Terroristen.

III.2.4.3
Erhaltung der Kleingemeinden und lokalen Schulen als Träger der lokalen Kultur und als Gehschule der Demokratie

Ein Fallbeispiel soll eine lange Rede ersetzen: Als ich gemeinsam mit meinem Freund, dem Altlandesrat *Anton Türtscher,* den Aufstand im *Großen Walsertal* organisiert habe, hatte man dieses „rückständige Gebiet" praktisch abgeschrieben. Die Schulen sollten geschlossen und die Kinder hinaus nach Thüringen in die Schule gekarrt werden. Auch die Bildung einer „Großgemeinde" war ins Auge gefasst. Vor allem durch den unterstützenden Einsatz der Frauen wurden ein Bildungszentrum in Blons[225] und eine Gesamtstrategie für das Tal durchgesetzt. Die Identifikation der Talbewohner war großartig. Nun ist der *Biosphärenpark Großes Walsertal* ein international anerkanntes Vorzeigeprojekt für angepasste Regionalenwicklung und sanften Tourismus, und das Kulturzentrum in Blons stiftet nicht nur Identität, sondern strahlt mitreißend aus.

Mein Freund, der Sozialforscher Prof. *Ernst Gehmacher,* hat in letzter Zeit die Kleingemeinden und Kleinschulen als „Quellen für die Generierung von Sozialkapital" zum Forschungsobjekt gewählt. Seine ersten, noch weiter abzusichernden Thesen bestätigen die konkreten Erfahrungen im Großen Walsertal: „In dörflichen, sozial enger verbundenen, aber heute von Funktionsverlust (Auspendeln, Abwanderung, Mangel an Treffpunkten, kultureller Verarmung) bedrohten Gemeinden stützt die Schule das Gemeinschaftsleben. Die Lehrer nehmen oft tragend am Vereinsleben, an Kultur und Politik teil. Die Schulen können Zentrum von Festen und Veranstaltungen sein. Die Kinder wachsen in ihrer engeren Heimat zu einem tieferen Gefühl für Gemeinschaft heran – und lernen Arbeit und Zusammenwirken (Mithelfen in Haus und Hof, Mitpflegen von Kleinkindern,

---

[225] Eine der Frauen sagte beim Bauerntag in Blons, an dem der Landeshauptmann, der Agrarlandesrat, der Wirtschaftslandesrat und der Regionalbeauftragte (der spätere Landeshauptmann Dr. *Martin Purtscher*) teilnahmen: „Der Schulbus ist der Wolf, der uns unsere Kinder und den Kindern die Heimat entreißt. Unsere heimatlos gewordenen Kinder werden das Tal verlassen, und das wird das Ende sein. Wozu haben sich unsere Vorfahren geplagt?!"

Alten und Kranken) praktisch im Alltag. Längerfristig bleiben mehr Heranwachsende auf Dauer in der Gemeinde oder auch auswärts der Gemeinde verbunden." Er nennt dies den „Gemeinde-Gemeinschafts-Effekt", zu dem noch der „lokale Kultureffekt" und der „Sozial-Wohl-Effekt" kommen. Letzteren beschreibt er wie folgt:

„Mehr Gemeinschafts-Erleben bedeutet mehr wirksames Sozialkapital und damit mehr Gesundheit und Stress-Resistenz, mehr intrinsische Motivation und Leistungsfreude. Das gilt für Kinder und deren Nahpersonen – und auch für die Lehrer. Unmittelbar mindert das die Krankentage und die Leerlaufzeiten. Langfristig bewahrt es vor vielem Leiden und hohen Medizin-Kosten. Und damit gehen Glück und Leistung Hand in Hand. Die moderne Sozialkapital-Forschung zeigt die hohe Bedeutung dieser Wirkung auf."

„Eine schematische ‚Einsparung' von Kleinschulen kann durch die ‚Kollateralschäden' sozialer und psychischer Defizite mit langfristig hohen Sozialkosten sehr kostspielig werden."

Wenn die jüngste *Jugend-Wertestudie* (2001–2012) des Wiener *Institutes für Jugendkulturforschung* feststellt: „Die Jugend fordert Solidarität für sich ein, es fällt ihr aber schwer, gesellschaftliche Bereiche zu finden, in denen sie selbst Solidarität zeigen kann", dann sollte dies zu denken geben. Überschaubare Gemeinden und Gruppen sind die „Gehschulen der Demokratie", in denen die heranwachsenden Bürger gemeinwohlorientiertes, solidarisches, tolerantes und verantwortendes Handeln praktizierend lernen können. Diese Chance sollten wir den Nachfolgenden (erfülltes Leben) und uns selbst (Balance mit der Jugend, und Hoffnung, dass der Generationenvertrag hält) nicht verbauen.

Die aktive Beteiligung der Jungen am lokalen politischen Gestalten ist daher unverzichtbar.

Bei der späteren Auswahl und Förderung von Nachwuchspolitikern sollte – aufbauend auf die erworbenen Basiserfahrungen in den Gemeinden – berücksichtigt werden, dass diese auf mehreren Ebenen „Felderfahrung" haben (Vereine, Gemeinde, Bundesland bzw. Kanton, Bund, Ausland, EU, UNO). Hierzu gibt es reichliche Möglichkeiten, die wahrgenommen und gefördert werden können.

III.2.4.4

Lokale Genossenschaften
als bürgernahe und krisensicherere Finanz- und Warendienstleister

Dass die lokalen Banken, die nicht von den Großbanken und „Investoren" abhängen und von ihnen instrumentiert werden können, diesen und deren behördlichen Unterstützern ein Dorn im Auge sind, ist evident. Dies zeigt nicht nur die unter 1.3.1.1.1.1.7 aufgezeigte Entmachtung und Plünderung der regionalen österreichischen Volksbanken, sondern auch die von Brüssel geforderte Gleichschaltung der Sparkassen. Damit die im Investmentbanking und in risikoreicheren Ostgeschäften engagierte österreichische *Erste Bank*, die eigentlich keine Sparkasse im Sinne des Gründungauftrages mehr ist, ihre Eigenkapitalausstattung nach Basel III erfüllen kann, soll ein sogenannter „Gleichordnungskonzern" gebildet werden. Zusätzlich soll der Vorstand der *Erste Bank* ermächtigt werden, sogenannte BCCS (Buffer Convertible Capital Securities) auszugeben, die bei Bedarf in Aktien umgewandelt werden können. D. h. in Klardeutsch eine vom Vorstand abrufbare Nachschusspflicht.[226]

Wie weit die Ausschaltung der genossenschaftlichen Demokratie geht, zeigt auch der Wandel in den Satzungen und Rechtsformen im Bankbereich der österreichischen Raiffeisengruppe, gemäß denen sich die leitenden Organe de facto selbst ergänzen können und eine „Revolution von unten" praktisch ausgeschlossen ist. Die jährlichen General(Voll)versammlungen sind „Jahrestagungen" mit Bewirtung gewichen. Bei den Lagerhäusern gibt es kaum noch wirklich selbständige lokale Genossenschaften. Im benachbarten Bayern hat man ohnehin die Form einer Aktiengesellschaft (BAYWA) gewählt. Diese hat bereits einen Teil der österreichischen Warengenossenschaften übernommen.

Was sich in Europa abspielt, ist eigenartig schizophren: Das, was wir der „Dritten Welt" als zukunftsfähig anraten und was

---

226 Den weltweiten Kampf gegen lokale, nicht unter der Knute der Finanzmächtigen stehende Institute zeigen die „Strukturanpassungsprogramme" (SAP) der Weltbank und des Internationalen Währungsfonds, die über ein Veto der USA zugunsten ihrer Finanzeliten erzwungen worden sind. In den auferlegten „Sanierungsmaßnahmen" ist auch die „Privatisierung der Sparkassen" enthalten.

als künftiger, laut applaudierter „Dritter Weg" begrüßt wird (siehe *Elinor Ostrom, Die Verfassung der Allmende. Jenseits von Staat und Markt*), wird in der Praxis verraten. Bei dem gegenwärtigen Zentralisieren, bei dem die lokalen Akteure als „Krähwinkler" abgetan werden, sollten nicht nur die sich ergebende Problem- und Bürgerferne sowie das mangelnde Augenmaß bedacht werden, sondern auch die Verletzlichkeit der Großsysteme. Bei generellen, aber auch partiellen Störungen und Zusammenbrüchen (IT, Energie, Verkehr) sind die zentralisierten Großsysteme nicht mehr funktionsfähig. Dies habe ich in den Kriegstagen des Zweiten Weltkrieges selbst erlebt. Durch die fast komplette IT(EDV)-Abhängigkeit hat sich dieses Risiko massiv erhöht. Wir sollten daher die bewährte lokale – aber gut vernetzte – Genossenschaft wieder entdecken.

Dass Genossenschaften auch in ungewöhnlichen Bereichen Beachtliches leisten können, zeigen die Trientiner Arbeitsgenossenschaften (Cooperative di lavoro), über die Arbeitslose (vom Hilfsarbeiter bis zum Akademiker) für Arbeiten im Interesse des Gemeinwohles eingesetzt werden. Auf diese Art wurde z. B. die Kaimauer von *Riva* in Naturstein instandgesetzt sowie die Festung und der Park *Arco* restauriert und revitalisiert.

Ein herausragendes Beispiel ist die *Mondragón Corporación Cooperativa (MCC)* in Spanien. Sie wurde 1956 in einem baskischen Notstandgebiet gegründet und ist inzwischen die weltgrößte Genossenschaft und das siebtgrößte Unternehmen Spaniens. Ihre Leitprinzipien des Dienstes am Mitbürger und an den Mitarbeitern, der zukunftssichernden Reinvestition von Erträgen (Gewinnen) sowie der vernetzten genossenschaftlichen Struktur und der demokratischen Mitbestimmung haben sie zu einem stabilen Element der regionalen und nationalen Volkswirtschaft gemacht. Sie ist gemäß ihrem Grundauftrag nicht nur in der Güterproduktion, im nahversorgenden Handel und im gemeinwohlorientierten Finanzwesen, sondern auch in der orientierenden und ertüchtigenden Wissensvermittlung (Schulen) tätig und erfolgreich.

III.2.4.5

Ausstattung der Schulen mit moderner Infrastruktur und mehr Lehrpersonen, um den Unterricht in der Kleingruppe zu ermöglichen

Gegenwärtig dominieren die Zentralisierer und Gleichmacher, die den Lehrern keinen Spielraum für individuelle Gestaltung geben und sie mit Vorschriften überhäufen. Aufzeichnungen zur Selbstverteidigung nehmen wertvolle Zeit weg. Man liebt es, klug klingende Vorgaben von oben zu machen, wobei die „Vorgeber" meist keine pädagogische Erfahrung haben. Gleichzeitig fordert man aber Individualität und Empathie. Dabei haben die Lehrer meist nicht einmal einen geeigneten modernen Schreibtisch oder gar ein Zimmerchen, in das sie sich zurückziehen bzw. wo sie ein persönliches Gespräch mit einem Problemkind führen können. Ähnliches gilt für die technische Ausstattung. (Ich denke hier vor allem an Biologie, Chemie, Elektronik, Informatik und Physik.) Vor allem sollte die Schülerzahl auf 15 Personen gesenkt werden, damit die Lehrer wirklich individuell auf die Schüler eingehen können, zumal die immer häufiger anzutreffenden psychisch gestörten und labilen Kinder (siehe III.2.2.2) einer besonderen Zuwendung bedürfen.

Im Sinne der neuen Sozialkapital-Theorie wäre auch die Infrastruktur für die lokale (das gilt auch für städtische Viertel), soziale und kulturelle Einbindung vorzusehen (Räume für Schulfeste und Elterntreffen, für Theater und Musik sowie für Basteln und handwerkliche Aktivitäten). „Die Einbindung von wohnnahen, eher kleineren und sozial integrativen Grundschulen, zusammen mit einer lebendigen Verbindung zwischen lokaler Gemeinschaftskultur und Schule, ist die günstigste Bildungsstruktur, gerade auch langfristig für die Gemeinde und die öffentliche Hand." (*E. Gehmacher*)

III.2. 5

Gestaltung der Bildungsinhalte in Richtung mündiger Staatsbürger

Ich möchte hier nicht auf alle Bildungsebenen eingehen, sondern mich auf die Bildung der Volks- und Haupt(Mittel)schüler beschränken. Schulen sollten kein „Supermarkt der Wissensvermittlung" sein, in dem jeder „Regalbetreuer" seine Ware an die Schüler bringt und dann die Sache für erledigt hält. Daher ist die Kontinuität der Betreuung von hoher Wichtigkeit. Neben dem üblichen Fachwissen sollten auch Herzensbildung und angewandte Ethik (Vermittlung von Maßstäben für ein gelungenes Leben in Harmonie mit der Mitwelt), Empathie, Einfallsreichtum, Phantasie, Kreativität, kritisches Denken und Hilfsbereitschaft vermittelt werden. Vor allem sollte der zentralen Bildungsforderung Immanuel Kants auf angepasste Art Rechnung getragen werden; nämlich *„die Fähigkeit, sich des eigenen Verstandes ohne Leitung eines anderen zu bedienen"*, zu vermitteln. Dies ist die wesentlichste Voraussetzung für mündiges Bürgertum.

Davon finde ich zwar bei den zehn Unterrichtsprinzipien Deutschlands gute Ansätze, aber das Denken ist „verkopft" (Wie lerne ich bestens?). Unter dem Prinzip der „Handlungsorientierung" könnte die angewandte Ethik untergebracht werden.

In Österreich hingegen finde ich diesbezüglich praktisch nichts. Die Unterrichtsprinzipien sind eine Aufzählung von Detailanliegen. In beiden Ländern fehlt die Reihung nach der Wichtigkeit. Um diese drückt man sich mit einer alphabetischen Aufzählung. Effekt: Die meisten befragten Lehrer kennen sie kaum.

Unterrichtsprinzipien

Deutschland	Österreich
1. Dialogisches Lernen	1. Entwicklungspolitische Bildungsarbeit
2. Entdeckendes Lernen	2. Erziehung zur Gleichstellung von Männern und Frauen
3. Ganzheitlichkeit	3. Europapolitische Bildungsarbeit
4. Handlungsorientierung	4. Gesundheitserziehung
5. Kooperatives Lernen	5. Interkulturelles Lernen
6. Lernen durch Lehren	6. Leseerziehung
7. Lernorientierung	7. Medienbildung
8. Selbstbestimmtes Lernen	8. Politische Bildung
9. Selbstorganisiertes Lernen	9. Sexualerziehung
10. Selbsttätigkeit	10. Umweltbildung
	11. Verkehrserziehung
	12. Wirtschaftserziehung und Verbraucher/innenbildung

Was wir brauchen, sind gute, ergänzende Unterrichtsbehelfe insbesondere in nachstehenden Bereichen:

- in **Staatsbürgerkunde**, welche die Bauprinzipien und das Funktionieren der Gemeinwesen erklärt, die Grund- und Menschenrechte darstellt und auf die Volkswirtschaft und die Finanzen eingeht. Letzteres gilt auch für die Fähigkeit, mit Steuern und Abgaben sowie mit dem eigenen Budget umzugehen. Die jungen Mitbürger sollten auch in die Lage versetzt werden, die Kosten eines Autos und der modernen Telekommunikation zu berechnen. Ein Vierzehnjähriger sollte die Chance bekommen, mit diesem Rüstzeug weiterzumachen (Lehre oder weiterbildende Schule).

Eine Folge der Vernachlässigung des finanziellen Basiswissens ist die Tatsache, dass immer mehr junge Österreicher massiv verschuldet sind (ein Drittel der bei der Schuldnerberatung Hilfe Suchenden sind Jugendliche und die durchschnittliche Schuldenhöhe beträgt € 33.000.-; der Beginn eines Teufelskreises, aus dem sie kaum mehr herauskommen.) Dies ist ein „Bildungsverbrechen" an den Jugendlichen, deren Leben zerstört wird.

- Ein guter Leitfaden bezüglich der **wichtigsten ethischen Handlungsmaßstäbe** und deren Auswirkung auf die eigene Lebensgestaltung und das Funktionieren der Gemeinwesen ist ebenfalls unverzichtbar.

- Ein **moderner Psychologieunterricht**, der unsere Kinder über die Verführungs- und Manipulationstechniken aufklärt, sollte nicht fehlen.

Hier muss noch eine **Anmerkung zum PISA-Test** gemacht werden. Dieser wurde von den USA über die OECD mit Austrittsdrohung etabliert. Die OECD wollte ursprünglich keine Indikatoren von sich aus entwickeln, sondern in internationaler Abstimmung erarbeiten. Die USA setzten jedoch ein Expertenwerk durch, das dann den Mitgliedstaaten auferlegt wurde. *Roman Langer* hat das Ziel wie folgt charakterisiert: „Ein dauerhaftes System einzurichten, das die Bildungssysteme nach und nach zur gezielten Zuarbeit im Sinne des Erhalts der politisch-ökonomischen Vormachtstellung bringt."[227]

---

[227] *Langer R.*, Warum tun sie das? Governanceanalysen zum Steuerungshandeln in der Schulentwicklung, Verlag für Sozialwissenschaften, Wiesbaden 2008, S 69.

Es geht um die „employability", die Verwendbarkeit in der vorgegebenen Wirtschaftsarchitektur. Deshalb wurde der Test auch der breiten wissenschaftlichen und öffentlichen Debatte entzogen. Der jüngste Kommentar des österreichischen Sozialministers, des Chefs des Arbeitsmarktservice und des Generaldirektors der Statistik Austria zur dort erstellten Studie „*Erwerbskarrierenmonitoring*", der in allen Medien breit verkündet wurde, entspricht dem „PISA-Hauptstrom-Denken". Er geht ebenfalls in Richtung rasche Verwendbarkeit. Die allgemeinbildenden Mittelschulen (AHS) werden als keine gute Vorbereitung für einen Job (Arbeitsplatz) gesehen.[228]

Dem stehen allerdings meine eigene Erfahrung als Hochschullehrer und die mir mitgeteilte Erfahrung meines verstorbenen Freundes, des ehemaligen Rektors der Technischen Universität Wien, Prof. *Walter Kämmerling*, entgegen, dass die AHS-Absolventen zwar einen schwierigeren Start haben, sich aber aufgrund ihres breiteren Denkens vor allem in der Forschung besser bewähren.

Der langjährige Präsident des Stadtschulrates in Wien, *Kurt Scholz*, zitiert zur Zentralisierung und Standardisierung, die derzeit en vogue ist, ebenfalls kritisch die US-Erziehungswissenschaftlerin *Diane Ravitch*.[229]

Diese stellt fest, dass die zentralen Testvorgaben zu einer „*Drill-für-den-Test-Schule*" geführt haben, in der sich „die Kinder Woche um Woche ausschließlich der Vorbereitung auf standardisierte Tests widmen müssen". Der Unterricht sei „zu einer freudlosen Veranstaltung verkommen", bei der „ein ödes Testregime herrscht, das zu einem demoralisierenden Prozess für Kinder, Eltern und Lehrer geführt habe".

Haben wir all dies nötig? Hat sich unser der breiten Allgemeinbildung verpflichtetes Bildungssystem nicht bewährt? Dürfen politische Akteure ohne pädagogische Erfahrung[230] ihre von ideo-

---

228 Die Presse, 21. 6. 2012, S. 1, Die Lehre als Sackgasse, die AHS als Einbahn.

229 *Scholz K.*, Tatsachenforschung. Ein Wundermittel und seine unerwünschten Nebeneffekte. – Der Glaube, dass zentrale Standards die Schulqualität heben, ist unerschütterlich. Es handelt sich aber um eine Illusion. Standardisierte Tests verfehlen genau das, was unsere Gesellschaft dringend benötigt. Die Presse, Wien 19. 6. 2012, S. 31

230 Die renommierteste Pädagogin der USA, *Wendy Sue Kopp*, die die Schullandschaft über die USA hinaus positiv verändert hat, fordert, dass Administrateure und Politiker, die in Bildungsfragen agieren, pädagogische Erfahrung haben müssen.

logischen Scheuklappen geprägten Vorstellungen mit Gewalt durchsetzen, weil wir tatenlos zusehen?

Auch hier ist der breite Aufstand leider angesagt. Wir tragen damit einem der zentralen Anliegen der jungen Generation Rechung. Gemäß der schon zitierten jüngsten Studie von *Userplanet* und dem Arbeitskreis *Zukunftsfähige Gesellschaft* in Wien, in der in einer Online-Umfrage junge Erwachsene zwischen 20 und 30 Jahren[231] in Deutschland, Österreich und der Schweiz befragt wurden, wünschen sich 82% eine breite Allgemeinbildung (auch für ihr berufliches Fortkommen) und fast 74% eine freie Bildungsphase.

Bildung muss wieder begeistern. Wenn Siebzehnjährige herumhängen und, statt Bildungsangebote wahrzunehmen, Fernseher, PlayStations, Sofas und dicke Matten sowie Boxsäcke zum Abreagieren in auf Gemeinkosten errichteten Jugendräumen (genannt „Jugendzentren") als verpflichtendes Service der Allgemeinheit verlangen[232], dann müssten die gesellschaftlichen Alarmglocken läuten. Die Reaktion darf nicht die kostspielige Befriedigung mit „Events" sein.

Warum bauen wir nicht stattdessen Netzwerke von öffentlichen und privaten Institutionen sowie Einzelpersonen, die das **Abenteuer Bildung** vermitteln?! Themen könnten sein:

Das Abenteuer Geschichte –
was Menschen bewegt hat und was sie getan haben

Das Abenteuer der dramatisch- vielfältigen
Geschichte Österreichs

Das Abenteuer der Stammesentwicklung des Menschen
und seiner Kulturen

Das Abenteuer der individuellen Entwicklung des Menschen

Das Abenteuer der Hochkulturen und Religionen

Das Abenteuer der Philosophie –
Wie haben die Menschen ihre Existenz gesehen

---

231 Also voll urteilsfähige, aber noch nicht in der wirtschaftlichen Tretmühle verformte Personen.
232 So geschehen in Wien (Die Presse, 26. 11. 2011, S. 12).

Das Abenteuer Menschenrechte –
Wie wurden sie geboren, wo sind sie verankert,
wer hat für sie gekämpft, was bewirken sie für uns

Das Abenteuer Europa –
der kleine Kontinent, der die Welt revolutionierte

Das Abenteuer Physik –
unterfüttert mit begeisternden Experimenten

Das Abenteuer Chemie –
unterfüttert mit staunenswerten Experimenten

Das Abenteuer Mechanik –
inklusive einfacher Wiederinstandsetzungen
und Reparaturen

Das Abenteuer Biologie – mit Exkursionen

Das Abenteuer Lebensmittelproduktion inklusive
interkultureller Gärten und Stadtlandwirtschaft

Das Abenteuer Lebensmittelverarbeitung und -konservierung

Das Abenteuer der Staatenbildung und ihrer Organisation
(Staatsbürgerkunde)

Das Abenteuer des Verstehens der unbekannten Finanzwelt

Bildung müsste ein **Statussymbol** werden (ähnlich wie in Finnland). Wir müssen daher die Bildungswilligen vor den Vorhang holen.

III.2.6

Renaissance der besser finanzierten Universitäten nach dem Humboldt'schen Ideal

Unsere Universitätslandschaft hat ihre Verkehrszeichen aus dem sogenannten *„Bologna-Prozess"* erhalten. Wenn ich Kollegen frage, wo diese Wegweiser ihren geistigen Ursprung haben, dann treffe ich meist auf die formale Antwort: In der Schaffung eines „Europäischen Forschungsraumes" (ERA – European Research Area) und der mit ihm notwendigen Modernisierung, Vereinheitlichung und Vergleichbarkeit der Studien.

Aber welcher Geist steckt hinter dem ERA? Das Projekt wurde ja nicht von den Universitäten bzw. der wissenschaftlichen Gemeinschaft entwickelt, sondern von der Politik vorgegeben. Der Hintergrund ist schlicht folgender: Praktisch verwertbares Wissen ist ein wesentlichen Konkurrenzvorteil geworden. Und weil wir im wirtschaftlichen Gladiatorenkampf in Rahmen der als unabänderlich vorgegebenen betrachteten Finanz- und Handelsordnungen die Besten sein müssen, um zu überleben, wird der universitäre Bereich entsprechend organisiert und instrumentiert. Die Methode der Kontrolle ist sehr einfach: Wer kein rasch verwertbares Wissen bringt, wird auf einen Hungeretat gesetzt, denn wir müssen ja der *wettbewerbsfähigste Wirtschaftsraum* werden bzw. sein. Um ihrerseits zu überleben, konformieren die Wissenschaftler mit der Faust in der Tasche und schreiben erfundene Erfolgsberichte. Nur wenige wagen es, gegen den vorgegebenen Hauptstrom aufzustehen.

Der am 7. 4. 2012 verstorbene „Erzieher der Nation" Prof. *Marian Heitger* hat gleichsam als Vermächtnis noch im November 2011 geschrieben[233]: „*In diesen Tagen ist das, was Europa einmal mit Stolz und großem Erfolg geschaffen hat, endgültig zu Grabe getragen worden. Die Universität mit den sie definierenden Prinzipien ist nicht mehr: Freiheit von Lehre und Forschung, die Zusammengehörigkeit von Forschung und Lehre, Universalität des Wissens, alles das wird in Sonntagsreden noch beschworen, ist in Wirklichkeit aber längst aufgegeben. Ab den nächsten Semestern gelten vielfach die neuen Strukturen: ein Kurzstudium mit dem Abschluss als Bachelor, darauf kann ein Masterstudium folgen und zum Abschluss der PhD.*

Ob eine solche Gliederung und Umbenennung notwendig und sinnvoll war, sei dahingestellt, entscheidender und verheerender sind die Antworten, die man auf die wirklichen Probleme und Herausforderungen gegeben hat. … Die Bildungseinrichtungen müssen sich mehr und mehr der beruflichen Qualifikation unterwerfen, wenn Europa im globalen Wettbewerb bestehen will." Der deutsche Erziehungswissenschaftler *Lothar Schäffner* hat es noch kürzer formuliert: „*Bologna eröffnet Politik und Bürokratie schließlich auch die Möglichkeit, Entwicklungen an den Hoch-*

---

233 Die Presse, Forum Bildung – Hochschule, 21. 11. 2011, S. 22

schulen leichter beobachten und regulieren zu können", und *Iwan Pasuchin* schreibt drastisch: *„Die Schule soll Kanonenfutter für den globalen Wirtschaftskrieg produzieren."*[234]

Daher wird auch den Fachhochschulen der Vorrang gegeben[235].

Zu all dem einige anleuchtenden Fragen und Vermerke:

Wenn von der Bildungsverwaltung mit den Universitäten *„Leistungsvereinbarungen"* geschlossen werden, wer definiert dann die „Leistungen"? – Doch de facto die Bürokraten.

Daher werden die *„Leistungsbilanzen"*[236] der Universitäten zu kostspieligen Selbstdarstellungen in Richtung der „Erwartungen der Gesellschaft".

Wenn die entscheidenden **Universitätsorgane** mit Wirtschaftsleuten besetzt sind, welche Erwartung bringen diese ein?

Wenn Professoren und Assistenten nur noch **befristet** angestellt werden und ihre Leistung extern „evaluiert" wird, wo bleibt dann die Freiheit der Forschung? Sie werden konformieren, wenn sie ihren Posten nicht verlieren wollen.

Wer kann dann noch eine „Schule" mit einer geeigneten, motivierten Mannschaft aufbauen? Wie kommen Studenten dazu, dass sie von Professoren geprüft werden, bei denen sie gar nicht gehört haben?

Wenn die Universitäten weitgehend auf die **Einwerbung von Drittmitteln** angewiesen sind, wer bestimmt dann die Forschungsinhalte? Doch die Kurzzeitinteressen der Auftraggeber.[237]

Wenn alles im **Kurzeittakt** vorgegeben ist („Workloads" und „Creditpoints"; Bedingungen für die Erlangung von Stipendien), wie kann dann ein Hochschullehrer Studierende noch in kleinere Forschungsprojekte einbeziehen, sowie mit ihnen vertiefende Seminare und Besuche bei ausländischen Kollegen abhalten? Wie können dann die verschult getriebenen Studenten noch Wahl-

---

234 Die Presse, Forum Bildung, 25. 6. 2011, S. 20
235 Die Presse, Forum Bildung, 26. 6. 2012, S. 22, Arbeitsmarkt: Fachhochschulabsolventen haben die besseren Chancen.
236 Übrigens ist eine *Bilanz* eine Gegenüberstellung von Aktiva und Passiva und nicht eine bestmögliche Selbstdarstellung eines Unternehmens.
237 Eine des besten Biotechnologinnen, die ich kenne, hat gemeint: Wenn ich bei einem gentechnischen Forschungsprojekt allfällige Risiken aufzeige, dann ist das „projektschädlich" und ich laufe Gefahr, das Projekt zu verlieren.

fächer belegen, die ihr Wissen ergänzen und bereichern? Die wissenserweiternden Wahlfächer werden schließlich gestrichen, weil sie „nachweislich nicht angenommen werden".

Was ist in vielen Bereichen ein „**Bachelor**"? Ich habe eine bologna-hörige Unterrichtsministerin gefragt, was ein Bachelor der Medizin oder Veterinärmedizin sei – ein Heilpraktiker mit unvollkommenem Wissen? Die deutsche Physikalische Gesellschaft hat eine „Bachelorwarnung" herausgegeben …

Der **Diplomingenieur** des deutschen Sprachraumes war und ist noch ein „Markenartikel" im internationalen Wettbewerb. Wieso gibt man diesen „so mir nichts, dir nichts" auf?

Brauchen wir in der Ökonomie in Nachäffung des US-dominierten Hauptstromes wirklich keine **Wirtschaftsgeschichte** (Dogmengeschichte), weil es zur gegenwärtigen Wirtschaftsordnung ohnehin keine Alternative gibt? Die Systemblindheit der gegenwärtigen ökonomischen Steuermänner zeigt doch offen den Mangel.

Brauchen wir keine Lehrkanzeln für **Geldwesen** und Geldpolitik, weil das Weltfinanzsystem ohnehin unveränderbar vorgegeben ist?

Was verschulte Studenten bringen, zeigt eine persönliche Erfahrung: Eine Studentin aus gutem Hause stand vor dem Abschluss. Sie hatte in der Schule und an der Universität immer bestens entsprochen, wenn vorgegebenes Wissen abgefragt wurde. Als ich ihr Vernetzungsfragen stellte und sie zum Hinterfragen von Lehrmeinungen und Sachverhalten einlud, versagte sie vollkommen. Ich sagte ihr, so könne ich sie als Akademikerin nicht auf die Gesellschaft loslassen. Beim dritten Antreten ließ ich sie durchkommen, weil ich die Kritik aller reinen „Abfrager" zu fürchten hatte. Ich riet ihr aber, einen Beruf zu wählen, der ihren Neigungen und Fähigkeiten entspricht. Nun ist sie eine hervorragende leitende Krankenschwester und glücklich.

Die Anpassung an die Verschulung geht so weit, dass viele Studenten sich mit computerunterstützten Optimierungsprogrammen für die Multiple-choice-Tests rüsten. Sie wissen, dass man mit 75% positiven Antworten durchkommt. Ergo „spritzt" (vernachlässigt) man bewusst einen Teil, was besonders in der Medizin bedenklich ist.[238]

---

238 Mitteilung des Ernährungsphysiologen o. Univ.-Prof. em. *K. Widhalm*, Wien

Was ist nun zu tun? Ich knüpfe an die *Kölner Erklärung „Zum Selbstverständnis der Universität"* vom 24. 11. 2009 an. In dieser haben Lehrende der Universität Köln[239] die *„Rückkehr zu den Prinzipien der Universalität, Autonomie sowie eines unbestechlichen Willens zur Wahrheit"* gefordert, denn: *„Umfassend gebildete Studierende sind in jedem Beruf erfolgreich und werden zu verantwortungsbewussten Gestaltern von Kultur und Gesellschaft."*

a) Die Universitäten müssen wieder eine ausreichende finanzielle Ausstattung unabhängig von der ökonomischen Verwertbarkeit des Wissens (obwohl dieser Nebeneffekt erwünscht ist) erhalten. Sie müssen wieder jene freien intellektuellen Speerspitzen sein können, in denen eine reflexive Denk- und Forschungsgemeinschaft von Lehrenden und Studierenden möglich ist. Nicht nur Gedächtnisleistungen, sondern vor allem reflektierendes Denken sollen das Bildungsziel sein. Die unmittelbare Zurüstung für den Markt sollte den Fachhochschulen vorbehalten werden.

b) Die Studiengänge müssen den Fachgebieten entsprechend gestaltet und auch benannt werden. Die unangepassten Einheitlichkeitsvorschriften im Namen der Vergleichbarkeit sind abzustreifen. Der „Einheitliche Europäische Forschungsraum" kann viel belohnender, wirksamer und empathischer erreicht werden, indem das Studium an ausländischen Universitäten besser gefördert wird.[240] Die fahrenden Scholaren des Mittelalters waren jene geistigen Akteure, die das Denken maßgeblich revolutioniert und die Gesellschaft umgestaltet haben.

c) Die Universitäten sollten Feuerstätten sein, von denen sich möglichst viele Feuer holen können (*Léopold S. Senghor*, 1906–2001). Daher sollten sie bei hohen Ansprüchen allen Bürgern offen stehen – auch den Älteren. Dies schließt auch generelle Studiengebühren aus. Ein Staat muss in der Lage sein, insbesondere den universitären Bildungsbetrieb für seine Bürger gemäß seiner Kulturtradition und seinem sozialen Selbstverständnis zu organi-

---

239 Zeit-Fragen Nr. Nr. 21, 14. 5. 2012, S. 6 und www.bildungsstreik-koeln.de/koelnererklaerung

240 Ich zehre noch immer von meinem vom British Council ermöglichten Studium am University College London, obwohl – oder gerade weil – dieses nicht „gleichgeschaltet" war.

sieren. Was im Gegensatz hierzu derzeit von der EU-Administration an Behinderungen erfolgt, ist geradezu ungeheuerlich. So will man Österreich indirekt zwingen, Studiengebühren und Aufnahmebeschränkungen einzuführen, indem man für alle EU-Bürger im Namen der „Gleichbehandlung" den freien Zugang zu den österreichischen Universitäten zu österreichischen Bedingungen erzwingt. Der Hintergedanke ist dem kritischen Beobachter klar: Erstens kann man sich in Zukunft nur Studien leisten, deren Wissen am Markt verwertbar ist, und zweitens sind verschuldete Studenten die billigsten Zwangsarbeitskräfte.[241]

d) Um dies zu erreichen, muss es auch eine „föderale Autonomie" der Universitäten geben, die den Instituten, Departments und Studienrichtungen Freiraum für individuelle Gestaltung gibt. Weiters sind auch die Universitätsorgane und deren Wirtschaftslastigkeit zu überdenken.

Die Präsidentin der deutschen Hochschulrektorenkonferenz, Prof. *M. Wintermantel*, versucht die Akzeptanz des politisch verordneten Bologna-Prozesses und das zumindest teilweise Verlassen des Humboldt'schen Ideals der völligen „Freiheit der Universität von äußeren Zwecken" dadurch zu rechtfertigen, dass sich eben die gesellschaftlichen Ansprüche geändert hätten. Man müsse sich fragen, ob ein 200 Jahre altes akademisches Organisationsprinzip mit den Erfordernissen der heutigen Hochschullandschaft noch vereinbar sei. Lehre und Forschung hätten den „globalen Herausforderungen Rechnung zu tragen". Die Universitäten haben daher einen Beitrag zum wirtschaftlichen Wohlergehen durch bedeutende Forschungsergebnisse und neue Techniken und Verfahren einerseits und durch die Ausbildung qualifizierter Arbeitskräfte andererseits zu leisten. Aber sie sollten in einer „säkularisierten Welt" auch „ethische Orientierung, Leadership-Kompetenzen und ein weltbürgerliches Rüstzeug" vermitteln.[242]

---

241 Im Modell-Land USA beträgt die Verschuldung der Studenten bereits eine Billion Dollar, sodass man schon von einer „Studentenblase" spricht. Quelle: USA Today / Money 25. 10. 2011.

242 Festvortrag anlässlich 140 Jahre Universität für Bodenkultur Wien zum Rahmenthema „Entwicklungsperspektiven für die Universitäten im regionalen und globalen Kontext" – *War Humboldt in Bologna?*, abgedruckt in der Festschrift „Quo vadis, Universität(en)?" der Universität für Bodenkultur.

Aber ist letzteres zureichend? Wie soll eine ethische Orientierung im Sinne des Wohlergehens möglichst vieler Menschen gelingen, wenn die Regeln des globalen Wettbewerbs, also die „globalen Herausforderungen", unverändert bleiben; wenn Strukturen und Systeme nicht hinterfragt werden? Die Sachzwänge einer verökonomisierten und damit schmalsichtigen Forschungslandschaft drohen stärker zu sein.

Wird es uns gesellschaftlich und insbesondere akademisch so gehen wie den Ökonomen? Diese haben weitgehend nur im Rahmen der „globalen Herausforderungen", also im Hauptstrom, gedacht und stehen nun vor einem Scherbenhaufen und dem Verlust ihrer Reputation. Ich habe diesen Kollegen immer vorgeworfen, dass sie perfekte Systemnutzer, aber keine Systemgestalter ausbilden. ASR (Academic Social Responsibility), CSR (Corporate Social Responsibility) und GSR (Government Social Responsibility) innerhalb des vorherrschenden Systems sind ethisch gut und nützlich, aber eben nicht zureichend. Holen wir daher die verdeckte Glut des philosophischen Diskurses, der die Grundannahmen unseres alltäglichen wissenschaftlichen Denkens und Handelns untersucht, aus der Asche, damit die Universität wieder jene erhellende Feuerstätte und Zuflucht wird, von der sich alle Feuer holen können.

III.2.7
Verpflichtende Bildung für Politiker – insbesondere auf ihrem Fachgebiet

Wir stoßen bei den Politikern auf erstaunliche, ja gemeingefährliche Wissenslücken. Dies hat vor allem in letzter Zeit das Hineintappen in die ausgelegten Finanzfallen gezeigt.

Zwei einfache Regelungen können Abhilfe bringen:
- Jeder Politiker sollte verpflichtet werden, jährlich mindestens eine geschlossene Woche qualifizierte Fortbildung in dem Fachgebiet zu machen, das er in der Regierung oder im Parlament vertritt. Dies sollte *mutatis mutandis* auch für die anderen Gebietskörperschaften gelten.

Art und Ort der Fortbildung sollten veröffentlicht werden, um „Bildungsurlaube" zu unterbinden. Die Kurskosten wären aus der Parteienförderung zu decken. Wer keine Fortbildung nachweist, verliert seine Entschädigungen (sein „Politikergehalt").

- Jeder Abgeordnete, gleich von welcher Gebietskörperschaft, soll verpflichtet werden, einmal pro Monat (ausgenommen in den Ferien) für eine Befragung durch die Bürger in seinem Wahlkreis zu Verfügung zu stehen. Damit entsteht nicht nur der sanfte Zwang, sich vorzubereiten, um auf schwierige Fragen Antwort geben zu können, sondern auch befruchtender demokratischer Dialog.

III.2.8
Verpflichtende, staatlich finanzierte Krisenvorsorge im Bereich der Ernährung

Das Risiko eines Ernährungsnotstandes wird gegenwärtig systematisch verdrängt. Sowohl Naturereignisse als auch Sabotage (Terrorismus) und Kriege sind nicht auszuschließen. Daher ist eine Krisenvorsorge nach dem Vorbild Finnlands und der Schweiz eine unverzichtbare staatliche Aufgabe. Finnland hält Getreidereserven für ein Jahr sowie Protein- und Fettreserven für ein halbes Jahr. Die Regelung ist mit Handel, Industrie und Landwirtschaft akkordiert. In Mitteleuropa könnten die Lagerhaltung in den weitgehend leer stehenden Getreidesilos und bei den Bauern sowie dezentrale Hartkäselager den Kern bilden.

Da die Weltgetreidevorräte derzeit nur für rund einen Monat reichen, ist das sich Verlassen auf die „internationalen Getreideberge" grob fahrlässig.

Die wirksamsten Beiträge zur Krisenvorsorge sind die Erhaltung möglichst vieler Bauernhöfe und ein Anreiz zur dezentralen Lagerhaltung bei ihnen. Auf diese durch öffentliche Zuschüsse finanzierten Lager könnten die Bezirksverwaltungsbehörden in Abstimmung mit den Gemeinden im Krisenfall zugreifen.

III.2.9
Verpflichtende Energie- und Ernährungsraumplanung

Die im Juni 2012 publizierte Studie GEA-*Global Energy Assessment* (Gobale Abschätzung der Energieversorgung), die in fünf Jahren unter der Mitwirkung von 500 Forschern aus fünf Kontinenten erarbeitet wurde, sagt klar, dass die Transformation unseres Energiesystems sogar ohne Steigerung der Gesamtkosten möglich ist. Jedoch muss die Politik jene Rahmensetzungen vornehmen, die *E. Broda* und ich schon 1978 vorgeschlagen haben. Wenn man damals unserem Rat gefolgt wäre, dann hätten wir nicht die inzwischen getätigten Investitionen in die falsche Richtung auf dem Rücken und damit höhere Anpassungskosten. Wir hätten auch nicht Teile unserer Industrie an die „Ölscheichs" ausgeliefert und den Terrorismus indirekt finanziert.

Was ist nun der springende Punkt: Die Studie kommt fast wörtlich zu unseren Aussagen von vor 40 Jahren: „**Erneuerbare Energien sind im Überfluss vorhanden, weit verbreitet und zunehmend kostengünstig erschließbar.**" Diese können jedoch nur erschlossen werden, wenn die Politik regelnd eingreift, denn die Akteure am Markt werden ihre alten Strategien ausschlachten und verteidigen.

Eine der Schlüsselmaßnahmen ist die **Energieraumplanung**. Diese muss den lokal optimalen Mix an anzapfbaren Energiequellen und die optimalen Nutzungsmuster ermitteln und durchsetzen. Dies kann nur im Zusammenwirken der Behörden und der Experten mit der Bevölkerung und den Interessenträgern erreicht werden, damit die Akzeptanz und das Mittragen gewährleistet sind. Dass dies möglich ist, zeigt eine Vielzahl von lokalen Best-Practice-Beispielen. Im Nationalen Umweltplan (NUP) Österreichs 1994, an dessen Erstellung ich mitgewirkt habe, wurde die Energieraumplanung eingefordert, aber in der Folge behördlich „schubladisiert".

Dezentrale und untereinander vernetzte Energieversorgungssysteme haben auch den Vorteil der Ermöglichung eines Notbetriebes im Krisenfall.

Was für den lebenswichtigen Energiebereich erforderlich ist, gilt umso mehr für den vitalen **Ernährungsbereich** (siehe oben

III.2.8). Beide Bereiche sind verschränkt zu sehen. In der gesamthaften Planung robuster Versorgungssysteme ergänzen sie einander. Es sollte die Maxime gelten: *Die beste Maßnahme für die Ernährungssicherung ist eine vielfältige dezentrale Produktion mit eigenständiger Energieversorgung.* Diese gilt es als Leitbild durchzusetzen und zu fördern. Ein Beispiel im Kleinen ist der „erste energieautarke Bauernhof Österreichs" des Ehepaars *Löser* (http://www.energiebauernhof.com).

III.3
Eigenvorsorge

III.3.1
Individuelle Eigenvorsorge

Mein Freund Prof. Dkfm. Dr. *Walter Sonnleitner* hat in seinem Buch *Retten Sie Ihr Geld* viele gute Ratschläge geben, denen ich nichts hinzufügen möchte; wohl aber die alte Weisheit, dass man Gold und Silber nicht essen kann. Ich habe in den vergangenen Notzeiten – vor allem unmittelbar nach dem Zweiten Weltkrieg – erlebt, wie ein wertvolles Collier gegen 1/2 kg Schmalz und etwas Brot getauscht wurde. Daher habe ich bei einem Vortrag vor einer „nicht unbetuchten" Gruppe über „*Die Finanzkrise und das, was uns noch bevorsteht*" am 18. 4. 2012 auf die Frage, was ich mit meinem Geld mache, geantwortet: Ich hatte nie viel Geld, weil ich mich für andere engagiert habe. Daher drückt mich diese Sorge nicht. Ich habe aber zukunftsvorsorglich unseren Bergbauernhof in volle Produktionsbereitschaft versetzt (derzeit wirtschaften wir aus arbeitswirtschaftlichen Gründen extensiv) und nehme die Bevorratung ernster als früher. Mit einer Hand voll Getreide pro Tag, wie Reis gekocht, kann ein Mensch überleben. Getreide kann man sehr einfach längerfristig lagern, indem man gebrauchte eiserne Lebensmitteltonnen mit trockenem Getreide (Dinkel, Weizen, Roggen) bis knapp unter den Rand füllt, dann ein Teelicht hineinstellt und den Deckel behutsam anlegt. Die Kerze verbraucht den Sauerstoff und der CO_2-See verhindert das

Wachstum von Schädlingen. Der Eisenmantel schützt vor Verstrahlung (Gefahr des Krieges mit Neutronenbomben).

Das klassische ausgehobene Mistbeet ermöglicht es, Gemüse bis ins Frühjahr zu lagern.

Ich habe auch alte Obstsorten, die sich in einem einfachen Keller bis Anfang Juni lagern lassen und zur nötigen Vitaminversorgung und Abwechslung beitragen.

Meine Ratschläge:

– Wenn es Ihnen möglich ist, dann erwerben Sie ein Grundstück. Mit klugem Gartenbau auf 1.000 m² können Sie überleben (siehe Markham B. L., Mini-Farming: Autark auf 1000 Quadratmetern, Kopp Verlag 2011). Wir haben nach dem Zweiten Weltkrieg den hungernden Flüchtlingen „Grabeland" gegeben. Das waren einige wenige Gartenbeete. Auf diesen „zauberten" sie mit einer Vielfalt von Gemüsen ein „Überlebensmenü".

– Trachten Sie praktische Dinge zu haben, die man in Notzeiten tauschen kann. Das geht von Fahrrädern über Lebensmittel und Hygienesachen bis zu Sprit und Werkzeugen. Ein wenig Silber und Goldmünzen sollten als Tauschobjekt nicht fehlen.

– Wenn Sie darüber hinaus Geld anlegen wollen, dann nicht in anonyme Fonds, deren „Inhalt" Sie praktisch nicht kennen, sondern in Unternehmen, deren Produkte und Dienstleistungen auch in Krisenzeiten gebraucht werden, deren Management Sie kennen und deren Finanzen in Ordnung sind. Bedenken Sie hierbei, dass in Zukunft auch die lokalen Energieversorgungsunternehmen sowie das Reparatur- und Instandhaltungsgewerbe eine Renaissance erfahren werden. Ebenso sollten wir auf die Services der regionalen Banken, die wir gerade zwangsliquidieren (siehe auch I.51.1.6 u. II.2.5), nicht vergessen.

III. 3. 2
Gemeinschaftliche Eigenvorsorge

Eine Forschungsgruppe des Wiener Instituts für soziale Ökonomie hat im Rahmen eines vom Österreichischen Klima- und Energiefonds geförderten Forschungsprojektes „Gutes Leben im postfossilen Zeitalter" (siehe Literaturliste) Empfehlungen für ein gutes gemeinschaftliches Überleben in Krisenzeiten erarbeitet (*Exner. A* u. *Schriefl. E.*). Sie nennen dies
Demokratische Krisenpläne.

Die zu erwartende Verknappung von fossilen Energieträgern, weil der Zenit der Förderung erreicht ist, sowie die mögliche Störung der Zufuhren durch Naturereignisse, Krieg und Terrorismus können zu akuten Versorgungsengpässen führen. Diese betreffen dann nicht nur die Versorgung mit Treibstoffen, sondern auch mit Nahrungsmitteln, Wärme und Strom sowie anderen Basisdiensten.

Gemäß den Erhebungen im Rahmen eines ebenfalls vom Österreichischen Klima- und Energiefonds geförderten Projekts Powerdown existieren in Österreich keine Krisen- oder Notfallpläne auf kommunaler Ebene (abgesehen von Ansätzen in größeren Städten). Die Inhalte solcher Pläne sind – sofern sie existieren – nicht öffentlich bekannt, geschweige denn unter Beteiligung der Bevölkerung erstellt. Gerade Letzteres bewirkt einen Mangel an Problembewusstsein.

Obwohl Vorbilder für solche Pläne bislang fehlen, kann man stichwortartig folgende **Eckpunkte für kommunale Krisenpläne** festmachen:
Einschätzung der Verwundbarkeit von Infrastruktur:
Welche kommunalen Infrastrukturen könnten in welchem Ausmaß von Versorgungskrisen betroffen sein?
Definition von Prioritäten:
Welche Infrastrukturen/Aktivitäten sollten prioritär versorgt werden?
Vorratshaltung und Inventarisierung:
Überlegung, in welchem Ausmaß Vorratshaltung möglich und sinnvoll ist. Was ist an nützlichen Werkzeugen und Geräten vor-

handen (Inventarisierung), die beispielsweise auch ohne externe Energiezufuhr, also „low tech", funktionieren?

Betrieb von autarken Systemen (Inselbetrieb):
Netzunabhängige Stromversorgung, Grundversorgung mit Lebensmitteln und Ähnliches andenken – für den Krisenfall, für den Fall gestörter Zufuhren und als Vorsorge für künftige eingeschränkte Bedarfsdeckung über den Fernverkehr oder wegen genereller Verknappung.

Verhaltensänderungen und Anpassung:
Wie können kurzfristig wirksame den Energieverbrauch senkende Verhaltensänderungen und die spontane, selbstorganisierte Anpassung der Bevölkerung unterstützt werden?

Solidarische Gestaltung:
Wie kann eine Mindestversorgung für alle Mitbürger sichergestellt werden? Wie soll im Fall einer Versorgungskrise kommuniziert werden?

Hierzu gehört auch die Wiederentdeckung bewährter genossenschaftlicher Organisationsmuster bis hin zur Organisation des Geldverkehrs[243].

Partizipative Erstellung:
Die Konfrontation mit Krisenszenarien kann Denkprozesse auslösen bzw. unterstützen. So kann man etwa mit der Frage „Was könnte man bei Verknappung wirklich tun?" Themen ansprechen, die sonst nicht auf den Tisch kommen (Suffizienz, Verhaltensveränderung). Ein heikles Thema ist sicherlich die Vorbereitung der Bevölkerung ohne Panikmache. Panik wird vermieden, wenn Menschen in Umweltinitiativen, in den Gewerkschaften, in den Wirtschaftsverbänden und in selbstorganisierten Gruppen das Thema eigenständig aufgreifen.

„Re-Skilling": Das Wiederaneignen von handwerklichen und organisatorischen Fähigkeiten und Kenntnissen, die in einer Kri-

---

243 Ich habe noch die Reorganisation des zusammengebrochenen Geldverkehrs nach dem Zweiten Weltkrieg im zerstörten, geplünderten und besetzten Niederösterreich erlebt. Die Organisation erfolgte von unten nach oben – aufruhend auf den wiederbelebten lokalen genossenschaftlichen Strukturen. Meine väterlichen Freunde Leopold Figl, Josef Kraus und Rudolf Rasser fuhren mit geborgten russischen Fahrzeugen in die Dörfer und Städte und engagierten die erfahrenen, von den Nazis entlassenen „grauen Panther" für den Wiederaufbau. Die Vernetzung der lokalen Institute stellte die kleine, aber effiziente Zentrale her.

sensituation nützlich sein können, kann sogar ein gemeinschafts-
bildendes Abenteuer werden.

Bezüglich der Abstimmung kommunaler Krisenpläne mit solchen für regionale und überregionale Ebenen – siehe Abschnitte
III.2.8 und III.2.9.

III.3.3
Vom kaum Denkbaren lernen

Als ich von Freunden gefragt wurde, was ich im Krisenfall ohne
eine kleine Landwirtschaft oder einen ausreichenden Garten tun
würde, verwies ich auf die „nahrhafte Landschaft". Sie bietet
nicht nur diverse Früchte und Kräuter, sondern kann auch die zum
Überleben notwendigen, energiespendenden Kohlenhydrate liefern.

Die in enge Reservate getriebenen Hopi-Indianer haben Eicheln
gesammelt. Diese haben sie in Netzen in die Bäche gehängt,
wodurch die Gerbstoffe ausgelaugt werden. Dann wurden die
Eicheln getrocknet und vor dem Verzehr geröstet, wodurch die
Stärke aufgeschlossen wird.

Eine von Soziologen in Sibirien entdeckte Gruppe von deutsch-
sprechenden Slowaken, die von Stalin dorthin deportiert worden
war und im bevorstehenden Winter zu verhungern drohte, sam-
melte mühevoll Bucheckern (Buchensamen). Diese zerstießen
und vermahlten sie, so gut sie konnten, und buken Brot daraus.
Dadurch hatten sie aufgeschlossene Stärke (Kohlenhydrate) und
ein Minimum an Fett und Eiweiß. Die Familien machten dies
auch später zur Krisenvorsorge, weil man ja nicht sicher war, ob
die Brosamen vom Tisch des Arbeiterparadieses kontinuierlich
herabfallen würden.

III. 4
Reform des inneren Kompasses als Voraussetzung für eine glückhafte Gesellschaftsgestaltung

Ich möchte hier keine einleitende „Predigt" halten, sondern den letzten Präsidenten der Sowjetunion, *Michail Gorbatschow*, zu Wort kommen lassen. Er hat bei seiner Begegnung mit Johannes Paul II. im Jahre 1989 – also im „Wendejahr" – gesagt: *Ich glaube, dass alles, was geschehen ist, angefangen vom Fall der Mauern, ohne die spirituelle Kraft des Christentums nicht möglich gewesen wäre. Das Problem des Menschen ist aber nicht nur das Problem der totalitären Ideologien, es ist nicht nur das von Gewalt und Krieg. Das Problem des Menschen besteht im Menschen selbst, und die Lösung dazu kann man nur im Herzen des Menschen finden.*

Mit anderen Worten: Es geht um den inneren Kompass, der das Tun der Menschen leitet.

Ernst Friedrich Schumacher, der die Höhen und Tiefen des zwanzigsten Jahrhunderts erleben musste – wir sind ihm schon als ausgezeichnetem, voraussehendem Ökonomen im Finanzkapitel (III.1.5.2) begegnet –, hat dies 1977 (im Jahr seines Todes) im Epilog zu seinem Vermächtniswerk *A guide to the Perplexed* (Ein Führer für die Verwirrten)[244] wie folgt ausgedrückt: *Aber die Menschen fahren fort mit glamourösen „Lösungen" und werden zornig, wenn man ihnen sagt, dass die Erneuerung der Gesellschaft von innen kommen muss und nicht von außen.*[245]

Für den französischen Philosophen *Bertrand Vergely*, der sich mit dem Leid unserer Zeit auseinandersetzt, achtet Gott unsere Freiheit, bietet uns aber den Weg aus der Misere an. Wenn wir ihn nicht annehmen, dann landen wir in den Ausweglosigkeiten unserer Zeit.

---

244 *Schumacher E. F.*, A Guide for the Perplexed, Jonathan Cape Ltd., London 1977, S. 152. *Schumacher* zeigt in diesem Werk auf, dass uns unsere „scientistischen geistigen Landkarten" auf die untersten (materiellen) Erkenntnisebenen beschränken und damit zu sichtverengender Beliebigkeit und dadurch wieder zum gesellschaftlichen Chaos führen. **245** Aber er sieht auch Hoffnung: ... *die Arroganz des materialistischen Szientismus ist im Abnehmen, und manchmal ist es sogar toleriert, in höflichen Gesellschaften Gott zu erwähnen.*

III.4.1

Aufstehen gegen die Antinomisten

Die Annahme, dass der Mensch von sich aus gut sei und daher keiner seine Freiheit einschränkenden gesellschaftlichen Ordnungen (Normen, Nomos) bedürfe, ist eine der „Befreiungsideologien" unserer Epoche. Sie ist der Wegbereiter der Permissivität.

Die gesamte Menschheitsgeschichte zeigt jedoch, dass sie das „Böse"[246] begleitet, bis hin zu den existentiellen Bedrohungen durch die Machtwahnsinnigen und Unersättlichen unserer Zeit (siehe den atomaren und chemischen „Overkill" und das militärische „Geoengineering").

III.4.1.1

Der unvollkommene Mensch braucht ein Minimum an öffentlicher, in Normen gegossener Moral

Wir müssen daher zur Kenntnis nehmen, dass der Hang zum Bösen – im Mittelalter sprach man von der *natura vulnerata*, der verwundeten Natur – durch moralische Normen eingebremst werden muss, wenn die Mitglieder einer Gesellschaft in Frieden zusammenleben sollen. Die Rechtsordnungen sind jenes Minimum an äußerer Moral, das eine Gesellschaft zusammenhält. Eine gute, konsistente Rechtsordnung sollte ein „normativer Abklatsch" (*Adolf J. Merkl*, 1890–1970) der ihr zugrunde liegenden Wertordnung sein. Dies ist beim Flickwerk der gegenwärtigen Ad-hoc-Gesetzgebung weitgehend zu vermissen und bewirkt daher die oft gegebene Uneinsichtigkeit und mangelnde Akzeptanz.

---

246 Für die Christen – ich bin ein überzeugter geworden – hat „das Böse" personellen Charakter im Einfluss der gefallenen Engel, die gegen das erlösende Liebesgebot Gottes wirken. Da diese hohen gefallenen Geister ihre Entscheidungen nicht revidieren, ist der Kampf zwischen Gut und Böse im Reich der Menschen ein nie endender. Die aus Stolz gefallenen Engel wissen, dass sie Gott nicht direkt angreifen können, dazu sind sie zu schwach; aber sie versuchen für ihre selbstverschuldete Gottferne Rache zu nehmen, indem sie den Menschen von Gott abbringen. Dies gelingt ihnen vor allem dadurch, dass sie den Menschen glauben machen, dass es weder Gott noch die Engel noch die Dämonen gibt und dass sie Gier, Hass, Stolz, Streit und Entzweiung säen. Daher nannten die Griechen den Teufel *diabolos*, den Durcheinanderbringer.

III.4.1.2

Verpflichtender Ethikunterricht als Begründung für die allgemeine gesellschaftliche Moral („Maßstäbe für ein gelungenes Leben")

Wenn die Bürger (auch die Weltbürger) Einsichten für die glückhafte Gestaltung ihres Lebens gewinnen sollen, dann bedarf es der philosophischen Reflexion über den Sinn ihres Daseins[247] und vor allem des Erkennens von „Maßstäben für ein gelungenes Leben" (*G. Virt*); auch wenn dieses Erkennen im Rahmen einer Folgenethik (teleologische Ethik) nur bis zur „goldenen Regel" des „Was du nicht willst, dass man dir tu, das füg auch keinem andern zu" geht. Die Diskussion über die Berechtigung eines Ethikunterrichtes ist daher staatsmännisch und pädagogisch beschämend.

III.4.1.3

Religion als transzendentale Anbindung der Moral (Wertordnung)

Ich habe schon im Abschnitt I.1 von den fatalen Folgen des Ausblendens der Metaphysik (der geistigen Welt hinter den Dingen) gesprochen. Wenn wir „Haken" für das Anbinden der moralischen Normen finden wollen (deontologische Ethik), dann bieten sich die Hochreligionen an.[248] Ich bin beim Studium und Vergleich der Weltreligionen zur Erkenntnis gekommen, dass alle Religionen, die aus einer ehrlichen Gottsuche stammen, Liebe, Toleranz Menschenwürde und Ehrlichkeit verkünden. Eine Ausnahme bildet der Islam, der zur Erreichung der Herrschaft auch Gewalt und Lüge legitimiert[249] (siehe I.5.4). Die konkreteste Selbstoffenbarung Gottes ist für mich Jesus Christus. Sie schließt dort an, wo *Immanuel Kant* zu Recht die Grenzen der reinen Vernunft sieht. Der Kern der Botschaft Christi ist das Gebot der Gottes- und Nächstenliebe sowie der Menschenwürde (*„Was ihr dem geringsten meiner Brüder tut, das habt ihr mir getan."*)

---

247 Dem geistigen Vater der europäischen Staatsphilosophie, Aurelius Augustinus von Hippo, wird der Satz zugeschrieben: *Der Mensch hat keinen Grund zu philosophieren, außer im Hinblick auf sein Glück.*
248 „Re-ligio" heißt ja Rückbindung bzw. Anbindung.
249 *Takkiya* ist Teil und Instrument des Dschihad.

III.4.2

Aufstehen gegen die Utilitaristen

Wenn wir das Gebot der Achtung und Liebe gegenüber den Mitmenschen ernst nehmen, dann kann die Geistesrichtung (der mind set) des modernen, materialistischen Utilitarismus keinen vorrangigen Platz im gesellschaftstragenden Wertordnungsgefüge einnehmen.

Wir sollten auch bedenken, dass die ursprüngliche Konzeption des Utilitarismus den größtmöglichen Nutzen (utilitas) für eine größtmögliche Zahl angestrebt hat. Sie wurde allerdings – vor allem im ökonomischen Bereich – verengt zur Abwägung und Erzielung von materiellem Nutzen (Gütern und Dienstleistungen) für den Einzelnen und eine zusammengeschlossene Gruppe. Es sollte daher der Nutzenbegriff wieder auf sein ursprüngliches Niveau gehoben werden, wenn wir nicht kulturlos Wirtschaft betreiben wollen.

III.4.2.1

Gegen die Schmalspurdenker, die den Menschen auf den homo oeconomicus, auf ein nur materiellen Nutzen einheischendes Wesen reduzieren (The purpose of business is business)

Damit sind wir aber schon bei der vorherrschenden ökonomischen Basisannahme des *homo oeconomicus*, des rationalen Maximierers materiellen Nutzens. Dieses Modell des handelnden Menschen, das gleichsam als Naturgesetz angenommen wird, ist deshalb so beliebt, weil es die ökonomische Modellbildung erleichtert und den Wirtschaftswissenschaften den Anschein von Naturwissenschaften gibt. In der Realität ist menschliches Handeln von verschiedensten Motiven bestimmt. Die Werbung spielt auf diesem Klavier, und die sinnlose Kurzzeitausbeutung von Rohstoffen zeugt davon[250].

---

250 Ein rational in Sinne des homo oeconomicus vorgehender Ressourceneigner müsste die Ausbeutung so gestalten, dass er über die Nutzungszeit den höchsten Tauschwert bekommt. D. h. er müsste die Ware zurückhalten und dosiert auf den Markt …

Wenn Tätigsein glückhaft erlebt werden soll, dann genügt der materielle Kurzzeiterfolg nicht. Kurzzeitdenkende Raffer aber waren nie glücklich, zumal das Totenhemd, an das sie zumindest am Ende des Lebens denken, keine Taschen hat.

III.4.2.2

Der Staat als die große Fiktion, über die hinweg sich jeder bemüht, auf Kosten des anderen zu leben?

Der Abbau ethischer Maßstäbe und der deshalb grassierende materielle Utilitarismus führen dazu, dass die Staaten keinen soliden, breit wirksamen geistigen Unterbau mehr haben, der das Anstreben des Gemeinwohls und die zwischenmenschliche Solidarität trägt.

Der Staat wird zur großen Fiktion, über die hinweg sich jeder bemüht, auf Kosten anderer zu leben (*F. Lassalle*, 1825–1864). Wenn wir den derzeitigen „Sozialismus für die Reichen" betrachten, gemäß dem Gewinne privatisiert, die Risken aber sozialisiert werden, und die Politiker nicht mannhaft dagegen aufstehen, dann war der Satz Lassalles geradezu prophetisch.

Dem könnte vor allem durch die Förderung von kleinen, überschaubaren und solidarischen gesellschaftlichen Einheiten (lokale Genossenschaften und kleine Gemeinden sowie Gemeindekooperationen) entgegengewirkt werden. Diese werden jedoch unter dem Vorwand der Rationalisierung zerstört („wegrationalisiert"), womit der Mutterboden für die Entwicklung einer Gemeinschaftsethik und die „Gehschulen" der Demokratie verloren gehen. Hier sollten wir auch an die in den jüngsten Jugendumfragen zu Tage gekommene Tatsache denken, dass die Jugendlichen mehrheitlich bereit sind, sich in die Gemeinwesen einzubringen, aber keine geeigneten Einstiegspforten sehen.

---

250 … bringen, damit die kumulative Rendite ein Maximum erreicht. Was aber geschieht? Um in kürzester Zeit Gewinnerwartungen zu erfüllen und Skaleneffekte bei der Förderung auszunützen, wird eine maximale Förderung in der Zeiteinheit betrieben. Im Extremfall kommen noch kurzfristige Machtziele (z. B. Iran), die man finanzieren will, hinzu. Die klassische Wirtschaftswissenschaft erlebt daher eine Überraschung nach der anderen.

Der Schweizer Historiker Prof. *Adolf Glaser* hat bereits 1947 in seinem Buch *Gemeindefreiheit als Rettung Europas* auf den Gegensatz *Befehlsverwaltung* und *Selbstverwaltung* – Gemeindeunfreiheit und Gemeindefreiheit – hingewiesen. Er schrieb: „Der Gegensatz Herrschaft – Genossenschaft ist vielleicht der wichtigste Gegensatz, den die Sozialgeschichte kennt. Beim Gegensatz Obrigkeitsstaat – Gesellschaftsstaat geht es eben um schlichtweg fundamentale Dinge: nämlich um die elementaren Grundlagen menschlichen Gemeinschaftslebens."[251]

III.4.3
Aufstehen gegen die „Treibenlasser" – Sie sichern den sicheren Untergang

Die oben zitierte Jugendumfrage hat ergeben, dass nicht einmal ein Fünftel (19,2%) der Befragten der „Politik einen Wandel im gesellschaftlichen Leben" zutraut. Die kommende Generation spürt, dass es so nicht weitergehen kann, und setzt auf die „Zivilgesellschaft (engagierte Bürger)" (73%). Fast 93% geben an, „Zukunftsängste" zu haben. Das bedeutet, dass sich ein „vorrevolutionäres Potential" zusammenbraut.

Was die Jugend spürt, zeigen die Fakten: Die allseits geforderte Sparökonomie und der Rettungstourismus der Politiker tasten die Strukturen und Mechanismen, die zur gegenwärtigen Misere geführt haben, nicht an; die jüngsten Tendenzen der Flucht zum „Gelddrucken" im Euroraum, die längerfristig eine kollektive Enteignung der Bürger durch Inflation bedeutet; dem ungebremsten Anstieg des Verbrauches fossiler Energieträger hofft man mit „Ablasshandel" (Einkauf von Verschmutzungsrechten anderswo, statt zu zeigen, wie es gehen muss) beizukommen; die Naturzerstörung und die Versiegelung des wichtigsten Zukunftskapitales, unserer fruchtbaren Böden, schreiten weiter voran; die Plünderung und die Vergiftung der wohl wertvollsten globalen Ressourcen, nämlich der Meere (Überfischung und Verschmutzung bis

---

251 *Glaser A.,* Gemeindefreiheit als Rettung Europas. Grundlinien einer ethischen Geschichtsauffassung S. 13

hin zur atomaren Verseuchung) sind praktisch ungebremst; kein
Eingehen auf die kriegerischen Umweltzerstörungen, die die
meisten anderen Ursachen übersteigen[252]; und schließlich kein
überzeugendes Konzept gegen die zunehmende Arbeitslosigkeit
und Verarmung.

Dass die Jungen zu Recht gegen die „Alltagslavierer" aufzustehen beginnen, ist Notwehr gegen Mut- und Verantwortungslose
am Steuer (siehe das Hineinstolpern in die Schuldenkrise und die
Missachtung aller gut gemeinten Vorschläge zur Änderung der
internationalen und nationalen Finanzverfassungen).

III.4.4
Aufstand gegen die visionslose Politik des anpassenden Dahin-wursteln in fast allen Gesellschaftsbereichen

Wenn nun beim „Megaevent" *RIO+20* in Rio de Janeiro im Juni
2012, bei dem die Sicherung unserer Lebensgrundlagen zur Ver-
handlung stehen sollte, außer Absichtserklärungen und Reisekosten
nichts Wesentliches herausgekommen ist und daher die Zerstörung der Lebensbasis der Menschen kaum gebremst weitergeht;
wenn man zusieht, wie Öl- und Erdgasinteressen (jüngster Fall
Syrien[253]) weiter den Ton angeben; wenn die Politiker vor den
Finanzoligarchen kriechen und die großen Finanzbetrüger weiter
plündern dürfen; wenn das politische Establishment keine alternativen Konzepte vorlegt und für diese kämpft, dann ist das
sanfte, aber bestimmte und konstruktive Aufstehen gemäß den
vorstehenden Handlungsvorschlägen moralische Pflicht.

---

252 Dies war auch bei der jüngsten Weltkonferenz RIO+20 der Fall.
In Syrien liegen die größten Erdgaslager des Vorderen Orients, die man sich nun
„sichern" will, indem man via eine angezettelte und von außen unterstütze Revolution,
ähnlich wie in Libyen, die Russen ausspannt. Dass man dadurch am Rande eines Dritten
Weltkrieges schrammt, scheint die Energiewahnsinnigen nicht zu stören.

III.4.5
Aufstand für ein Europa als Beispiel (Modell) für eine geglückte Gesellschaftsgestaltung und nicht als globalisierungsgetriebener Nachläufer und Dahinhaster — ein Gemeinwesen, auf das man stolz ist und in das man sich gerne einbringt

Was wir brauchen, ist das Aufstehen für ein Europa, das ein glaubwürdiges, friedliches und nachahmenswertes Gesellschaftsmodell vorlebt. Wir brauchen uns nicht von den US-Finanzoligarchen sagen zu lassen, dass wir unseren solidarischen Sozialstaat zu Grabe tragen müssen, der nur deshalb notleidend ist, weil die Oligarchen und ihre europäischen Adepten und Handlanger keinen angemessenen Beitrag zur Finanzierung des Gemeinwohles leisten[254]. Wir brauchen uns nicht von den ausbeutenden und die Menschen mit Todesstrafen disziplinierenden Chinesen sagen zu lassen, dass wir eben bescheidener sein und mehr arbeiten müssen.

Wir müssen nicht, um zu überleben, im internationalen Hamsterrad ungerechter Wettbewerbsverhältnisse dahinhasten und versuchen, gegen jene konkurrenzfähig zu sein, die Mensch und Natur am „effzientesten" ausbeuten sowie Gesellschaft und Mitwelt destabilisieren.

All das können wir vermeiden, wenn wir die Handels- und Finanzpolitik beherzt in die eigenen Hände nehmen.

Wir brauchen auch keine Waffengeschäfte und Rohstoffinteressen im Hinterhaupt tragende NATO- und Europäische Battle Groups (Eingreiftruppen), die diesen Interessen Rechnung tragen, und wir brauchen auch keine teure und gefährliche atomare Hochrüstung und keine *force de frappe*[255], um weltweit zuschlagen zu können. Wir brauchen ebenso keine diesen Zwecken dienenden teuren Söldnerheere, sondern flächendeckend verteidigungsbereite Milizen.

---

254 Ich weiß, dass wir auch ausgabenseitig Unsinniges streichen müssen – bis hin zu demoralisierenden Mega-Events und Schulbussen, die unseren Kindern das Gehen verlernen – aber der große eingangsseitige Brocken sind die Steuervermeidungen der Finanzoligarchen.
255 Französischer Ausdruck für blitzartiges, gewaltiges militärisches (vor allem atomares) Zuschlagen.

Wir brauchen vielmehr ein Europa, dessen Jugend auf seine Kultur und Gesellschaftsgestaltung stolz sein kann. Konturen hiefür möchte ich in der Folge kurz aufzeigen.

III.4.6
Aufstehen für Europa als geistige Macht und nicht als Wettbewerber um die wirtschaftliche und politische Macht

Wenn ich an die Zukunft unserer Kinder und Enkelkinder denke, dann träume ich von einem Europa, das ein wenig – wie die Schweizer nach der verlorenen Schlacht bei Marignano (1515) – beschließt, „stille zu sitzen" und sich nicht mehr in die internationalen Händel einzumengen, sondern sich auf die eigene Entwicklung zu konzentrieren. Muss die kolportierte *„Friedensmacht Europa"* eine militärisch gestützte Weltmacht sein, eine Position, die wir ohnehin nicht aufrechterhalten können? Wirkt da nicht bei etlichen Staaten das koloniale Überlegenheitsdenken nach – aus einer Zeit, in der die Europäer über die mächtigsten Flotten, eine überlegene Waffentechnik und ihre bessere Telekommunikation die Welt kontrollieren und ganze Subkontinente, wie Indien, regieren, sowie deren ausbeutende Beherrschung als „zivilisatorische Mission" tarnen konnten? Die europäische Superiorität wird nicht mehr akzeptiert. Das ist weltpolitische Realität.

Wenn man z. B. mit gebildeten Chinesen frei über Europa spricht, dann klingt eher die Revanche für die Demütigungen im 19. und auch noch im 20. Jahrhundert durch als die Anerkennung als geschätzte Friedensmacht. Auch die Inder haben eine distanzierte Haltung gegenüber Europa: Als Österreich der EU beitrat, hat mir der Generalsekretär der indischen Industriellenvereinigung in London gesagt, dass wir die empathische Präferenz verloren hätten, weil wir nun von den ehemaligen Kolonialmächten kommandiert werden würden und nicht mehr der unbelastete, neutrale Partner seien. China und Indien – also zwei Staaten – stellen bereits 37% der Weltbevölkerung. Sie und die BRICS-Staaten bringen es bereits auf die halbe Weltbevölkerung und tagen ohne Europa und die USA. Die modernen Schlüsseltechnologien und Waffensysteme haben wir ihnen in kurzfristiger Gier geradezu aufgedrängt. Sie verfügen daher über diese und nützen sie im Zweifel gegen uns.

Wir dürfen uns also nicht so sehen, wie wir uns gerne selbst sehen, sondern wir müssen uns als Realisten mit den Augen der anderen betrachten.

Welche Chancen haben wir dann im Weltkonzert, und welche positive Rolle bietet sich an?

Ich denke, dass wir *mutatis mutandis* jene Rolle in der Welt einnehmen könnten, die die alten Griechen im Römischen Reich gespielt haben. Sie waren nicht mehr militärisch mächtig, aber Träger bewundernswerter geistiger und intellektueller Leistungen, die die anderen Bürger in ihren Bann gezogen haben und noch heute weltweit nachwirken.

Gleicht nicht das reich gegliederte und deshalb so vielfältige und weltoffene Europa als „Halbinsel Asiens" dem ebenfalls reich gegliederten Griechenland als Halbinsel Europas? Wenn wir dieses stolze Erbe antreten und mehren, dann können wir auch unsere Jugend begeistern und endlich jene europäische Identität finden, die Voraussetzung für einen friedlichen und einander befruchtenden Staatenbund ist, der ungezwungen mit gemeinsamer Stimme auftritt und in die Welt ausstrahlt.

Um die internationale Akzeptanz zu erreichen, müssen wir aber etliche Altlasten abschütteln. Die kleinen Reste der kolonialen Weltherrschaft, um die wir sogar Kriege zu führen bereit sind (z. B. 1982 um die Falklandinseln, Südgeorgien und die Sandwichinseln), sind abzustreifen. Mir wurde dies erst bewusst, als meine Enkelin mit mir vor dem Lernglobus saß und mich fragte, wieso diese vielen kleinen Inseln im Atlantik, im Indischen Ozean und im Pazifik den Engländern, Franzosen und auch den Niederländern, Spaniern und Portugiesen gehören, und warum die Engländer in Gibraltar sitzen. Dann kam die Frage: „Opa, das muss doch einen Haufen Geld kosten, diese Inseln und Gebiete regelmäßig zu besuchen und zu verwalten?" Kindermund tut manche Wahrheit kund.

Wieso rufen wir der übrigen Welt mit diesen geographischen Mini-Erinnerungen die gar nicht so liebenswerte Kolonialzeit ins Gedächtnis, an deren gesellschaftlichen Folgen noch viele zu leiden haben.

Ist es nicht auch grotesk und der europäischen Solidarität nicht förderlich, wenn sich die ehemaligen Kolonialmächte die Kosten der Bewahrung ihrer kolonialen Reste und ihres postkolonialen Lebensstiles leisten und gleichzeitig fordern, vor allem von den (noch immer) hart arbeitenden Deutschen alimentiert zu werden? Diesen hat man nach dem Ersten Weltkrieg nicht nur die Handelsflotte, die Auslandunternehmen und alle Kolonien weggenommen – man hat sogar die Industriegebiete besetzt und dem Aufstieg Hitlers den Weg bereitet. Gegenwärtig verleitet man sie in den NATO-induzierten Rüstungswettlauf. Wie lange wird dies der „deutsche Michel" noch mitmachen?!

All diese Dinge müssen wir auf den Tisch legen und ausreden.

Wäre die **immerwährende, bewaffnete Neutralität Europas** nicht die klügste Zukunftstrategie? Wir könnten so wirklich „Friedensmacht" werden und die Welt einladen, unserem Beispiel zu folgen. Ein bewaffnetes, neutrales Europa, das von der Solidarität und Vaterlandsliebe seiner Bürger getragen wird, braucht keine teuren und gefährlichen Atomwaffen, keine die Weltmeere durchkreuzenden Kriegsflotten und keine Spezialtruppen für Auslandseinsätze[256]. Die ersparten Mittel könnten der Bildung, der Forschung und Entwicklung, der internationalen Forschungskooperation und dem Studentenaustausch, der Erschließung neuer Arbeitsbereiche, dem sozialen Netz, der Schaffung zukunftsfähiger Infrastrukturen und Bedarfsdeckungssysteme, dem Kulturbetrieb und der Bewahrung und Entwicklung der natürlichen Ressourcen dienen. Über unsere hervorragende Forschung und Entwicklung könnten wir die Welt partnerschaftlich gegen angemessene Gebühren mit Know-how versorgen und sie an unseren beispielhaften Gesellschaftsgestaltungen teilhaben lassen. Mit anderen Worten: Wir könnten die Mitwelt an unserer aus dem christlich-abendländischen Wertekanon durch Krieg und Zerstörung, Versuch und Irrtum, Not und Enttäuschung, gewachsenen Gesellschafts- und Wirtschaftskultur teilaben lassen.

---

[256] Das kleine Österreich leistet sich einen Luftlandeverband (Jägerbataillon Nr. 25) und sucht mit teuren Inseraten Bewerber, denen „man gute Bezahlung und Auslandseinsätze" verspricht. De facto hat man sich von der bewaffneten Neutralität schon verabschiedet und redet von ihr nur für die „unwissenden kleinen Leute", die ihr noch anhängen.

Das Argument, dass wir dann anderen Mächten ausgeliefert wären, hält nicht. Eine bewaffnete Neutralität, die modern-defensiv ausgerüstet ist und von allen Bürgern mitgetragen wird (dies bedeutet auch ein gutes Milizsystem mit ortskundigen Kommandanten), schützt vor Angriffen. Ich kann mich noch an das Lied der deutschen Soldaten erinnern „Die Schweiz, das Stachelschwein – das stecken wir am Rückweg ein!". Die Kriege in Vietnam, im Irak und in Afghanistan zeigen ebenfalls *mutatis mutandis*, dass eine entschlossene Territorialverteidigung („Stachelschwein") möglich und erfolgreich sein kann. Ich habe noch einen der Strategen des Vietnamkrieges, *Ernst Frey*[257], gekannt, der mich in dieser Meinung bestärkt hat.

Das gegenwärtige Demontieren der Milizheere sehe ich auch vor dem Hintergrund, dass Söldnerheere (Kriegshandwerker) ohne größere moralische Hemmungen für sektorale Interessen im Aus- und Inland einsetzbar sind. Sie sind sicher nicht für ein vereintes Europa, dessen Einwohner im wechselseitigen Beistand zur Verteidigung der territorialen Integrität entschlossen sind, identitätsstiftend.

Den kurzzeitpopulistisch agierenden Demontierern sollte mehreres ins Notizbuch geschrieben werden:

a) Der Satz *Jean-Jacques Rousseaus,* dass es die Pflicht und das Recht jedes Bürgers sein sollte, an der Verteidigung der Gesellschaft teilzunehmen.

b) Die Erfahrung aus der Geschichte, dass Söldnerheere immer wieder missbraucht wurden.

c) Dass über das Milizsystem die Vielfalt der Berufserfahrungen, Talente und Ortskenntnisse für das Gemeinwohl nutzbar gemacht werden.

d) Dass der soziale Integrationseffekt eines guten allgemeinen Wehrdienstes nicht hoch genug bewertet werden kann.

e) Dass Söldnerheere entweder zum Einsatz drängen oder aus

---

257 *Ernst Frey* war ein idealistischer Kommunist, der nach seiner Schulung in Moskau in Südostasien eingesetzt wurde und so Stalins Säuberungen entkommen ist. Er war Berater im Stab des legendären Generals *Giap* und kannte *Ho Chi Minh* persönlich. Aufgrund eines „Pauluserlebnisses" quittierte er, als der Sieg schon greifbar war, den Dienst und arbeitete dann in Österreich als Industrievertreter. Weiteres siehe*: Pierre Sergent*, Un étrange Monsieur Frey - Ayant rejoint le Viet Minh il devient le conseiller de Giap, Fayard, Paris 1982.

Langeweile korrumpieren und zusätzlich immer neue Innovationen (teurere Ausrüstung) fordern.

Ein neutrales Europa sollte auch eine eigenständige, vorbildliche Handels- und Geldpolitik betreiben.

Vor ökologischer und sozialer Unterbietung schützende Handelsregelungen (siehe III.1.4) sind nicht wohlstandsmindernd, sondern wohlstandsmehrend, zumal der europäische Binnenmarkt groß genug ist, um sich schadlos anbietende Skaleneffekte (z. B. im Elektronikbereich) auszunützen.

Die Speisung eines internationalen Solidaritäts(Entwicklungs)-fonds aus den notwendigen Ausgleichsabgaben kann die weltweite „Dynamik nach unten" umdrehen und zum Export von „good governance" (guter Regierungspraxis) führen.

Die eigenständige Gestaltung des Geldwesens ist nicht nur Garant der Demokratie (keine anonyme Finanzsklaverei), sondern auch Garant der stetigen ökonomischen Entwicklung.

Vor diesem institutionellen Hintergrund könnte die nachstehende Vision möglich werden.

III.4.7

Aufstehen für ein Europa als „Licht für die Welt" — föderal-vielfältig, rechtsstaatlich, demokratisch, tolerant, solidarisch und gebildet sowie vor allem die Würde der Person achtend und die Menschenrechte verwirklichend

Wenn wir vor der Mitwelt offen eingestehen, dass wir Europäer aus den Fehlern in der Vergangenheit gelernt haben und dass wir uns von den Fehlern und Untaten unserer Vorfahren, für die wir nicht verantwortlich gemacht werden dürfen (keine Sippenhaftung), distanzieren, dann ist der erste positive Schritt getan. Wir müssen auch begreifbar machen, dass die Entwicklung unserer pluralistisch verfassten, rechtsstaatlich-demokratischen Gemeinwesen ein schmerzlicher Lernprozess war; ebenso die intellektuelle Befreiung (Aufklärung und freie Universität) und der Aufbau solidarischer Gesellschaften auf der Grundlage der Menschenwürde (die Menschenrechte als normative Konsequenz).

So wie die Schweizer Demokratie erst langsam gewachsen ist (wesentliche Neuerungen kamen erst im 19. Jh.), so ist das tolerante, föderale Europa die Frucht einer oft schwierigen sozialen Evolution. In dieser mussten manche Herrschergruppen zugunsten des Gemeinwohles zurückstecken und sich mit neuen, solidarischen Ordnungen abfinden. An den Früchten dieser unserer Selbstfindung wollen wir die Weltbürger gerne teilhaben lassen. Daher fördern wir die internationalen Kontakte und sind bereit, nicht nur Studenten und Forscher aufzunehmen, sondern laden auch Politiker und politisch Engagierte ein, bei uns Erfahrung zu sammeln. Wir sind auch bereit, uns selbst ohne Macht-Hintergedanken in ihren Heimatländern einzubringen, um dort in fruchtbaren Dialog zu treten.

Wir sind aber auch bereit, unsere bewährte freiheitlich-demokratische Gesellschaftsordnung entschieden zu verteidigen. Denn die bittere Erfahrung, dass demokratische Verfassungen als Weg zur diktatorischen Machtergreifung missbraucht wurden (Nationalsozialismus und Kommunismus) und gerade werden (theokratische Diktaturen – siehe 1.5), gehört ebenfalls zu unserem Erfahrungsschatz.

Wenn wir unseren Bürgern *Heimatgefühl und Identifikation* sowie anderen *Beispiel* geben wollen, dann müssen wir einerseits unsere Wurzeln pflegen und andererseits das Haus Europa so einrichten, dass man sich in ihm vertraut bewegen kann. Was meine ich damit:

– Die griechisch-philosophischen Erkenntnisse und ihre Verschwisterung mit dem christlichen Glauben (der Glaube als *obseqium rationale* – als verstehende Nachfolge); die Herausbildung der Menschenrechte aus dem Gedanken der gleichen Gotteskindschaft der Menschen; die Entwicklung einer neuen Staatslehre, in der Religion wertbegründend ist, aber nicht regiert (Augustinus); die Befreiung von einer z. T. zur theokratischen Herrschaft herabgekommenen Priesterkaste durch die Aufklärung im Sinne Immanuel Kants; die Säkularisierung der christlichen Werte in einer auch für andere Religionen und Religionslose zugänglichen Form und schließlich die Herausbildung des modernen solidarisch-freiheitlichen Sozialstaates, der in föderale Strukturen eingebettet ist. Letztere müssen auch als Garanten der demokratischen Mitbestimmung und der Kontrolle der Macht erkennbar gemacht werden.

– Die Rechtsordnungen angleichen, indem wir voneinander lernen und uns auf bewährte Lösungen einigen, damit die Bürger in allen Ländern Europas etwa dieselben Regeln im Alltagsleben antreffen (Heimat Europa). Das betrifft das Zivilrecht (hier denke ich vor allem an das Grundbuch und das Nachbarschaftsrecht[258]), das Arbeits- und das Handelsrecht, aber auch das Straf- und Verwaltungsrecht. Dies alles wird derzeit beiseitegelassen. Stattdessen werden die „drei Freiheiten" (Güter-, Kapital- und Personenverkehr) weitgehend ohne festen Untergrund übergestülpt.

Unsere jungen Bürger müssen auf dieses Europa der Vielfalt, das vorbildlich gestaltet und verwaltet wird, stolz sein und es daher empathisch mittragen können. Der alte lateinische Grundsatz sollte uns hierbei leiten: In varietate concordia (Eintracht in der Vielfalt) oder noch konkreter In necessariis unitas, in dubiis libertas, in omnibus caritas (In der Not Einheit, im Zweifel Freiheit, in allem aber Liebe – dies war ein Wahlspruch von Julius Raab und Leopold Figl). Damit es zu dieser Renaissance Europas kommt, müssen wir uns vernetzen und den sanften, aber bestimmten Aufstand gegen die visionslosen Dahinwurstler wagen.

Schlussbemerkungen

Ich habe vorstehend schon ausgeführt, dass normative und moralische Festlegungen – wie die diversen *declarations*[259] und *moral codes* –, die in den jüngsten Jahrzehnten zur Verschleierung der

---

258 Wie soll ein geordneter Hypothekenmarkt funktionieren – wie ein verlässliches Kauf-, Nachbarschafts- und Erbrecht; und wie soll die flächendeckende Besteuerung des Grundbesitzes erfolgen, wenn es kein grundbücherlich gesichertes und erfasstes Grundeigentum gibt?
259 Der Gipfelpunkt einer täuschenden Deklaration ist wohl die Erklärung der Menschenrechte im Islam. Sie klingt bei der unvollständigen Lektüre verführerisch akzeptabel. Wenn man aber den Vorspann und Schlussvorbehalt liest, dann gilt das Deklarierte nur insofern, als es den Regeln des Korans und der Sunna nicht widerspricht. In letzteren Normen aber findet sich eine menschliche Ungeheuerlichkeit nach der anderen – bis zur Tötungspflicht gegenüber „Abtrünnigen", die zu einer begründeten eigenen Überzeugung kommen.

wirklichen Absichten oder zur Imagepflege oder als Ausdruck schlechten Gewissens in großer Zahl das Licht der Welt erblickten, nicht genügen; ja sie führen derzeit zu dem, was *Václav Havel* in seinem *„Versuch, in der Wahrheit zu leben"* als *„Systemlüge"* identifiziert hat. Außerdem kann fast jede Norm missbraucht oder umgangen werden. Wenn der innere Kompass und das Urvertrauen zueinander nicht gegeben sind, kommt es zu einer Gesellschaft der sich wechselseitig Belauernden. Dieser Zustand aber blockiert nicht nur den sozialen Fortschritt, sondern auch die ökonomische Effizienz. Sie kennen wahrscheinlich die Geschichte vom klassischen Österreicher, der folgende Arbeitseinteilung hat: ein Drittel zur Abwehr von Intrigen, ein Drittel zur Erfindung neuer (abwehrender?) Intrigen und schließlich ein Drittel für die eigentliche Arbeit. Dieses Bild kann man leider unverändert auf fast alle gesellschaftlichen Ebenen und vor allem auf die internationale Ebene übertragen. Dort sind die Auswirkungen sogar weit sozialschädlicher. Man braucht nur die selbstaufhebenden Rüstungsausgaben und den teuren Zirkus der Missionen und Konferenzen zu betrachten, während gleichzeitig rund ein Drittel der Menschen in bitterer Armut lebt und ein Sechstel hungert.

Zu Recht hat daher *Paul Claudel* gemeint: *Was die Politik nicht vermag, muss die Liebe vollenden.*

Ich habe mein dreimal nachgedrucktes Buch *Globales Schafe Scheren – Gegen die Politik des Niedergangs* mit einem Zitat der Neurobiologen *Humberto R. Maturana* und *Francisco Varela* beendet: *„Wir wollen keine Predigt halten. Wir machen einzig und allein die Tatsache offenkundig, dass es, biologisch gesehen, ohne Liebe, ohne Annahme anderer keinen sozialen Prozess gibt."*

In der Zwischenzeit bin ich auf ein Wort eines der härtesten Politiker gestoßen, das dies unterstreicht. *Georges Clemenceau*, den ich als geradezu unbarmherzigen Politiker kannte und der mit seiner Deutschland demütigenden, plündernden und in den Kot tretenden Politik mit Schuld am von *Adolf Hitler* irregeleiteten Aufstand des deutschen Volkes und damit am Zweiten Weltkrieg hatte, sagte in einer hellen Stunde:

„Die größte Revolution aller Zeiten geschieht an dem Tag, an dem alle Menschen beginnen werden, nach dem Programm der Bergpredigt zu leben."

Christus hätte nicht ausgebeutet und nicht Gewalt angewendet – schon gar nicht militärischen Massenmord begangen – und er hätte gerecht geteilt.

Als überzeugt gewordener Christ erlaube ich mir hinzuzufügen: *Wenn wir uns alle ehrlich fragten: „Was hätte Christus an meiner/unserer Stelle getan?"*, dann wäre die Welt ein Paradies.

Um dieser demaskierenden Frage auszuweichen, wird gegenwärtig mit allen Mitteln versucht, Christi Autorität zu demontieren.[260] Umso not-wendender ist auch der sanft-mutige Aufstand gegen alle „Ismen", die ihn zu leugnen, lächerlich zu machen, ja zu verhöhnen versuchen, und zwar im Interesse aller Menschen. Dasselbe gilt für die grassierende Verhöhnung der sich zu ihm Bekennenden.

Ohne den geeigneten inneren Kompass versinken wir in permissive Beliebigkeit und damit in das gesellschaftliche Chaos.

Thomas More hat die Notwendigkeit der transzendentalen Anbindung der öffentlichen und privaten Moral erkannt. In seiner *Utopia* ist das Delikt, für das die höchste Strafe angedroht wird, die Verführung zur Gottlosigkeit. Der Einzelne darf zwar zweifeln und seine eigenen Wege gehen, aber von Gott öffentlich-offensiv abzubringen, bedeutet für *More* das Zerstören der geistigen Grundfesten der idealen liebevoll-solidarischen Gesellschaftsordnung, die er in seiner Parabel schildert.

Alexandr Solschenizyn hat diese Erkenntnis in seiner Trilogie *Das Rad* auf die kürzeste Formel gebracht: Sie haben Gott hinausgeworfen und damit dem Teufel die Tore geöffnet.

Daher möchte ich mit dem Wahlspruch, den der Reformer *Erzherzog Johann* (1782–1859) auf die Außenfront der Kapelle des Mustergutes „Brandhof" schreiben ließ, enden:

---

260 Die Angriffe reichen von „Christusromanen", in denen der Scheintote mit Maria Magdalena nach Indien gegangen ist, bis zur Darstellung als Drogenkonsumenten und bisexuellen Herumstreuner, der sowohl etliche Frauen „beglückte", als auch eine homosexuelle Gruppe um sich scharte. Weiters wird Christus als das Kind einer verheimlichten Liaison Marias mit einem römischen Soldaten dargestellt. Um die uneheliche Geburt zu verbergen, sei die „Geschichte" von der jungfräulichen Empfängnis erfunden worden. Spätere ‚biblische Texte' werden im Gegensatz zu den Berichten der Augenzeugen in Richtung einer vorgefassten Meinung interpretiert. Solche Auslegungen werden dann als ‚wissenschaftlich erwiesen' dargestellt. etc.

In Gegensatz zu den antichristlichen Erfindungen werden erwiesene (überprüfbare) Realitäten ins Reich der „religiösen Phantasie" verwiesen.

Wenn Gott mit mir, was gegen mich?
In dieser Rückendeckung und in diesem Vertrauen liegt „*die Macht der Ohnmächtigen*" (*Václav Havel*).

Dennoch müssen die Ohnmächtigen offenbar noch eine Weile ertragen, wie Europa und die Welt den Weg gehen, den *Dante Alighieri* in seiner *Divina Commedia* vorgezeichnet hat: durch die Erfahrung des Infernos und durch die Läuterung zum Paradies ...

Nachsatz

Ich hätte gerne manches besser und ausführlicher recherchiert sowie im Ausdruck noch verfeinert. Jedoch haben Notfälle, bei denen ich die Hilfe nicht abweisen konnte, und die unverschiebbaren Arbeiten am Bergbauernhof[261] die zur Verfügung stehende Zeit verkürzt. Ich möchte mich daher für die Unvollkommenheiten entschuldigen.

Persönlich habe ich zu einem Wort von *Antoine de Saint-Exupéry* Zuflucht genommen, das in meinem Taschenkalender steht:

Wenn einer, der bescheiden seine Schafe unter dem Sternenhimmel hütet, sich seiner Rolle bewusst wird, entdeckt er, dass er mehr ist als ein Knecht. Er ist Schildwache. Und jede Wache ist verantwortlich für das ganze Reich.

Meine Aufgabe als „Schildwache" sehe ich darin, nicht nur zu mahnen, wie ich es vorstehend getan habe, sondern auch Vorbild zu sein, u. a. indem ich gemeinsam mit meiner Frau und meiner Familie auf schwierigem Gelände die landwirtschaftliche Produktionsbereitschaft für die Zeiten kommender Versorgungsengpässe erhalte.

---

261 Im Frühjahr sind neben der Betreuung des Ablammens der Schafe die Wiesen zu räumen und die Wasserableitungen in Stand zu setzen. Daneben ist wenig sinnvollen EU-Ö-Auflagen und Aufzeichnungen nachzukommen. Un(Bei)kraut muss im Einklang mit dem Naturschutz reguliert werden, wobei die meisten Aufsichtsorgane offenbar die Populationsdynamik der ohne Eingriff überhand nehmenden und daher die ökologisch Vielfalt herabsetzenden Pflanzenarten gar nicht kennen. Z. B. vermehrt sich die hochgiftige Herbstzeitlose (sie war die Giftpflanze des Jahres 2010) flächendeckend, wenn man sie nicht durch eine selektive Frühmahd zurücksetzt. Wenn man dann fragt, ob der/die die Frühmahd Verbietende weiß, warum diese hochtoxische Pflanze *Colchicum Autumnale* heißt, und ihm/ihr mitteilt, dass der Name von *Kolchis* kommt, weil dort *Medea* den *Jason* mit ihr vergiftet hat, weshalb auch das Gift *Colchizin* heißt, merkt man, dass er/sie mit diesen Namen ebenso wenig vertraut ist wie mit der gefährlichen Populationsdynamik. Aber dafür werden wir genau auf unangepasste Mähzeitpunkte kontrolliert und bei Nichteinhaltung mit Strafe bedroht.

Anhang

Exkurs zur sexuellen Enthemmung als gesellschaftszerstörende Strategie

Ich betitle ihn kurz **Die modernen Sexsklaven** oder
Dem nach immer mehr Raffinesse und Intensität verlangenden Sexkonsum ausgeliefert

Unter dem Mantel der Aufklärung und des Sich-bewusst-Werdens des eigenen Körpers sowie der Emanzipation der Frauen von den Männern werden via „Aufklärungs- und Wohlbefindensschriften" und vor allem über das Internet die Kinder zu egoistischen Selbstbefriedigern erzogen.

In Deutschland geht die unangepasste, enthemmende Frühsexualisierung so weit, dass die Bundeszentrale für gesundheitliche Aufklärung, unter dem Titel *Körper, Liebe, Doktorspiele, Ratgeber für Eltern zur kindlichen Sexualentwicklung vom 1. bis zum 3. Lebensjahr* und vom 4. bis zum 6. Lebensjahr streut (siehe Literaturliste).

Wer sich die Zeit und Mühe nimmt, im Internet nachzusehen, der findet vor allem Aufrufe an Mädchen, die tradierten „Verklemmungen" abzulegen, verbunden mit Anleitungen, Bildern, Videos und literarischen Hinweisen für die Selbstbefriedigung – verkürzt „Sb". In den „Foren" pflegen schon Elfjährige (!) regen Gedankenaustausch über die Praktiken, wie man bei Sb rasch einen Orgasmus erzielen kann. Die Kinder – überraschenderweise zum Großteil Mädchen – geben oft an, mindesten einmal am Tag „sb" zu üben sowie, wo sie dies tun und welche Praktiken und welche Hilfsmittel (bis hin zur vibrierenden elektrischen Zahnbürste) sie zur Stimulierung des Kitzlers (Klitoris) anwenden.

„Moderatoren" begleiten sie hierbei und „Befreiungsdoktoren" geben ihnen den Rat, dass dies das Normalste sei, um sich selbst kennenzulernen und regelmäßiges höchstes Wohlbefinden zu erlangen. Nebenbei werden verschiedene Sexhilfsmittel und Sexspielzeuge zum Kauf angeboten.

Die „Services" für die Kinder haben verführerisch wohlklingende Namen wie „Wohlfühlparadies" und „Net-Doktor".

Die Sb der nach sich selbst süchtig gemachten Kinder und Jugendlichen findet auch in der Schule unter der Bank (welche Konzentration auf das Lernen ist dann noch möglich?!), vor dem

PC, auf dem gleichzeitig Sexfilme gesehen werden oder Sexforen laufen (getarnt als „Wellnessforen", in denen Online-Austausch über Praktiken und Phantasien betrieben wird), am WC und „natürlich" auch zu Hause im Bett statt.

Die Kinder fordern einander zur Sb auf, damit sie mit ihrer Praxis nicht allein sind und ein schlechtes Gewissen haben. In ihren ausgetauschten Phantasien (Z. B.: „Was ist deine geilste Phantasie bei der Sb?") kommen daher auch Sb mit Freundinnen und Freunden sowie gruppenweise Sb häufig vor.

Diese Kinder werden nicht nur ihrer ruhigen Entwicklung beraubt[262]. Sie konsumieren Sex als alltägliches Konsumgut und gehen damit jeder künftigen Zartheit und Romantik verlustig. In *YouTube* wird der „Birthday Sex" angepriesen, womit der Beischlaf gleich beim ersten „Date" gemeint ist. Bei einer vollen Liebesbeziehung sollten jedoch die körperliche Vereinigung und der Orgasmus die Krönung der Beziehung sein. Ein mir untergekommenes Beispiel zeugt von den extremen Folgen der verflachenden Alltäglichkeit: Ein Paar liest im Koitus gelangweilt „Anregendes", um zu mehr Lust zu kommen.

Auf diese Weise feiert die Sexindustrie reichliche Gewinne, weil nach immer neuen Reizungen gesucht wird, um der Alltäglichkeit zu entkommen. Die Sexsklaven zahlen.

Ich denke auch an den gesellschaftlichen Verführungsdruck, der flächendeckend ausgeübt wird. Man toleriert diesen unter dem Vorwand der Aufklärung, Freiheit und Toleranz und empört sich dann lauthals über die Folgen. Selbst die „renommierten" Zeitungen haben Beilagen, die dem sexuellen Aufreizen dienen (Verkleidet in „Mode", „Kult" und „Trend"). Die „lockeren" Beziehungen der Vorbilder (bis hin zu Regierungschefs und Präsidenten) und die Berichterstattung über „wilde" Partys und orgastische Events verstärken diesen zeitgeistigen Strom zur totalen Enthemmung.

Besonders raffiniert sind die Darbietungen und Einladungen im Internet. Junge Lehrer und Theologen, die bei ihrer Internet-Arbeit oft aus Neugierde und unter dem Entschuldigungsgedanken, wissen zu müssen, was auf die ihnen anvertrauten Kinder und Jugendlichen einströmt, rutschen dann in diesen Bereich ab.

---

262 Das Sexualgespräch (die sexuelle Aufklärung) sollte gemäß der individuellen Entwicklungsstufe und vor allem auf Anfrage geführt werden.

Abhilfe möglich?

Es bieten sich neben dem Verbot auch von „Soft-Porno" in den Printmedien und im Internet eine differenzierende Internetsteuer, erschwerende Zugangsregeln sowie eine höhere Umsatzsteuer auf Sexartikel an. Vor allem aber müssen die Kinder im Elternhaus und in der Schule gegen die „Versklaver" gewappnet werden.[263]

Zur Internetabgabe: Ich weiß, dass ich mit diesem Vorschlag bei den jungen Mitbürgern regelmäßig den Vorwurf der Einschränkung der Meinungsfreiheit abbekomme. Aber: Wenn wir schon international Daten speichern und filtern, um Terrorismus und Kriminalität zu bekämpfen, dann können wir dies ebenso zur Bekämpfung der sexuellen Aufstachelung und Ausbeutung tun und die Akteure bestrafen oder wenigstens zur Kasse bitten, um wünschenswerte Jugendprogramme zu finanzieren.

Zu den Zugangsregeln: Wenn die Nutzer sich ausweisen müssen und ihr Zugang gespeichert wird sowie bei Minderjährigen eine Benachrichtigung der Erziehungsberechtigten durch die „Moderatoren" verpflichtend wird, dann wird die Sexwelle zu Lasten der Kinder im Internet verebben.

Zur höheren Umsatzsteuer: Diese wäre leicht einzuheben und zu kontrollieren. Schwarzhandel und versteckte Manufakturen müssten parallel mit hohen Strafen belegt werden.

Wie weit in der Folge die süchtige Enthemmung der Erwachsenen geht, soll das Folgende aufzeigen. Ich möchte es *Lustgewinn um jeden Preis* benennen:

In einem blasphemisch betitelten „autobiographischen" Roman wird „geoutet", dass die Autorin nach einer von ihrem Mann gewünschten Abtreibung mit ihm zur Schonung der Vagina Analsex hat, damit beide weiter auf ihre sexuelle Rechnung kommen.

Schon die alten Römer anerkannten den Zu-Gebärenden als schützenswerte Rechtsperson (nasciturus pro iam nato habetur, quotiens de commodis eius agitur – der Zu-Gebärende ist so zu behandeln, als ob er schon geboren wäre, sofern es sich um seine

---

[263] Ich habe bei den eigenen Kindern gemerkt, dass sie entschlossen abwehren, wenn man ihnen die Versklavungsabsicht klarmacht. Kein denkender, selbstbewusster Mensch will ein Sklave sein.

Angelegenheiten handelt). Als bei ihnen alle moralischen Dämme brachen, kam der Niedergang. Steht die „moderne" Lustgesellschaft vor einem ähnlichen Ende wie das herabgekommene Rom?

Sigmund Freud hat in *Das Ich und das Es* gemeint, dass die Scham eine Kraft sei, die dafür sorgt, „dass der Geschlechtstrieb das normale Maß nicht überschreitet" und: „Die Scham ist ein Affekt, der der instinktiven Schamlosigkeit entgegensteht und uns auf einen ethischen und zivilisierten Weg bringt".

Ich denke, dass ich aus eigener Erfahrung noch etwas hinzufügen sollte: Mir wurde von Vinzenz-Schwestern entgegen allen medizinischen Erwartungen das Leben gerettet. Die reinen Gesichter dieser Frauen sind mir noch immer in Erinnerung. Im Gegensatz hierzu haben sich auch aus meiner Praktikantentätigkeit am ehemaligen Jugendgerichtshof in Wien die von Leid gezeichneten Gesichter allzu junger Mütter eingeprägt, die dem allgemeinen Sexualdruck – meist unter verantwortungslosen Männern – erlegen waren. Die Permissivität (Enthemmung) zerstört offenbar nicht nur die Gesellschaft, sondern auch den Einzelnen.

Wie immer in der Geschichte ist zu befürchten, dass nach dem Erreichen von Extremen das gesellschaftliche Pendel in die Gegenrichtung schwingt – also in Richtung Puritanismus.

Dieser aber raubt den Menschen ebenso das Glück wie die oben genannten indirekten Versklavungen. Daher sollten wir rechtzeitig den Weg zur ausgewogenen Mitte bahnen.

Die gesellschaftliche Auswirkung des inszenierten Sexsklaventums habe ich schon oben (I.2.8.7) erwähnt. Ich fasse einige nochmals zusammen: Verlust von Romantik und echter Liebe; Verlust der individuellen und gesellschaftlichen Disziplin; Unfähigkeit zu dauerhafter Partnerschaft und damit Unfähigkeit, stabile Familien zu gründen, die bergende „Nester" für die Kinder sind und ihnen eine ihren Bedürfnissen entsprechende Ontogenese (Entwicklung) ermöglichen; insbesondere Entstehen von labilem, leicht manipulierbarem „Menschenmaterial".

Zur Ausgewogenheit noch ein Vermerk zur gegenwärtig dominierenden „*Pillenkultur*": Es geht bei der 1961 auf den Markt gekommenen Antibabypille (Ethinylestradiol – EE2) nicht nur darum, dass die erotische Kultur gesunken ist und sexuelle Intimität als Konsumgut erlebt wird, es geht auch um die Würde und Gesundheit der Frau.

Wenn man die Werbung und die Interessenträger betrachtet, dann geht es den Männern vor allem um die jederzeitige Verfügbarkeit der Frau. Hierbei wird ihr Befreiung eingeredet, und es werden die Risiken verschwiegen. Letztere sind beachtlich: EE2 bewirkt eine Scheinschwangerschaft und damit eine massive hormonelle Störung der natürlichen physiologischen Abläufe. Die verschwiegenen Folgen für die Pillenkonsumentinnen sind: Herabsetzung der Immunität, erhöhtes Krebsrisiko (insbesondere im Genitalbereich), Thrombosen und herabgesetztes sexuelles Begehren[264]. Dazu kommt noch, dass EE2 so maskiert (eingeplante Resistenz gegen Auflösung) werden muss, dass es im Magen und Darm nicht zerfällt. Daher werden nicht unerhebliche Mengen ausgeschieden. Diese wirken sich auf die Fruchtbarkeit der Wassertiere und in Gegenden, in denen Wasser wieder aufbereitet wird, auch auf die Fruchtbarkeit des Menschen aus[265].

Wenn man den obigen Kollateralschäden gegenüberstellt, dass verlässliche Studien zeigen, dass der *Pearl Index* die gleiche Sicherheit von EE2 (Pille) und NER (Natürliche Empfängnisregelung) aufweist, dann sollte man im Interesse der Frauen eine Kurskorrektur einfordern. Gesundheit, Kosten und Menschenwürde sprechen dafür.[266]

Die jüngste Erfindung von *Jorge Reynolds* lässt dies noch leichter gangbar erscheinen.
Ich zitiere *The Blue Economy News*, 18 .7. 2012:

---

264 Ob die auch gehäuft auftretenden psychischen Störungen (inkl. Depressionen) einen direkten Kausalzusammenhang aufweisen, ist noch nicht gesichert erwiesen. Die Zusammenhänge deuten jedoch darauf hin.
265 Ich kenne dies aus Feldstudien im Abwasserbereich, die ich seinerzeit als Präsident der Österreichischen Vereinigung für Agrar- und Lebenswissenschaftliche Forschung begleitet habe.
266 Mir kommt hier die Analogie zum biologischen Landbau in den Sinn: Statt mit der Keule hineinzuschlagen, werden behutsam alle sich anbietenden natürlichen Synergien genutzt.

Familienplanung ohne Pille

Weltweit wird die Geburtenkontrolle zur Eindämmung der Bevölkerungsexplosion propagiert, und für viele Familien ist sie wirtschaftlich notwendig. Die Herausforderung jedoch besteht darin, eine billige, natürliche, nicht invasive Verhütungsmethode zu finden, denn durch die „Pille" wird unser Trinkwasser mit Hormonen belastet und mechanische Verhütungsmittel sind teilweise weniger effektiv oder belasten ebenfalls die Umwelt bei ihrer Entsorgung.

Die Temperaturmessmethode ist zwar in jeder Hinsicht unbedenklich, jedoch nur verlässlich, wenn die Körpertemperatur der Frau kontinuierlich beobachtet wird. *Dr. Jorge Reynolds*, der Erfinder des Herzschrittmachers, hat nun einen Sensor entwickelt, der am Körper getragen wird und regelmäßig die Temperatur an ein Handy übermittelt. Mit Hilfe einer App werden die Daten ausgewertet und gegebenenfalls ein Signal ausgelöst, das über die wahrscheinliche Fruchtbarkeit informiert. Das Besondere ist, dass dieser nur reiskorngroße Sensor keine Batterie benötigt. Er ist bereits bis zur Marktfähigkeit entwickelt und dank seiner Kompatibilität mit normalen Mobiltelefonen weltweit einsetzbar.

Kosten für die Gesellschaft

Die jüngsten Diskussionen über die „soziale Notwendigkeit", die „Pille davor" und die „Pille danach" (also die Mordpille) auf Kosten der Krankenkassen (d. h. auf Gemeinkosten) zu verschreiben, um den „armen Mädchen" die Abtreibung zu ersparen, riecht in diesem Lichte nach Pharmainteressen auf dem Buckel der verführten Jugendlichen und der Bürger.

ABKÜRZUNGEN

VERWENDETE LITERATUR

Abkürzungen – Akronyme

ABS = Asset backed Securities (verbriefte Sicherheiten, denen bestimmte „Werte" zugrundeliegen)

AEUV = Vertrag über die Arbeitsweise der EU vom 3. 5. 2008 – In Kraft seit 1. 12. 2009

AIFMD = Alternative Investment Fund Managers Directive – Richtlinie der EU aus 2011, die Regeln für die Verwalter (Manager) außerbörslicher (alternativer) Investments (insbes. Hedge Fonds und Private Equity) einführt. „Private Equity" sind außerbörsliche Unternehmensbeteiligungen.

AIG = American International Group, Inc. ist ein großer, international tätiger Versicherungskonzern mit Hauptsitz in New York City. Das Unternehmen war lange Zeit der größte Erstversicherungs-Konzern der Welt

ARM = Adjustable Rate Mortgage (Hypothek mit variablem Zinssatz)

ATTAC = *association pour la taxation des transactions financières et pour l'action citoyenne* = Vereinigung zur Besteuerung von Finanztransaktionen im Interesse der Bürger

Bio = Billion (in den USA Trillion)

BIP = Bruttoinlandsprodukt (Wert aller produzierten Güter und Dienstleistungen)

BRICS = Brasilien, Russland, Indien, China und Südafrika

CDO = Collateralized Debt Obligation (de facto ein verbriefter Verkauf von Zahlungsflüssen aus festverzinslichen Wertpapieren mit abgestuften Risikoklassen – Geldmarktpapier)

CDS = Credit Default Swaps (Schuldverschreibungen, über die das Ausfallsrisiko eines Kredites oder einer anderen Schuld gehandelt werden kann. Sie wurden im „Fall Griechenland" täuschend eingesetzt.)

CEO = Chief Executive Officer (Vorsitzender der Geschäftsführung)

CER = Center for European Reform (Ein Londoner Think Tank, der vor allem die Berücksichtigung der Interessen der Londoner City bei der Gestaltung der EU verfolgt)

CFR = Council of Foreign Relations (Rat für Auslandsbeziehungen)

CIM = Computer Integrated Manufacturing (Computerintegrierte Fertigung)

CNN = Cable News Network ist ein us-Fernsehsender

CRG = Centre for Research on Globalization, Montreal, Kanada

CSI = Christian Solidarity International (Internationale Solidarität der Christen)

CLS = Continuous Linked Settlement (Ein Abwicklungssystem im internationalen Devisenhandel, das an manchen Tagen ein Volumen von $ 6 Bio erreicht.)

DSGE-Model = Dynamic Stochastic General Equilibrium Model = Dynamisches Stochastisches Allgemeines Gleichgewichtsmodell. Diese Modelle werden zunehmend für die Formulierung und Kommunikation der Geldpolitik von vielen Forschern und Zentralbanken verwendet.

EBA = European Banking Authority (Europäische Banken Aufsicht)

EFF = Electronic Frontier Foundation ist eine Nichtregierungsorganisation zur Verteidigung elektronischer Rechte („elektronische Meinungsfreiheit")

EGF = Eurogendfor – European Gendarmerie Force (Paramilitärische Krisenpolizei)

ESMA = European Supervisory Authority (European Securities and Markets Authority) – Europäische Wertpapieraufsichtsbehörde

FMA = Finanzmarktaufsicht

EDV = Elektronische Datenverarbeitung

EFTA = European Free Trade Area (Europäische Freihandelszone)

ELF-Wellen = Extremely low Frequency waves = Wellen mit extrem niedriger Frequenz und extremer Wellenlänge (bis 100.000 km)

ENMOD-Convention = Convention on the Prohibition of Military or any other Hostile Use of Environmental Modification Techniques = Umweltkriegsübereinkommen 1976

ERA = European Research Area = Europäischer Forschungsraum

ETC-Group = Action Group on Erosion,

Technology and Concentration = Internationale Organisation, die die Erhaltung und nachhaltige Weiterentwicklung der kulturellen und ökologischen Vielfalt und der Menschenrechte zum Ziel hat

ETH = Eidgenössische Technische Hochschule

EUV = EU-Vertrag (Vertrag von Maastricht vom 7. 2. 1992 – in Kraft seit 1.11. 1993)

EWS = Europäisches Währungssystem

EZB = Europäische Zentralbank

ESZB = Europäisches System der Zentral(National)banken

G 30 = Group of Thirty (Gruppe der Dreißig)

GfK = Gesellschaft für Konsumforschung

GHA = Großhandelsabgabepreis

GPS = Global Positioning System, offizieller Name „Navigational Satellite Timing and Ranging –Global Positioning System – NAVSTAR GPS", ist ein globales Navigationssatellitensystem zur Positionsbestimmung (Ortung) und Zeitmessung. Es wurde seit den 1970er-Jahren vom US-Verteidigungsministerium entwickelt und – ähnlich wie das Internet – ab 2000 für den allgemeinen Gebrauch freigegeben.

GRÜNE = Österreichische politische Partei „Die Grünen"

HAMP = Home Affordable Modification Program. Ein US-Staatsprogramm aus dem Krisenjahr 2008, das vor der Versteigerung stehenden Hypothekarschuldnern helfen soll, indem die monatlichen Zahlungen durch Staatszuschüsse gemindert werden.

HAARP = High Frequency Auroral Research Program = US-Forschungsprogramm, bei dem hochfrequente Radiowellen zur Untersuchung (und Beeinflussung?) der oberen Atmosphäre (insbesondere Ionosphäre) eingesetzt werden.

Henwees = High net worth individuals (Super-Reiche, die ihr Vermögen vor allem offshore managen)

ICRP = International Commission on Radiologic Protection (Internationale Strahlenschutzkommission)

ICSID = International Centre for Settlement of Investment Disputes (Zur Weltbankarchitektur gehörendes „Internationales Zentrum für die Schlichtung von Streitigkeiten bezüglich Investitionen". Es gibt der Privatisierungsstrategie im Weltbankverbund Flankenschutz)

IDA = International Development Association (Internationale Entwicklungsorganisation)

IFC = International Finance Corporation (Teil der Weltbank-Gruppe, die vor allem die Privatinvestitionen in den Entwicklungsländern fördert.)

IFRS = International Financial Reporting Standards (Internationale Bilanzierungsregeln)

IGGiÖ = Islamische Glaubensgemeinschaft in Österreich

IIF = Institute of International Finance, The Global Association of Financial Institutions (Globale Vereinigung von Finanzinstitutionen – auch als Internationaler Bankenverband bezeichnet)

INET = Institute für Economic Thinking (Ein New Yorker Think Tank, der vor allem von *George Soros* gesponsert wird.)

ISDA = International Swaps and Derivatives Association (Internationale Vereinigung für Swaps und Derivate)

IT = Information und Telekommunikation

IUU = Illegal, unreported, unregulated = illegal, nicht erfasst, ungeregelt (insbes. im Hochseebereich)

IWF = Internationaler Währungsfonds (International Monetary Fund)

LASER = Light Amplification by Stimulated Emission of Radiation (Lichtverstärkung durch stimulierte Emission von Strahlung)

LGBT = Lesbian, Gay, Bisexual, Transsexual (lesbisch, schwul, bisexuell, transsexuell)

MASER = Microwave Amplification by Stimulated Emission of Radiation (Mikrowellenverstärkung durch stimulierte Emission von Strahlung)

Mefo-Wechsel = Wechsel an die *Metallurgische Forschungsgesellschaft mbH*; war eine Form der außerbanklichen Geldschöpfung im nationalsozialistischen Deutschland

MIGA = Multilateral Investment Guarantee Agency (Internationale Investitionsgarantie Agentur). Sie ist das jüngste Kind der Weltbank-Gruppe (1985), fördert Kapitalschutzabkommen und bezweckt den Schutz des investierten Privatkapitals insbesondere vor politischen Risiken.

Mio = Million

MIPS = Material Intensity per Service Unit (Materialintensität je Serviceeinheit)

Mrd. = Milliarde

MSM = Mainstream media = Hauptstrom-Medien = Die öffentliche Meinung beherrschende Medien (Nachrichtendienste, Fernsehen, Internet, Zeitungen u. a. Printmedien)

NASDAQ = National Association of Securities Dealers Automated Quotations (größte elektronische Börse in den USA, gemessen an der Zahl der gelisteten Unternehmen).

NB = Nationalbank

NERD = Seit den Sechzigerjahren des vorigen Jahrhunderts eingebürgerter Begriff für sozial abgehobene Personen („intellektuelle Robinsons"), die sich vor allem in der computerunterstützten virtuellen Welt des Internets geistig eingerichtet haben.

Non-Doms = In London lebende, aber dort nicht domizilierte und daher keine Steuern zahlende Personen (privilegierte Reiche)

OMT = Outright Monetary Transactions, Aufkauf von Staatanleihen durch die EZB am Sekundärmarkt

OTC = Over the Counter (Finanzprodukte, die nicht über die Börsen gehandelt werden)

ÖVAG = Österreichische Volksbanken Aktiengesellschaft

ÖVP = Österreichische Volkspartei

PIGS-Staaten = Portugal, Irland, Griechenland und Spanien (interessanterweise wurde das hochverschuldete Italien vorerst ausgelassen, weil dessen Zusammenbruch einen Finanz-Tsunami bewirkt hätte. Vielmehr wurde eine „Expertenregierung" inthronisiert, die als Geldeintreiber fungiert.)

PISA = Programme for International Student Assessment = Programm zur internationalen Schülerbewertung

RTGS = Real Time Gross Settlement (Echtzeit-Bruttozahlungsverkehrssystem); die Abwicklung erfolgt unverzüglich, final und unwiderruflich.

RTK = Real Time Kinematik, Echtzeit-Navigationssystem, das u. a. in Precision Farming (automatisierte Präzisionslandwirtschaft mit ferngesteuerten Geräten) angewendet wird.

Sb = Selbstbefriedigung (von der Jugend verwendetes Kürzel)

SNAP = Supplemental Nutrition Assistance Program (Food Stamps) US-Ernährungsmarken für arme, hungernde Bürger

SIPRI = Stockholm International Peace Research Institute (Stockholmer internationales Friedensforschungsinstitut)

SPÖ = Sozialdemokratische Partei Österreichs

SWAP = engl. Tausch = eine Vereinbarung zwischen zwei Vertragspartnern, an zukünftigen Zeitpunkten vertraglich definierte Zahlungsströme (Cash Flows) auszutauschen.

TARGET2 = Trans-European Automated Real-time Gross Settlement Express Transfer System seit 19. 11. 2007 das gemeinsame Echtzeit-Brutto-Clearingsystem (RTGS) des Eurosystems (ESZB) = Zahlungsverkehrssystem der Zentralbanken des Eurosystems.

TARP = Troubled Asset Relief Program; ein Programm, in dem die Regierung der Vereinigten Staaten Anteile an Finanzinstituten aufkauft, um den Finanzsektor zu stabilisieren (Gesetz vom 3. Oktober 2008)

TNC = Transnational Corporation (Transnationaler Wirtschaftskonzern)

TPP = Transatlantic Partnership Agreement ist ein von den USA angestrebtes Abkommen zur internationalen Kontrolle der Nutzung von geistigem Eigentum (intellectual property)

UNIQA = Österreichisches Versicherungsunternehmen

WHO = World Health Organisation (Weltgesundheitsorganisation)

Verwendete Literatur

A

Amery C., Global Exit, Luchterhand Literaturverlag, München 2002

an-Nabhani T., Lebensordnung des Islam (Nizam al-Islam), Beirut 1953, verbreitet von Hizb ut-Tahrir (Partei der Befreiung)– Zentrales Medienbüro, Beirut 2012

Arnim H. H., Das Europa-Komplott, Carl Hanser Verlag, München 2006

Arnoli J., Alles Geld verdampft: Finanzkrise in der Weltgesellschaft, Edition Suhrkamp, München 2009

Arsel I. / Arzu Toker (Hg.), Frauen sind eure Äcker – Alibri Verlag, Aschaffenburg 2011

Arsel I., / Arzu Toker (H.g.), Juden und Christen im Koran – Edition Hinwendung zur Rationalität, Verlag Books on Demand, Norderstedt 2006

Askenazy Ph. et al., Manifeste d' économistes atterrés – Empörte Ökonomen, pad-Verlag, Bergkamen 2011

Augustinus v. Hippo, De civitate Dei (Vom Gottesstaat), Dtv-Deutscher Taschenbuch Verlag, München 2007

Aydin A. E., Hg., Spannungsfeld Christentum & Islam, Welt & Wissen, Schriftenreihe des Wiener Akademikerbundes, Österreichisches Medienhaus Bimashofer, Laxenburg bei Wien 2011

B

Bader R., Geld, Gold und Gottspieler – Am Vorabend der Weltwirtschaftskrise, Resch Verlag, Gräfeling 2004

Baier B., Zuwanderung ist nicht die Antwort auf den Rückgang der Geburten, Die Presse 6. 2. 2012, S. 2

Barofsky N., Bailout – An inside account of how Washingten abandoned Main Street while rescuing Wallstreet, Free Press – Macmillan Publishing, New York 2012

Bauer D., Der lange Schatten des Adlers. Menschenverachtung made in USA?, edition va bene, Wien – Klosterneuburg 2004.

Beck M., Leben wie geht das? – Die Bedeutung des Spirituellen an den Wendepunkten des Lebens, Styria Premium Verlag, Graz 2012

Becker H. J., Ausblick 2012, YouTube 6. 2. 2012

Bendixen P., Die Unsichtbare Hand, die Freiheit und der Markt: Das weite Feld des ökonomischen Denkens, LIT Verlag, Münster 2009

Bendixen P., Der Traum vom Wohlstand der Nationen – Kritik der ökonomischen Vernunft, Facultas Verlag, Wien 2005

Bendixen P., Der Traum vom Wohlstand der Nationen – Kritik der ökonomischen Vernunft, Facultas Verlag, Wien 2005

Benes J. und Kumhof M., The Chicago Plan revisited, IMF Working Paper WP/12/202, August 2012

Benz W., Antisemitismus und „Islamkritik" – Bilanz und Perspektive, Metropol Verlag, Berlin 2011

Bergson H., L'Evolution créatrice. Alcan, Paris 1907

Berschneider W., Wenn Macht krank macht – Narzissmus in der Arbeitswelt, Präsenz Verlag, Hünfelden 2011

Bertell R., Kriegswaffe Planet Erde, J. K. Fischer Verlag, Gelnhausen-Roth 2011

Bertell R., No Immediate Danger: Prognosis for a Radioactive Earth, Women's Press, London 1985

Binswanger H. Ch., Die Glaubensgemeinschaft der Ökonomen, Gerling Akademie Verlag, München 1998

Binswanger H. Ch., Geld und Magie, Murmann Verlag, Hamburg 2005

Binswanger H. Ch., Vorwärts zur Mäßigung – Perspektiven einer nachhaltigen Wirtschaft, Murmann Verlag, Hamburg 2009

Bontrup H. - J., Der diskreditierte Staat – Alternativen zur Staatsverschuldung und zu Schuldenbremsen, pad-Verlag, Bergkamen 2011

Bozsoki J., Euro vor dem Aus?, edition va bene, Wien-Klosterneuburg 2012

Braml J., Der Amerikanische Patient – Was der drohende Kollaps für die Welt bedeutet, Siedler Verlag, München 2011

Brandeis L. D., Orte M. Hg), Das Geld der Anderen – Wie die Banker uns ausnehmen, Finanzbuchverlag, München 2012

Büchele H. u. Pelinka A (Hg.), Friedensmacht Europa: Dynamische Kraft für Global Governance, Innsbrucker Universitätsverlag, Innsbruck 2010

Bundesministerium für Land- und Forstwirtschaft, Umwelt und Wasserwirtschaft, Nachhaltigkeitsbarometer 2011, Headline-Indikatoren, Wien 2011

Bundesministerium für Land- und Forstwirtschaft, Umwelt und Wasserwirtschaft, Wohlbefinden der österreichischen Bevölkerung, Wien 2011,

Bundeszentrale für gesundheitliche Aufklärung, Körper, Liebe, Doktorspiele – Ein Ratgeber für Eltern zur kindlichen Sexualentwicklung vom 1. bis zum 3. Lebensjahr, Köln aktuell

Bundeszentrale für gesundheitliche Aufklärung: Körper, Liebe, Doktorspiele – Ein Ratgeber für Eltern zur kindlichen Sexualentwicklung vom 4. bis zum 6. Lebensjahr, Köln aktuell

Burgstaller H., Das Wörgler Beispiel, Gemeinde Wörgl Mai 1933

C
Calder N., Unless Peace comes – A scientifc Forescast of new Weapons, Viking Press, New York 1968

Carson R., Der stumme Frühling, Becksche Reihe, München 1976

Chossudovsky M., Global Brutal. Der entfesselte Welthandel, die Armut, der Krieg, Zweitausendeins Verlag, Frankfurt am Main 2002

Chossudovsky M. et al., The Globalisation of Poverty, Centre for Research on Globalization (CRG), Montreal Kanada 2003

Chodussovsky M. und Müchler M., Szenario eines Dritten Weltkriegs – Die geheimen Pläne des Pentagons zur Errichtung einer Neuen Weltordnung, Kopp Verlag, Rottenburg a. N. 2012

Clark Ch. u. Alford H., Rich and Poor – Rebalancing the Economy, CTS Publication, London 2010

Clark M., Missing point on Poverty in Catholic Moral Theology, St.Mary's

University, Emmitsburg MA, April 2012

Columella L. I., De re rustica – libri duodecim, Artemis Verlag, München 1981

Council of the European Union, Council Conclusions – Economic Aspects of the Roadmap to a resource-efficient Europe, Brüssel 21. 2. 2012

Creutz H., Das Geldsyndrom, Ullstein Taschenbuch, 4. Aufl.,Berlin 1997

D
Daly H. E. u. Farley J., Ecolocical Economics, Island Press, Washington, DC, 2010

Daly H. E. u. Townsend K. N., Valuing Earth – Economics, Ecology, Ethics, MIT-Press, Cambridge MA 1993

Daly H. E., Die Gefahren des freien Handels, Spektrum der Wissenschaft, Jan. 1994, SS. 40 - 46

Daly J., The Credit River Decision, Savage-Minessota, 1969; www.swseed.se/aciro/bilddb/objektv isa.asp?new=true&SidObj=72FJNP CAVKoLJmQiKok0DPJtmLF4kWSi 9EYmGmaFdaiDl-HYD7AkecGLE4p7&ext=.pdf

Denninger KI., Straight talk on the economy, RealEcon TV, The Market Ticker, 25. 1. 2012

De Schutter O., The right to an adequate diet: the agriculture-food-health nexus, UN-HCR, Genf 6. 3. 2012

Dracka O. u. Maier M., Wohlstand für alle? Das Scheitern der USA als Leitbild für die globalisierte Weltwirtschaft – Europas „soziale Marktwirtschaft" als Alternative, Projekte-Verlag Cornelius, Halle 2010

E
Engdahl F. W., Mit der Ölwaffe zur Weltmacht, Kopp Verlag, Rottenburg 2008

Engdahl F. W., Der Untergang des Dollarimperiums, Kopp-Verlag, Rottenburg 2009

Ebner Ch., Die Fatale Angst der Regierenden vor Bankpleiten, Die Presse, Wien 7. 3. 2012, S 27

Elsner W., „Neoliberaler" Kapitalismus versus Demokratie, pad-Verlag, Bergkamen 2012

Emmerich K., Neues Geld alter Wert –

Eine Währung, ein Markt, ein Europa, Böhlau Verlag 2001

Europäische Kommission – ERA (European Research Area), SPREAD – Sustainable Lifestyles 2050, Brüssel 2012

European Parliament, Committee on the Environment, Public Health and Food, Draft Report on a resource-efficient Europe – Motion for a European Parliament Resolution, 10. 2. 2012

Exner A. et al (Hg), Kämpfe um Land – Gutes Leben im post-fossilen Zeitalter, Mandelbaum Verlag, Wien 2011

Expert Group on Environmental Law of the World Commission on Environment and Development, Environmental Protection and Sustainable Development, Legal Prinziples and Recommendations, Graham & Trotman/Martinus Nijhoff, London/-Dordrecht/Boston 1986

F

Faißner K., Friedensprojekt oder Europas Untergang? Zahlen und Fakten zur EU, Wien 2012

Feigl G. u. Heiling M., Was kosten Privatisierungen? Eine Analyse der Auswirkungen erfolgter und allfälliger zukünftiger Privatisierungsschritte auf öffentliche Haushalte, Materialien zu Wirtschaft und Gesellschaft; 114, Kammer für Arbeiter und Angestellte Wien 2012

Felber Ch., 50 Vorschläge für eine gerechtere Welt, 8. Aufl., Deuticke Verlag, Wien 2006

Felber Ch., Die Gemeinwohlökonomie, Deuticke Verlag, Wien 2012

Felber Ch., Retten Wir den Euro, Deuticke Verlag, Wien 2012

Fisher I., 100 % – Money (1935) Karwat K. (Übersetzer) 100 % – Geld, Verlag für Sozialökonomie, Kiel 2007

Forum Ökologisch-Soziale Marktwirtschaft e.V. (FÖS), Carbon taxation and fiscal consolidation: the potential of carbon pricing to reduce Europe's fiscal deficits, Berlin, Mai 2012

Föhrenberger Kreis, AK Finanzwirtschaft, Zur ungelösten Euro-Krise – Ein Reset-Manifesto, 29. Juni 2012 (http://fbk finanzwirtschaft.wordpress.com/)

Fromm E., Der moderne Mensch und seine Zukunft – Eine sozialpsychologische Untersuchung, Europäische Verlagsanstalt, Frankfurt a. M., 6. Aufl. 1973

G

Gabriel H. W., Kernenergie ohne Radioaktivität kein Traum – Vom Uran zum Lithium-Kernbrennstoff, Sarkis/A. Gabriel, D-69434 Hirschhorn/Neckar 2011; li-energy.info@arcor.de

Gabriel M. A., Islam und Terrorismus – Was der Koran wirklich über Christentum, Gewalt und die Ziele des Djihad lehrt, Resch-Verlag, Gräfeling, 3. Aufl., 2005

Gabriel M. A., Islamische Terroristen – Warum sie uns hassen und wie wir ihre Meinung ändern können, Resch-Verlag, Gräfeling 2006

Gabriel M. A., Jesus und Mohammed, Resch-Verlag, Gräfelfing 2006

Gassner O., Operation Rebound – Einmalige Vermögensabgabe, Kanzlei RA Prof. Dr. Otto Gassner et al. München, Herzog-Wilhelm-Str. 1, 2011

Gärtner M. und Griesbach B., Rating agencies, self-fulfilling prophecy and multiple equilibria? An empirical model of the European sovereign debt crisis 2009-2011, Universität St. Gallen, Discussion Paper no. 2012-15, Juni 2012, www.seps.unisg.ch

GEA-IIASA, Global Energy Assessment – Toward a Sustainable Future, Cambridge University Press, Cambridge UK und USA 2012

Gehmacher E. et al. Hg., Sozialkapital: Neue Zugänge zu gesellschaftlichen Kräften, Mandelbaum Verlag, Wien 2006

Gelleri Ch. u. Mayer Th., Expressgeld statt Euroaustritt – Wirtschaftsaufschwung in den Krisenstaaten durch umlaufbeschleunigtes und abflussgebremstes Regiogeld, 2012

Glaser A., Gemeindefreiheit als Rettung Europas, zweite erweiterte Auflage, Verlag Bücherfreunde, Basel 1947

Gleitmann R., Bibel, Kirchen und Zinsverbot, in Zeitschrift für Sozialökonomie, Heft 80.1989

Goldmann G., Tödliche Schatten – Tröstendes Licht, 15. Aufl., Eos-Verlag, St. Ottilien 2010

Gottwald F.-Th., Esst Anders!, Metropolis Verlag, Marburg 2011

Gronemeyer M., Das Leben als letzte Gelegenheit, 2. Aufl., Primus Verlag, Darmstadt 1996

G 20, Building our Common Future: Renewed collective Action for the Benefit of All, Cannes Summit final Declaration, Cannes 23 Sep 2011

H

Hartmann K., Wir müssen leider draußen bleiben – Die neue Armut in der Konsumgesellschaft, Blessing Verlag, München 2012

Harveys D., Der „neue" Imperialismus: Akkumulation durch Enteignung, VSA-Verlag, Hamburg 2003.

Havel V., Versuch in der Wahrheit zu leben – Von der Macht der Ohnmächtigen 1978, Rororo Rowohlt Taschenbuch, Reinbeck 2000

Heinrichs J., Sprung aus dem Teufelskreis, Sozialethische Wirtschaftstheorie, STENO-Verlag 2005

Henry J. S., The price of offshore revisited – New Estimates for „Missing" global private wealth, income, inequality, and lost taxes, Tax Justice Network International Secretariat, London Juli 2012

Herget J. A., Christentum und Islam – Zwei Welten im Widerspruch, 4. Aufl., Vinzentinische Nachrichten Nr. 111, 36. Jg., Wien 2010

Hessel St., Empört Euch!, Ullstein, Berlin 2011

Hessel St., Engagez-vous!, Éditions de l'Aube, La Tour-d'Aigues 2011

Hinterberger F. et al., Growth in Transition, Earthscan from Routledge, London 2012

Hochhuth R., Eine „abgestimmte" Hexenjagd, Die Presse, Wien 22.2.2012, S 26

Hofbauer H., Verordnete Wahrheit, bestrafte Gesinnung – Rechtsprechung als politisches Instrument, Promedia Verlag, Wien 2011

Höfer F., Des Wahnsinns fette Beute, nuoviso.tv-Film, Leipzig 2011

Holzinger H., Neuer Wohlstand. Leben und Wirtschaften auf einem begrenzten Planeten, Robert Jungk-Bibliothek, Salzburg 2012

Hoppe H-H., Der Wettbewerb der Gauner – Über das Unwesen der Demokratie, Holzinger-Verlag, Berlin 2012

Horn G. A., Des Reichtums fette Beute – wie die Ungleichheit unser Land ruiniert, Campus-Verlag, Frankfurt 2011

Huber J., Monetäre Modernisierung – Zur Zukunft der Geldordnung, Metropolis-Verlag, Weimar bei Marburg 2011

Hudson M., Super Imperialism: The Origins and Fundamentals of US World Dominance, Pluto Press, London 2003

I

IAASTD = International Assessment of Agricultural Knowledge, Science and Technology for Development (Weltagrarbericht), Island Press, Washington D. C. 2008

Ikrath Ph., Jugend-Wertestudie 2011-2012, Institut für Jugendkulturforschung, Wien 2012

Infoportal Deutschland und Globalisierung, Wochenbriefe, Wochenbrief Nr. 95, 31. 1. 2012

Institut für Bevölkerung und Entwicklung – Berlin, Die Demografische Zukunft von Europa, Dtv-Verlag, München 2011

International Chamber of Commerce, Policy and Business Practices, Paris 2012, www.iccwbo.org/Policy/trade,

J

Jackson T., Wohlstand ohne Wachstum – Leben und Wirtschaften in einer endlichen Welt, oekom Verlag, München 2011

James S., Sterben sollst Du für Dein Glück, Droemer Knaur Verlag, München 2004

Johannes Paul II, Der Wert der Arbeit und der Weg zur Gerechtigkeit, Enzyklika Laborem exercens, Herder Verlag, Freiburg im Breisgau 1981

Johannes Paul II, Solidarität – die Antwort auf das Elend in der heutigen Welt, Enzyklika Sollicitudo rei socialis, Herder Verlag, Freiburg im Breisgau 1988

K

KAB – Bundesverband der Katholischen Arbeitnehmerbewegung Deutschlands, Texte zur katholischen Soziallehre, Verlag Butzon & Bercker, Kebelaer 1985

Kairos Europa e. V., Kapital braucht Kontrolle – Die Internationalen Finanzmärkte, Funktionsweise – Hintergründe – Alternativen, Bonn 2001

Kant I., Grundlegung zur Metaphysik der Sitten, Timmermann J. Hg., Vandenhoeck & Ruprecht, Göttingen 2004

Kennedy P., Aufstieg und Fall der großen Mächte. Ökonomischer Wandel und militärischer Konflikt von 1500 bis 2000, Fischer-Taschenbuch-Verlag, Frankfurt 1991

Keynes J. M., The General Theory of Employment, Interest and Money, Macmillan Cambridge University Press 1936

Keynes J. M., Krieg und Frieden, Duncker &Humblot, München 1920, S. Fischer, Frankfurt 1999

Kirchgässner G. et al., Direkte Demokratie. Modern, erfolgreich, entwicklungs- und exportfähig, Helbling & Lichtenhahn, Basel - Genf - München 1999

Kleinhappl J., van Loen Hg., Christliche Wirtschaftethik – Analysen, Essays, Fragmente aus dem Nachlass, Herder Verlag 1991

Kleinhappl J., van Loen Hg., Soziales Christentum, Tyrolia Verlag, 1994

Kleinhappl J., van Loen E. Hg., Kirchliche Kapitalismuskritik – Analysen, Essays und Fragmente aus dem Nachlass, Tyrolia Verlag 1993

Kopp W., A Chance to make History: What works and what doesn't work in providing excellent education for All, Public Affairs – Perseus Books, New York 2011

Korinek K., Demokratiereform – Das Parlament muss wieder selbst entscheiden, gekürzte Fassung der Rede bei der Verleihung der österreichischen <Verfassungspreise 2012> in Die Presse, Wien 4. 6. 2012, S. 15

Kotlikoff L. J. u. Burns S., The Clash of Generations – Saving Ourselves. Our Kids and our Economy, MIT-Press, Cambridge, MA, 2011

Kotrschal K., Menschen sind soziale Tiere: Wir können nicht ohne den anderen, Gastkommentar in Die Presse, Wien 5. 6. 2012, S. 26

Kronberger H., Sauberer Strom ohne Ende, Uranus Verlag, Wien 2004

Kuby G., Verstaatlichung der Erziehung – Auf dem Weg zum neuen Gender-Menschen, fe-medienverlag, Kißlegg 2007

Kuby G., Die Gender Revolution – Relativismus in Aktion, 5. Aufl., fe-Medienverlag, Kisslegg 2011

L

Langendorf, Jean-J., Capitulation au Volonté de défense?, Edition Cabedita, Bière CH 2011

Langer R., Warum tun sie das? Governanceanalysen zum Steuerungshandeln in der Schulentwicklung, Verlag für Sozialwissenschaften, Wiesbaden 2008

Le Bon G., Psychologie der Massen (Psychologie des Foules 1895), A. Kröner Verlag, Stuttgart 2008

Lehmann St. u. Crocker R., Designing for Zero Waste, Earthscan from Routledge, London 2011

Ley M., Die kommende Revolte, Wilhelm Fink Verlag, München 2012

Lieberam E., Kapitaloffensive in der Krise – Herausforderung für die Gewerkschaften, pad-Verlag, Bergkamen 2011

Leminski J., Die Verratene Familie – Politik ohne Zukunft, Sankt Ulrich Verlag, Augsburg 2007

LGT-Bank, Auf den Schwingen des Drachen – Festgeldanlage in Renminbi, Die Presse, Wien, 14 .2. 2012, S. 17

Löhr D., Die Plünderung der Erde – Anatomie der Ökonomie der Ausbeutung, Verlag für Sozialökonomie, Kiel 2009

Lühnemann J., Weltreligionen im Unterricht, Teil 2. Islam, 2. Aufl., Vandenhoeck & Ruprecht, Göttingen 1996

Luxenberg Ch., Die Syro-Aramäische Lesart des Koran – Ein Beitrag zur Entschlüsselung der Koransprache, Verlag Hans Schiler, Berlin/ Tübingen, 3. Aufl., 2007

M

Markham B. L., Mini-Farming: Autark auf

1.000 Quadratmetern, Kopp Verlag, Rottenburg 2011

Marterbauer M., Zahlen bitte! Die Kosten der Krise tragen wir alle, Deuticke Verlag, Wien 2011

Mattei U., Beni Comuni. Un Manifesto, 6. Aufl., Editori Laterza, Rom/Bari 2011

Mattei U., Privatisierung ist Diebstahl an der Öffentlichkeit: Das Gemeineigentum braucht Verfassungsrang (Übers. Michael Halfbrodt), Le Monde diplomatique Nr. 9700, 13.1.2012

Maturana H. R. u. Varela F. J., Der Baum der Erkenntnis, Scherz-Verlag, Bern 3. Aufl. 1987

Meves Ch., Kinderschicksal in unserer Hand – Erfahrungen aus der psychagogischen Praxis, Verlag Herder, Freiburg 1974

Meves Ch., Verführt, Manipuliert, Pervertiert – Die Gesellschaft in der Falle modischer Irrlehren. Ursachen – Folgen – Auswege, Resch Verlag, Gräfelfing, 2. Aufl. 2004

Meves Ch., Bilanz aus 30 Jahren Fehlentwicklung, Resch Verlag, Gräfeling 2011

Meysson Th., Die NATO bereitet eine große Desinformations-Kampagne vor, Voltaire Netzwerk, Damaskus 11. 6. 2001

Ming Shi, Chinas Weg in die Moderne – Was nun?, conturen der zeitenwende & wendezeiten, Nr. 3-4, Wien 2010 und Club Niederösterreich, Vortrag in Wien am 1. 4. 2011

Molterer W., Wie die Finanz- und Schuldenkrise Europas zu überwinden wäre, Die Presse, Wien 28. 11. 2011, S. 29

Morris I., Wer regiert die Welt? – Warum Zivilisationen herrschen oder beherrscht werden, Campus Verlag, Frankfurt am Main 2011

Müller W., Bauernschinden – Kritik und Alternative zur geplanten GAP-Reform, novum eco publishing, Neckenmarkt 2011

Müller W., Agarbürokratie, novum eco publishing, Neckenmarkt 2010

Myers G., History of the Great American Fortunes, The Modern Library, New York 1936

N

Negt O., Gesellschaftsentwurf Europa – Plädoyer für ein gerechtes Gemeinwesen, Steidl Verlag, Göttingen 2012

O

OECD, Divided we stand – Why inequality is rising, Paris Dezember 2011

OECD-FAO, Agricultural Outlook 2012, Paris 2012

OECD, Pensions Outlook 2012, Paris 2012

Ohlig K. H. / Puin G. R. (Hg.), Die dunklen Anfänge – Neue Forschungen zur Entstehung und frühen Geschichte des Koran, Verlag Hans Schiler, Berlin/Tübingen 2007

Ohlig K. H. (Hg.), Der frühe Islam – Eine historisch-kritische Rekonstruktion anhand zeitgenössischer Quellen, Verlag Hans Schiler, Berlin/Tübingen 2007

Ostrom E., „Die Verfassung der Allmende: jenseits von Staat und Markt", Mohr Siebeck Verlag, Tübingen 1999.

Otte M., Der Crash kommt, Econ Ullstein List Verlag, Berlin 2006

Otte M., Stoppt das Euro-Desaster, Econ Ullstein List Verlag, Berlin 2012

P

Palast G., Vulture's Picnic, Dutton – Pinguin Group, New York/London 2011

Palast G., Armed Madhouse, Dutton- Pinguin Group, New York/London 2006

Pascal B., Gedanken, Anaconda Verlag, Köln 2011

Pasuchin I., Bankrott der Bildungsgesellschaft – Pädagogik in politökonomischen Kontexten, Springer VS Verlag, 2012

Pauli G. et al., The Blue Economy 10 Jahre – 100 Innovationen – 100 Millionen Jobs, Konvergenta Interzero GmbH, Berlin 2012

Perkins J., Bekenntnisse eines Economic Hit Man – Unterwegs im Dienst der Wirtschaftsmafia, Goldmann Verlag, München 2007

Pew Research Center, Pew Survey: Public Perceptions of Conflict between Rich and Poor, pewsocialtrendsorg,

Jan. 2012

Piore M. J. u. Sabel Ch. F., Das Ende der Massenproduktion, Fischer Taschenbuch Verlag, Frankfurt am Main, 1989

Popp A. u. Albrecht R., Plan B- Revolution des Systems für eine tatsächliche Neuordnung, Wissensmanufaktur, Institut für Wirtschaftsforschung, Schweringen Nov. 2011; www.wissensmanufaktur

Portisch H., Was jetzt?, Ecowin Verlag 2011

Prammer B., Wer das Ziel nicht kennt, wird den Weg nicht finden, Styria Premium 2011

R

Radermacher F. J. / Obermüller M. / Spiegel P., Global Impact – Der neue Weg zur globalen Verantwortung, Hanser Verlag, München 2009

Radermacher F. J., Riegler J., Weiger H., Ökosoziale Marktwirtschaft, oekom Verlag, München 2011

Radermacher F. J., Die Zukunft unserer Welt – Navigieren in schwierigem Gelände, Edition Stifterverband, Essen 2012

Raffelt A. u. Reifenberg P., Universalgenie Blaise Pascal – Eine Einführung in sein Denken, Echter Verlag, Würzburg 2011

Randers J., 2052 – Eine globale Prognose für die nächsten 40 Jahre, oekom Verlag, München 2012

Ratz E., Richter sind keine Knallköpfe, Interview in Die Presse, Wien, 16. 1. 2012, S. 15

Rifkin J., Die Dritte industrielle Revolution – Die Zukunft der Wirtschaft nach dem Atomzeitalter, Campus Verlag, Frankfurt am Main 2011

Reimon M. u. Felber Ch., Schwarzbuch Privatisierung, Überreuter Verlag, Wien 2003

Robertson J. et al., The Secret of Oz, Dokumentation über die Geschichte und Wirkungen der Währungssysteme, Still Productions, New York, N.Y. 2010, abrufbar auf YouTube

Roche M./Sticken J., Goldman Sachs meint es gut mit uns, Le Monde/Presseurope, Paris 16. 11. 2011

Rogall H. et al., Jahrbuch für Nachhaltige Ökonomie 2011/12, Metropolis Verlag, Marburg 2011

Rosin Ch. et al., Food Systems Failure – The global Crisis and the Future of Agriculture, Earthscan from Routledge, London 2011

Roth P., Aufstand der Städte – Metropolen entscheiden über unser Überleben, Westend Verlag, Frankfurt 2011

Roussel E., Jean Monnet, Fayard, Paris 1995.

S

Sachs J., World Happiness Report 2012. (http://www.earth.columbia.edu/sitefiles/file/Sachs%20Writing/2012/World%20Happiness%20Report.pdf).

Samuelson P. A. und Nordhaus W. D., Volkswirtschaftslehre, Übersetzung der 15. Auflage, Überreuter, Wien 1998

Sand S., Die Erfindung des jüdischen Volkes – Israels Gründungsmythos auf dem Prüfstand, Propyläen, Berlin 2011

Sbordone A. et al., Policy Analysis Using DSGE-Models: An Introduction, Federal Reserve Bank auf New York, Policy Review/October 2010

Schasching J., Die soziale Botschaft der Kirche von Leo XIII. bis Johannes XXIII., Tyrolia Taschenbücher Bd. 13 – 14, Innsbruck 1962

Schäffler F. / Hamer E. u. E., Warum lassen wir das geschehen? – Eurokrise: Die Lust am gemeinsamen Untergang, Deutsche Mittelstandstiftung e. V., Hannover 2011

Scheer H., Der energetische Imperativ – 100 % jetzt!, Verlag Antje Kunstmann, München 2010

Schmidt-Bleek F., Nutzen wir die Erde richtig? – Die Leistungen der Natur und die Arbeit es Menschen, Fischer Taschenbuch, Frankfurt am Main 2007

Scholl-Latour P., Arabiens Stunde der Wahrheit, Ullstein, Berlin 2011

Schröder K., Danke, emanzipiert sind wir selber! Abschied vom Diktat der Rollenbilder, Piper Verlag, München 2012

Schroeder R., Neubeginn auf Wertebasis, Raiffeisenzeitung, Wien 9. 2. 2012, S. 2

Schumacher E. F., A Guide for the Perplexed, Jonathan Cape Ltd., London 1977

Schumacher E. F., Small is beautiful – A

Study of Economics as if People mattered, Sphere Books Ltd., London 1974 und 1978

Sedláček Th., Gott Sei Dank gibt es den Euro, Interview in Wiener Zeitung 10./11. 3. 2012, S 25

Sedláček Tomáš, *Die Ökonomie von Gut und Böse,* Carl Hanser Verlag , 2012

Senf B., Der Nebel um das Geld – Zinsproblematik – Währungssysteme – Wirtschaftskrisen, 8. Aufl., Gauke-Verlag, Lütjenburg 2005

Sennet R., Der flexible Mensch (The Corrosion of Character) Berlin-Verlag, Berlin 1998

Sennet R., Die Kultur des neuen Kapitalismus (The Culture of the New Capitalism), Berlin-Verlag, Berlin, 2005

Sergent P., Un étrange Monsieur Frey – Ayant rejoint le Viet Minh il devient le conseiller de Giap, Fayard, Paris 1982

Shaxson N., Schatzinseln. Wie Steueroasen die Demokratie untergraben, Rotpunktverlag, Zürich 2011

Sinn H. W. u. Wollmershäuser T., Target-Kredite, Leistungsbilanzsalden und Kapitalverkehr: Der Rettungsschirm der EZB, ifo Schnelldienst, München 24. 6. 2011

Sinn H. W., Die Europäische Fiskalunion, ifo Working Papers, ifo Institut – Leibnitz-Institut für Wirtschaftsforschung an der Universität München e. V. 26. 6. 2012

Sonnleiner W., Retten Sie Ihr Geld … und gewinnen Sie in der Krise, Galila Verlag, Etsdorf 2011

Stahel W. R., The Performance Economy, Palgrave Macmillan, Hampshire u. New York 2006

Stahel W. R., Ausstieg aus der Wegwerfgesellschaft durch eine Rückbesinnung auf die Nachhaltigkeit, Unterlagen zum Vortrag „Steuern sind zum Steuern da" an der Zeppelin Universität Friedrichshafen am 23. März 2012, Product Life Institut, Genf 2012

Stiftung Schweisfurth, 25 Jahre Stiftung Schweisfurth für ökologische Agrar- und Ernährungskultur, München 2011

Stiglitz J., Europa ist auf einem guten Weg die Krise zu lösen, Die Zeit Online – Wirtschaft, 26. 7. 2011

Stiglitz J., 2012 könnte es noch schlimmer kommen, Financial Times Deutschland Online 22. 1. 2012

Streissler E. W., Eine neue Sozialpolitik nach dem Euro, Die Presse, Wien 7. 1. 1997, S. 2

Swietly E., Große Finanzkrisen – Ein Kompass der Wirtschaftsgeschichte, Edition Steinbauer, Wien 2009

Strahm R., Warum wir so reich sind, Wirtschaftsbuch Schweiz hep Verlag, Bern 2008

Stückler M., Islam – Scharia & Jihad, Welt & Wissen – Schriftenreihe des Wiener Akademikerbundes Band 1, Österreichisches Medienhaus Bimashofer, Laxenburg bei Wien 2011

Sulik R., Euro Rettungsschirm – Der Weg zum Sozialismus,www.strana-sas.sk, Bratislava 2011

Sulik R., Rede über den Euro-Rettungsschirm vor dem slowakischen Parlament am 11. 10. 2012, in Zeit-Fragen Nr. 43, S. 3, Zürich 24. 10. 2012

T

Tews G., Lehrbeispiel Griechenland: Wie die Demokratie zertrümmert wird, Die Presse, Wien 5. 3. 2012, S 27

Toker A., Zehn gute Gründe, den Islam zu verlassen oder: Mein Wille zur Selbstbestimmung und Freiheit, www.ex-muslime.de/de/archiv/ zehngründe.htm

Toker A., Sechzehn gute Gründe, den Islam zu verlassen, arzutoker.de 26. 9. 2011 und europenews@web.de

Trevane J., Fatwa – Vom eigenen Mann zum Tode verurteilt, Heyne Taschenbuch, München 2009

U

Ullmann L. u. Winter K. W., Der Koran – Das heilige Buch des Islam, Goldmann Arkana, München 1959 (15 Folgeauflagen)

UNEP, Decoupling natural resource use and environment impacts from economic growth, Paris, Mai 2011

US Dept Clock org., Online Schuldenuhr der Vereinigten Staaten von Amerika

V

Vergely B., Le Silance de Dieu: Face aux Malheurs du Monde, Presses de la Renaissance, Paris 2006

Verwiebe R., Armut in Österreich – Bestandsaufnahme, Trends, Risikogruppen, Braumüller 2011

W

Walker K., Das Geld in der Geschichte, Conzett Verlag, Zürich 2000

Walther H. Das Märchen von der „Beamtenrepublik" Österreich, in Schwarzbuch Neoliberalismus und Globalisierung, IKW-Schriftenreihe Nr. 115, Linz 2006

Weidmann J., Begrüßungsrede anlässlich des 18. Kolloquiums des Instituts für Bankhistorische <Forschung, Papiergeld – Staatsfinazierung – Inflation>, Frankfurt am Main am 18. 9 .2012, Pessedienst der Deutsche Bank 19. 9. 2012

Weiss, D. M., Roth C., Das Ultimative Überlebenshandbuch für Wirtschaftliche Depression, Verlag J. Wiley, Sussex 2011

Welzer H., Mentale Infrastrukturen – Wie das Wachstum in die Welt und in die Seelen kam, Heinrich Böll Stiftung, Schriften zur Ökologie Bd. 14, Berlin 2011

Welzer H., Rettung der Welt – Was sie sofort tun können: Zehn Empfehlungen, FAZ 27. 12. 2010

Werner G. W. mit Goehler A.: 1000 € für jeden. Freiheit, Gleichheit, Grundeinkommen. Econ Verlag, Berlin 2010.

Werner G. W. mit André Presse, Die zivilisierte Marktwirtschaft und ihre Feinde. Zum bedingungslosen Grundeinkommen als Wirtschaftsbürgerrecht; in Breuer M. , Mastronardi Ph. und Waxenberger B. (Hrsg.): Markt, Mensch und Freiheit. Wirtschaftsethik in der Auseinandersetzung, Verlag Haupt, Bern/Stuttgart/Wien 2009 S. 193–211.

Wohlmeyer H., Trends in Post-1945 Commodity Agreements, Dissertation am University College London, London 1961

Wohlmeyer H., Der getriebene Sektor – Landwirtschaft und Ökologie, in Gewerkschaftliche Monatshefte 3'96, 47. Jg., März 1996, VS Verlag für Sozialwissensschaften (nunmehr VS Springer Verlag), Wiesbaden

Wohlmeyer H. u. Quendler TH., ed., The WTO, Agriculture and Sustainable Development, Greenleaf Publishing, Sheffield 2002

Wohlmeyer H., The unconscious driving forces of landscape perception and formation, in Helmig K. u. Wiggering H., Sustainable Development of Multifunctional Landscapes, Springer Verlag, Berlin-Heidelberg 2003

Wohlmeyer H., Globales Schafe Scheren – Gegen die Politik des Niedergangs, edition va bene, Wien-Klosterneuburg 2006

Wohlmeyer H., Verhungern vor der vollen Schüssel? Warum keine eingangsseitige Sanierung der Budgets?; in Schwarzbuch Neoliberalismus und Globalisierung, IKW- Schriftenreihe Nr. 115, Linz 2006

Worldwatch Institute, Zur Lage der Welt 2012, Eichborn Verlag, Köln 2012

Y

Ye'Or B., Der Niedergang des orientalischen Christentums unter dem Islam, Resch-Verlag, Gräfeling, 2. Aufl., 2005

Z

Zeise L., Euroland wird abgebrannt – Profiteuere, Opfer Alternativen, Papyrosso Verlag, Köln 2012

www.ibera.at